de Gruyter Studienbuch

Uta Störmer-Caysa
Grundstrukturen mittelalterlicher Erzählungen

Uta Störmer-Caysa

Grundstrukturen mittelalterlicher Erzählungen

Raum und Zeit im höfischen Roman

Walter de Gruyter · Berlin · New York

∞ Gedruckt auf säurefreiem Papier,
das die US-ANSI-Norm über Haltbarkeit erfüllt.

ISBN 978-3-11-019568-2

Bibliografische Information der Deutschen Nationalbibliothek

Die Deutsche Nationalbibliothek verzeichnet diese Publikation in der Deutschen Nationalbibliografie; detaillierte bibliografische Daten sind im Internet über http://dnb.d-nb.de abrufbar.

© Copyright 2007 by Walter de Gruyter GmbH & Co. KG, D-10785 Berlin
Dieses Werk einschließlich aller seiner Teile ist urheberrechtlich geschützt. Jede Verwertung außerhalb der engen Grenzen des Urheberrechtsgesetzes ist ohne Zustimmung des Verlages unzulässig und strafbar. Das gilt insbesondere für Vervielfältigungen, Übersetzungen, Mikroverfilmungen und die Einspeicherung und Verarbeitung in elektronischen Systemen.
Printed in Germany
Umschlaggestaltung: deblik, Berlin
Druck und buchbinderische Verarbeitung: Druckhaus »Thomas Müntzer«, Bad Langensalza

Inhaltsverzeichnis

 Vorbemerkungen 1

A. Allgemeine Semantik von Raum und Zeit 5

1. Der mittelalterliche Horizont
  theoretischen Nachdenkens über Zeit und Raum 5
1.1. Autoritäten und Diskussionen zum Zeitproblem 6
1.1.1. Aurelius Augustinus über Zeit 7
1.1.2. Die Zeitvorstellung des Aristoteles 13
1.1.3. Die Eingemeindung des Aristoteles in die Theologie 17
1.2. Umrisse des mittelalterlichen Denkens über den Raum 22
1.2.1. Antike Wurzeln: Platon und Aristoteles 22
1.2.2. Mittelalterliche Aneignung und neue Themen 26
2. Raum und Bewegung im Roman 34
2.1. Grundsätzliches 34
2.2. Kartierte Zeitsedimente in phantastischer Geographie 43
2.3. Rhetorisches Erbe:
  Textübergreifende Loci und Attribute 48
2.4. Strebepfeiler für die Imagination:
  innertextlich definierte Merkorte 50
2.5. Vorgedeutete Raumorientierung:
  links und rechts, oben und unten 53
2.6. Weg an sich und Weg für den Helden 63
2.7. Biegsame Landschaften und Sproßräume 70
2.8. Eigenarten der Raumgestaltung
  im mittelalterlichen Roman 75
3. Allgemeines zur Zeit im mittelalterlichen Roman 76
3.1. Besonderheiten des erzählerischen Umgangs
  mit Zeit im Mittelalter 76
3.1.1. Die Zeitenthobenheit des literarischen Helden
  im mittelalterlichen Erzählen 79
3.1.2. Zeitliche Beziehungsprobleme 84
3.2. Zeit und Kausalität 96

3.2.1. Die Frage nach dem Zusammenhang in der Zeit 96
3.2.2. Schuld, Kausalität und die Rundung der Zeitlinie 101
3.2.3. Anomalien von Zeit und Kausalität
       im magischen Bezirk 104
3.3.   Semantische Stereotype: Bedeutungen von Zeit
       in der mittelalterlichen Literatur 107
3.3.1. Tag und Nacht 107
3.3.2. Sommer und Winter 110
3.4.   Geschichte, Heilszeit, Abenteuerzeit 115

B.   Spezielle Raumzeitkonstellationen
       im mittelalterlichen Roman 121

1.   Rechtzeitige Rettung 121
1.1.   Das Muster: Ein Retter kommt nicht zu spät 121
1.2.   Feuer, das nicht brennt 121
1.3.   Ein Messer, das nicht schneidet 127
1.4.   Variationen 132
1.4.1. Rechtzeitige Ankunft, die nichts hilft 132
1.4.2. Strickers ‚Daniel': Serialität und Überbietung 138
1.4.3. Umschlag und Ausblick: Die Rettung kann ausbleiben ... 145
1.5.   Literaturgeschichtliche Linien 147
2.   Besondere mittelalterliche Zufallskonstellationen 148
2.1.   Der Zufall im Feld seiner historischen Begrifflichkeit ... 149
2.2.   *contingentia futura*: Zukunft und Zufall 157
2.3.   Aventiure, der Pakt mit dem Zufall über die Zukunft 162
2.3.1. Die Aventiure kommt plötzlich 164
2.3.2. Die Kontingenz des künftigen Kampfes 167
2.3.3. Der gute Ausgang und die Kontingenz der Zukunft 170
2.3.4. Wille und Kontingenz des Künftigen
       in nichtkämpferischen Aventiuren 177
2.4.   Der Zufall des Zusammentreffens: Koinzidenz 179
2.4.1. Der *coincidence plot* und die philosophische Tradition
       des Mittelalters 179
2.4.2. Narrative Konstanten und epochale Varianten
       des Erzählens über Koinzidenz 183
2.5.   Faustinian und die Clemenslegende: Der historische Weg
       religiöser Umbesetzung des Koinzidenzschemas 187
2.6.   Gregorius: Variationen des Koinzidenzmusters 191

3.	Die Raumzeit des Wunders	196
3.1.	Chronotopische Vorbemerkungen	196
3.2.	Bewegliche Grenzüberschreitung: Magische Gegenstände	199
3.3.	Abgegrenzte Anderwelten	202
3.4.	Ästhetik der weichen Kontur und episodische Raumregie	215
3.5.	Religion gegen Unentschiedenheit	224
3.6.	Ästhetischer Ausweg in die Neuzeit	231
C.	Raum und Zeit in Roman und Theorie: Grundzüge	237
	Abkürzungsverzeichnis	243
	Primärliteratur	244
	Forschungsliteratur	249
	Verzeichnis der behandelten Autoren und anonymen Werke	286

Vorbemerkungen

Michail Michailowitsch Bachtin (1895–1975) schrieb in den späten 30er Jahren des vorigen Jahrhunderts an einem Buch über den deutschen Entwicklungsroman und Goethe. Er gab es dem Moskauer Verlag ‚Der Sowjetschriftsteller' in einer handschriftlichen Vorlage ab. Sie ist dort im Krieg zum Teil verlorengegangen und nie in Druck gegangen. Auch die 1940 abgeschlossene, aber erst 1946 verteidigte Dissertation über Rabelais erschien in einer überarbeiteten Fassung erst 1965. Aus erhaltenen Manuskriptteilen des Goethebuchs und begleitenden Studien der Werkphase, in der beide Bücher vorbereitet wurden, stammen die historischen Auseinandersetzungen mit den jeweils epochalen Merkmalen von Erzählen, die unter dem Titel ‚Formen der Zeit und des Chronotopos im Roman' bekannt wurden. Sie zeichnen, mit kleineren Vorgriffen auf das 19. Jahrhundert, eine poetologische Entwicklungslinie vom hellenistischen Liebes- und Reiseroman bis zur französischen Renaissance und Rabelais. Bachtin hat sie vor seinem Tod zusammengestellt und mit einem Kapitel ‚Schlußbemerkung' zur geschlossenen Studie abgerundet.[1]

Bachtins Ansatz ist die Untersuchung des Raumzeitgefüges, das er ‚Chronotopos' nennt: „Den grundlegenden wechselseitigen Zusammen-

---

[1] Die biographischen Details entnehme ich Edward Kowalski: Michail Bachtins Begriff der Dialoghaftigkeit. Genese und Tradition einer künstlerischen Denkform. In: Michail M. Bachtin: Untersuchungen zur Poetik und Theorie des Romans. Hg. von Edmund Kowalski und Michael Wegner. Berlin, Weimar 1986, S. 509–534, bes. S. 522–523, sowie den Angaben zu den Texten in dieser Ausgabe (S. 464); dazu Rainer Grübels Einführung ‚Michail M. Bachtin. Biographische Skizze' in: R. Grübel (Hg.): Michail M. Bachtin. Die Ästhetik des Wortes. Aus dem Russ. von R. Grübel und Sabine Reese. Frankfurt 1979, S. 7–20. Daß ‚Formen der Zeit und des Chronotopos im Roman' auf das verlorene Manuskript über den Entwicklungsroman zurückgeht, steht diesen Autoren gegenüber nur im Nachwort der russischen Ausgabe: Бочаров, С. Г. (сост.): Михаил Бахтин: Эпос и роман. Санкт-Петербург 2000, Примечания, стр. 295. Die Arbeit ‚Formen der Zeit und des Chronotopos im Roman. Untersuchungen zur historischen Poetik' benutze ich in der oben angegebenen deutschen Bachtin-Ausgabe von Kowalski/Wegner, S. 262–464.

hang der in der Literatur künstlerisch erfaßten Zeit-und-Raum-Beziehungen wollen wir als *Chronotopos* („Raumzeit' müßte die wörtliche Übersetzung lauten) bezeichnen. Dieser Terminus wird in der mathematischen Naturwissenschaft verwendet; als man ihn einführte und begründete, stützte man sich dabei auf die Einsteinsche Relativitätstheorie. [...] Im künstlerisch-literarischen Chronotopos verschmelzen räumliche und zeitliche Merkmale zu einem sinnvollen und konkreten Ganzen. Die Zeit verdichtet sich hierbei, sie zieht sich zusammen und wird auf künstlerische Weise sichtbar; der Raum gewinnt Intensität, er wird in die Bewegung des Raumes, der Zeit, des Sujets, der Geschichte hineingezogen. Die Merkmale der Zeit offenbaren sich im Raum, und der Raum wird von der Zeit mit Sinn erfüllt und dimensioniert."[2] Das sind an sich bekannte Einsichten; doch die erzähltheoretische und poetologische Beschreibung dieser Sachverhalte beschäftigt sich in der etwa gleichzeitigen westeuropäischen Tradition vorrangig mit der Zeit, mit dem Zusammenhang von Erzählen und erzählter Welt (wie es sich in Günther Müllers bekannter Formel von ‚Erzählzeit' und ‚erzählter Zeit'[3] widerspiegelt), was die Raumstruktur der fiktionalen Welt als ein ganz anders gelagertes Problem erscheinen läßt. Demgegenüber konzentriert sich Bachtin auch in seinen Bemerkungen zur Zeit auf die Raumzeitstruktur der fiktionalen Welt, was die Fragen nach Raum und Zeit homogener und das Raumzeitliche, zum Beispiel den Zufall, zum vornehmsten Gegenstand des Interesses macht.

Die folgenden Kapitel interessieren sich im Bachtinschen Sinne für den Chronotopos des mittelalterlichen Romans, insofern er von der raumzeitlichen Ausstattung moderner Romane abweicht. Sie weiten dabei Bachtins Grundüberlegungen aus: Wie die fiktionalen Welten der Erzähler aufgebaut sind, hat in einem kompliziert vermittelten, aber durch die einheitliche historische Lebenswelt verbürgten Sinne damit zu tun, was zeitgenössische Denker interessiert. Dichtung enthält einen Weltentwurf wie die Schriften der Theoretiker; allerdings sind die beiden Entwürfe gleichsam in einer je anderen Sprache verfaßt und aus einer je eigenen kulturellen Subtradition gespeist.[4] Wie Bachtin auf das Raumzeitproblem durch Einstein aufmerksam geworden ist und Goethe in den

---

2   Bachtin: Formen der Zeit und des Chronotopos, S. 262f.
3   Günther Müller: Die Bedeutung der Zeit in der Erzählkunst. Bonner Antrittsvorlesung 1946. Bonn 1947.
4   Das ist auch eine der Grundannahmen für Armin Schulz: Poetik des Hybriden. Schema, Variation und intertextuelle Kombinatorik in der Minne- und Aventiureepik. Berlin 2000 (Philologische Sudien und Quellen 161), S. 30–35.

‚Wahlverwandtschaften' naturwissenschaftliches Wissen verarbeitet, umgekehrt aber die Theorie der möglichen Welten eine Systematisierung von Dichterphantasien ist und die Urknalltheorie eine mythische Erzählung, so darf man annehmen, daß auch Erzähler früherer Epochen im Problemhorizont ihrer Zeit dichteten und daß umgekehrt Theoretiker von ihnen Welterklärungen und Konfliktherleitungen aufnahmen, an deren phantastischen Hypothesen sie sich abarbeiten konnten. Dieser Parallelität von Denken und Dichten, in der von Fall zu Fall einmal eine Verbindung beschlossen ist, ist der erste Teil gewidmet, in dem es um epische Stereotype mittelalterlicher Literatur und um das scholastische Nachdenken über Raum und Zeit geht. Denn beide Linien, die der Wissenschaft und die des Erzählens, bilden sich durch die Wirkungen vorausliegender Vorbilder, die oft stärker zu sein scheinen als die thematische Querverbindung zu einer beliebigen historischen Zeit. Dies, aber gleichzeitig die Parallelentwicklungen, zeigen die drei Kapitel, die Raum und Zeit systematisch trennen und jeweils in Erzählung und Wissenschaft vorführen.

Der zweite Teil synthetisiert die vorab getrennten Sachverhalte in exemplarischen Analysen. Er widmet sich Raumzeitkonstellationen, die im mittelalterlichen Roman, auch wenn sie darin nicht zum ersten Mal auftauchen, eine charakteristische Gestalt annehmen, die sich vom antiken Erbe ebenso abhebt wie von der neuzeitlichen Fortsetzung. Solche Raumzeitkonstellationen sind nicht regelmäßig in beiden Welten, der der Erzählung und der der philosophischen Reflexion, gleich wichtig; die Darstellung orientiert sich deshalb am Erzählen und versucht den Horizont der theoretischen Reflexion zu klären. Wo es anging und in meiner Macht stand, werden die Parallelen zum theoretischen Denken (oder gegebenenfalls die historisch getrennten Wege, obgleich man vom neuzeitlichen Standpunkt einen gemeinsamen vermuten könnte) bis in die einzelne Problemkonstellation hinein verfolgt.

Es war das Interesse des Literarhistorikers an epochalen Unterschieden, nicht das des Narratologen, das den Blick leitete, als dieses Buch wuchs. Es geht darin gewissermaßen um die technischen Voraussetzungen jenes Fremdheitsempfindens, mit dem heutige Leser auf mittelalterliche Romane reagieren. Das Fremde und Unvertraute wird deshalb herausgestellt. Die narratologische Verallgemeinerung, so sehr man sie sich wünschte, ist nirgends angestrebt, weder in einem epochalen noch in einem überzeitlich-gattungsbeschreibenden Rahmen; diese Studien sind nur Vorarbeiten dazu. Stärker ambitioniert sind sie im Hinblick auf den Grundsatz, das Gleichzeitige von Theorie und Dichtung auch dort in den

Blick zu nehmen, wo die Sprachgrenze zwischen den beiden Textwelten zu trennen scheint. Die kleinen Begriffs- und Problemgeschichten, die dazu entworfen werden, sind freilich nicht aus den Quellen erarbeitet; hier habe ich mich dankbar dilettierend der Publikationen aus Nachbarfächern versichert, deren Gelehrte mir manche Vergröberung zu verzeihen haben werden. Angesichts einer solchen Überlagerung der Disziplinen und ihrer terminologischen und textlichen Muster schien es ehrlich, auf schulgebundene Terminologie zu verzichten, wenn das überhaupt geht; nur Bachtins Chronotopos konnte und mochte ich nicht ersetzen.

Das Buch ist den eilenden Semestern abgetrotzt. Bernd Schirok, der mir nicht zum ersten Mal sein Wissen und seine Zeit geschenkt hat, Bernd Spies, der immer wieder den geraden Gedanken anmahnt, und Marco Lehmann mit seiner unerschütterlichen Geduld und Umsicht kann ich nicht genügend danken. Meinem Mann, meiner Tochter und den Freunden in Gröbenzell, Freiburg, Erlangen, Leipzig und Münster war ich während des Schreibens ein säumiger Begleiter, und es beschämt mich ebenso, wie es mich erleichtert, daß sie mir das zum wiederholten Male verzeihen. Die Johannes Gutenberg-Universität ist in mehr als vier Jahren meine akademische Heimat geworden. Sie gewährte mir ein Freisemester. Meine jungen Mitarbeiter Kerstin Rüther, Claudia Lauer, Matthias Däumer und Verena Barthel haben so oft gefragt und mitgedacht, daß ich das Unfertige nun doch, an dem Punkt, an dem es erst in längerer Frist wieder besser würde, aus der Hand gebe. Beatrice Frenz, Claudia Bigus und Katharina Form lasen einen Teil der Korrekturen. Heiko Hartmann gab dem Bändchen beherzt einen Platz im Verlagsprogramm. Ihnen allen herzlichen Dank.

Das Buch von Barbara Nitsche: Die Signifikanz der Zeit im höfischen Roman. Kulturanthropologische Zugänge zur mittelalterlichen Literatur. Frankfurt 2006 (Kultur, Wissenschaft, Literatur 12) konnte ich während der Drucklegung nur noch zitieren und nicht mehr, wie es das verdient hätte, konzeptionell berücksichtigen. Das ist schade, weil die Autorin manche Beobachtungen (z.B. zur Tag-Nacht-Symbolik im ‚Erec') offenbar zeitgleich zu Papier gebracht und in ähnliche Richtung interpretiert hat. Vor solchen Zufällen ist niemand gefeit. Ich kann die parallele Lektüre dieses sorgfältig gearbeiteten Buches also nur noch empfehlen.

Die letzten Zeilen schreibe ich für einen Kollegen, der sie mit seinen leiblichen Augen nicht mehr lesen kann. Er war im Fach besser als wir alle und staunenswert behutsam. Vorläufiges hätte er sich selbst nie durchgehen lassen, aber ich wünschte, ich könnte ihm dieses Bändchen noch schenken: Christoph März fehlt in der Welt.

A. Allgemeine Semantik von Raum und Zeit

1. Der mittelalterliche Horizont theoretischen Nachdenkens über Zeit und Raum

Das Erzählen ist älter als die darlegenden und erörternden Denk- und Textformen der Wissenschaft, und es setzt sich, anders als die Wissenschaft, in jedem einzelnen Text mit Zeit und Raum auseinander. Denn eine Erzählung kann nicht nur über beides sprechen (wie der Mythos von Chronos oder Prousts ‚Recherche'), sondern sie kann das Behandelte zugleich in ihrer Faktur, im Wie der erzählten Geschichte, mitabbilden. Sie müßte auch dann zu Zeit und Raum Stellung nehmen, wenn sie das nicht wollte, denn sie erschafft notwendig eine erzählte Welt, in der es Zeit und Raum gibt. Hinwiederum ist die wissenschaftliche Reflexion vielen Geschichten (nicht allen) im Grad der Bewußtheit überlegen, und sie datiert bestimmte Positionen in der Wissenschaftsgeschichte, während erzählte Muster ein langes Leben haben und immer neu umgebaut werden können. Die Grundüberzeugungen einer Epoche über Zeit, zum Beispiel ihre heilsgeschichtliche Auffassung, und über Raum, zum Beispiel die Annahme, daß er als geschaffener endlich sein müsse, werden in theoretischen Erörterungen klar artikuliert, während sie in Erzählungen nur einen Vorstellungshintergrund bilden, den spätere Rezipienten sich zum rechten Verständnis erschließen müssen. Umgekehrt ist das Bewußtsein des Theoretikers darüber, welche Problemlagen den Menschen an Raum und Zeit interessieren könnten, angesichts seiner begrenzten Lebenszeit und Erfahrung zwangsläufig auf Erzählung angewiesen: In den Werken der Dichter findet er eine ungleich größere Anzahl von plötzlichen Seestürmen oder Entrückungen in andere Welten, als er sie selbst erleben könnte, um aus eigener Kraft die Probleme ‚Zufall' oder ‚Anderwelt' zu konturieren und gegenüber der theoretischen Tradition, die er weiterdenkt, zu präzisieren.

Das folgende Kapitel beleuchtet grundlegende Denkmuster und Problemfelder des mittelalterlichen Raum- und Zeit-Diskurses. Sie stammen aus der griechischen Antike und lateinischen Spätantike, und die mittelalterlichen Denker arbeiten sich daran ab; Neuerungen gelangen in dieser stark traditionsbezogenen Epoche auf die Tagesordnung der Schulen, indem man ältere Texte auslegt und kommentiert. Deshalb wird im folgenden gezeigt, was mittelalterliche Autoren, wenn sie denn eine Schulbildung genossen haben, allenfalls hätten wissen und mitdenken können, ohne zu behaupten, daß sich auch nur ein einziger aus diesem Fundus bedient habe. Mit diesem Blick auf einen möglichen Bildungs- und Diskussionshintergrund eröffnet sich ein weiter Horizont für erzähltechnische Beobachtungen, wie sie später vorgestellt werden, denn ein systematischer Zusammenhang, gleichsam als läge das Problem in der Luft, kann sich ja vom Standpunkt des nachgeborenen Beobachters durchaus herstellen, ohne daß er dem Autor auf der zeitgenössischen Ebene bewußt gewesen sein müßte, und er kann beinahe zwingend erscheinen, auch wenn der Nachweis passender Bildungsschritte nicht gelingt. Beispielsweise könnte man durchaus annehmen, daß Einzelheiten der mittelalterlichen Raumzeitregie im Roman – z.B. der Raumteppich und die diskontinuierlichen Raumflecken – mit dem Kontinuitätsproblem zu tun haben, das die mittelalterliche Raum- und Zeitdiskussion von Aristoteles und Augustin her aufnimmt. Ob aber etwa Chrétien oder Hartmann jemals gewahr geworden sind, daß die Raumbestimmungen in den ‚Kategorien' des Aristoteles, die man allerdings (in der Übersetzung des Boethius) als Schulstoff erlernte, besonders widersprüchlich sind, ob sie gar bemerkt haben, daß diese Reflexionen über den Raum ein Kontinuitätsproblem aufwerfen, ist höchst ungewiß; die ‚Physik' des Aristoteles, worin es explizit thematisiert wird, konnten sie jedenfalls aus chronologischen Gründen nicht kennen. Dieses für die nachzeitige Beschreibung eines Zusammenhanges schwierige Verhältnis, daß Wissen prinzipiell verfügbar war, aber im einzelnen nicht nachgewiesen werden kann, obgleich es so scheint, als würden Erzählen und Theorie jeweils mit ihren Mitteln dieselbe Frage aufwerfen, soll in diesem Buch in den Blick genommen werden.

1.1. Autoritäten und Diskussionen zum Zeitproblem

Für die mittelalterliche Gelehrsamkeit ist Augustin im Hinblick auf die Zeit die ältere, Aristoteles die jüngere Autorität. Das liegt nicht daran, daß man Lebensdaten nicht so genau wußte und außerdem wenig wichtig nahm. Aristoteles war bekanntlich ein Schüler Platons und der Erzieher Alexanders des Großen (384–322 v.Chr.), Augustinus (354–430) wurde 387 Christ, woraufhin er eine rege schriftstellerische Tätigkeit entfaltete.

1. Der mittelalterliche Horizont theoretischen Nachdenkens

Augustin zählte zu den meistzitierten Autoritäten des Mittelalters. Man konnte vieles, fast alles mit ihm stützen. Aristoteles galt bis zum Anfang des 13. Jahrhunderts als Logiker, denn von seinen Schriften waren im lateinischen Sprachraum nur die Kategorienschrift und ‚De interpretatione' in der Übersetzung des Boethius bekannt. Erst im Laufe des 13. Jahrhunderts machte Europa Bekanntschaft mit anderen aristotelischen Schriften, die von arabischen Gelehrten bewahrt und ausgelegt worden waren. Die Aneignungsleistung der europäischen Gelehrten kann für den weiteren Verlauf der europäischen Geschichte nicht hoch genug veranschlagt werden. Hier traf eine Weltanschauungslehre, die durch und durch Theologie war und den Ansprüchen der Vernunft skeptisch gegenüberstand, auf eine ausgebaute, ganzheitliche Theoriearchitektur, in der Gott nicht oder nur als Hypothese vorkam. Die Theologie mußte sich die Frage vorlegen, ob sie künftig auch Philosophie sein wollte, ob sie eine Weltwissenschaft in sich aufnehmen, sie neben sich dulden oder bekämpfen wollte. Nachdem sie es im 12. Jahrhundert noch mit dem Verdrängen und Bekämpfen versucht hatte, verlegte sie sich im 13. auf die integrative Aneignung, und diese avancierte zum Erfolgskonzept. Trotzdem ist von Lehrsatz zu Lehrsatz, von Schrift zu Schrift viel gestritten und auch viel von Ketzerei geredet worden, bis man um 1300 zu einem ungefähren Konsens gekommen war. Aristoteles' ‚Physik' und ‚De caelo' erwiesen sich gegenüber einer christlichen Interpretation als besonders widerspenstig.

Ich versuche im folgenden, die Problemlage in der Zeitdiskussion so nachzuzeichnen, wie sie sich für die Zeitgenossen darstellte, also in chronologischer Inversion, indem ich zuerst auf Augustinus eingehe, dann auf Aristoteles.

1.1.1. Aurelius Augustinus über Zeit

Augustins Reflexionen über Zeit stehen im 11. Buch der ‚Confessiones' und sind für die Geschichte des Zeitproblems ein *locus classicus*. Wir verdanken Augustin die schöne Formulierung der Ausgangslage allen Nachdenkens über Zeit: „Was also ist die Zeit? Wenn niemand mich danach fragt, weiß ich es; wenn ich es jemandem auf seine Frage hin erklären soll, weiß ich es nicht" (XI Conf. XIV,17, Übers. Flasch[1]). Der

---

[1] Die Übersetzung folgt der Ausgabe: Aurelius Augustinus. Bekenntnisse. Mit einer Einleitung von Kurt Flasch. Übers., mit Anmerkungen versehen und hg.

Umgang mit Zeit ist selbstverständlich, die Frage nach ihrem Wesen dunkel – daran hat sich bis heute nicht viel geändert. Augustinus hat die Zuversicht, daß er über das Verstehen des selbstverständlichen Umgangs mit Zeit zu deren Wesenseinsicht kommen könne.[2] Dazu geht er in folgenden Schritten vor:

Zunächst analysiert er Sätze über die Dauer von Zuständen, weil die darin besprochene Dauer als lange oder kurze Zeit begriffen und formuliert wird (XI Conf. XV,18). Sogleich muß er einräumen, daß sich solche Aussagen im allgemeinen auf die Vergangenheit beziehen, allenfalls auf die Zukunft, aber nur ausnahmsweise auf die Gegenwart. Dabei spielt er mit den Zeitstufen, die im Verb stecken, wenn man sagt: eine Zeit war lang, ist lang, wird lang sein. Und indem er die Gegenwart genauer ins Auge faßt, stellt er fest, daß es strenggenommen gar keine Gegenwart als zeitliches Kontinuum gibt, sondern nur lauter Jetztpunkte: „Entdecken wir etwas an der Zeit, was in keine, aber auch nicht in die geringsten Augenblicksteile geteilt werden kann, dann ist dies das einzige, was ‚gegenwärtig' heißen sollte. Aber dies fliegt so rasch aus der Zukunft in die Vergangenheit, daß es sich zu keiner Dauer dehnt. Dehnt es sich, zerfällt es in Vergangenes und Künftiges; das Gegenwärtige aber hat keine Ausdehnung" (XI Conf. XV, 20, Übers. Flasch).[3] Diese Flüchtigkeit der Zeit gerät für Augustinus zum ontologischen Problem. Daß etwas ist, ist die – wenigstens nach Maßgabe der klassischen Metaphy-

---

von Kurt Flasch und Burkhard Mojsisch. Stuttgart 1989. XI Conf. XIV, 17 ed. Skutella: *Quid est ergo tempus? si nemo ex me quaerat, scio; si quaerenti explicare velim, nescio [...]*.

2   Wege zur Augustinischen Zeittheorie weisen z.B.: Pierre Courcelle: Recherches sur les Confessions de Saint Augustin. Paris 1950; John M. Quinn: The Concept of Time in St. Augustine. In: Augustinianum 5 (1965), S. 5–57; Ulrich Duchrow: Der sogenannte psychologische Zeitbegriff Augustins im Verhältnis zur physikalischen und geschichtlichen Zeit. In: Zeitschrift für Theologie und Kirche 63 (1966), S. 267–288; Peter Janich: Augustins Zeitparadox und seine Frage nach einem Standard der Zeitmessung. In: Archiv für Geschichte der Philosophie 54 (1972), S. 168–186; Kurt Flasch: Augustin. Einführung in sein Denken. Stuttgart 1980, S. 267–286; Werner Simon: Zeit und Zeitbewußtsein nach den ‚Confessiones' des Aurelius Augustinus. In: Wissenschaft und Weisheit 49 (1989), S. 30–43; Richard Corradini: Zeit und Text. Studien zum Tempus-Begriff des Augustinus. Wien, München 1997.

3   [...] *si quid intellegitur temporis, quod in nullas iam vel minutissimas momentorum partes dividi possit, id solum est, quod praesens dicatur; quod tamen ita raptim a futura in praeteritum transvolat, ut nulla morula extendatur. nam si extenditur, dividitur in praeteritum et futurum: praesens autem nullum habet spatium.* (XI Conf. XV, 20).

1. Der mittelalterliche Horizont theoretischen Nachdenkens

sik – erste und elementare Bestimmung von allem, worüber man überhaupt etwas sagen kann. Das Sein eines Dinges muß feststehen, bevor man darüber weiterdenken und weiterreden kann. Nun hatte Augustin gerade festgestellt, daß Zeit als Dauer zukünftig und vergangen sein kann, aber anscheinend nicht schlicht und einfach – in der Gegenwart – sein. Das läßt ihn zweifeln, ob die Zeit überhaupt unter die Kategorie des Seienden fällt, aber er stellt diesen Zweifel zurück, indem er die Perspektive wechselt und nicht mehr von einer Dauer spricht, sondern von einem Vorgang: Er geht von den drei Zeitklassen der Grammatiker aus (Vergangenheit, Gegenwart, Zukunft)[4] und stellt auf der Ebene dieser Zeiten fest, daß das Vergangene nicht mehr ist, das Zukünftige noch nicht ist, das Gegenwärtige aber ist – so ergibt sich das Gegenteil zu seiner vorherigen Überlegung, nämlich daß das Gegenwärtige ist, die anderen Zeitstufen und alles in ihnen Berichtete aber nicht sind.

Nun hat er das Problem ganz und gar verwirrt, indem er ‚Zeit' semantisch hin und her geschoben hat. Bisher hat er festgestellt: Wenn es das Gegenwärtige gibt, dann ist das Gegenwärtige, aber es gibt das Gegenwärtige nicht, weil die Gegenwart strenggenommen nur ein zeitloser Jetztpunkt ist. Augustin versucht jetzt, den alltäglichen Umgang mit der Zeit dennoch in irgendeiner Form als sinnvoll zu erweisen. Er fragt sich, ob dem Werden und Vergehen eine räumliche Bewegung und damit der Zukunft und der Vergangenheit ein eigenes, örtlich gedachtes Reich zugeordnet sei. Er zieht diese Frage aus den sprachlichen Bildern für Zeitliches, die das Lateinische (wie auch das Griechische oder das Deutsche) bereitstellt: Zukünftiges kommt auf uns zu, Vergangenes ist zuvor gegangen. Es ist eine kluge Frage, aber sie war schon damals nicht neu, und Augustinus wußte das; er knüpfte an Aristoteles an, wie sich später zeigen wird.

Natürlich kann er das Rätsel um die Verstrickung von Raum und Zeit nicht lösen, aber er findet auf diesem Umweg zu folgender Überlegung.

---

4   Dieser grammatische Ansatz zur Erfassung von Temporalität ist auch heute noch nicht obsolet. Käte Hamburger hat ihn Mitte des 20. Jahrhunderts erneut aufgebracht (Käte Hamburger: Das epische Praeteritum. In: DVjS 27, 1953, S. 329–357), und Harald Weinrich hat ihn, nach mindestens zwei Generationen tendenziell semantikneutraler Strukturalisten und im Hinblick auf das Erzählen von Geschichten, in einem vielbeachteten Buch wiederaufgenommen: Harald Weinrich: Tempus. Besprochene und erzählte Welt. 6., neu bearb. Aufl. München 2001, erste Aufl. Stuttgart 1964). Es enthielt in den ersten Auflagen den provokatorischen Satz, daß Tempus nichts mit Zeit zu tun habe (vgl. dazu 6. Aufl. S. 14 und 1. Aufl. S. 308).

Wir reden von Zeiträumen und messen Zeit wie mit dem Lineal als Erstreckung. Wie nebenbei taucht ein Motiv auf, das er erst später entwickeln wird und das seine Zeittheorie eigentlich ausmacht: „Diese Silbe braucht doppelt soviel Zeit wie jene einfache, kurze" (XI Conf. XXII, 28, Übers. Flasch).[5] Aber den Gedanken an sprachliche Rhythmen stellt er zurück; zunächst setzt er sich mit einem Problemkreis auseinander, der innerhalb der philosophischen Diskussion um die Zeit bereits fest etabliert war: dem Verhältnis von Zeit und Sternen, von Zeit und Bewegung. Schon die Babylonier hatten die Zeit nach den Umläufen der Sterne gemessen, und sie waren dabei auch auf schwierige längere Zyklen gekommen, z.B. auf eine 18 Jahre dauernde Wiederkehr bestimmter Himmelserscheinungen.[6] Der zweite Gesichtspunkt, die Untrennbarkeit von Zeit und Bewegung, reflektiert menschliche Alltagserfahrung und ist von Aristoteles zum systematischen Prinzip erhoben worden (dazu unten). Einerseits also soll die Zeit an den Sternbildern hängen, andererseits soll sie wesensmäßig mit Bewegung und Veränderung verknüpft sein. Augustinus erkennt, daß eigentlich in beiden Fällen die Bewegung das Wichtige ist – sowohl beim Umlauf der Sterne als auch bei mechanischen Bewegungen der Festkörper im Bereich menschlicher Erfahrung. Aber ihn stört, daß nur in einem Fall – man würde heute sagen, im Bereich der Newtonschen Mechanik – Anfang und Ende der Bewegung gemessen werden können. Für einen Moment überlegt er, daß es ja doch Zeit geben müßte, wenn die Sterne stillständen, aber eine Töpferscheibe sich drehte – die umgekehrte Asymmetrie bereite ja auch keine Schwierigkeit, es gibt offenbar Zeit, wenn die Töpferscheibe steht, aber die Sterne sich bewegen. Dann überlegt er, was am Umlauf der Gestirne überhaupt Zeit sein könne, nicht nur zeitlich, sondern die Zeit selbst – der Tag? die Stunde? oder doch eher keine von diesen Zähleinheiten? Nebenbei, aber nicht besonders heftig, irritiert ihn auch der Widerspruch zu den biblischen Stellen, in denen Gott ein Gestirn stillstehen heißen kann. Schließlich gibt er zu, daß Körper sich nur in der Zeit bewegen, aber er bestreitet, daß die Bewegung die Zeit sei.

Jetzt kommt Augustin auf seinen eigenen Lösungsansatz, mit dem er seinen Zeitbegriff entwickelt. Er ist originell und in die Geschichte der

---

5   [...] *duplum temporis habet haec syllaba ad illam simplam brevem.* (XI Conf. XXII, 28).
6   Vgl. Bartel L. van der Waerden: Die Anfänge der Astronomie. Groningen 1966 (Erwachende Wissenschaft I), S. 116–119; Carsten Colpe: Die Zeit in drei asiatischen Hochkulturen (Babylon – Iran – Indien). In: Jürgen Aschoff u.a.: Die Zeit. Dauer und Augenblick. 3. Aufl. München 1992, S. 225–256, bes. S. 233f.

Zeittheorien eingegangen, man bezeichnet ihn meist als psychologischen Zeitbegriff:[7] Man könnte aber mit gleichem Recht sagen, Augustin habe einen philologischen Zeitbegriff. Denn Augustin geht beim Betrachten zeitlicher Erstreckung nicht vom bewegten mechanischen Körper aus, sondern von menschlicher Rede, und zwar von der gebundenen Rede in Versen. Menschliche Rede ist im Geist, ehe sie im Munde ist, und sie bleibt in Erinnerung, wenn sie schon vorüber ist. Das zeitliche Sein auf drei Zeitstufen ist ein rein geistiges Sein, der verklingende Schall hat keine Dauer und entspricht dem schon angesprochenen diskontinuierlichen Jetztpunkt. Aber ein Gedicht, das man kennt, kann man in einer bestimmten Dauer sprechen, oder auch im Geist aufrufen. Das geht bald schneller, bald langsamer, aber es beansprucht durch sich selbst eine Zeit, die von dem Gedicht abhängt und nicht vom Aufrufenden. Das ist die Grundfigur des Augustinischen Ansatzes: Fest geformte menschliche Rede braucht von sich aus eine bestimmte Zeit, sie beansprucht sie.

Augustin erklärt das an der lateinischen Metrik, in der bekanntlich die lange Silbe zwei kurzen entspricht. Da man Silben nicht wie Längenmaße gleichzeitig wahrnehmen und dabei vergleichen kann, der Versbau aus Längen und Kürzen aber trotzdem funktioniert, kann es sich nur so verhalten, daß das Urmaß für die Silbe im Bewußtsein schon ist, ehe man die erste Silbe artikuliert. Das Urmaß für die Silbe ist aber ein Längenmaß der elementaren Vervielfältigung. Aus kurzen Silben und ihrer Verdopplung, den langen Silben, entsteht der Vers, aus Versen eine ganze Dichtung, geregelte Kürze und Länge, wie ein zeitliches Stickmuster nachzählbar. Wenn das möglich sein kann, entsteht Dauer nicht in der bewegten Luft, sondern im Bewußtsein: „In dir also, mein Geist, messe ich die Zeiten" (XI Conf. XXVII, 36, Übers. Flasch),[8] so formuliert Augustin. *Animus* ist das Wort, das Augustin für ‚Geist' verwendet; und das Leitwort *distentio animi*, das immer im Kontext von Augustins Zeitlehre zitiert wird, fällt in dem Satz „So kam ich auf den Gedanken, Zeit sei nichts als eine bestimmte Ausdehnung (*distentio*). Ausdehnung wessen? Das weiß ich nicht, aber es würde mich wundern, wenn es nicht die des Geistes selbst wäre" (XI Conf. XXVI, 33, Übers. Flasch).[9] Nach dieser Bestimmung gibt es keine Zeit, wenn es keinen zeitgliedernden Geist gibt, und das ist offenbar der verstehende Menschengeist.

---

7   Vgl. Duchrow: Der psychologische Zeitbegriff Augustins, S. 267–288; Janich: Augustins Zeitparadox, S. 168–186.
8   *In te, anime meus, tempora metior.* (XI Conf. XXVII, 36).
9   *inde mihi visum est nihil esse aliud tempus quam distentionem: sed cuius rei, nescio, et mirum, si non ipsius animi [...]* (XI Conf. XXVI, 33).

Aber es wäre ein Mißverständnis zu glauben, Augustin setze das Zeitverständnis in den einzelnen, und jeder habe dadurch gleichsam seine eigene Zeitrechnung. Versrede ist Rede, sie kann verstanden werden und verbindet im Verständnis; ein Vers ist kein Vers, wenn der andere ihn nicht als einen solchen erkennen kann. Augustin glaubt also, daß Menschen sich auf eine existentielle und elementare Weise darüber verständigen, worin sie kleinste Einheiten der Dauer sehen, und daß sie diese kleinsten Einheiten dann vervielfältigen und gegebenenfalls durch äußere Maße überprüfen. Die kurze Silbe als Maß der kürzesten Dauer ist ein verbindendes kommunikatives Maß, das einer allein nicht haben kann.

Ganz verstehen kann man diesen sprachgebundenen Gedankengang nur, wenn man noch eine andere Untersuchung Augustins zu Rate zieht, die Schrift ‚De musica'. Dort entwickelt Augustinus seine Zahlentheorie. Das ist nichts Ungewöhnliches, die Musik ist in Altertum und Mittelalter eine Theorie der zahlhaften Harmonie der Welt, die man auch – aber in abgeleiteter Weise – hören kann. Auch in dieser Schrift sind Augustins Beispiele der Versrede entnommen, und er erklärt, wie das Zählmuster Zeit kommunikabel wird und wie es Schönheit transportiert. Das liegt an den zahlhaften Strukturen der Welt (in der alles nach Maß, Zahl und Gewicht geordnet ist) und den zahlhaften Strukturen des menschlichen Geistes. Die Geistnatur der Welt ist in sich zahlhaft, und die Geistnatur des Menschen ist es ebenfalls. So kann das Höchste im Menschengeist die innerweltliche und kosmische Harmonie abbilden und verstehen. Wie Augustinus selbst später (in den ‚Retractationes') eingeräumt hat, war ihm der Gedanke einer Weltseele vertraut. Er ist sowohl in den ‚Confessiones' als auch in ‚De musica' davon ausgegangen, daß eine zeitliche Abbildung zahlhafter Schönheit der Welt einen transzendental gesicherten Akzeptanzrahmen, eine Art Wahrheitswert, haben müsse. Denn dann gilt für das Schöne, was für das Wahre zutrifft: Alle einzelnen richtigen Erkenntnisse kommen überein, weil sie mit dem Wahren übereinstimmen. So kommen auch alle einzelnen zahlhaften Modelle von Rhythmus und Dauer überein, weil sie mit dem Schönen übereinstimmen. Seinen Beispielen und Herleitungen nach ist Zeit für Augustin eine Funktion des Schönen.

Augustins Zeitbegriff war für das neuplatonisch geprägte mittelalterliche Denken dadurch attraktiv, daß er die zahlhafte, harmonische Gliederung der Welt und damit auch der Zeit als göttliche Idee erklärte, die vom Menschen verstanden werden kann. Zeit war Augustin zufolge nach verschiedenen Mustern zählbar, und die Zahl gehörte systematisch zur

1. Der mittelalterliche Horizont theoretischen Nachdenkens

Vielheit. Damit hatte der Augustinische Zeitbegriff folgende Konsequenzen: Er gehörte zur Vielheit, theologisch gesprochen zur geschaffenen Welt – das war zu billigen. Er war in seiner Eigenart nur durch eine Anstrengung (das Erkennen eines Zeitmusters) verständlich, und wenn man ein zeitliches Phänomen verstand, war das zugleich ein Stück Einsicht in den harmonischen Schöpfungsplan. Auch das war zu billigen. Problematisch blieb, wer und was der *animus* sei, von dem in den ‚Confessiones' gesagt wurde, daß seine Ausdehnung die Zeit sei (*distentio animi*): War es die einzelne Seele, weil Augustin manchmal *animus* und *anima* synonym verwendet, oder war es der allgemeine, überindividuelle Menschengeist (welchen körperlichen Träger sollte der aber haben?), oder war es der Weltgeist? In ‚De musica' hatte Augustin ein kompliziertes Modell entworfen, das im Sinne eines Sowohl-als-auch antwortet: die Einzelseele, insofern sie die Ebene des allgemeinen Menschengeistes erreicht und sich darin zur Erkenntnis des Weltgeistes aufschwingen kann.[10] Aber in den ‚Confessiones' bleibt diese Frage offen, und in den ‚Retractationes' distanziert sich Augustinus vorsichtig vom Gedanken an eine Weltseele oder einen Weltgeist, erklärt ihn für unbeweisbar. Das komplizierte die Sache auch für treue Augustinus-Nachfolger. Auf jeden Fall blieb schwierig, daß der Einzelseele so große Bedeutung zugemessen wurde. Es sind aus Augustins Schriften keine Antworten auf die Frage zu bekommen, ob es auch eine Ausdehnung des Weltgeistes oder des allgemeinen Menschengeistes gibt, die das Wesen der Zeit ausmacht, wenn es keine Menschen gibt, die darüber nachdenken können.

1.1.2. Die Zeitvorstellung des Aristoteles

Die theoretische Problematik der Augustinischen Zeitreflexionen schien durch die Bekanntschaft mit den neuen aristotelischen Schriften[11] zu-

---

10 Vgl. Robert J. Teske: The World Soul and Time in S. Augustine. In: Augustinian Studies 14 (1983), S. 75–92; Gerard J. P. O'Daly: Augustine's Philosophy of Mind. Berkeley/Los Angeles 1987, S. 62–70; Kurt Flasch: Was ist Zeit? Augustinus von Hippo. Das XI. Buch der Confessiones. Historisch-philosophische Studie. 2. Aufl. Frankfurt 2004 (Philosophische Abhandlungen 45), S. 404ff.
11 In der Darstellung der Aristotelischen Zeittheorie orientiert sich dieser Abschnitt vor allem an Udo Marquardt: Die Einheit der Zeit bei Aristoteles. Würzburg 1993 (Epistemata Reihe Philosophie 127). Zur Orientierung vgl. z.B. auch: Gernot Böhme: Zeit und Zahl. Studien zur Zeittheorie bei Platon, Aristoteles, Leibniz und Kant. Frankfurt 1974, S. 159–193; Klaus Held: Zeit als Zahl. Der

nächst weniger vertrackt. Die erste Überraschung der Zeitabhandlung in der ‚Physik' des Aristoteles (IV. Buch) lag für einen Leser, der von Augustinus her kam, in der unvermuteten Übereinstimmung einiger Züge der Lehre und sogar der Darstellung. Die Ähnlichkeiten der Darstellung sind besonders überraschend, weil Aristoteles sonst eine Neigung dazu hat, ein Problem einzuführen, indem er seine Forschungsgeschichte referiert und systematisch kommentiert.[12] Bei der Zeit geht Aristoteles anders vor, er stellt zweifelnde und das alltägliche Vorverständnis prüfende Fragen, wie der mittelalterliche Leser es von Augustinus kannte.

Auch einige Fragen, die Aristoteles aufwirft, ehe er seinen eigenen Zeitbegriff vorstellt, finden sich bei Augustinus gleichfalls: Gehört die Zeit zum Seienden? Es scheint nein, da das Vergangene nicht mehr ist, das Zukünftige noch nicht, und da der Jetztpunkt allein möglicherweise ist, aber nicht mehr Zeit ist. Auch die Frage, ob und wie die isolierten Jetztpunkte eine Kontinuität bilden, war den Lesern oder Hörern von Augustinus her vertraut. Aber nun nimmt die Untersuchung des Aristoteles eine ganz eigene Wendung, und man versteht vor diesem Hintergrund, wovon Augustinus sich später abgrenzt, auch wenn er seinen großen Vorgänger konsequent verschweigt.

Es sind nur zwei Theorien über das Wesen der Zeit, die Aristoteles erwähnt, und er tut beide recht bündig ab (Phys. IV 10, 218a, Übers. Zekl): „Die einen sagen nämlich, sie sei die Bewegung des Alls, die anderen setzen sie gleich mit der Weltkugel selbst."[13] Aristoteles bezieht sich bei der ersten Ansicht auf Platon (Timaios 37 e), bei der zweiten auf die pythagoräische Schule.[14] Wenn Augustinus seine Ansicht an Beispielen gesprochener Versrede entwickelt, so leitet Aristoteles seine Auffassung aus einer umsichtigen Erörterung des Geschehens von Bewegung ab. Er denkt an allgemeine Wandelprozesse, wenn er von Bewegung spricht, nicht nur an die mechanische Bewegung von Körpern (vgl. Phys. IV 10, 218b, Übers. Zekl: „[..] dabei soll für uns im Augenblick kein Unterschied bestehen zwischen den Ausdrücken ‚Bewegung' oder

---

pythagoreische Zug im Zeitverständnis der Antike. In: Zeiterfahrung und Personalität. Hg. vom Forum für Philosophie Bad Homburg. Frankfurt 1992, S.13–33.
12 Vgl. Marquardt: Einheit der Zeit, S. 38–40.
13 Übersetzungen aus der ‚Physik' folgen, wenn nicht anders angegeben, der Ausgabe von Hans Günter Zekl: Aristoteles' Physik. Vorlesung über Natur. Übers., mit einer Einleitung und mit Anmerkungen hg. von Hans Günter Zekl, Bde. 1–2, Hamburg 1987.
14 Vgl. Marquardt: Einheit der Zeit, S. 56.

1. Der mittelalterliche Horizont theoretischen Nachdenkens

‚Wandel' "). Hier nun ist, so lautet seine berühmte Definition, Zeit „die Meßzahl von Bewegung hinsichtlich des ‚davor' und ‚danach' " (Phys. IV 11, 219b, Übers. Zekl). Natürlich sind ‚davor' und ‚danach' zeitliche Phänomene und außerhalb der Zeit nicht denkbar. Aber in den ‚Kategorien' gibt es bereits eine grundsätzliche Erwägung zum Zeitproblem, nämlich über das Wann (Kat. Kap. 2, 1a16ff.), das in der weiteren Ausführung als Früher und Zugleich beschrieben wird (Kat. Kap. 12, 14a26ff.).[15] Man muß vorab Zeitpunkte kennen können, auch ohne schon wesenhaft erfaßt zu haben, was Zeit ist – sonst wäre die Aristotelische Definition von Zeit zirkulär. Aristoteles räumt ein, daß man Zeit nur an der Bewegung erkennen könne, aber umgekehrt auch Bewegung nur an der Zeit; er hält diese Zirkularität für unaufhebbar (Phys. IV 12, 220b, Übers. Zekl: „Wir messen nicht bloß Bewegung mittels Zeit, sondern auch Zeit mittels Bewegung").

Was steckt in der Zeitdefinition des Aristoteles? Zeit ist zahlhaft, und sie ist eine Funktion der Bewegung, aber nicht die Bewegung selbst. Zahlhaft ist sie auch bei Augustin geblieben; die Bindung an die Bewegung hat Augustin verworfen. Aristoteles behauptet nicht, daß Zeit gezählt werden könne, sondern, daß Bewegungen sich zählen lassen und daß deren Zahl eben Zeit sei.[16] Damit entgeht er der Frage, wie das zwischen zwei Jetztpunkten Liegende (Phys. IV 11, 219b) ohne die Hilfe eines externen Parameters bestimmt werden könnte.[17] Sicher ist, daß die umfassendere, pythagoreische Bedeutung von ‚Zahl' in die Bestimmung einfließt. In diesem Sinn ist Zeit für Aristoteles nicht nur abgezählte Bewegung in einem mechanischen Sinn, sondern zudem grundsätzlicher die Deutung, die Einordnung der Bewegung vor dem Hintergrund möglicher Unterscheidung von Früher und Später.[18]

---

15 Vgl. Klaus Oehlers Kommentar zu beiden Stellen in der Ausgabe: Aristoteles. Kategorien. Übersetzt und erläutert von Klaus Oehler. Darmstadt 1984 (Aristoteles. Werke in deutscher Übersetzung I,1), S. 178–190, S. 278–283.
16 Klaus Held grenzt deshalb den Zahlbegriff des Aristoteles an dieser Stelle vom alltagsweltlichen ab. Vielmehr sei an „die gezählte Zahl" zu denken, „die ‚Anzahl' von etwas, das heißt eine Menge von gleichartigen Gegenständen [...]. Die Zeit einer Bewegung ist die Anzahl der jedesmal gleichen Bewegungen, die bei der Messung zum Vergleich herangezogen werden." Held: Zeit als Zahl, S. 15f.
17 Zum Verhältnis von Jetztpunkten und Zeitfluß bei Aristoteles vgl. auch Pekka Leiß: Die aristotelische Lehre von der Zeit. Ihre Aporien und deren Auflösung. Trier 2004 (Antike Naturwissenschaft und ihre Rezeption 5), S. 150–153.
18 Vgl. Günter Figal: Zeit und Identität. Systematische Überlegungen zu Aristoteles und Platon. In: Zeiterfahrung und Personalität. Hg. vom Forum für Philosophie

A. Allgemeine Semantik von Raum und Zeit

Diese Definition bringt Aristoteles erst recht ein Problem ein, das auch Augustin später zu schaffen macht: Gibt es eine einheitliche Zeit für alle und für alles, und wie läßt sich die Antwort begründen? Aristoteles bejaht die Existenz einer solchen einheitlichen Zeit. Seine Definition der Zeit als Zahl der Bewegung stellt ihn vor das Problem, ob es so viele Zeiten wie Bewegungen gibt. Die Frage wird zunächst aus der praktischen Erfahrung verneint. Bei der Lösung geht Aristoteles wiederum von der Verbindung von Zeit und Bewegung aus, und er sucht die allumfassende Zeit aus der allumfassenden Bewegung abzuleiten. Für die scheinbare Kreisbewegung des gestirnten Himmels um die Erde findet er zwei Argumente: das Vollkommenheitsargument, daß nämlich die gleichförmige Kreisbewegung die harmonischste Bewegungsform sei, die man finden könne; und das Überordnungsargument, wonach nichts bekannt sei, das die Bewegung des gestirnten Himmels noch umgreife (Phys. IV 14).

Ein Problem wird jedoch nicht explizit gelöst: das Verhältnis von Zeit und Seele. Man nennt die Formulierung des Widerspruchs, der den nachfolgenden Jahrhunderten und Jahrtausenden Rätsel aufgegeben hat, die aristotelische Zeitaporie. Sie steht im 14. Kapitel des 4. Buches, im letzten Abschnitt des Zeittraktates, und heißt übersetzt so: „Ob andrerseits, wenn es ein Bewußtsein (davon) nicht gäbe, die Zeit vorhanden wäre oder nicht, das könnte man wohl fragen: wenn das Dasein von jemand, der zählen kann, ausgeschlossen wäre, dann könnte auch unmöglich etwas sein, das gezählt werden kann, also dann klarerweise auch nicht Zahl; Zahl ist doch entweder das Gezählte oder das Zählbare. Wenn aber nichts anderes von Natur begabt ist zu zählen als das Bewußtsein (des Menschen), und von diesem (besonders) das Verstandesvermögen, dann ist es unmöglich, daß es Zeit gibt, wenn es Bewußtsein (davon) nicht gibt, außer etwa als das, was als Seiendes der Zeit zugrundeliegt, etwa wenn es möglich ist, daß es Veränderungsvorgänge ohne Bewußtsein davon gibt." (Phys. IV 14, 223a, Übers. Zekl). Nun ist alles offen. Kann es Zeit ohne zählenden Menschengeist geben?[19]

Bad Homburg. Frankfurt 1992, S. 34–56, bes. S. 43.; Böhme: Zeit und Zahl, S. 170–175.

19 Zur Problemgeschichte der Zeitaporie von spätantiken Kommentatoren über Thomas von Aquin bis zur modernen Diskussion vgl. Franco Volpi: Chronos und Psyche. Die aristotelische Aporie von Physik IV,14, 223 a 16–29. In: Enno Rudolph (Hg.): Zeit, Bewegung, Handlung. Studien zur Zeitabhandlung des Aristoteles. Stuttgart 1988 (Forschungen und Berichte der Evangelischen Studiengemeinschaft 42), S. 26–62.

Hier haben die Denker des 13. Jahrhunderts angesetzt. Sie besaßen, nachdem sie die ‚Physik' des Aristoteles kennengelernt hatten, zwei Modelle zur Auswahl: die Zeit von der zählenden Seele her zu begründen wie Augustin oder von der kosmischen Bewegung her wie Aristoteles. Auch an den Formulierungen der Definitionen zeigt sich, daß Augustin zur innerseelischen Zeit tendiert (Zeit ist die Zerdehnung des Geistes, Subjekt der Zeit ist also der Geist) und Aristoteles zur geistunabhängigen (Zeit ist die Zahl der Bewegung). Der Zweifel des Aristoteles war nicht, ob die Himmelsbewegung vom Menschengeist unabhängig sei. Dies hielt er für evident. Aber weil für ihn die Zeit nicht die Bewegung selbst war, sondern die Zahl der Bewegung, war er unsicher, ob es sie auch ohne menschliches Bewußtsein geben könne.[20] Für Augustin war das insofern kein Problem, weil er an einen Schöpfungsplan und Schöpfungshergang dachte, in dem Zeit eng limitiert, göttlich gemessen und überdies teleologisch auf den Menschen hin angelegt war.

1.1.3. Die Eingemeindung des Aristoteles in die Theologie[21]

Die ‚Physik' des Aristoteles ist in der Mitte des 13. Jahrhunderts mehrfach übersetzt und kommentiert worden, u.a. von Robert Grosseteste, Roger Bacon und Albertus Magnus.[22] Das war der Beginn einer breiten

---

20 Walter Mesch: Reflektierte Gegenwart. Eine Studie über Zeit und Ewigkeit bei Platon, Aristoteles, Plotin und Augustinus. Frankfurt 2003 (Philosophische Abhandlungen 86), S. 90 bringt den Unterschied zu Augustin auf die prägnante Formulierung: „Zeit ist für Aristoteles nicht *in* der Seele, sondern lediglich nicht *ohne* Seele, weil auch die Zahl nicht ohne *zählende* Seele sein kann."
21 Die Orientierung im folgenden Abschnitt folgt im wesentlichen Udo Reinhold Jeck: Aristoteles contra Augustinum. Zur Frage nach dem Verhältnis von Zeit und Seele bei den antiken Aristoteleskommentatoren, im arabischen Aristotelismus und im 13. Jahrhundert. Amsterdam/Philadelphia 1994 (Bochumer Studien zur Philosophie 21).
22 Einen Überblick über den Weg der ‚Physik' zur Bekanntheit in der lateinischen gelehrten Welt gibt Thomas Ricklin: ‚Unde Aristoteles in Physicis'. Elemente für eine Geschichte der Verbreitung der Physica des Aristoteles im lateinischen Westen zwischen 1140 und 1230. In: Ders.: Die ‚Physica' und der ‚Liber de causis' im 12. Jahrhundert. Zwei Studien. Freiburg (Schweiz) 1995 (Dokimion 17), S. 9–68. Zu diesen Texten vgl. Jeck: Aristoteles contra Augustinum, S. 206–273. Die relativ eigenständige Oxforder Kommentartradition wird nachgezeichnet von Cecilia Trifogli: Oxford Physics in the Thirteenth Century (ca. 1250–1270). Motion, Infinity, Place and Time. Leiden, Boston, Köln 2000 (Studien und Texte zur Geistesgeschichte des Mittelalters 72), S. 203–261.

Rezeption, in der die Zeittheorie eine bedeutende Rolle gespielt hat. Thomas von Aquin hat sich mehrmals zu diesem Problemkomplex geäußert, Heinrich von Gent hat mit dem Scharfsinn, der ihn auszeichnet, das Material und die Argumente zusammengetragen. Inzwischen war man nämlich gewohnt, in theologischen Fragen nicht nur Zeit und Ewigkeit begrifflich zu unterscheiden, sondern sogar dreistufig zu gliedern. Zeit (*tempus*) ist das Irdische und Vergängliche, Geschaffene und dem Menschen zugeordnet; unbegrenzte Dauer (*aevum*) ist das Geschaffene und Unvergängliche, den Engeln zugeordnet; und Ewigkeit (*aeternitas*) ist das Ungeschaffene und Unvergängliche und wird Gott zugeordnet. Ein jüngerer Zeitgenosse des Albertus Magnus, Dietrich von Freiberg, plädierte für die Einführung einer weiteren, übergeordneten Zeitstufe, der *superaeternitas*, die der Existenzform des Einen noch über dem Schöpfergott entspreche.[23]

Das Problem der Zeit war im 13. Jahrhundert ein Leitproblem und ein Bekenntnisort: Systematisch gesehen, mußte ein Theologe seine Meinung über den Rang der menschlichen Welt im Gefüge des Kosmos artikulieren, wenn er über Zeit sprach; mit Blick auf die Konkurrenz der Traditionen mußte er seine Position zum Aristotelismus und damit zum Problem von Glauben und Wissen, Philosophie und Theologie klarstellen. Die historische Zugehörigkeit zur Aristotelesrezeption[24] und damit zu einem Denksystem, das die Geltungsrechte etablierter Antworten bestritt, gibt der Diskussion über die Zeit eine Schärfe und Bedeutung, die sie aus sich selbst heraus in diesem Jahrhundert nicht hätte beanspruchen können.

Das Gespräch über die Zeit geht hin und her.[25] Niemand versucht ernstlich, die Augustinische Meinung zu verteidigen, sondern alle bemühen sich, den Zeitbegriff des Aristoteles mit seiner aporetischen Reflexion auf den zählenden Menschengeist zu harmonisieren. Der Zeitbegriff gibt Gelegenheit, sich tief auf die Argumentation der arabischen Kommentatoren einzulassen. Die Meinung neigt im 13. Jahrhundert so eindeutig der Aristotelischen Anschauung von der einheitlichen, objektiven Zeit zu, daß es geschehen kann, daß im Aristotelesverbot von 1277 durch den Pariser Bischof Stephan Tempier der Satz „Daß Dauer und Zeit nicht

---

23 Vgl. Niklaus Largier: Zeit, Zeitlichkeit, Ewigkeit. Ein Aufriß des Zeitproblems bei Dietrich von Freiberg und Meister Eckhart. Bern, Frankfurt usw. 1989 (Deutsche Literatur von den Anfängen bis 1700, Bd. 8), bes. S. 48–56.
24 Zur ‚Physik' in den Aristotelesverboten vgl. Ricklin: Unde Aristoteles, S. 57–68.
25 Vgl. Anneliese Maier: Scholastische Diskussionen über die Wesensbestimmungen der Zeit. In: Scholastik 26 (1951), S. 520–556.

in sich sind, sondern nur in der Anschauung" (*quod evum et tempus nichil sunt in re, sed solum in apprehensione*[26]) als 200. These verurteilt wird. Tempier sprach für die Gegner des Aristotelischen Denkens, für die Gegner der Anreicherung der Theologie mit Philosophie. Und er hielt eine Anschauung, die sich in Wirklichkeit ganz ähnlich bei Augustinus findet, für ablehnenswert und also für aristotelisch; das heißt, daß ihm und vielleicht seinem Beraterstab die Einheit der Zeit und ihre Unabhängigkeit vom denkenden Ich unmittelbar einleuchtete. Er fand das Aristotelische evident; dagegen kam ihm die augustinische These seltsam vor, also bezeichnete er sie als aristotelisch und setzte sie auf den Index.

Wenn es dennoch um 1300 eine Wiederannäherung an Augustinus gegeben hat, dann nicht mehr wegen der Mißliebigkeit des inzwischen gut angepaßten Aristotelismus, sondern wegen der inneren Schwierigkeiten der aristotelischen Zeitauffassung, deren Verständnis durch die arabischen Kommentatoren ebenso befördert wie, aus weltanschaulichen Gründen, erschwert wurde. Eines der meistdiskutierten Probleme während des 13. Jahrhunderts und am Anfang des 14. war das Einheit der Zeit. Es stellte sich den Kommentatoren der Aristotelischen ‚Physik' gleichsam von selbst. Gab es nach Aristoteles nicht soviel Zeiten wie Bewegungen? Oder, wenn die Zeit sich nur an die Himmelsbewegung knüpft: Scheiden die anderen Bewegungen als zeitlich zu messende aus, oder haben sie dieselbe Zahlhaftigkeit?

Die meisten Autoren des 13. Jahrhunderts halten an der Einheit der Zeit fest, auch wenn sie sie unterschiedlich begründen. Thomas von Aquin leitet die Einheit der Zeit wie Averroes, der wichtigste der arabischen Kommentatoren, von der natürlichen Erkenntnis der ersten Bewegung in allen anderen Bewegungen her: in allen Teilzeiten erkennt der verstehende Geist die eine Zeit.[27] Das hat zur Folge, daß das Sein der Zeit sich für ihn gleichsam teilt: Im Jetztpunkt hat die Zeit außerseelisches Sein, aber das Zeitkontinuum gibt es nur im Intellekt.[28] Bona-

---

26 Heinrich Denifle (Hg.): Chartularium Universitatis Parisiensis. Nachdruck der Ausg. Paris 1899, Brüssel 1964, Bd. I, n. 473, S. 554. Vgl. Jeck: Aristoteles contra Augustinum, S. 329.

27 S.th. I q. 10 a. 6: *Utrum sit unum aevum tantum.* In dieser Darstellung bin ich Anneliese Maier: Scholastische Diskussionen, S. 525–538 verpflichtet. Vgl. dies.: Die Subjektivierung der Zeit in der scholastischen Philosophie. In: Philosophia naturalis, Bd. 1 (1950–52), S. 361–398, hier besonders S. 369–384.

28 Thomas von Aquin: Commentaria in octo libros physicorum Aristotelis. Phys. IV lect. 23: *Solvuntur dubitationes circa existentiam et unitatem temporis.* Vgl. Maier: Subjektivierung der Zeit, S. 378.

ventura leitet die Einheit der Zeit von der Einheit der Materie ab.[29] Roger Bacon lehrt, daß es nur eine Zeit geben kann, weil die Zeit als Dimension einzigartig und ohne Ausdehnung sei, folglich nicht mehrere Zeiten nebeneinander bestehen könnten.[30] Im Unterschied zu allen diesen Lehrern hat der radikale franziskanische Denker Petrus Johannes Olivi die Einheit der Zeit eigentlich aufgegeben, auch wenn er sich von seinem eigenen Denkergebnis im Hinblick auf den *consensus omnium* wieder distanziert hat. Er vertrat die Auffassung, daß es soviel Zeiten gäbe wie seiende Wesenheiten (*tot tempora quot existentiae*); die Einheit der Zeit sei eine reine Ordnungsvorstellung des menschlichen Geistes.[31]

In der großen philosophischen Debatte, die das 13. Jahrhundert über Zeit führt, wird, wie der Überblick zeigen sollte, die intramentale Zeitauffassung des Augustinus durch die extramentale des Aristoteles verdrängt (was, nebenbei bemerkt, eine der Voraussetzungen für die Ausbildung einer physikalischen Naturwissenschaft ist); es wird immer wieder diskutiert, ob es nur eine einzige Zeit gibt oder vielmehr eine Pluralität von Zeiten.

Am Rande dieser Auseinandersetzungen wurde um eine andere Position gerungen, die ebenfalls von griechischen Vorbildern herrührte, aber nicht aristotelisch war, ja von Aristoteles (im 6. Buch der ‚Physik') ausdrücklich abgelehnt wurde: die korpuskulare Zeitauffassung, die von Zeitatomen[32] ausging. Dabei stand die Kontinuität der Zeit in Frage.[33]

---

29 Bonaventura: In II Sent. dist. 2 p.1 a.1 q.2: *Utrum omnium aeviternorum sit unum aevum.* Vgl. Maier: Scholastische Diskussionen, S. 526.
30 Roger Bacon: Communia naturalia pars III, cap. 6 (Opera inedita fasc. III, ed. Robert Steele, Oxford 1911, S. 158ff.); Roger Bacon: Questiones supra libros octo Physicorum Aristotelis, lib. IV, cap. De tempore (Opera inedita fasc. XIII, edd. Ferdinand M. Delorme, Robert Steele, Oxford 1935, S. 257ff.); vgl. Maier: Scholastische Diskussionen, S. 527–531.
31 Petrus Iohannes Olivi: Quaestiones in secundum librum sententiarum. Ed. B. Jansen. Quaracchi 1922–26; Sent. II, q. 10: *An sint plures durationes rerum*, S. 188–196. Vgl. Maier: Scholastische Diskussionen, S. 534–538.
32 Zum Atomismus im Mittelalter grundlegend: Bernhard Pabst: Atomtheorien des lateinischen Mittelalters. Darmstadt 1994; dadurch quellenkundlich überholt, aber für den Überblick nach wie vor nützlich: Kurd Lasswitz: Geschichte der Atomistik vom Mittelalter bis Newton. Bd. 1: Die Erneuerung der Korpuskulartheorie. Unveränd. Nachdruck der Ausg. Hamburg/Leipzig 1890, Darmstadt 1963.
33 Meine Darstellung orientiert sich im wesentlichen an Bernhard Papst: Zeit aus Atomen oder Zeit als Kontinuum – Aspekte einer mittelalterlichen Diskussion. In: Trude Ehlert (Hg.): Zeitkonzeptionen – Zeiterfahrung – Zeitmessung. Statio-

1. Der mittelalterliche Horizont theoretischen Nachdenkens 21

Aristoteles hatte, wie erst im Laufe des 13. Jahrhunderts bekannt wurde, die Kontinuitätsfrage von vornherein für Zeit und Raum gemeinsam gestellt, weil er die mechanische Bewegung zum Muster und Entscheidungskriterium wählte (Phys. VI 1, 231a ff.). Nun führt er im Gedankenexperiment vor, wie in jeder (geradlinig und gleichförmig gedachten) Bewegung eine weitere Teilbewegung implizit enthalten ist und selbständig ausgeführt werden könnte, eine Teilbewegung, die kürzer dauert und weniger an Strecke zurücklegt. Mit diesem Argument der fortgesetzten Teilbarkeit wendet er sich gegen das Zeit- und das Raumatom.

Nun gab es aber für die mittelalterliche Wissenschaft, die diese Lehre rezipierte, seit alters her Wissenschaften, die von einer kleinsten Zeiteinheit ausgingen und daraus zahlhafte Harmonievorstellungen entwarfen: die Metrik mit ihrem Begriff der kleinsten Zeiteinheit (*mora*) und die Musik, die ihre Rhythmik auf dieselben Begriffe gründet.[34] Beide waren, besonders über Augustinus (besonders ‚Confessiones' XI und ‚De musica'), durchaus mit der physikalisch-philosophischen Diskussion über das Zeitproblem verbunden. Von Augustinus aus gelangte die Vorstellung von der kleinsten Zeit zu Isidor (‚Origines', Buch 13) und in die Zeitrechnungsschrift ‚De computo' des Hrabanus Maurus.[35] Damit standen für die Theoriediskussion des 13. und 14. Jahrhunderts zwei gleichermaßen vernünftige und bewährte, aber einander widersprechende Annahmen über den Aufbau und die Kontinuität von Zeit gegenüber, wobei sich für die Generationen vor der Aristotelesrezeption der Gegensatz weniger scharf präsentierte als für die folgenden.[36] Den wegweisenden Impuls zur denkerischen Vermittlung der beiden Ansichten könnte der möglicherweise auf Albertus Magnus zurückgehende[37] Begriff des fortschreitenden Kontinuums (*continuum successivum*) gegeben haben. Er erkennt im Nachvollzug der Aristotelischen Gedanken deren Richtigkeit

---

    nen ihres Wandels vom Mittelalter bis zur Moderne. Paderborn u.a. 1997, S. 80–102.
34 Darüber handelt Augustinus in seiner Schrift ‚De musica', vgl. Adalbert Keller: Aurelius Augustinus und die Musik. Untersuchungen zu ‚De musica' im Kontext seines Schrifttums. Würzburg 1993 (Cassiciacum 44), S. 93–103.
35 Vgl. Papst: Zeit aus Atomen, S. 82f.
36 Ebd., S. 56. Papst weist in dieser Hinsicht auf Abälard hin, der in Dialectica II,2 (ed. L. M. de Rijk, 2. verb. Aufl. Assen 1970) unter den einfachen Quantitäten auch den Moment nennt.
37 So als Hypothese im Hinblick auf den Physikkommentar (6. Buch) bei Pabst: Zeit aus Atomen, S. 95.

an, schränkt aber den Geltungsbereich ein, indem er festhält, daß es für die Zeitteilung keinen festen Standpunkt gibt, sondern nur einen ständig vorrückenden Punkt, auf dem der Beobachter im Zeitlauf steht.

1.2. Umrisse des mittelalterlichen Denkens über den Raum

1.2.1. Antike Wurzeln: Platon und Aristoteles

Platonisches Gedankengut hat im mittelalterlichen Denken vor allem durch die Vermittlung neuplatonischer Schriften weitergewirkt: Augustin benutzt häufig neuplatonische Denkfiguren, der ‚Liber de causis‘ genoß höchstes Ansehen, wenn er auch bis in die Mitte des 13. Jahrhunderts Aristoteles zugeschrieben wurde, und vor allem Dionysius Areopagita schuf dem philosophischen Nachdenken über das Eine eine Heimat im theologischen Diskussionsrahmen. Von Platon[38] hatte die mittelalterliche Geisteswelt ein einigermaßen verzerrtes Bild; er galt eher als Naturphilosoph, weil bis zur Mitte des 12. Jahrhunderts nur ein Stück des ‚Timaios‘ bekannt war. In diesem Dialog finden sich die Reflexionen über den Raum, und glücklicherweise gerade im erhaltenen Teil (48–53). Die im Mittelalter kursierenden Handschriften mit der Übersetzung des Chalcidius enden meist mit 53d, also unmittelbar nach den Erörterungen über den Raum. So verkürzt hat den Dialog noch Nikolaus von Kues gelesen.[39]

Im ‚Timaios‘ erklärt Sokrates seinen Gesprächspartnern im Nachdenken über die Entstehung der Welt, daß es neben dem reinen, unwandelbaren Sein der Ideen und dem Werden der wirklichen Dinge ein Drittes

---

38   Eine knappe, präzise Zusammenstellung der Raumtheorie des Platon bietet Alexander Gosztonyi: Der Raum. Geschichte seiner Probleme in Philosophie und Wissenschaften. Bd. 1, Freiburg, München 1976 (Orbis academicus I,14), S. 77–89. Vgl. auch Kyung Jik Lee: Platons Raumbegriff. Studien zur Metaphysik und Naturphilosophie im ‚Timaios‘. Würzburg 2001 (Epistemata 276), S. 126–149; Filip Karfík: Die Beseelung des Kosmos. Untersuchungen zur Kosmologie, Seelenlehre und Theologie in Platons Phaidon und Timaios. Leipzig u.a. 2004 (Beiträge zur Altertumskunde 199), S. 152–160.

39   Vgl. Raymond Klibansky: The Continuity of the Platonic Tradition during the Middle Ages. I. Outlines of a Corpus Platonicum Medii Aevi. 3. Aufl. London, München 1981, S. 28f.; zu Nikolaus von Kues vgl. Detlef Thiel: Chóra, locus, materia. Die Rezeption des platonischen Timaios (48a–53c) durch Nikolaus von Kues. In: Jan A. Aertsen, Andreas Speer (Hgg.): Raum und Raumvorstellungen im Mittelalter. Berlin, New York 1998 (Miscellanea Mediaevalia 25), S. 52–73, hier S. 56.

gebe, das das Werden beherberge. Dieses Dritte ist der Raum, χώρα: „Es gebe Seiendes, Raum und Werden, drei verschiedene Dinge, sogar noch bevor der Himmel entstand" (Tim. 52d, Übers. Müller/Widdra).[40] Der Raum ist der leere Rahmen und damit die Voraussetzung dafür, daß es zwischen dem, was im strengen platonischen Sinn ist, nämlich dem Reich der Ideen, und dem, was nicht ist, überhaupt eine Begegnung geben kann, nämlich das Werden. Und umgekehrt: Weil es eine Welt gibt, in der der Wandel herrscht, das reine Sein aber unveränderlich ist, muß man annehmen, daß das Werden nicht einfach ein Übergang vom Nichtsein zum Sein ist, der das Nichtsein aufhebt, sondern eher eine komplizierte Mischung aus beidem, eine Anreicherung des Nichtseienden mit Sein. Der Raumbegriff bezeichnet zu diesem Resultat den gedachten Ursprung. Raum ist gleichsam der ontologisch leere Bauplatz der Welt, die ideelle Stelle für das Nichtsein; an einem solchen Ort *ist* das Nichtsein paradoxerweise, und aus diesem Sein des Nichtseins entsteht Werden. Platon hebt hervor, daß der Raum ewig ist, nicht sinnlich wahrnehmbar und auch denkender Erschließung kaum zugänglich: „[...] eine dritte Art sei ferner die des Raumes, immer seiend, Vergehen nicht annehmend, allem, was ein Entstehen besitzt, einen Platz gewährend, selbst aber ohne Sinneswahrnehmung durch ein gewisses Bastard-Denken erfaßbar, kaum zuverlässig" (Tim. 52a/b Übers. Müller/Widdra). Von der Höhe dieses abstrakten Raumbegriffs steigt Platons Sokrates sodann wieder herab in die Niederungen der räumlichen Organisation und der Wahrnehmung von Wirklichkeit: Die „Amme des Werdens", als die er den Raum bezeichnet, „erscheine, wenn sie verflüssigt und wenn sie entzündet werde und wenn sie die Gestaltungen der Erde und Luft in sich aufnehme sowie alle damit verbundenen Zustände erfahre, als mannigfaltig anzuschauen" (Tim. 52d/e, Übers. Müller/Widdra).

Was Aristoteles anlangt, so gehörte der Raum offenkundig nicht zu den Gegenständen, denen er bevorzugtes Interesse beimaß.[41] Er hat sich hierüber eher beiläufig und zum Teil auch widersprüchlich geäußert. Für

---

40 Die übersetzten Zitate folgen, wo nicht anders vermerkt, der von Klaus Widdra bearbeiteten Übersetzung von Hieronymus Müller in der Ausgabe: Platon. Werke in acht Bänden. Griechisch und deutsch. Hg. von Gunther Eigler. Bd. 7: Timaios. Kritias. Philebos. 3. Aufl. Darmstadt 2001.
41 Hans Günter Zekl: Topos. Die aristotelische Lehre vom Raum. Eine Interpretation von Physik, Δ 1–5, Hamburg 1990 (Paradeigmata 10), S. 11–14 merkt das relative Zurückbleiben dieses Themas gegenüber der Durchdringung anderer in den Augen von Zeitgenossen und Nachwelt an und weist auf die Verbesserungsbemühungen von Freunden und Schülern des Aristoteles hin.

die spätere mittelalterliche Rezeption erwuchs daraus ein Problem, aber auch eine Aufgabe. Denn in der Kategorienschrift, die seit dem frühen Mittelalter zum Kanon jeder Schule gehört, schlägt Aristoteles (im 4. Kapitel) vor, nach zwei unterschiedlichen räumlichen Organisationsformen des Erkenntnisobjekts zu fragen. Das hat einen Eigenwert für das Raumproblem, denn immerhin beschäftigen sich zwei von insgesamt 10 Kategorien mit der Erfassung des Räumlichen. Um es an einem einfachen Beispielsatz zu erklären: In „Der Kaiser sitzt auf dem Thron" wäre ‚auf dem Thron' die Angabe des Wo (*ubi*), also die Einordnung in einen größeren Raum, in dem man eine Position messen und orten kann, während ‚sitzt' die Lage (*situs*) angeben würde. Mit dieser Kategorie bezeichnet Aristoteles hier eine wesentliche räumliche Organisation oder Anordnung des Erkenntnisobjektes selbst.[42] Doch bewegt sich das Denken und Analysieren nach diesen zwei Leitfragen grundsätzlich im Bereich menschlicher Erfahrbarkeit, während die metaphysische Dimension, die Platon im ‚Timaios' erreicht, nicht mitgemeint scheint.

In der ‚Physik' hingegen scheint sie kurz auf, wird aber alsbald wieder verlassen. Im dritten Buch klärt Aristoteles den ontologischen Status des Raumes: Der Raum hat kein eigenes Sein und ist immer Akzidens, er ist nicht, sondern ist an und im Seienden, weshalb Aristoteles seine Erörterungen immer an Körper zurückbindet. Das führt ihn dazu, das Unbegrenzte (ἄπειρον) zu leugnen, da Unbegrenztes als Raumphänomen nur an Körpern sein könne, aber neben einem unbegrenzten Körper nichts anderes sein könne (Phys. III 5, 204b). Am Anfang des 4. Buches (IV 1, 208a) überlegt Aristoteles, daß ein Körper nicht gleichzeitig an derselben Stelle sein könne wie ein anderer, daß auch Luft sich in diesem Sinne körperlich verhalte, daß es schließlich natürliche Raumorientierungen oder Raumlagen zu geben scheine, weil Feuer steigt und schwere Dinge fallen (IV 1, 208b). Diesen objektiven Raumorientierungen stellt er die subjektiven des Menschen gegenüber: „Für uns sind sie [die Raumanordnungen, im Vergleich zu steigenden oder fallenden Dingen] ja nicht immer gleich, sondern ergeben sich je nach Lage, so wie wir uns wenden – deshalb kann ein und dasselbe oftmals rechts und links und oben und unten und vorn und hinten sein – in der Natur dagegen ist ein jedes davon klar für sich abgegrenzt. Denn ‚oben' ist nicht eine beliebige Stelle, sondern (liegt) dort, wohin Feuer und das Leichte sich bewegt"

---

[42] Die Kommentartradition findet deshalb seit Simplicius das Beispiel der Himmelskörper, das bei Aristoteles selbst nicht vorkommt, vgl Oehler: Aristoteles: Kategorien, S. 267.

1. Der mittelalterliche Horizont theoretischen Nachdenkens 25

(Phys. IV 1, 208b, Übers. Zekl). Nun wird erwogen, ob der Raum schlechthin mit der Leere identisch sei, mit dem, was an Räumlichem bleibt, wenn das Körperliche daraus abgezogen wird. In diesen Erwägungen wird der Raumbegriff τόπος (der Ort) benutzt: „Weiter, diejenigen, die behaupten, daß es Leeres gibt, sprechen damit auch das Dasein von Ort aus; ‚leer' läßt sich ja wohl nur so bestimmen: ‚Ort, aus dem Körper herausgenommen ist'. – Daß also Ort etwas neben den Körpern selbständig Vorkommendes sein muß und daß jeder wahrnehmbare Körper an einem Ort ist, das möchte man infolgedessen annehmen" (Phys. IV 1, 208b, Übers. Zekl). Diese Annahme scheint hier im ersten Kapitel noch möglich und meint den absoluten Raum, der alle anderen umschließt; sie wird aber als allgemeine Aussage später im 6. Kapitel (Phys. IV 6, 213a) damit widerlegt, daß ein leerer Raum in Abwesenheit jedes Körpers nicht Voraussetzung der Bewegung sein könne (von der wiederum die Zeit abhängt). Indem der Leere das Sein abgesprochen wird, bleibt ein abstrakter Raumbegriff (Raum als Idee) ausgeschlossen: Raum ist für Aristoteles immer gefüllter Raum, weshalb der Begriff der Grenze, der auch in diesem Buch der ‚Physik' eingeführt und erörtert wird, fest zu dem des Raumes gehört. Folgerichtig nimmt Aristoteles an, daß auch der größte bekannte Raum, das Weltganze, eine Grenze habe.

Im zweiten Kapitel des 4. Buches setzt sich Aristoteles mit Platons ‚Timaios' auseinander, den er ausdrücklich nennt. Dessen These zum Raum (der χώρα mit ihrer ontologischen Erklärung als Bedingung des Werdens) bringt Aristoteles, der auf den eher physikalischen τόπος hin denkt, auf die Formel, daß Stoff und Raum dasselbe seien, wobei er Platon so verstanden hat, wie er selbst Stoff und Form auffaßt: Der aristotelische Stoff bedeutet die reine Möglichkeit. Aristoteles verwischt die Grenze zwischen dem Raumkonzept des ‚Timaios' und seinem eigenen, eher physikalischen, indem er eine sachliche Identität unterstellt, die schon bei Platon zu finden sei („gleichwohl bestimmte er [Platon] ‚Ort' und ‚Raum' als dasselbe", Phys. IV 2, 209b, Übers. Zekl).[43] Er kommt aus diesem verwandelnden ‚Timaios'-Verständnis zu dem Schluß, daß Raum eine Art Behälter sein müsse und weder Stoff noch Form: Umgreifendes sei nicht Stoff, vom seienden Gegenstand Lösbares sei nicht Form (Phys. IV 2, 209b).

---

43 Zekl: Topos, S. 107 paraphrasiert 209b, 15f. als „Dennoch, die objektive Identität zwischen dem, was *Platon* unter ‚*Raum*', und was ich, Aristoteles, unter ‚*topos*' verstehe, bleibt."

Im dritten und vierten Kapitel erörtert Aristoteles den Raumbegriff unter verschiedenen Gesichtspunkten, ausführlicher unter dem der Bewegung, der später in der Frage nach dem allumfassenden Raum und seinem Verhältnis zu den Gestirnen wieder aufgenommen wird (Phys. IV 5, 212a und VIII 9, 265b[44]). Im 5. Kapitel wird die Behälter-Vorstellung weitergeführt und Raum als eine Art Hohlform des materiellen Körpers definiert, als seine Grenze *ex negativo*, also von dem aus, was nicht zum Körper gehört: „Aus diesem Grund scheint Ort zu sein a) eine gewisse Form von Fläche, b) so etwas wie ein Gefäß, c) ein Umfassendes. Außerdem: Zugleich mit und bei dem Ding ist Ort; zugleich mit und bei dem Begrenzten sind die Grenzen" (Phys. IV 5, 212a, Übers. Zekl).

Aristoteles unterscheidet in der ‚Physik' terminologisch nicht zwischen Ort und Raum (τόπος und χώρα), weil er auch den Raum in erster Linie unter dem Gesichtspunkt des Ortes betrachtet; die Abstraktion, die Platon im ‚Timaios' erreicht hatte, gerät so außer Sichtweite. Doch sind seine Betrachtungen über den Raum sehr aspektreich und, was das denkende Erschließen der lebensweltlichen Raumerfahrung anbelangt, für die spätere Tradition eine Fundgrube. Die Setzungen des Aristoteles, Kontinuität des Raumes und Unbeweglichkeit, haben Nachwirkungen bis in die moderne Philosophie und Physik.[45]

1.2.2. Mittelalterliche Aneignung und neue Themen

Ähnlich wie für das Zeitphänomen waren auch hinsichtlich des Raumes die Denkvoraussetzungen des Mittelalters anders, als man vom Standpunkt der Chronologie und der heutigen Werkausgaben in ihrer prinzipiellen Verfügbarkeit annehmen könnte. Das Nachdenken über den Raum findet für das mittelalterliche Denken vor allem unter den Stichworten *ubi* (das Wo), locus (Ort) und *situs* (Lage) statt. Mit dem ersten, dem *ubi*, wird die Tradition der Rhetorik aufgerufen, in der *ubi* zu den Fragen gehört, die sich der Redner vergegenwärtigen solle, um einen Sachverhalt wirkungsvoll, angemessen und vollständig wiederzugeben. Das *ubi* ist aber auch das Übersetzungswort für das ποῦ, das Wo, das Aristoteles in der Kategorienschrift neben der Kategorie der Lage (lat.

---

44 Vgl. Gosztonyi: Der Raum, Bd. 1, S. 97f.
45 Zum Überblick vgl. Gosztonyi, Der Raum, Bd. 1, S. 90–110; Hans Günter Zekl: Raum I: Griechische Antike. In: Historisches Wörterbuch der Philosophie. Bd. 8, Sp. 67–82.

situs, gr. κεῖσθαι) einführt. Die Kategorien sind Grundmustern des Denkens auf der Spur; weil nun der griechische Logos so gedacht ist, daß er einerseits die Seite der Sprache, andererseits aber die der reinen Idee umfaßt, orientiert sich die abendländische Logik und Metaphysik seit über 2000 Jahren traditionell, zumindest mittelbar, an der griechischen Sprache. Für das ποῦ bzw. *ubi* bedeutet das den Zusammenfall zweier Traditionen, der rhetorischen und der logisch-metaphysischen.

Der Begriff *locus* ist nicht nur als Schnittpunkt in einem mehrdimensionalen Koordinatensystem gedacht (der beispielsweise *situs* oder *positio* heißen könnte), sondern in sich selbst räumlich. Das hat wiederum einen Grund in einer alten Übersetzungstradition, denn lat. *locus* ist das Übersetzungswort für gr. τόπος, das Substantiv, das Aristoteles in der Kategorienschrift im 6. Kapitel bei der Erklärung des ποῦ, des Wo, verwendet, wenn er den Raum (wie die Zeit) als kontinuierliche Quantität bestimmt. In diesem Sinn ist *locus* also seit Boethius geläufig. Zum Begriff *locus* gehört nicht nur das Kriterium der Auffindbarkeit, sondern auch die Vorstellung der Erstreckung, also des Raumgreifens und Raumbesetzens, was zusammen die Bedeutung ‚endlicher Raumausschnitt' für *locus* ergibt.

Der Begriff des *situs* schließlich ist in die lateinische Fachsprache der Gelehrsamkeit ebenfalls von Boethius als eine der 10 Kategorien des Aristoteles eingeführt worden. Die Begrifflichkeit der Lagebeziehungen in der Kategorienschrift ist kompliziert. Sie hängt einerseits mit dem unter der Quantität verhandelten Kontinuitätsproblem zusammen: Kontinuierlich – wie der Raum – ist eine Quantität, dessen Teile ihre Grenze gemeinsam haben, diskontinuierlich – wie eine Zahlenmenge – ist eine Quantität, in der die Grenzen getrennt sind (Kat. 6, 4b–5a). Andererseits werden die Lagebeziehungen als herausgehobene Erkenntnisidee behandelt und auf Dinge bezogen, deren Wo-Sein vom Standpunkt des Menschen zu ihrem Begriff gehört, zum Beispiel auf Himmel und Sterne. Die erste Art der Lage, das Zueinander-Liegen, gehört aber zur Relation, das zweite, das Für-sich-Liegen, ist eine Kategorie. Hier gibt es im Griechischen Inkonsequenzen und terminologische Verwirrung (θέσις im 6. Kapitel, κεῖσθαι im teilweise unechten Kapitel 9)[46], die lateinische Kommentartradition und gelehrte Raumreflexion bemüht sich stärker um Eindeutigkeit. Das beginnt mit Boethius selbst, der in Übersetzung und Kommentar regelmäßig *locus* schreibt, wenn er das Problem der Konti-

---

46 Vgl. den Kommentar in: Oehler: Aristoteles: Kategorien, Anmerkungen S. 153–292, bes. S. 231f. zu Kap. 6 und S. 267 zu Kap. 9.

nuität des Raumes behandelt, das in der Kategorienschrift unter den Begriff der Quantität fällt (Kategorien Kap. 6, 5a, 6–14[47]); dagegen verwendet er *situs* und *positio* für die innere räumliche Organisation eines Objekts, sein Liegen oder Stehen beispielsweise,[48] *ubi* für die Lage eines Objekts im umliegenden Raum, die er durch ein ontologisches Kriterium, das Da-Sein, eigens noch einmal vom aristotelisch zur Quantität gehörenden Ort (*locus*) abgrenzt.[49]

Von den ‚Kategorien' aus wird die innere räumliche Organisation eines Dinges in einer anderen Perspektive beschrieben als die Lage dieses Dinges in einem schon vorgängig vorhandenen Raum. Unter dem Gesichtspunkt der Eigenschaften eines Dings, die dem Messen und Zählen zugänglich sind (der Quantität), erweist sich der Raum als besonderes Phänomen, weil er kontinuierlich ist, zwar begrenzbar (und bei Aristoteles immer begrenzt), aber nicht distinkt segmentierbar wie eine Menge aus natürlichen Zahlen. Die Frage nach der Kontinuität des Raumes ist für ein theologisch-philosophisches Weltbild besonders wichtig, weil sie über die Abbildung nichterfahrener und nichterfahrbarer Räume mitentscheidet. Zum Beispiel muß die Grenze, die einen Teil eines nichtdi-stinkten Kontinuums abtrennt, per se immer auch schon zum Außen gehören, was die Ansicht des Aristoteles von einer äußersten Weltgrenze (Phys. IV 6, 213b, De caelo I, 9, 279a) von seinen eigenen Voraussetzungen aus fraglich macht. Vom sich bewegenden Menschen aus läuft die Frage nach der Kontinuität des Raumes auf ein ähnliches Subjektivitätsproblem hinaus, wie die Augustinische Zeitauffassung es stellt: Gibt es Raum nur entlang der Bewegung der Körper, wo Lage sich ändert und erfahren wird, oder darf Raum auch noch in sehr weiter Entfernung – und wie weit eigentlich, ohne in das Leere zu münden? – von jedem Körper und jedem sich bewegenden Menschen angenommen werden?

Mit der Rezeption der ‚Physik', die man seit dem ersten Drittel des 13. Jahrhunderts, vorzugsweise in Paris und Oxford, kommentierte,[50] wurde die Problemlage zunächst unübersichtlicher. Zum Beispiel kom-

---

47 Boethius: In Categorias Aristotelis, PL 64, Sp. 205–206.
48 Ebd., PL 64, Sp. 262 B– 263 A.
49 *Non est autem idem tempus, et quando, nec ubi et locus, sed proposito prius loco si qua res in eo sit posita, ubi esse dicitur.* PL 64, 263 A.
50 Vgl. Bernard G. Dod: Aristoteles latinus. In: Norman Kretzman u.a. (Hgg.): The Cambridge History of Later Medieval Philosophy. From the Rediscovery of Aristotle to the Disintegration of Scholasticism 1100–1600. Cambridge 1982, S. 45–79, hier S. 48–53 .

plizierte sich das Kontinuitätsproblem dadurch, daß Aristoteles in der ‚Physik' (III 7, 207b) behauptet hatte, es gebe im Kontinuum ortsfeste und unteilbare Punkte nur der Möglichkeit nach, also im Sinne der Stoff-Form-Lehre von der Materie aus.[51] Auch wenn das eine logische Konsequenz aus der akzidentiellen Seinsweise alles Räumlichen ist, die Aristoteles lehrt, so begrenzt es den Gedanken des Kontinuums doch im Sinne eines relativen Raumtunnels zwischen zwei seienden Dingen; das Kontinuum ist dann nicht vorgängig da, ehe Dinge sich in den Raum einordnen lassen. Das ist ein Raumzusammenhang, in dem Gott und Engel keinen Platz haben. Thomas stellt es anders dar: Die Omnipräsenz Gottes[52] fordert ein räumlich interpretierbares, aber unkörperliches[53] und rein gedankliches Kontinuum. Die unkörperlichen Engel bewegen sich gleichsam in Gedankensprüngen in einer kontinuierlichen Überzeit, die nicht mit der irdischen Zeit identisch ist. Sie bewältigen den übersinnlichen kontinuierlichen Gedankenraum, ohne ihn analog zur körperlichen Bewegung zu durchmessen. Ihre Bewegung vollzieht sich im Nu, vom menschlichen Standpunkt sprunghaft. Dann kann der reine Ideen- oder Gedankenraum nicht diskontinuierlich sein, weil sonst solches spontanes Wiedereinsetzen eines göttlichen Gedanken an anderer Stelle der Schöpfung unmöglich wäre. Für die menschliche Fassungskraft erscheint es als

---

51 „Aus gutem Grund ist es aber auch so, daß es bei der Zahl in Richtung auf das Kleinste eine Grenze gibt, in Richtung auf das Mehr aber immer jede Anzahl noch übertroffen werden kann; bei den (Raum)-Größen ist es umgekehrt: in Richtung auf das ‚kleiner' wird jede Größe unterschritten, in Richtung auf das ‚größer' aber gibt es keine unbegrenzte Größe" (Übers. Zekl).
52 Dazu S. th. I q. 8 a. 3: *Utrum Deus sit ubique per essentiam, praesentiam et potentiam.*
53 Die Omnipräsenz Gottes ist nach Petrus Lombardus Sent. I, d. 37, c. 5f. nicht eingrenzbar, also nicht im physikalisch-aristotelischen Sinne räumlich; andererseits ist das *Ubi* in der Ubiquität nur räumlich zu denken, was durch die räumliche Abstraktion ohne die Anbindung an Körper möglich wurde: (*Quod Deus est interior et exterior, antiquior et novior omnibus) Cum ergo tale aliquid agit, non debemus opinari eius substantiam, quae Deus est, temporibus locisque mutabilem, sive per tempora et loca mobilem, cum sit ipse et interior omni re, quia in ipso sunt omnia; et exterior omni re, quia ipse est super omnia; et antiquior omnibus, quia ipse est ante omnia; et novior omnibus, quia ipse idem est post omnia, scilicet post omnium initia. - Ecce hic aperte ostenditur quod nec locis nec temporibus mutatur vel movetur Deus; spiritualis autem creatura per tempus movetur, corporalis vero etiam per tempus et locum.* Sent. I, d. 37, c. 6, 3. Vgl. dazu Markus Enders: Zur Begriffsgeschichte der Allgegenwart und Unendlichkeit Gottes im hochmittelalterlichen Denken. In: Aertsen/Speer (Hgg.): Raum und Raumvorstellungen, S. 335–347, bes. S. 342f.

Auftauchen an einem bestimmten Ort, also an einem distinkten Raumpunkt (S. th. I q. 53 a. 3).[54]

Insgesamt paßte die physikalische Grundorientierung der Aristotelischen Raumlehre (gegenüber der metaphysischen Platons) durchaus gut ins etablierte theologisch-philosophische Denkraster von Schöpfung und innerweltlichen Kausalitäten: Das betraf auch und insbesondere die räumliche Endlichkeit der Welt. Bei einem der großen Enzyklopädisten des 12. Jahrhunderts, Honorius Augustodunensis (ca. 1080–ca. 1137), las man über die Form der Welt, daß man sie sich vorzustellen habe wie ein Ei, mit einer Grenze, die mit der Schale verglichen wird.[55] Mit Aristoteles und seinem Begriff der Grenze ließ sich diese Lehre gut stützen und modernisieren,[56] insbesondere im Hinblick auf die Stufung der Himmel, von denen biblisch (z.B. 2. Cor. 12,2: *usque ad tertium caelum*) offenbar mehrere anzusetzen waren; Thomas von Aquin hat über die räumliche Organisation der Himmel im ersten Buch der theologischen Summe (I q. 68 a. 4)[57] in Auseinandersetzung mit Aristoteles ‚De caelo' nachgedacht.[58]

Was die Begrifflichkeit anbelangt, so hatte schon Boethius begonnen, die lateinischen Termini gegenüber ihren sich wechselseitig überschnei-

---

54 S. th. I q. 53 a. 3: *Utrum motus angeli sit in instanti.*
55 Honorius Augustodunensis: De imagine mundi, PL 172, Sp. 121 A: *Mundus dicitur quasi undique motus, est enim in perpetuo motu. Huius figura est in modum pilae rotunda. Sed instar ovi elementis distincta. Ovum quippe exterius testa undique ambitur, testae albumen, albumini vitellum, vitello gutta pinguedinis includitur. Sic mundus undique coelo, ut testa, circumdatur, coelo vero purus aether ut album, aetheri turbidus aer, ut vitellum, aeri terra, ut pinguedinis gutta includitur.*
56 Die antiken Gegenargumente, die darauf hinauslaufen, daß die Grenze des Weltalls nicht vernünftigerweise als Grenze jeder Bewegung begründet werden kann (fliegende Lanze des Lukrez, ausgestreckte Hand des Simplikios), sind in der zweiten Hälfte des 13. Jahrhunderts und im 14. reich diskutiert worden, vgl. dazu Jürgen Sarnowsky: ‚Si extra mundum fieret aliquod corpus...'. Extrakosmische Phänomene und die Raumvorstellungen der „Pariser Schule" des 14. Jahrhunderts. In: Aertsen/Speer (Hgg.): Raum und Raumvorstellungen, S. 130–144.
57 S. th. I q. 68 a. 4: *Utrum sit unum caelum tantum.*
58 Albertus Magnus verfährt in seinem Kommentar zu ‚De caelo' und der ‚Physik' ähnlich, vgl. Henryk Anzulewicz: Perspektive und Raumvorstellung in den Frühwerken des Albertus Magnus. In: Aertsen/Speer (Hgg.): Raum und Raumvorstellungen, S. 249–286; Paul Hoßfeld: Studien zur Physik des Albertus Magnus. I. Ort, örtlicher Raum und Zeit. II. Die Verneinung der Existenz eines Vakuums. In: Albert Zimmermann (Hg.): Aristotelisches Erbe im arabisch-lateinischen Mittelalter. Übersetzungen, Kommentare, Interpretationen. Berlin, New York 1986 (Miscellanea Mediaevalia 18), S. 1–42, bes. S. 2f.

denden griechischen Entsprechungen zu monosemieren und definitorisch festzulegen. Das 13. Jahrhundert hat im Prozeß der Aneignung der ‚Physik' in noch größerem Maße gerungen, erwogen und verworfen: Es kursierten zwei Übersetzungen aus dem Arabischen und drei aus dem Griechischen, von denen eine Wilhelm von Moerbeke zugeschrieben wird.[59] Für diese, die ‚Physica nova', hat sich in Paris gegen Ende des 13. Jahrhunderts eine Exemplarfassung, also eine empfohlene Kopiervorlage, herausgebildet,[60] was bedeutet, daß man sich an methodisch wegweisender Stelle auf ein Textverständnis (und eine Terminologie) geeinigt hat. Es gilt als ausgemacht, daß Thomas von Aquin die ‚Physik' so kennengelernt[61] und die aristotelischen Lehren von hier aus besonders konsequent dem eigenen Zeitalter und seinem Diskussionsstand angepaßt hat (besonders in den ‚Quaestiones quodlibetales', lib. VI q. 2 art. 2, art. 3).

Diskussionen und heterodoxe Schlußfolgerungen gab es im Bezug auf das Unbegrenzte, das die arabischen Aristoteleskommentatoren gegen Aristoteles auch positiv diskutierten.[62] Man fand im 13. Jahrhundert den Ausweg, das Unendliche nach dem Vorbild des Johannes Damascenus (‚De fide orthodoxa', I,4)[63] als Gottesattribut zu verstehen,[64] aber schon

---

59 Vgl. Jozef Brams, Gudrun Vuillemin-Diem: Physica nova und Recensio Matritensis – Wilhelm von Moerbekes doppelte Revision der Physica Vetus. In: Zimmermann (Hg.): Aristotelisches Erbe, S. 215–288, bes. S. 215.
60 Vgl. ebd., S. 219.
61 Vgl. ebd., S. 272–274. Albertus Magnus hat demgegenüber noch die *Translatio vetus* benutzt und sein Verständnis nach den Vorschlägen von Avicenna und Averroes ausgerichtet, vgl. Hoßfeld: Studien zur Physik, S. 9–13.
62 Der Grund wurde oben erläutert: Weil Aristoteles Raum gleichsam von innen her und körperlich denkt, gehört die Grenze für ihn in systematischer Hinsicht dazu; ohne Grenze gibt es auch keinen Raum, Phys. IV, 5, 212a, vgl. Gosztonyi: Der Raum, Bd. 1, S. 97f. Paul Hoßfeld hat dokumentiert, daß der Begriff des *infinitum* für Albertus Magnus, den Wegbereiter der Aristotelesaneignung, zu den erklärungsbedürftigen Begriffen gehört, zu denen er sich Hilfe bei den arabisch-lateinischen Physikübersetzungen und den Kommentaren, insbesondere dem des Averroes, geholt hat: Hoßfeld: Studien zur Physik des Albertus Magnus I, S. 9. Zu den Diskussionen über den Himmel vgl. Griet Galle: Peter of Auvergne's Question as to Whether or Not the Heaven is Generated and Perishable. In: Jan Aertsen, Kent Emery Jr., Andreas Speer (Hgg.): Nach der Verurteilung von 1277. Philosophie und Theologie an der Universität von Paris im letzten Viertel des 13. Jahrhunderts. Studien und Texte. Berlin, New York 2001 (Miscellanea Mediaevalia 28), S. 535–576.
63 De fide orthodoxa I,4,5, ed.Buytaert S. 21, Z. 40f.: *Infinitus igitur est Deus et incomprehensibilis.*

die zwei auf Thomas und Bonaventura folgenden Generationen begnügten sich nicht mit diesem Lösungsansatz, sondern argumentierten mit der göttlichen Allmacht und hielten deshalb ein innerweltliches Unbegrenztes für möglich.[65]

Obgleich all diese Diskussionen im wesentlichen um Aristoteles kreisen, wird die naturphilosophische Diskussion des 12. Jahrhunderts dabei weitergeführt und neuplatonisches Erbe ständig ins Spiel gebracht. Besonders deutlich wird das in Robert Grossetestes Vorstellung vom Lichtraum,[66] die sich mit Stellen aus der Aristotelischen ‚Physik' auseinandersetzt und sich dabei sowohl grundlegender Denkmuster als auch spezifischer Lehren und Autoren aus der neuplatonischen Tradition bedient.[67] Grosseteste (gest. 1253) beschreibt in seinem Lichttraktat ‚De luce seu de inchoatione formarum'[68] die Ausbreitung des Lichts von einem Ursprungspunkt als kugelförmiges Ergießen. Das stimmt einerseits mit der beobachtbaren allseitigen Ausbreitung von Licht überein, andererseits

---

64 Vgl. Markus Enders: Allgegenwart, S. 336. Von der Brisanz der Frage nach der Unendlichkeit des Raumes wußte schon Augustinus, der im 11. Buch von ‚De civitate Dei' (Kap. 5 und 6) über die Unendlichkeit nachgedacht und sich dabei auch mit dem Raumproblem auseinandergesetzt hat. Dort verneint er die Unendlichkeit des Raumes und der Zeit vor der Schöpfung, weil diese der Anfang von Zeit und Raum sei, also mit theologischen, nicht metaphysischen Argumenten; in diesem Zusammenhang bewertet er die verschiedenen philosophischen Schulen des griechischen Denkens und bemerkt, daß die platonische sich nach Maßgabe des Möglichen am nächsten bei der heilsnotwendigen Wahrheit befände: *Cum his enim agimus, qui et Deum incorporeum et omnium naturarum, quae non sunt quod ipse, creatorem nobiscum sentiunt; alios autem nimis indignum est ad istam disputationem religionis admittere, maxime quod apud eos, qui multis diis sacrorum obsequium deferendum putant, isti philosophos ceteros nobilitate atque auctoritate vicerunt, non ob aliud, nisi quia longo quidem intervallo, verumtamen reliquis propinquiores sunt veritati.* Ed. Dombart Bd. 1, .S. 467, 15–23.
65 Vgl. Notker Schneider: Eine ungedruckte Quästio zur Erkennbarkeit des Unendlichen in einem Metaphysik-Kommentar des 14. Jahrhunderts. In: Zimmermann (Hg.): Aristotelisches Erbe, S. 96–118, bes. S. 102f.
66 Vgl. Gosztonyi: Der Raum, Bd. 1, S. 155f. Lichträume gibt es auch in der Dichtung des 13. Jahrhunderts, vgl. Ingrid Hahn: Landschaft und Raum in Gottfrieds Tristan. Ein Beitrag zur Werkdeutung, München 1963 (Medium Aevum 3), S. 60–62; Uwe Ruberg: Raum und Zeit im Prosalancelot. München 1965 (Medium Aevum 9), S. 87f.
67 Vgl. Andreas Speer: Licht und Raum. Robert Grossetestes spekulative Grundlegung einer scientia naturalis. In: Aertsen/Speer (Hgg.): Raum und Raumvorstellungen, S. 77–100, bes. S. 83–89.
68 Edition: Ludwig Baur: Die philosophischen Werke des Robert Grosseteste, Bischofs von Lincoln. Münster 1912 (Beiträge zur Geschichte der Philosophie des Mittelalters IX), S. 51–59.

paßt es zu der Vorstellung vom Weltaufbau aus Kugelschalen. Die Raumbildung durch Licht bei Grosseteste erschien dadurch von vornherein vor einem kosmologischen Horizont.[69] Das Überfließen und Ergießen ist eine alte neuplatonische Emanationsvorstellung, eine im 13. Jahrhundert längst bis zur Schemenhaftigkeit verblaßte Metapher,[70] die bei Robert wieder beim Wort, vielmehr beim Bild, genommen wird; er gründet darauf eine metaphysisch begründete Kosmologie und leitet, indem er das Firmament als Reflektor und Lichtquelle erklärt, die Kontinuität des Raumes und seine grundsätzliche Begrenztheit her.[71] Durch die schöpfungstheologische Begründung gewinnt der beschriebene Lichtraum neben der konkreten physikalischen auch eine Komponente der grundsätzlichen Vorgängigkeit gegenüber jedem Menschen, wodurch Raum zu einer vorfindlichen, nicht an Sachen gebundenen Ordnungskategorie wird.

Während sich die mittelalterlichen Zeitlehren bis zum 14. Jahrhundert zunächst den objektiv-physikalischen Zeitbegriff des Aristoteles zu eigen machen und ihn dann, von der Zeitaporie und von Augustinus aus, partiell zur Frage nach der subjektiven Zeit hin öffnen, so vollzieht sich in der Raumlehre neben der Aneignung der physikalisch-körperlichen Raumvorstellung von Einzelfragen aus, zum Beispiel der Unendlichkeit, der Leere und der Kontinuität, eine Wendung zur Abstraktion hin, zur Ablösung der Raumidee von der Körperwelt. Es scheinen sich also, wenn man den Menschen in seiner körperlichen Verfassung selbst zur Körperwelt rechnen will, bei diesen beiden so eng verwandten Themen in gewissem Maße gegenläufige Tendenzen einzustellen: hin zum Bezug auf den einzelnen Menschen und seine erkennende Seele im Blick auf

---

69 Vgl. Klaus Hedwig: Sphaera lucis. Studien zur Intelligibilität des Seienden im Kontext der mittelalterlichen Lichtspekulation. Münster 1980 (Beiträge zur Geschichte der Philosophie und Theologie des Mittelalters N.F. 18), S. 132–134.

70 Über die Geläufigkeit des neuplatonischen Emanationsbildkomplexes ‚Fließen' in der volkssprachlichen Mystik vgl. Michael Egerding: Die Metaphorik der spätmittelalterlichen Mystik, Bde. 1–2. Bd. 2: Bildspender – Bildempfänger – Kontexte. Dokumentationen und Interpretationen, Paderborn u. a. 1997, S. 624–662. Aussagekräftig für die tiefe Verwurzelung der gedeuteten Metapher in der Tradition ist vor allem ihre Verwendung als titelgebendes Bild bei Mechthild von Magdeburg, die in die Mitte des 13. Jahrhunderts führt.

71 Die Erklärung über die doppelte Ausbreitung des Lichts (schöpfungskonform von innen nach außen, in der vorhandenen Welt durch Spiegelung am reinen Licht des Firmaments von außen nach innen) verdanke ich Andreas Speer: Licht und Raum, S. 86–88.

die Zeit, weg vom körperweltlichen einzelnen Menschen und hin zum reinen Gattungsdenken, idealerweise zum göttlichen Gedanken, im Blick auf den Raum.

2. Raum und Bewegung im Roman

2.1. Grundsätzliches

Erzählte Geschichten haben keine natürliche Umgebung, sondern immer eine artifizielle. Offenkundig gehört der Raum, den ein Autor den Figuren und ihren Handlungen in ihrer fiktionalen Welt gibt, bereits zur Rede über diese Figuren und Handlungen. Mittelalterliche Autoren können im Umgang mit dieser grundlegenden Bedingung allen Erzählens längst auf Textmuster und rhetorisches Lehrbuchwissen zurückgreifen.[1] Seit Augustinus sich widersprechend und herabwertend, aber unendlich profitierend die römische, aus griechischen Wurzeln gewachsene Rhetorik angeeignet hatte,[2] verband sich die rhetorisch geschulte Aufmerksamkeit für das Detail einer Schilderung mit einer theologisch begründeten. Diese sah die Welt als Buch, das aus dem göttlichen Logos geflossen und ihm ein Spiegel sei. Weil in der Welt jedes Ding und jede Pflanze an seinem Ort gelesen und in Grenzen verstanden werden konnte, setzten

---

1   Cicero: De inventione I,38 unterscheidet innerhalb der Erzählung natürliche von dort bereits menschlich gedeuteten (z.B. heiligen, öffentlichen) Räumen; ähnlich Quintilian: Institutio oratoria, V,10,37. Über die emblematische Funktion von erzählten Attributen, Naturschilderungen, ekphrastischen Einschüben gibt es seit Quintilian eine an Horaz' Ars poetica (bes. V,1–31) anschließende Diskussion, vgl. dazu Franz Quadlbauer: Purpureus pannus. Zum Fortwirken eines horazischen Bildes in Spätantike und lateinischem Mittelalter. In: Mittellateinisches Jahrbuch 15 (1980), S. 1–32, bes. S. 7f.; Alexandru N. Cizek: Imitatio et tractatio. Die literarisch-rhetorischen Grundlagen der Nachahmung in Antike und Mittelalter. Tübingen 1994 (Rhetorik-Forschungen 7), S. 97–102. Vgl. zum Überblick auch Ernst-Robert Curtius: Europäische Literatur und lateinisches Mittelalter. 9. Aufl. Bern u.a. 1978, bes. S. 46–70 (Kap. ‚Literatur und Bildungswesen'), S. 191–209 (Kap. ‚Die Ideallandschaft'); Paul Klopsch: Einführung in die Dichtungslehren des lateinischen Mittelalters. Darmstadt 1980, S. 40–47; Walter Haug: Literaturtheorie im deutschen Mittelalter. Von den Anfängen bis zum Ende des 13. Jahrhunderts. Darmstadt 1985 (Germanistische Einführungen), S. 7–24.

2   Vgl. Henri-Irénée Marrou: Augustinus und das Ende der antiken Bildung. Übers. von Lore Wirth-Poelchau in Zusammenarbeit mit Willi Geerlings. Hg. von Johannes Götte. Paderborn u.a. 1982, S. 43–91.

mittelalterliche Rezipienten für Texte, die von Menschen nach dem höheren Vorbild des göttlichen Schöpfers und seiner Ordnung gemacht waren – also für mimetische Texte – eine prinzipielle Deutbarkeit voraus. Grundlegende Muster der Deutung wurden durch die Bibelexegese gefestigt, für die räumliche Metaphern gewissermaßen zur Vorschule jenseits alles Strittigen gehörten (*Ich bin der Weg* Jh14,6; *Aus der Tiefe rufe ich, Herr, zu dir* Ps 130,1 usw.)

Daß die Raumregie mittelalterlicher Erzählungen in wesentlichen Punkten anders verfährt als die neuzeitliche, wurde zuerst in einer Zeit bemerkt, die sich für die epochalen Unterschiede in Denken und Kunst besonders interessierte: Jacob Burckhardt denkt in der ‚Kultur der Renaissance in Italien' im wesentlichen über bildende Kunst nach; die Literatur liefert ihm eher Parallelen. Daß er Verschiedenheiten zwischen den Epochen unterstellt, aber Verbindendes innerhalb der Epochen sucht, ist in sich bereits bemerkenswert, denn der historisch vorausliegende Diskurs, etwa die Laokoon-Kontroverse zwischen Winckelmann, Lessing und Goethe,[3] ging von einem archetypischen Unterschied im Grundverhältnis der jeweiligen Künste zum Raum aus. Burckhardt bemerkt, daß Minnesang und mittellateinische Lyrik eine Rauminszenierung mit „Vordergrund ohne Ferne" wählen.[4] Diese These ist auch in den

---

3   Winckelmann hatte 1755 in den ‚Gedanken über die Nachahmung griechischer Werke' das Konzept der „edlen Einfalt und stillen Größe" an der Laokoon-Gruppe erklärt. Lessing replizierte im ‚Laokoon' (1767) mit dem Argument, daß „die Malerei zu ihren Nachahmungen ganz andere Mittel, oder Zeichen gebrauchet, als die Poesie; jene nämlich Figuren und Farben in dem Raume, diese aber artikulierte Töne in der Zeit" (Lessing, GW, hg. v. Paul Rilla, Bd. 5, S. 115). Goethe schrieb für die ‚Propyläen' 1798 ‚Über Laokoon' und bestätigte darin Lessing im Gedanken des fruchtbaren Augenblicks mit der Formulierung „die bildende Kunst, die immer für den Moment arbeitet" (HA Bd. 12, S. 65); ob die Laokoon-Szene „ein poetischer Gegenstand sei", hält er abschließend für „eine große Frage" (HA Bd. 12, S. 66). Vgl. Herbert von Einem: Anmerkungen zu Laokoon, HA Bd. 12, S. 584–589.
4   Jacob Burckhardt: Kultur der Renaissance in Italien. Ein Versuch. 9. Aufl. Leipzig 1904. 4. Abschnitt, 3. Kapitel: Entdeckung der landschaftlichen Schönheit. Bd. 2, S. 21: „Auf der Höhe des Mittelalters, um das Jahr 1200, existiert wieder ein völlig naiver Genuß der äußeren Welt und gibt sich lebendig zu erkennen bei den Minnedichtern der verschiedenen Nationen. Dieselben verraten das stärkste Mitleben in den einfachsten Erscheinungen, als da sind der Frühling und seine Blumen, die grüne Heide und der Wald. Aber es ist lauter Vordergrund ohne Ferne, selbst noch in dem besondern Sinne, daß die weitgereisten Kreuzfahrer sich in ihren Liedern kaum als solche verraten."

A. Allgemeine Semantik von Raum und Zeit

Philologien diskutiert worden,⁵ seit Erwin Panofsky in den 30er Jahren des 20. Jahrhunderts in seiner berühmt gewordenen Studie über die Entwicklung der Zentralperspektive die Frage nach epochalen Sichtweisen des Räumlichen, nach grundlegenden Verhältnissen von Urbild und Abbild, wieder ins Gespräch gebracht hat.⁶ Panofskys Begriffe des Systemraums und Aggregatraumes beschreiben das Innere einer Bildwelt, sie konnten also ohne weiteres auf literarische Texte übertragen werden und dann Eigenschaften der fiktionalen Welt beschreiben:⁷ Ein Aggregatraum wird nach Panofsky durch die Dinge bestimmt, ganz so, wie Aristoteles den Raum vom Ort her verstanden hatte, gleichsam aus dem Inneren eines Körpers. Ein Systemraum dagegen ist im Bild den Dingen vorgängig, die sich ihm und dadurch einander nach wiederkehrenden und gemeingültigen Regeln relational zuordnen.⁸ Panofskys Anregungen und die teilweise gleichstrebenden von Ernst Cassirer, der Raumtypen

---

5   Vgl. Wilhelm Kellermann: Aufbaustil und Weltbild Chrestiens von Troyes im Percevalroman, Halle 1936, S. 150: „So gleichen sie den Figuren auf mittelalterlichen Tafelbildern, die keine Beziehung zum Raum gewinnen können, genau so wie die Landschaftsbeschreibungen des Romans jenen Hintergründen gleichen, denen trotz der feinen Pinselführung des Malers das Wichtigste, die Atmosphäre, fehlt"; Julius Schwietering: Die deutsche Dichtung des Mittelalters. Potsdam o. J., unveränderter Nachdruck Darmstadt 1957, S. 130.
6   Erwin Panofsky: Die Perspektive als ‚symbolische Form'. In: Ders.: Aufsätze zu Grundfragen der Kunstwissenschaft. Hg. von Hariolf Oberer und Egon Verheyen. Berlin 1998, S. 99–167, vgl. hier S. 125: „Von hier aus wird endlich auch klar, daß die perspektivische Raumanschauung (nicht etwa nur die perspektivische Konstruktion) von zwei ganz verschiedenen Seiten bekämpft werden konnte: verdammte Plato sie schon in ihren bescheidenen Anfängen, weil sie die „wahren Maße" der Dinge verzerre, und subjektiven Schein und Willkür an die Stelle der Wirklichkeit und des νόμος setze, so macht die allermodernste Kunstbetrachtung ihr gerade umgekehrt den Vorwurf, daß sie das Werkzeug eines beschränkten und beschränkenden Rationalismus sei. Der alte Orient, die klassische Antike, das Mittelalter [...] haben sie – mehr oder minder vollständig – abgelehnt, weil sie in eine Welt des Außer- oder Übersubjektiven ein individualistisches und zufälliges Moment hineinzutragen schien [...]".
7   Vgl. Hartmut Kugler: Die Vorstellung der Stadt in der Literatur des deutschen Mittelalters. München u.a. 1986 (MTU 88), S. 192–210; ders.: Zur literarischen Geographie des fernen Ostens im ‚Parzival' und ‚Jüngeren Titurel'. In: Wolfgang Dinkelacker, Ludger Grenzmann, Werner Höver (Hgg.): Ja muz ich sunder riuwe sin. Festschrift für Karl Stackmann zum 15. Februar 1990. Göttingen 1990, S. 107–147, hier S. 127, S. 145–147; Kurt Röttgers: Perspektive – Raumdarstellungen in Literatur und bildender Kunst. In: Kurt Röttgers, Monika Schmitz-Emans (Hgg.): Perspektive in Literatur und bildender Kunst. Essen 1999 (Philosophisch-literarische Reflexionen 1), S. 15–47.
8   Panofsky: Die Perspektive, S. 109.

beschrieb, die sich einerseits systematisch abgrenzen lassen und die andererseits (wie z.B. der mythische Raum) in bestimmten Epochen und Kulturzuständen besonders stark hervortreten,[9] werden seit den 80er Jahren in Forschungen zur historischen Kartographie aufgenommen, die sich mit der Verknüpfung historischer mentaler Raumvorstellungen (soweit man sie erschließen kann) mit darstellenden und literarischen Kunstformen beschäftigen;[10] von hier, nämlich über den Begriff der mentalen Landkarte, beschäftigt sich besonders die ältere Germanistik auch mit den geographischen Angaben ihrer fiktionalen Welten.[11]

Der Grundgedanke der mentalen Landkarte eines Werkes ermöglicht es, die topographische Beschaffenheit der fiktionalen Welt historisch zu erklären; ein jüngerer Entwurf solcher historischen Rekonstruktion stammt von Paul Zumthor, der sich auch auf Panofsky beruft.[12] Eine von dieser weitgehend abweichende gedankliche Linie folgt Anregungen aus der Psychologie.[13] Raumtypen, die eigentlich Raumerlebenstypen sind (so der Dürckheimsche ‚gelebte Raum', der Binswangersche ‚gestimmte Raum'[14]), gehen von der Befindlichkeit eines Subjektes in einem Raum

---

9   Ernst Cassirer: Mythischer, ästhetischer und theoretischer Raum. In: Alexander Ritter (Hg.): Landschaft und Raum in der Erzählkunst. Darmstadt 1975 (Wege der Forschung 418), S. 17–35.

10 Hartmut Kugler hat daran erinnert, daß es nicht zu allen Zeiten eine primäre Raumordnung und Übersicht mit Karten gegeben habe, sondern sich nach dem Ausweis des Überlieferten die Raumübersicht im Mittelalter „nicht in Kartenbildern, sondern – wenn der Ausdruck erlaubt ist – in Textbildern, nämlich im Wortlaut der chorographischen Literatur" herstelle: Hartmut Kugler: Imago mundi. Kartographische Skizze und literarische Beschreibung. In: Wolfgang Harms, Jan-Dirk Müller (Hgg.): Mediävistische Komparatistik. Festschrift für Franz Josef Worstbrock zum 60. Geburtstag. Stuttgart u.a. 1997, S. 77–93, hier S. 80. Vgl. auch Paul Zumthor: La mesure du monde. Représentation de l'espace au moyen âge. Paris 1993, S. 317–344.

11 Vgl. Kugler: Zur literarischen Geographie; Elisabeth Schmid: ... der rehten franzoiser het er gern gehabet mêr. Zu einigen Scheidelinien auf der mentalen Landkarte von Wolframs ‚Willehalm'. In: Hartmut Kugler (Hg.): Interregionalität der deutschen Literatur im europäischen Mittelalter. Berlin, New York 1995, S. 127–142; Peter Czerwinski: Gegenwärtigkeit. Simultane Räume und zyklische Zeiten, Formen von Regeneration und Genealogie im Mittelalter. Exempel einer Geschichte der Wahrnehmung II. München 1993, S. 11–92.

12 Vgl. Zumthor: La mesure du monde, S. 45.

13 Z.B. Ludwig Binswanger: Das Raumproblem in der Psychopathologie. Zeitschrift für die gesamte Neurologie und Psychiatrie 145 (1933), S. 598–647; Karlfried von Dürckheim: Untersuchungen zum gelebten Raum. Erlebniswirklichkeit und ihr Verständnis. Systematische Untersuchungen II. In: Neue psychologische Studien VI. Hg. von Felix Krüger. München 1932, S. 383–480.

14 Binswanger: Das Raumproblem, S. 618–644, bes. S. 618.

aus. Wenn sie in der literaturwissenschaftlichen Analyse von erzählten Räumen benutzt werden, in der Germanistik sowohl von Autoren, die moderne, als auch von solchen, die vormoderne Texte analysieren,[15] so wird die Objektebene, die Beschaffenheit der fiktionalen Welt, ausdrücklich verlassen, denn es kommt darauf an, wie der Text den Raumeindruck des Rezipienten leitet, wenngleich sich der Raum selbst in der fiktionalen Welt befindet und sich darin möglicherweise eine Figur bewegt, die der Hörer oder Leser mit Empathie begleitet. Eine der früheren Arbeiten, die Raumangaben in mittelalterlichen Texten systematisch interpretieren, das Buch von Erwin Kobel, beruft sich auf solche Anregungen aus der Psychologie,[16] wenn der Autor Raumkonstellationen als vorbegriffliche Ausdrucksformen von Grundbefindlichkeiten des Menschen interpretiert. Die psychologische Raumunterscheidung zielt auf das Archetypische und langfristig Gültige; für sie sind die epochalen Unterschiede eher zweitrangig.[17] Das gilt auch für philosophische Raumuntersuchungen mit phänomenologischem Ansatz wie die von Elisabeth Ströker.[18] Bruno Hillebrand, der sich explizit auf sie beruft,[19] bringt die historische Besonderheit seiner Beispiele gleichwohl wieder ein. Ausgesprochen historisch orientiert ist innerhalb der Philosophie die Reflexion über Raum bei Michel Foucault,[20] der am Idee-Werden und

---

15 Vgl. Bruno Hillebrand: Mensch und Raum im Roman. Studien zu Keller, Stifter, Fontane. Mit einem einführenden Essay zur europäischen Literatur. München 1971, S. 5–36; Hahn: Raum und Landschaft, S. 50–54, S. 61–63; Ruberg: Raum und Zeit, S. 85–89.
16 Erwin Kobel: Untersuchungen zum gelebten Raum in der mittelhochdeutschen Dichtung. Zürich o.J. [1951] (Zürcher Beiträge zur deutschen Sprach- und Stilgeschichte 4), verweist S. 17f. für seinen Ansatz der Beschreibung des Räumlichen auf Binswanger: Das Raumproblem, S. 600, und auf Dürckheim: Untersuchungen zum gelebten Raum, S. 442f.
17 Auch die wenig später entstandene ‚Poetik des Raumes' von Gaston Bachelard: La poétique de l'espace. Paris 1957, dt.: Poetik des Raumes. Hg. und übers. von Kurt Leonhard. München 1960, nimmt ihre Anregungen aus Psychologie und Psychoanalyse.
18 Elisabeth Ströker: Philosophische Untersuchungen zum Raum. Frankfurt 1965 (Philosophische Abhandlungen 25), bes. S. 17–155.
19 Hillebrand: Mensch und Raum, S. 32 und Anm. 84.
20 Dabei geht es oft um die historische Genese räumlicher Separierung in Gesellschaften, vgl. z. B. Michel Foucault: Überwachen und Strafen. Die Geburt des Gefängnisses. Übers. v. Walter Seitter. Frankfurt 1976, S. 319–322 über den Gefängnisbau; ders.: Einsperrung, Psychiatrie, Gefängnis. In: Ders.: Schriften in vier Bänden. Dits et Ecrits. Bd. 3 (1976–1979), hg. von Daniel Defert u. François Ewald unter Mitarbeit von Jaques Lagrange. Übers. v. Michael Bischoff u.a., Frankfurt 2003, S. 434–467, bes. S. 434–446.

Wissen-Werden grundsätzlich interessiert ist, aber über die Besonderheiten von Kunst und Literatur nicht eigens reflektiert hat. Bis in die Analyse der Sprache, wenn auch nicht des literarischen Textes, hat Henri Lefebvre die metaphorische Räumlichkeit häufiger Denkformen verfolgt.[21]

Der Vorschlag, das Raumgefüge einer Dichtung als Struktureigenschaft und Vorgabe für die Fabel einer Erzählung zu sehen, stammt aus den Diskussionen um Semiotik und literaturwissenschaftlichen Strukturalismus. Michail Bachtin, der vom Standpunkt einer allgemeinen Kunsttheorie argumentiert, hat sich (zum Teil widersprechend) explizit auf die russischen Formalisten bezogen,[22] der wesentlich jüngere Semiotiker Lotman auf Bachtin.[23] Wie die Bachtinsche Arbeit ‚Formen der Zeit und des Chronotopos im Roman' den Begriff des Chronotopos etabliert und die historische Indikatorfunktion von Raumzeitkonstellationen für den Roman herausgearbeitet hat, so konnte auch ein Aufsatz von Lotman, ‚Die Komposition des Wortkunstwerks', eine vertiefte Beschäftigung mit Räumen, Bewegungen und Wegen in der Literatur auslösen. Lotman hat über elementare Semantisierungen des Raumes[24] und über symboli-

---

21 Henri Lefebvre: Kritik des Alltagslebens. Hg. v. Dieter Prokop, Vorwort und Übers. v. Burkhart Kroeber. Kronberg 1977, Bd. 2, S. 132–140 (‚Der Begriff der Ebene').

22 „Obwohl Produktivität und Bedeutung der in den letzten Jahren erschienenen russischen Arbeiten zur Poetik nicht in Zweifel zu ziehen sind, kann die die Mehrzahl dieser Arbeiten verbindende wissenschaftliche Grundposition doch nicht als völlig richtig und annehmbar bezeichnet werden. Dies gilt insbesondere für die Vertreter der sogenannten formalen oder morphologischen Methode [...]." Michail Michailowitsch Bachtin: Inhalt, Material und Form im Wortkunstschaffen [1924]. In: Ders.: Untersuchungen zur Poetik und Theorie des Romans. Hg. von Edward Kowalski und Michael Wegner. Übers. von Michael Dewey unter Zugrundelegung einer deutschen Fassung von Harro Lucht und Rolf Gröbner. Berlin u.a. 1986. S. 5–76, hier S. 6f. Der hauptsächliche Einwand gegen rein strukturelle Verfahren besteht für Bachtin – wie später für Lotman – im Zweifel an einer semantisch leeren oder minimalsemantischen, zum Beispiel monosemantischen, Struktur im Text. Er entwickelt diesen Einwand polemisch weniger klar als in seinen Gegenentwürfen, die textliche Strukturen – zum Beispiel das Raumzeitgerüst, das er Chronotopos nennt – immer als historisch veränderliche und komplex bedeutende Textelemente herauspräparieren.

23 Jurij M. Lotman: Die Komposition des Wortkunstwerkes. In: Jurij M. Lotman: Die Struktur literarischer Texte. Übers. von Rolf-Dietrich Keil. 3. unveränd. Aufl. München 1989 (UTB 103), S. 300–401. Zustimmende Erwähnungen Bachtins S. 353, S. 374.

24 Im Abschnitt ‚Das Problem des künstlerischen Raumes' in der Arbeit ‚Die Komposition des Wortkunstwerkes'. In: Lotman: Die Struktur literarischer Texte, hier S. 311–329.

sche Grenzen und Grenzüberschreitungen[25] nachgedacht: Erst, wenn eine Figur einen ihr erzählerisch bereiteten Raum verlasse, also eine ihr textintern bereitete Grenze überschreite, setze die Erzählung sich in Gang.[26]

Ralf Simon hat in seiner ‚Einführung in die strukturalistische Poetik des mittelalterlichen Romans' diese Theorie auf den Artusroman angewendet und dabei einige strukturelle Grundfiguren festgestellt: „Es gibt nur zwei Räume, den Artushof und das Außerhalb, und der Ritter ist der, der in beiden Räumen agiert. Die Handlung beginnt mit der Überschreitung der Grenzen und steht still, wenn die Überschreitung wieder rückgängig gemacht wurde. [...] Der Artushof besitzt damit die Qualität der Weltachse (axis mundi) in mythisch-kosmischen Systemen. Im Verhältnis zu ihm wird alles definiert, und jede Aktion fließt in ihn zurück."[27] Tatsächlich paßt die Ausgangssituation des Artusromans überaus gut mit der Lotmanschen Beschreibung der räumlichen Bewandtnis eines Sujets zusammen;[28] aber andererseits kehrt, was Simon offenbar nicht wichtig war, der Held in keinem der großen Artusromane an den Artushof zurück, sondern eher führt ihn die Handlung in das Land, das er erwirbt oder dessen er sich würdig erweist, was eher an einen Dreischritt als an

---

25 Ebd. und im folgenden Abschnitt ‚Das Problem des Sujets' desselben großen Aufsatzes, in: Lotman: Die Struktur literarischer Texte, hier S. 329–340. Theoretische Auswertung bei Matias Martinez, Michael Scheffel: Einführung in die Erzähltheorie. München 1999, S. 140–144.

26 Dabei verwendet Lotman, der den Bauformen eines Sujets = *plots* auf der Spur ist, ‚Grenze' und ‚Raum' einerseits im wörtlichen Sinne, als semantisch bedeutende Orte in einem Text, andererseits metaphorisch, als Projektionen von Unterschieden oder Zuständen. Eine Schlüsselstelle in dieser Hinsicht ist: „Hier wird nun zum wichtigsten topologischen Merkmal des Raumes die *Grenze*. Sie teilt den Raum in zwei disjunkte Teilräume. Ihre wichtigste Eigenschaft ist ihre Unüberschreitbarkeit. Die Art, wie ein Text durch eine solche Grenze aufgeteilt wird, ist eines seiner wesentlichsten Charakteristika. Ob es sich dabei um eine Aufteilung in Freunde und Feinde, Lebende und Tote, Arme und Reiche oder andere handelt, ist an sich gleich." Kap. ‚Das Problem des künstlerischen Raumes'. In: Lotmann: Die Struktur literarischer Texte, S. 327.

27 Ralf Simon: Einführung in die strukturalistische Poetik des mittelalterlichen Romans. Analysen zu deutschen Romanen der matière de Bretagne. Würzburg 1990 (Epistemata 66), hier S. 22f. im Kapitel ‚Raumstruktur des Artusromans', S. 22–34.

28 Ganz ähnlich wie Simon unterscheidet deshalb auch Andreas Ramin nur zwei Grundräume in der kognitiven Geographie des Artusromans, nämlich höfischen Lebensraum und Wildnis. Die Loslösung vom Artushof gibt diesem Modell die größere Plausibilität. Andreas Ramin: Symbolische Raumorientierung und kulturelle Identität. Leitlinien der Entwicklung in erzählenden Texten vom Mittelalter bis zur Neuzeit. München 1994, bes. S. 35–94.

zwei Räume denken ließe. Hier sind im Versuch strukturellen Denkens über den Raum Fragen offengeblieben, zu denen eine Beschreibung der Raumstruktur des mittelalterlichen Romans zurückkehren muß.

Die Schule von Friedrich Ohly, aus der seit den 60er Jahren wichtige mediävistische Arbeiten über die räumliche Organisation fiktionaler Welten hervorgegangen sind,[29] hat demgegenüber ihre Stärken in der textnahen und genauen Beschreibung der Semantisierung bestimmter Räume. Sie knüpft bei den Traditionen einer Textauslegung an, die bei der jahrhundertealten biblischen Hermeneutik gelernt hat. Sie erschloß folgerichtig die gestalteten Räume in den Texten von ihrer Dinglichkeit her, die so auslegbar war wie andere bedeutungstragende Dinge auch,[30] und schritt von dort zu den virtuellen Räumen, gleichsam einer Abstraktionsleistung innerhalb des Textes, fort. Die Tugend dieses Ansatzes lag darin, daß von hier ein Rückbezug zu mittelalterlichen Bedeutungstheorien jederzeit möglich war; ein gewisser Nachteil bestand aber darin, daß unter diesem Gesichtspunkt die Zeit, zwar geschaffen, aber nicht dinglich, also etwas grundsätzlich anderes zu sein schien als der Raum, der immerhin auf räumliche Umgebung zurückführbar blieb, weshalb man – wie vielleicht deshalb nur Uwe Ruberg[31] es unternommen hat – die Fragen nach Raum und Zeit in diesen methodischen Bahnen wohl koordinieren, aber nur schwer engführen und systematisch verknüpfen kann.

Zwei Spezialisten für Narratologie in den neueren Philologien haben vor wenigen Jahren den Raumaspekt zu den theoretisch unterreflektierten Gesichtspunkten der Erzähltheorie gezählt.[32] Aber neue Arbeiten zum Problem gibt es durchaus, worunter für den hier zu behandelnden historischen Ausschnitt das Buch von Andrea Glaser hervorgehoben zu werden verdient.[33] Doch kann es nicht erstrebenswert sein, den vielfa-

---

29 Vgl. Hahn: Raum und Landschaft; Ruberg: Raum und Zeit; Wolfgang Harms: Homo viator in bivio. Studien zur Bildlichkeit des Weges. München 1970 (Medium Aevum 21).
30 Vgl. Harms: Homo viator, S. 11–22.
31 Vgl. Ruberg: Raum und Zeit.
32 „Zum anderen sind zentrale Konzepte der Narratologie wie der implizite Autor, die Raumdarstellung [...] sowie das intrikate Problem der Sympathielenkung noch weitgehend unerforscht bzw. ‚*undertheorized*'." Ansgar und Vera Nünning: Von der strukturalistischen Narratologie zur ‚postklassischen' Erzähltheorie: Ein Überblick über neue Ansätze und Entwicklungstendenzen. In: Dies. (Hgg.): Neue Ansätze in der Erzähltheorie. Trier 2002 (WVT-Handbücher zum literaturwissenschaftlichen Studium 4), S. 1–33, hier S. 29.
33 Andrea Glaser: Der Held und sein Raum. Die Konstruktion der erzählten Welt im mittelhochdeutschen Artusroman des 12. und 13. Jahrhunderts. Frankfurt u.a.

chen Theoriehintergrund auszublenden und nur noch narratologisch im engeren Sinne zu argumentieren, zumal sich viele Fragen an die Texte – z.B. ob Raumtiefe in mittelalterlichen Texten nicht vorhanden oder aber nur anders kodiert sei – erst auf diesem Hintergrund konturiert haben.[34]

2004 (Europäische Hochschulschriften I,1888). Die folgenden Hinweise beschränken sich auf Antike und Mittelalter. Die Facetten des Themas Raum werden interessant dokumentiert in den Aufsätzen des Sammelbandes: Elisabeth Vavra (Hg.): Virtuelle Räume. Raumwahrnehmung und Raumvorstellungen im Mittelalter. Berlin 2005; hinsichtlich der in diesem Kapitel zu besprechenden Aspekte besonders einschlägig ist der Aufsatz von Claudia Brinker-von der Heyde: Zwischenräume. Zur Konstruktion und Funktion des handlungslosen Raums. In: Vavra: Virtuelle Räume, S. 203–214. Methodisch anregend und für die historischen Linien nützlich auch: Peter V. Bol (Hg.): Zum Verhältnis von Raum und Zeit in der griechischen Kunst. Passavant-Symposion 8.–10. Dezember 2000. Möhnesee 2003. Eine theoretische Verallgemeinerung unter dem Stichwort ‚Raumfilter' findet sich bei Gert Hübner: Erzählform im höfischen Roman. Studien zur Fokalisierung im ‚Enaeas', im ‚Iwein' und im ‚Tristan'. Tübingen u.a. 2003. (Bibliotheca Germanica 44), besonders S. 57f. Für die hier nicht behandelte mhd. Heldenepik vgl. Elisabeth Lienert: Raumstrukturen im ‚Nibelungenlied'. In: Klaus Zatloukal (Hg.): Heldendichtung in Österreich – Österreich in der Heldendichtung. 4. Pöchlarner Heldenliedgespräch (Philologica Germanica 20), Wien 1997, S. 103–122. Nach wie vor verdienstlich ist die Marburger Dissertation von Joachim Schröder: Zu Darstellung und Funktion der Schauplätze in den Artusromanen Hartmanns von Aue. Göppingen 1972 (GAG 61). Aus der anglistischen Forschung ist für Problemgeschichte und Epochendifferenzierung das Buch von Dietrich Jäger: Erzählte Räume. Studien zur Phänomenologie der epischen Geschehensumwelt. Würzburg 1998 (Kieler Beiträge zur Anglistik und Amerikanistik N.F. 14) besonders ertragreich. Warum Natascha Würzbach: Erzählter Raum. Fiktionaler Baustein, kultureller Sinnträger, Ausdruck der Geschlechterordnung. In: Jörg Helbig (Hg.): Erzählen und Erzähltheorie im 20. Jahrhundert. Festschrift für Wilhelm Füger. Heidelberg 2001, S. 105–129, hier S. 106 Anm. 3 so hart mit Jäger ins Gericht geht, bleibt unverständlich. Für den Vergleich mit früheren Epochen nützlich ist auch Andrea Taubenböck: Die binäre Raumstruktur in der Gothic novel: 18.–20. Jahrhundert. München 2002; ihr Corpus zeigt viele Parallelen zu mittelalterlichen Texten.

34 Das gute und anregende Buch von Albrecht Koschorke: Die Geschichte des Horizonts. Grenze und Grenzüberschreitung in literarischen Landschaftsbildern. Frankfurt 1990 ist in diesem Detail überprüfungswürdig, denn es geht davon aus, daß Burckhardts Aussage von der mangelnden Raumtiefe richtig ist, es unterstellt zudem eine Verallgemeinerbarkeit, einen gemeinsamen Zug aller Künste, die im Mittelalter ohne räumliche Mittel (also z.B. außerhalb der Plastik) Räumlichkeit darstellen, hier S. 59–64. Ähnlich in dieser Einzelheit Hartmut Beck: Raum und Bewegung, S. 242. Beck hat mit seiner Methode der Rekonstruktion deiktischer Ortsrelationen keinerlei Handhabe, die These zu beweisen oder zu widerlegen. Erhellend dagegen die Darstellung von Glaser: Der Held und sein Raum, zu deren Hauptergebnissen die Widerlegung der Flächenthese gehört, vgl. S. 271f.

2.2. Kartierte Zeitsedimente in phantastischer Geographie

Wenn man nach den Wegangaben mittelalterlicher Romane Schauplatzkarten zeichnen wollte, geriete man in Bedrängnis. Oft sind die genannten Orte dem Namen nach heute noch bekannten Landschaften ähnlich, aber wenn man nicht nach dem Namen gehen will, sondern nach dem geschilderten Weg, dann kommt man auf eine ganz andere Spur. Man hat den Eindruck, als würde in Gegenden, die der Erzähler selbst nicht aus eigener Anschauung kennt, eine Geographie der bekannten Orte abgerufen, mit einer Nachbarschaft des Wissens, die sich als Nachbarschaft im Raum darstellt.[35] Das gibt es auch im spätantiken griechischen Roman, der im grundsätzlich bekannten Mittelmeerraum spielt, dessen Grundkarten aber dennoch keine geographischen Abbilder sind, sondern Handlungsabbilder mit zeitenthobenen Wissensinseln.[36] In der Literatur des 12. und beginnenden 13. Jahrhunderts geschehen Arrangement und Veränderung von Raumverhältnissen durch Sachverhältnisse ganz ähnlich.[37] Nachdem Eleonore von Aquitanien 1152 kurz nach ihrer Schei-

---

35 Wie ein Dichter die fiktionale Geographie einer ihm fremden Landschaft auf diese Weise entwirft, wird an Wolframs ‚Willehalm' exemplarisch vorgeführt bei Schmid: ... *der rehten franzoiser het er gern gehabet mêr*. Die Diskontiunität der Bewegung, die Czerwinski: Gegenwärtigkeit, S. 23f. aus der Diskontinuität des Raumes im ‚Fortunatus' folgert, scheint mir ein Sonderfall der allgemeineren Raumbildung durch Bewegung zu sein. Bei Glaser (Der Held und sein Raum) wird der Anteil der geographischen Wirklichkeitsanspielungen an der symbolischen Geographie nicht weiterverfolgt.

36 Heliodor zum Beispiel fügt in den ‚Aithiopica' Erklärungen über die Kultur der Perser und über Kriegselefanten ein, die in sich Zeitsignaturen tragen (die Erklärung über das Perserreich weist zurück in die Polis-Zeit, die über Kriegselefanten zurück auf Hannibal oder auf Alexander). Ägypten bleibt mit seiner Kultur ein exotisches Land. Damit folgt er dem üblichen Muster, das Kurt Treu so beschreibt: „Wenn die Handlung nach dem Osten ausgreift, ist dort das noch florierende Perserreich oder eine noch frühere Zeit angenommen, die Romane nehmen also die Eroberungszüge Alexanders des Großen nicht zur Kenntnis [...]. Ebenso kommt das römische Weltreich mit seiner Expansion [...] nicht vor." Kurt Treu: Der Realitätsgehalt des antiken Romans. In: Heinrich Kuch (Hg.): Der antike Roman. Untersuchungen zur literarischen Kommunikation und Gattungsgeschichte. Berlin 1989, S. 107–125, hier S. 118.

37 Karl Bertau zeigt in seiner Literaturgeschichte (Karl Bertau: Deutsche Literatur im europäischen Mittelalter, Bde. 1–2, München 1972 und 1973) am Beispiel des ‚Cliges' eine solche Rückwirkung von Wissen und Verhältnissen auf die fiktionale Geographie, ebd. Bd. 1, S. 499. Hartmut Kugler hat vorgeführt, daß die landschaftliche Schauplatzbindung dennoch auch etwas mit den erzählten Geschichten, mit deren Fremdheit oder Vertrautheit, zu tun hat: Hartmut Kugler: Zur kognitiven Kartierung mittelalterlicher Epik. Jean Bodels ‚drei Materien' und

dung vom französischen König Ludwig einen anderen Fürsten, Heinrich Plantagenet, den späteren König Heinrich II. von England, geheiratet hatte, war ein Herrschaftsraum entstanden, der den Kanal unwichtig erscheinen ließ;[38] Heinrichs Stammgüter waren in England, Eleonores in Aquitanien und der Normandie, und die Kultur der Höfe auf beiden Seiten (in London, Poitiers und Orléans) wurde unter Eleonores Einfluß mehr und mehr einheitlich. Eleonore war eine große Mäzenin von Minnesang und höfischer Epik. Trotz der politischen Querelen, die sie bald mit ihrem Mann bekam, und ihrer Verwurzelung im okzitanischen Kulturraum sicherte ihr politisches Geschick ihr langfristig auch wieder den kulturellen Einfluß auf Frankreich (Marie de Champagne, die Gönnerin von Chrétien, war Eleonores Tochter, und Blanca von Kastilien, ihre Enkelin, wurde später französische Königin). Das Königreich England, die Herzogtümer Aquitanien und Normandie (die auch zuvor, als Eleonore noch mit Ludwig verheiratet war, nur über sie zur französischen Krone gehörten) und das Königreich Frankreich hatten in der zweiten Hälfte des 12. Jahrhunderts und noch um 1200 eine relativ einheitliche Kultur mit relativ eng zusammenhängenden Sprachen. So ist die gesamte *matière de Bretagne* auf den Kontinent gekommen,[39] denn es sind vorwiegend inselkeltische Überlieferungen, die sich darin wiederfinden; und so ist auch die phantastische Geographie jener Romane entstanden, in der man von Südengland in kurzer Zeit zu Pferd auf die Zauberheide Broceliande (*Brezilján*, Iw 263) in der Bretagne kommt, wie es Kalogrenant und später Iwein auf ihren Ritten zur Aventiure der Zauberquelle gelingt.[40]

---

die ‚Matière de la Germanie'. In: Hartmut Böhme (Hg.): Topographien der Literatur. Deutsche Literatur im transnationalen Kontext. Stuttgart u.a. 2005, S. 244–263; ders.: Auf der Suche nach europäischen Parametern. Vorüberlegungen zu einer deutsch-französischen Perspektive auf die hochmittelalterliche Epik. In: Jb. der Oswald-von-Wolkenstein-Ges. 15 (2005), S. 91–104.
38 Vgl. Kugler: Zur kognitiven Kartierung, S. 248.
39 Kugler: Zur kognitiven Kartierung, S. 252–257 hebt an diesem Kulturtransfer hervor, daß die Schauplätze nicht ausgetauscht werden, sondern als Insignien eines Handlungstyps erhalten bleiben, und zwar sowohl beim Übergang der Geschichten aufs Festland als auch bei ihrer späteren Rezeption durch deutschsprachige Dichter.
40 Solche Reflexe politischer Raumbildungen auf die Topographie von Artusromanen gibt es in den mittelenglischen Gaweinromanzen, die in den Grenzlandschaften zu keltischen Sprach- und Kulturgebieten spielen und sie als Herrschaftsgebiet des Artus für England reklamieren. Vgl. Joerg O. Fichte: Das Wunderbare und seine Funktionalisierung in den mittelenglischen Gaweinromanzen. In:

2. Raum und Bewegung im Roman

Weil es sich aber um die *matière de Bretagne* handelt, transportieren die Ortsangaben nicht nur die Verhältnisse der Zeitschicht um 1200, sondern sie enthalten auch die im Stoff steckenden historischen und mythischen Reste. Wenn man die räumlichen Verhältnisse zu verstehen und sich mit dem Helden in seiner Geschichte zu orientieren versucht, legt man gleichzeitig Sedimente von Geschichte frei, die sich in den geographischen Angaben des Erzählstoffes niedergeschlagen haben. Gottfried hat den Tristanstoff nach eigener Aussage von einem Anglonormannen Thomas. Er hat eine andere, deutsche Bearbeitung des Stoffes (von Eilhart von Oberg) mit Sicherheit gekannt. Die Schauplätze dieses Romanes verteilen sich auf verschiedene, unterschiedlich genau zu ortende Länder.[41] Der Hauptschauplatz der Handlung ist der Hof Markes, des Königs von England und Cornwall. Zum Ländernamen England wird erklärt:

> *Kurnewal was aber sîn erbe dô.*
> *umbe Engelanden stuont ez sô:*
> *daz hete er sît des mâles,*
> *daz die Sahsen von Gâles*
> *die Britûne dâ vertriben*
> *und sî dâ hêrren beliben,*
> *von den ez ouch den namen verliez*
> *daz lant, daz ê Britanje hiez,*
> *und wart ouch iesâ dô genant*
> *nâch den von Gâles Engelant.*
> (G 425–434)

Die Geschichte wird durch diese geographische Erklärung auch zeitlich situiert. Sie spielt in der Zeit der sächsischen Landnahme im 4. Jahrhundert, genau wie der Artusstoff auch. Das Interesse für die keltischen Stoffe aus der Landnahmezeit durch die germanischen Sachsen war nach der normannischen Eroberung von 1066, bei der Festlandskelten und Franzosen gemeinsam die Sachsen von der Macht über die Insel vertrieben, einerseits literarisch und ästhetisch, also konservierend, andererseits aber auch legitimatorisch (denn die neuen Machthaber knüpften an Traditionen der 400 Jahre zuvor verdrängten Kultur an).

Während es sich bei den Ländern Markes um verifizierbare Landschaften handelt, ist es mit dem Heimatland Tristans, des Sohnes seiner

---

Friedrich Wolfzettel (Hg.): Das Wunderbare in der arthurischen Literatur. Probleme und Perspektiven. Tübingen 2003, S. 341–361, hier S. 350.
41 Für das Folgende vgl. Hahn: Raum und Landschaft, S. 34–36.

Schwester, anders. Das Heimatland von Tristans Vater Riwalin, in das er seine schwangere Geliebte Blancheflur aus ihrer Heimat Cornwall mitnimmt, heißt Parmenien,[42] sein Stammsitz dort *Kanoêl* (G 1641). Dorthin kommt man von Cornwall aus zu Schiff (G 1379 und 3095f.). Morgan, der Lehnsherr, gegen den sich Riwalin empört, hat ein aus Parmenien zu Pferde erreichbares Land (G 345). Tristan überrascht ihn *ze Britanje* auf der Jagd, sicher in seinem eigenen Land, das entweder die Insel oder die Bretagne sein kann; er ist ein Herzog und herrscht über *vil ritter Britûne* (G 5313 und 5349). Zusammengenommen bedeutet das wohl, daß Tristans Erbland auf der Festlandsseite liegt[43] und dem Herzog der Bretagne lehnspflichtig ist.

Isolde, die Marke heiratet, aber Tristan liebt, stammt aus Irland, das auch geographisch eindeutig Irland ist. Ihr Vater Gurmun ist in Afrika geboren und war dort nachgeborener Königssohn (G 5886f.). Die römische Provinz Afrika lag im östlichen Mahgreb, etwa im heutigen Tunesien; in diesem Sinne kommt die Landschaftsbezeichnung auch im griechischen und römischen Roman vor.[44] Gurmun hat im Dienste der Römer Irland erobert (G 5908–5920); die Zinsforderung Morolts an Marke ist also nicht irische Willkür, sondern römische Großmachtpolitik, und wenn Tristan den Zins verweigert, wird damit die historische Kulisse der zerfallenden Römerherrschaft über Britannien aufgebaut.

Die Geographie dieses Romanes trägt also zwei Zeitstufen in sich: das Ende der Völkerwanderung und des Weströmischen Reiches im 5. Jahrhundert und das Königreich der Plantagenets im 12. Jahrhundert. Daß Irland, wo die Frauen zaubern und in zwei Lebensaltern gleichzeitig auftreten, in jung und in alt, bei Gottfried auch mythische Dimensionen hat, sei nur am Rande angemerkt.

Die Handlung des Erec-Romanes beginnt bei Chrétien auf Artus' Burg Caradigan (ChrEr 28, fehlt im Ambraser Heldenbuch). Das ist ein wirklicher Ort in Südwales. Das Turnier zu Ehren von Erecs Hochzeit legt Chrétien in die Gegend zwischen York und Edinburgh (ChrEr 2075, vgl. den Kommentar von Albert Gier zur Stelle.)[45] Zu der Hochzeit

---

42 Vgl. dazu Hahn: Raum und Landschaft, S. 34–36.
43 So sieht es auch Hahn, ebd. S. 34.
44 Vgl. die Karte der Schauplätze antiker Romane zu Treu: Der Realitätsgehalt des antiken Romans, Karte zw. S. 112 und 113.
45 Chrétien de Troyes: Erec et Enide. Erec und Enide. Altfranzösisch-deutsch. Hg. und übers. von Albert Gier. Stuttgart 1987. Stellenkommentar zu 2075, S. 403. Giers Ausgabe folgt im afrz. Text der Ausgabe von Mario Roques (1952) und fügt einige Konjekturen nach Wendelin Foerster (1890) ein. Die Ausgabe von

2. Raum und Bewegung im Roman

kommen Gäste aus aller Herren Länder, auch aus Wunderländern, z.B. dem Land Orcel (ChrEr 1985–1988) bzw. Riel (HEr 2075–2085), in dem die Leute weit über 100 Jahre alt werden, und Zwerge aus dem Land der Antipoden vom anderen Ende der Welt (ChrEr 1941–1943, HEr 2086–2101) und von der Insel Avalon (ChrEr 1904–1907, HEr 1931). Das ist phantastische Geographie. Getraut werden Erec und Enite vom Bischof von Canterbury (ChrEr 1980, HEr 2125). Das ist politische Geographie: Der Erzbischof von Canterbury, Thomas Becket, war der wichtigste Mann der Kirche in England, weshalb er, der ehemalige Vertraute Heinrichs II. Plantagenet, nach seinem Übertritt zur päpstlichen Seite trotz einer formalen Beilegung des Konfliktes 1170 in seiner Kirche ermordet wurde, vielleicht im Auftrag, sicher im Interesse des Königs. Um 1170 wird meist auch Chrétiens ‚Erec' angesetzt; da der Erzbischof von Canterbury, Thomas Becket, in den 60er Jahren zeitweise Schutz in Frankreich gesucht hatte, ist es eher unwahrscheinlich, daß Chrétien diese Figur ohne Kenntnis der brisanten Geschichte erfunden hat. Erecs eigenes Land, in dem er zunächst die öffentlichen Pflichten vernachlässigt und dann am Schluß nach dem Tod seines Vaters die Herrschaft übernimmt, ist bei Chrétien Südwales oder liegt jedenfalls dort – beides läßt die Formulierung zu.[46] Bei Hartmann heißt es mit dem Fremdwort Destregales (HEr 2865f.), seine Hauptstadt ist bei beiden Autoren Karnant (Chr 2259, HEr 2882). Man kommt dorthin vom Hof des Artus zu Pferd, bei Chrétien sind es vier Tagereisen (HEr 2863, ChrEr 2256–2259). Auf seiner Bewährungs-Aventiurenfahrt trifft Erec auf Guivreiz, den König von Irland. Ein Schiff wurde dazu nicht gebraucht. Guivreiz befindet sich in seinem eigenen Land, in dem Erec beim zweiten Zusammentreffen auch zu Gast ist (ChrEr 3845f., HEr 4476f.).

In diesem Roman gibt es kein Wasser, alle Orte der ritterlichen Oikumene sind auf dem Pferd zu erreichen, also in der Weise, die für einen Ritter die klassische Fortbewegung ist. Diese Fortbewegung spannt die Kontinuität der Landschaft auf. Eine Landkarte unter die Bewegungen des Helden zu legen macht nicht viel Sinn, denn die geographischen Namen sind ins Unwirkliche entrückt, in die Nachbarschaft von Avalon. Einzig daß der Bischof von Canterbury auftaucht, scheint ein Rückgriff auf geschichtliche Orte.

Ingrid Kasten, die Foerster folgt (München 1979), hat eine andere Verszählung; der betreffende Vers mit den geographischen Namen Evroic (York) und Tenebroc (Edinburgh) dort 2131.

46 Enides Eltern werden *an son rëaume d'Estre-Gales* gebracht, ChrEr 1826.

2.3. Rhetorisches Erbe: Textübergreifende Loci und Attribute

Während in der Wirklichkeit oft der Zufall die Regie führt, wenn er die Kulisse für eine Handlung aussucht – einen bestimmten Baum für einen schweren Unfall oder ein bestimmtes Tier, das man gerade bei sich hat, für eine lebensverändernde Begegnung –, muß der Autor eines Werkes das, was wie zufällige Kulisse aussehen kann, artifiziell, also bewußt, herstellen.

Die Grundlagen für diese Technik sind alt. In der bildenden Kunst, zumindest insofern sie Handlungen darstellen will, scheint es eine archetypisch-unveränderliche Aufgabe zu sein, Gegenstände und Szenen zu erfinden, die man mit einer Figur zusammen abbildet, damit das Bild eine Geschichte erzählt und womöglich außerdem eine Wertung ausdrückt. Aber auch in der Literatur ist das Verfahren des Mit-Abbildens seit ältester Zeit geläufig. Die ‚Odyssee' kennt es und hat es wohl auch nicht erstmals verwendet.[47] Die lateinische Rhetorik lehrt es und orientiert sich dabei besonders an Vergil und Ovid.[48]

Die Technik des räumlichen Arrangements von Charakteristika, die zu Attributen der Figur werden können, ist in der mittelalterlichen Romanliteratur immer wieder anzutreffen. So verfährt Hartmann nach Chrétiens Vorbild mit dem Löwen; die Chanson über Rainouart denkt sich für ihren Helden eine Stange aus, deren An- und Abwesenheit bei seinem Rennewart Wolfram in konsequente Zeichenhaftigkeit hebt: Rennewart vergißt sie ständig, weil Stangen Riesenwaffen sind und Rennewart kein Riese ist.[49] Ein Attribut erfindet Chrétien mit Erecs Krönungsmantel, Hartmann mit Enites Satteldecke, Werner der Gärtner mit Helmbrechts Haube. Gottfried läßt seinen Tristan für Isolde ein Hündchen erwerben, dessen Schelle sie immer fröhlich machen würde, doch sie zerbricht die Schelle, weil sie nicht froher sein will als ihr Freund.[50] Die Bildlichkeit wäre bereits in sich klar, sie wird jedoch im

---

47 Vgl. Curtius: Europäische Literatur und lateinisches Mittelalter, S. 192–195.
48 Ebd., S. 195–209. Zum Lektürekanon und der Vorstellung von der Bildung an Mustern vgl. Cizek: Imitatio et tractatio, S. 22–26, S. 68f., über emblematische Muster S. 97–100.
49 Vgl. zur Stange des Rennewart Fritz Peter Knapp: Rennewart. Studien zu Gehalt und Gestalt des ‚Willehalm' Wolframs von Eschenbach. Wien 1970, S. 320, S. 326; Ingrid Kasten: Rennewarts Stange. In: ZfdPh 96 (1977), S. 394–410; John Greenfield, Lydia Miklautsch: Der ‚Willehalm' Wolframs von Eschenbach. Eine Einführung. Berlin, New York 1998, S. 131, S. 138f.
50 Zur Forschung über Petitcriu vgl. Hübner: Erzählform, S. 357 Anm. 168. Die Deutungen bewegen sich zwischen den Polen Petitcriu = Poesie (ähnlich Bertau:

2. Raum und Bewegung im Roman

Text eigens erklärt, wodurch das gebrochene Zitat des rhetorischen Verfahrens erst besonders in den Blick rückt. Gottfried baut das Glöckchen am kleinen Hund als Attribut zweiten Grades auf – das Glöckchen hängt an dem beweglichen Hund und nicht an Isolde, erst die Isolde mit dem Hund mit dem Glöckchen wäre immer glücklich. Nachdem diese komplizierte Ausstattung vorgestellt wurde, wird sie gleichsam durchgestrichen, und zwar aus der Sicht der ausgestatteten Figur, die (G 16368–16387) in einem langen Monolog darüber reflektiert, daß die Freundin des freudlosen Tristan nicht die frohe Isolde sein könne.

Daß Landschaftsausschnitte dem Geschehen ein bestimmtes Vorzeichen geben können, ist eine geläufige Lehre der lateinischen Rhetorik, die den *locus amoenus* vom *locus terribilis* unterscheidet und auch bestimmte Bäume und Pflanzen als Abzeichen edler oder fröhlicher Situationen bevorzugt.[51] Als Parzival in Wolframs Roman gegen den Gralritter kämpft und sein Pferd in den Abgrund stürzt, hält er sich selbst an einem Zedernast und bewahrt sich vor dem Absturz:

> *Parzivâl der tjoste nâch*
> *volgt. dem orse was ze gâch:*
> *er viel hin ab, deiz gar zebrast.*
> *Parzivâl eins zêders ast*
> *Begreif mit sînen handen.*
> *nu jehts im niht ze schanden,*
> *daz er sich âne schergen hienc.*
> (Pz 444,27–445,3)

Welcher Baum hält den Helden hier vom Abgrund zurück, und warum? Die Libanonzeder wird, wenn man sie wachsen läßt, vierzig Meter hoch und am unteren Stamm bis elf Meter dick, sie wäre stark genug für diese Rettung, aber sie gedeiht in Europa nur an geschützten Orten. Die Himalayazeder bringt es sogar auf 50 Meter Höhe, aber auch sie hat diesen Nachteil; und zudem haben beide Zedernarten den Weg über die Alpen erst in der frühen Neuzeit genommen. Was Zeder hieß und heißt, muß

Deutsche Literatur im europäischen Mittelalter, Bd. 2, S. 950) und Petritcriu = trügerischer Schein (so Christoph Huber: Gottfried von Straßburg: Tristan. 2., verbess. Aufl. Berlin 2000 (Klassiker-Lektüren 3), S. 94f.

51 Neben dem wirkungsmächtigen Buch von Curtius (Europäische Literatur und lateinisches Mittelalter) hat für das Verständnis literarischer Landschaftstopik vor allem Rainer Gruenter anregend gewirkt: Rainer Gruenter: Landschaft. Bemerkungen zur Wort- und Bedeutungsgeschichte. In: GRM 34 (1953), S. 110–120; ders.: Zum Problem der Landschaftsdarstellung im höfischen Versroman. In: Euphorion 56 (1962), S. 248–278.

allerdings nicht eine echte Zeder (*cedrus* im heutigen botanischen Sinne) sein. Im Mittelalter verstand man darunter am ehesten Wacholderarten (heute: *juniper*),[52] die aber in Mitteleuropa meist als Büsche und nicht als Bäume gediehen, was wiederum die Vorstellung vom rettenden Zedernast nach dem Litteralsinn erschwert. Offenbar wächst hier in der fiktionalen Welt nicht in erster Linie ein Baum, den sich der Hörer vorstellen soll, sondern eher ein Baum, mit dem er Bedeutung verknüpft.[53] Die rhetorischen Regeln für den *stilus gravis* sehen in der Umgebung von Helden Lorbeerbäume und Zedern vor.[54] Es wird also, wenn man so will, Parzival auf der Ebene der Fiktion eher von einem Gedankenbaum als von einem grünen Gewächs vom Abgrund zurückgehalten.

2.4. Strebepfeiler für die Imagination: innertextlich definierte Merkorte

Da rhetorisch erlernbare Verfahren den Vorzug haben, daß Mißverständnisse über die Bedeutung kaum möglich sind, werden sie in reichem Maße verwendet. Doch sind die Dichter nicht auf solche allgemein deutbaren Versatzstücke angewiesen, sondern sie sind darin frei, semantische Muster von Vorbildern zu übernehmen oder innerhalb ihres Textes eigene Semantisierungen aufzubauen, die einen Ort für die fiktionale Welt dieser einen erzählten Geschichte bedeutsam machen.

Die Gattung Artusroman, in dem Artus einen personalen Fixpunkt bildet, scheint ein Bedürfnis hervorzubringen, dem beweglichen Zentrum Artus ortsfeste Merkpunkte in der fiktionalen Welt[55] entgegenzusetzen,

---

52 Klaus Popitz: Zeder. In: Lexikon der christlichen Ikonographie, Bd. 4. Rom u.a. 1972, Sp. 562–564, hier 562–63. Zu einem ähnlichen Szenenbild in der ‚Kudrun' vgl. David Blamires: The Geography of ‚Kudrun'. In: The Modern Language Review 61, No. 3 (1966), S. 436–445, hier S. 438f. Die botanische Erklärung entlehne ich dankbar Blamires ebd.

53 Das ist kein Einzelfall, sondern eine durchaus geläufige Technik. Zum Beispiel wachsen am Anfang von Konrad Flecks ‚Flore und Blanscheflur' in dem idyllischen Garten eine Zeder, ein Lorbeer, eine Zypresse und ein Ölbaum. Konrad Fleck: Flore und Blanscheflur. Hg. von Emil Sommer. Quedlinburg u.a. 1846, V. 190–200.

54 Deshalb auch die Zeder in der Abstammungsvorgeschichte am Anfang der ‚Kudrun', vgl. Blamires: The Geography of ‚Kudrun', S. 438f.

55 Wie wichtig Ortsangaben für die Imagination der fiktionalen Welt im Bewußtsein des Rezipienten sind, hebt Hillebrand: Mensch und Roman, S. 6 hervor, wenn er den Raum „*das* konstituierende Moment der Erinnerung" nennt. Innertextliche Merkorte gehören zum Grundgerüst, an dem der Rezipient die fiktionale

also gleichsam das mobile und das ortsfeste Prinzip zu kontrastieren. Für den Hörer oder Leser sind Orte, die er als Schauplätze schon erzählter Begebenheiten wiedererkennt, Fixpunkte der Orientierung in der Raumstruktur und der Möglichkeit nach auch in der Bedeutungsstruktur des Werkes.[56] Im ‚Iwein' beispielsweise wird bereits am Anfang gesagt, daß Laudines Quellenreich sich in der Zauberregion Broceliande/Breziljân befinde. Die Szenerie, die Chrétien dann aufbaut (und Hartmann übernimmt), ist nur mäßig zauberisch. Es gibt einen Brunnen unter einer nur bei Hartmann wunderlichen (nämlich immergrünen) Linde. Bei Chrétien ist es eine Tanne oder Pinie (*pin*). Eine kleine Kapelle steht dabei. Zu Laudines Burg ist es nicht weit, weil der flüchtende Askalon den Weg trotz seiner schweren Wunde noch schaffen kann. Die magischen Unwetter verheeren den Quellenort immer wieder, aber er stellt sich selbst wieder her. Sein räumliches Arrangement ist also so fest, daß es auch magischen Bedrohungen trotzt. An diesem Ort spielt sich mehrmals in der Handlung Entscheidendes ab:[57] der gedoppelte Anfang mit der Brunnenaventiure; der versuchte Selbstmord des Löwen nach Iweins Ohnmacht; Lunete sitzt in der Kapelle gefangen und erkennt Iwein draußen; schließlich Iweins letzter Versuch mit dem Unwetter und danach das Zusammentreffen mit Lunete. Es ist Laudines Land, aber Laudine kommt in der Erzählung nie hierher, wogegen Iwein den Ort immer wieder sucht, zweimal bewußt und einmal unbewußt. Diese räumliche Strebrichtung bildet ein Gegengewicht zu Iweins zeitlicher Fristvergessenheit, und der kleine Platz ist zugleich der Merkpunkt für den Zuhörer, an dem es immer um das Schicksal von Laudines Land geht (und damit sekundär auch um Iweins Glück und um Lunetes Leben). Hierher zu gelangen ist möglich und folgenreich. Das gilt in dem Roman viel, weil es darin so schwer ist, jemanden anzutreffen, wenn man Hilfe braucht: Artus, der Wanderkönig, kann zwar von allen Figuren, die ihn aufsuchen, gefunden werden, aber der Raub der Königin bringt ihn um die Identität seiner Helfergemeinschaft; Iwein, der Löwenritter, zieht von Aventiure zu Aventiure und kann erst von der Stellvertreterin der Hilfesuchenden und mit Mühe ausfindig gemacht werden. Ortsfestigkeit wird also mit der Konstellation einer Minimallandschaft aus Brunnen und

---

Welt nachbaut, und insofern zu den nicht epochenspezifischen, sondern universellen Möglichkeiten des Erzählens.
56 Ähnlich erklärt Hahn: Raum und Landschaft, S. 48f. Wolframs isolierte Merkorte der fiktionalen Welt von Terre marveile im Vergleich zu Gottfrieds Verfahren.
57 Schröder: Schauplätze, S. 304–306 ordnet dem „Brunnenschauplatz" eine „Hinweisfunktion" zu.

Kapelle in der Nähe von Laudines Burg zu einem – durchaus positiv konnotierten – Gegengewicht zur Beweglichkeit der Artusritter erhoben.

Einen Rückkehrort, der den Weg des Helden gliedert und erklärt, gibt es auch im ‚Parzival'. Auch hier steht er im Gegensatz zu den beiden ortsvarianten Attraktionszentren, dem umherziehenden Artushof und der unerreichbaren Gralsburg. Die Klause des Trevrizent ist im Romangeschehen als ein memorialer Ort für den Hörer oder Leser aufgebaut: Hier schwur Parzival auf die Reliquie des Einsiedlers, daß er Jeschute nicht vergewaltigt habe; hierher gerät Parzival im Zustand seiner Zerfallenheit mit Gott, und hier fällt ihm der Reinigungseid ein und die Lanze, die er weggenommen hat, und endlich versteht er an diesem Ort sich und seine Handlungen, wenngleich die Erwartungen Trevrizents (daß Parzival den Gral nicht mehr erlangen könne) sich am Ende nicht erfüllen. Der Ort hat, als Parzival ihn zum zweiten Mal erreicht, bereits ein semantisches Vorzeichen. Den Eid gegenüber Orilus schwört Parzival (Pz 269,1ff.) nach seiner zweiten Begegnung mit Sigune, als er bereits weiß, daß er die Gralsfrage versäumt hat, aber vor seiner öffentlichen Verurteilung vor der Artusrunde (wie Parzival sich bei Trevrizent erinnert, Pz 460,4 ff., hat er die Lanze des Taurian, die bei Trevrizents Klause stand, in den Blutstropfen-Tjosten benutzt). Trevrizents Klause ist also der Ort einer guten, richtigen und selbstbewußten Tat, die sich inselhaft zwischen unbewußter Verfehlung auf der Gralsburg und unbewußtem, aber vom Artuskreis honoriertem Rittertum in der Blutstropfenepisode heraushebt. Sie ist auch schon zu diesem frühen Zeitpunkt ein Ort der Klarheit über eigene Handlungsweisen, ein Ort der Verantwortlichkeit. Parzival scheint Jeschute anfangs nicht zu erkennen. Sie sagt ihm, er habe sie unglücklich gemacht, ohne daraus Vorhaltungen abzuleiten, und seine Antwort darauf ist zunächst abwehrend; aus seiner Reaktion geht nicht hervor, daß er sie erkennt. Er bietet ihr seinen Dienst an, weil sie leidet, nicht, weil er seine Schuld wiedergutmachen will. Noch Orilus gegenüber fordert er nur als anonymer Sieger, nicht als Verursacher, die Versöhnung mit Jeschute. Erst bei seinem Schwur an Trevrizents Klause nimmt er explizit darauf Bezug, daß er selbst der Anlass für beider Entzweiung gewesen sei. Die nächste Rückbesinnung, die auf Condwiramurs, bleibt zunächst folgenlos; dann sind nach der Verurteilung durch Cundrie alle Rückbesinnungsbemühungen ausdrücklich aufgegeben, bis Parzival wieder zu Trevrizent kommt. Schon ehe die beiden Figuren miteinander gesprochen haben, ist für den Hörer oder Leser der Ort präfiguriert, er ist der geeignete Ort der Umkehr und Selbsteinsicht.

2.5. Vorgedeutete Raumorientierung: links und rechts, oben und unten

Der Mensch denkt von den Erfahrungen seines Körpers aus, die er auch auf das Hören von Geschichten überträgt. Seine Erfahrungen mit der natürlichen Umwelt lassen in verschiedenen Kulturen eine Metaphorik der Erhöhung und Erniedrigung entstehen, in der Höhe ein Gleichnis für das Gute und Erstrebenswerte ist, Flaches und Niedriges ein Gleichnis für Abzulehnendes und Schlechtes.

Die Körperseiten und die Bevorzugung der bei den meisten Menschen geschickteren rechten Hand sind gleichfalls in übertragene Bedeutungen übernommen worden. Daß rechts das Rechte und Gute, links das Böse und Schlechte liegt, hat sich durch das Vorbild biblischer Wegemetaphorik (z.B. Mt 26,64, Apg 7,55, Eph 1,20) tief in die Ikonographie der bildenden Künste und der Literatur in Europa eingeprägt.[58] Auf mittelalterlichen Weltgerichtsdarstellungen liegt das Paradies auf der Seite der rechten Hand, die Hölle auf der Seite der linken Hand des Weltenrichters. Bei Kreuzigungsdarstellungen hat Maria (und die Allegorie der Ecclesia) rechts vom Gekreuzigten zu stehen, Johannes (und Synagoge) auf seiner linken Seite. Im Kirchenbau sind die Richtungen eng mit den Himmelsrichtungen verknüpft. Ein prominentes und allverfügliches Bild für eine Richtungsentscheidung bietet zudem Mt 7,14 an: Der schmale und unbequeme Weg führt demnach zum ewigen Leben, der breite und bequeme dagegen stracks in die Hölle.

An diese Bilder gedeuteter Raumorientierung und -bewegung[59] knüpfen Dichter an unscheinbaren, aber wichtigen Stellen an, wenn sie Wege nach links oder bequeme Wege für den literarischen Helden als falsche Wege kennzeichnen, Wege nach rechts oder unbequeme Wege jedoch als für den Helden richtige auszeichnen wollen. Erich Auerbach hat das in einer klassisch gewordenen Studie am Beispiel des ‚Yvain' entwik-

---

58 Vgl. dazu Czerwinski: Gegenwärtigkeit, S. 13–26.
59 Die Kontinuität der einschlägigen lateinischen Bildungstradition von Isidor: Etymologien XI, Kap. 1, 12, 68. In: PL 82, 406A über Hrabanus Maurus: De universo VI, Kap. 1. In: PL 111, 158C–159B bis zu Hugo von St. Victor: De bestiis et aliis rebus III, Kap. 60. In: PL 177, 124D ist nachgezeichnet bei Ursula Deitmaring: Die Bedeutung von Rechts und Links in theologischen und literarischen Texten bis um 1200. In: ZfdA 98 (1969), S. 265–292.

kelt: Calogrenant wendet sich in einem Raum ohne Orientierungspunkte nach rechts und findet das Rechte, die Aventiure, nach der er suchte.[60]

Doch ist es keineswegs so selbstverständlich und verbindlich, wie man nach der Lektüre von Auerbachs Aufsatz denken könnte, daß Figuren und Leser eines mittelalterlichen Romans ihre biblisch geprägte Hermeneutik zum Entziffern der Zeichen in der fiktionalen Welt auf die Ritterwelt beziehen, indem sie die rechte Richtung als den Weg zur Aventiure auffassen, der für den Ritter grundsätzlich gut ist. Es zeigt sich vielmehr, daß Erzähler, auch solche derselben Geschichte, ganz unterschiedlicher Meinung darüber sein können, was für ihre Figuren gut oder schlecht ist.

Im Löwenritter-Roman scheinen Hartmann und Chrétien sich zunächst darüber einig zu sein, daß es der rechte Weg ist, der Kalogrenant zur Aventiure führt: Chrétiens Calogrenant sagt Yv 180: *Et trovai un chemin a destre*,[61] Hartmann setzt dafür ein: *dâ wârn die wege manecvalt:/ dô kêrt ich nâch der zeswen hant* (Iw 264f.). Aber ist das Hartmanns Text oder nur der der Heidelberger Handschrift A? Es gibt andere Lesarten, die den Helden zur *winstern* (D) oder *lincken* (a) Hand gehen lassen. Später, an der Stelle, an der der Waldmann den Ritter weiterweist, unterscheidet sich Hartmanns Text klar von Chrétiens Text: *Tote la droite voie va* (Yv 376)[62] heißt bei Chrétien die Anweisung. Bei Hartmann sagt der Waldmann nur *hie ist ein brunne nâhen bî* (Iw 553), aber gestisch wird diese Angabe ergänzt: *hin wîste mich der waltman/ einen stîc ze der winstern hant* (Iw 598f.). Diesmal ist die Überlieferung des deutschen ‚Iwein' einhellig gleicher Meinung. Es geht nach links. Diese Richtungsangabe fehlt bei Chrétien ganz. Bei ihm ist das Unternehmen in sich positiv, also geht der Ritter immer nach rechts oder geradeaus, während Hartmann schon eine Vorausdeutung auf den Mißerfolg zu

---

60 Erich Auerbach: Der Auszug des höfischen Ritters. In: Ders.: Mimesis. Dargestellte Wirklichkeit in der abendländischen Literatur. 9. Aufl. Tübingen u.a. 1994. S. 120–138, bes. S. 125. Czerwinski: Gegenwärtigkeit, S. 13 geht ebenfalls von dieser Iwein-Stelle aus, allerdings ohne Rückverweis auf Auerbach, wogegen Hübner: Erzählform, S. 1 wiederum bei Auerbach anknüpft. Vgl. auch Ernst Trachsler: Der Weg im mittelhochdeutschen Artusroman. Bonn 1979 (Studien zur Germanistik, Anglistik und Komparatistik 50). S. 159.
61 Chrestien de Troyes: Yvain. Übers. und eingel. von Ilse Nolting-Hauff. München 1962 (Klassische Texte des romanischen Mittelalters), hier S. 25 die Übersetzung: „und ich fand einen Weg zur Rechten"; das ‚ich' steht vor der zitierten Stelle im Satz.
62 Übersetzung Nolting-Hauff: „Reite nur immer geradeaus", Yvain ed. Nolting-Hauff, S. 33.

zu geben scheint, weil der Ritter zwar zuerst nach rechts geht, dann aber nach links.

Im ‚Erec' gehen die Unterschiede noch weiter, und sie lassen sich, anders als im ‚Iwein', auch nicht textimmanent, als Hinweise auf die spätere Entwicklung der Handlung, auflösen. Chrétien läßt seinen Erec gemeinsam mit Givret *le droit chemin* reiten (ChrEr 5320), also geradeaus, wobei im *droit* die positiven Konnotationen des Rechten und Richtigen, das dieser Wortfamilie angehört, mitschwingen. So kommen sie nach Brandigant. Bei Hartmann gelangen Guivreiz und Erec dagegen dorthin, indem sie den *baz gebûwen* Weg statt des rechten reiten (HEr 7817), bis sie erkennen müssen, daß sie nach links von ihrem Weg abgewichen sind. Guivreiz sagt nämlich, als beide Brandigan vor sich sehen, auf Erecs Frage nach der Burg:

> ‚ich erkenne si: wir sîn verre
> geriten von unser strâze.
> daz ez got verwâze!
> iedoch sô manege zîte
> sô ich disen wec rîte,
> sô ist mir bœslîch geschehen:
> ich hân mich übele übersehen,
> gezeiget zuo der winstern hant.'
> (HEr 7899–7906)

Hartmann, insofern er durch den Ambraser ‚Erec' repräsentiert wird, stellt im ‚Erec' gegen Chrétien an zwei Stellen ausdrücklich fest, daß die beiden Figuren den besser ausgebauten und den linken Weg nehmen, einmal in eindeutig biblischer Sprache (*reht – baz gebûwen*) in Erzählerrede und damit objektiviert, einmal in Figurenrede. So muß es für Hörer oder Leser, denen die biblische Metaphorik vertraut ist, der falsche Weg sein,[63] obgleich sie darauf nach Brandigan kommen, wo Erec die Aven-

---

63 Zur Stelle vgl. Trachsler: Der Weg, S. 194–217. Trachsler löst den Widerspruch zwischen der Erzählerrede, die den Weg explizit als falsch bewertet, und der handlungsimmanenten Bewertung und der Bewertung in Erecs Figurenrede, die beide positiv ausfallen, durch Bezug auf verschiedene Urteilsinstanzen in der fiktionalen Welt (Guivreiz weiß das objektiv Richtige, Erec das für ihn Richtige). Ein ausdrücklicher Hinweis auf die religiöse Dimension der Wegeangaben dagegen bei Kurt Ruh: Höfische Epik des deutschen Mittelalters. Erster Teil: Von den Anfängen bis zu Hartmann von Aue. Berlin 1967 (Grundlagen der Germanistik 7). S. 135. Schröder, Schauplätze, S. 169–172 hält die negativen Konnotationen für eng kontextgebunden und meint, daß die Vorbewertungen der Richtungsangaben „in Hartmanns Denken durchaus lebendig waren, sich aber nicht unbedingt zu einem strukturbildenden System verfestigten", hier S. 172.

tiure besteht, die gleichsam für ihn gemacht ist, und obgleich Erec schon zuvor, im Gespräch mit dem König Ivreins von Brandigan, zu erkennen gibt, daß er sich auf *der sælden wec* glaubt (HEr 8521). Hartmanns (oder zumindest des Ambraser ‚Erec') Auffassung davon, was für seinen Helden gut und richtig ist, scheint zu der Chrétiens nicht recht zu passen. Chrétien setzt in beiden Texten Zeichen, die darauf hinweisen, daß der Weg zur Aventiure für den Ritter schon an sich der rechte Weg ist, unabhängig davon, ob er sie bestehen kann: Calogrenant vermag das nicht, Erec aber durchaus. Hartmann gibt im ‚Iwein' eine innertextliche Vorausdeutung, die die grundsätzlich positive Wertung von Aventiure stark einschränkt; darüber hinaus fügt er im ‚Erec' durch die Wegemetaphorik einen eigenständigen geistlichen Kommentar zum Ritterwesen seiner erzählten Handlung ein: Erec glaubt sich im Glück, und er erringt auch tatsächlich seine eigene Handlungssouveränität zurück und dazu allen Ruhm der Welt, aber der Erzähler ist gemeinsam mit dem verläßlichen Guivreiz der Meinung, daß Erec, obgleich er endlich in der Welt alles richtig macht, den biblischen Weg in die Hölle nimmt; er ist also immer noch nicht im Guten und Rechten angekommen. Interpretiert Hartmann, wenn er so denkt, vielleicht sogar die erste Richtungsangabe in der Aventiure des Kalogranant, seine Hinwendung auf den rechten Weg, anders? Der Ausgang der Episode demütigt den Ritter in seiner Aventiuresuche, deren Naivität gegen Chrétien im Gespräch mit dem Waldmann betont wird, also ist dieser Weg gut und richtig für ihn: ein geistlicher Kommentar zur Handlung, der nicht die innerweltliche Wertung, sondern die ganze Weltlichkeit der Handlung relativiert. Auf jeden Fall kann man aus den ändernden Richtungsangaben des ‚Erec' folgern: Aventiure ist im Ambraser ‚Erec' und vielleicht bei Hartmann nur unter Umständen, zum Beispiel zu Hilfe und Erlösung, etwas Gutes, aber auch das nur im Rahmen ritterlichen Handelns; darüber spannt sich noch ein weiterer, geistlicher Horizont, vor dem sich dieses Wohlverhalten relativiert, auch wenn er erst am Schluß vorsichtig wieder aufgenommen wird. Chrétien läßt seine Geschichte mit einem Fest enden, Hartmann mit einem Ausblick auf langes, fehlerloses Leben und ewige Seligkeit (HEr 10103–10129).[64]

---

[64] Geistliche Perspektivwechsel, die zur Umbewertung einer Wegesituation führen, hat Laurence N. de Looze auch in der ‚Queste Del Saint Graal' gefunden (VI, 30 gegen IV, 34), und sie hat sie an den geistlichen Inhalt der Aventiure und damit mittelbar an den Gralstoff gebunden: A Story of Interpretations. The Queste Del Saint Graal as Metaliterature. In: Dhira B. Mahoney (Hg.): The Grail. A Casebook. New York, London 2000, S. 237–259, hier S. 238f. Der Zusammenhang

2. Raum und Bewegung im Roman

Für andere zeitgenössische Autoren im deutschen Sprachraum ist Chrétien als Vorbild ebenso verfügbar wie Hartmann. Dessen kleine geistliche Besserwisserei macht für Wirnt von Gravenberc gar keinen Unterschied: Als Wigalois, dessen Aventiure ohnehin gleichzeitig ein Kampf gegen das Böse ist, einen kleinen Pfad einschlägt, der zur linken Hand vom Weg abgeht (Wig 6256f.), wird er von der Riesenfrau Rual gefangen, entwaffnet und schmählich gebunden. Wolfram scheint sich die erfolgsunabhängige Kennzeichnung der Aventiure mit vorgedeuteten Richtungsangaben, wie sie sich in Chrétiens Löwenritterroman findet, zu eigen gemacht zu haben, denn er wendet diese Technik auch dort an, wo sie bei Chrétien selbst fehlt. Im ‚Conte du Graal' hatte dieser nämlich den Fischerkönig nur sagen lassen, Perceval möge durch einen Felsspalt nach oben reiten, woraufhin er sein Haus – die Gralsburg – unten liegen sehen werde (Perc 3029–3049). Bei Wolfram sagt der Fischerkönig, Parzival müsse nach rechts gehen:[65]

> *dort an des velses ende*
> *dâ kêrt zer zeswen hende*
> (Pz 225,25f.)

Das ist für ihn die richtige Richtung, in weltlicher wie in geistlicher Hinsicht: rechts und oben, denn von einem Abstieg (der bei Chrétien erforderlich ist) wird nichts berichtet. Diese symbolischen Orientierungen bleiben gültig, auch wenn Parzival die Aufgabe beim ersten Anlauf nicht bestehen kann.

Uwe Ruberg hat für den Prosa-Lancelot festgestellt, daß auch hier gegen den *Lancelot en prose* mehrfach Wegbeschreibungen so geändert werden, daß die Wege nun eindeutig nach rechts oder links abzweigen.[66] Fast scheint es, wenn man diese Beispiele nebeneinanderhält, als habe die deutsche Tradition eine stärkere Vorliebe für die ursprünglich geistliche Richtungssymbolik, als sie aus ihren französischen Vorlagen spricht, so, als neige sie eher dazu, aus einem Weg eine Entscheidung zu machen.

---

mit dem Gralstoff erscheint im Hinblick auf Hartmanns Änderungen im ‚Erec' allerdings weniger zwingend, auch wenn die grundsätzliche Fragerichtung nach geistlicher oder weltlicher Bewertung der Handlung in der fiktionalen Welt sich dadurch bestätigt.

65 Diese Einzelheit findet sich in Andrea Glasers Analyse von Parzivals Weg zur Gralsburg nicht. Vgl. Glaser: Der Held und sein Raum, S. 71–77.
66 Ruberg: Raum und Zeit, S. 69 und ebd. Anm. 29. Zu den Weggabelungen im ‚Prosa-Lancelot' vgl. auch Harms: Homo viator, S. 264–268.

Die Symbolik von oben und unten ist weniger fest vorgedeutet als die von rechts und links. Das liegt zum einen daran, daß es rechts und links nur im Bezug auf den Menschen gibt, oben und unten aber auch ohne ihn sinnvoll bestimmt werden können. Der Litteralsinn der Unterscheidung von oben und unten ist von vielfältiger Erfahrung geprägt: Burgen haben, wenn sie oben liegen, einen ähnlichen strategischen Vorteil, wie ihn auch Vogelnester im Baum gegenüber ebenerdigen Räubern haben. Andererseits brauchen Mensch und Tier Wasser, und das ist nach beider Erfahrungen unten leichter zu haben als oben; das Leben auf dem Berg ist für Mensch und Tier schwieriger als im Tal. Diese ambivalenten natürlichen Vorteile und Nachteile haben mit dem Menschen erst in zweiter Linie zu tun, und sie sind sowohl deshalb als auch wegen ihrer Ambivalenz nicht einsinnig mit moralischen Wertungen zu verbinden. Aber selbst wenn man im Text ausmachen kann, daß es in einem symbolischen Sinn um den Menschen geht, tun sich wiederum mehrere Wege auf. Die Symbolik mit geistlichem Bezug unterscheidet sich nämlich wesentlich von der mit weltlichem. Im Hinblick auf den Weg zu Gott ist oben immer das Überlegene und Gottähnlichere; im Hinblick auf menschliches Schicksal besitzt das Obensein anschauliche Bedeutung. Über- und Unterlegenheit, Über- und Unterordnung wird in zahlreichen Ritualen und Artefakten (z.B. Knien und Prostratio; Thron und Sänfte, aber auch Reiten im Gegensatz zum Zufußgehen) anschaulich gemacht. Viele Gesellschaften, auch die mittelalterliche Adelsgesellschaft, interpretieren die reale Besserstellung des einzelnen als Resultat seiner größeren Tugend und als Ansporn zu einer solchen; so entsteht ein übertragener Sinn von Oben- oder Größersein, der moralisch, aber nicht geistlich gemeint ist. Wenn man dieselbe gegliederte Gesellschaft gleichsam von außen, aus historischem Abstand oder mit dem geistlichen Auge, anschaut, erscheint das Obensein, zum Beispiel im Bild der Rota Fortunae, des Glücksrades, hingegen stets als ein transitorischer Zustand, der den kommenden Fall erwarten und befürchten läßt. Vereinfachend könnte man sagen, daß für die Seele oben immer etwas Gutes und ein sicherer Orientierungspunkt ist, während für den sozialen Menschen Obensein soziale Rangunterschiede bezeichnet, die der einzelne einerseits durch persönliche Tugend verdient und einlöst (so daß soziale Spitzenstellung und moralische Vorzüglichkeit identisch scheinen), die sich aber andererseits noch in seinem Leben als flüchtiges Glücksgut erweisen können. In dieser Verzweigung zeigt sich die Symbolik von oben und unten als zu kontextabhängig, um als vorgefertigtes Deutungselement in eine Erzählung eingebaut zu werden. Die textexterne Deutung von rechts und links bleibt im wesentlichen einsinnig und kann so in den Erzähltext importiert werden; dagegen sind oben und unten schon in textexterner Ikonographie mehrdeutig, und das heißt: Die Symbolik von oben und unten ist freier für eine spezifische Semantisierung innerhalb der fiktionalen Welt.

Bei Wolfram trifft Parzival zum zweiten Mal auf Sigune, während sie auf einer Linde sitzt; eine Szene, die nur bedingt an Chrétien zu messen ist, der die Cousine bei der einzigen Begegnung mit Perceval unter eine Eiche setzt (*soz un chaisne*, Perc 3431), denn Wolfram hat die Sigune-Szenen gegenüber dieser einen reich ausgebaut. Er gestaltet den äußeren Rahmen der Szene so:

> *vor im ûf einer linden saz*
> *ein magt, der fuogte ir triwe nôt.*
> *ein gebalsemt ritter tôt*
> *lent ir zwischenn armen.*
> (Pz 249,14–17)

Wie kommt eine Dame in standesgemäßen Gewändern auf einen Baum? Wie kann es ihr zudem gelingen, einen so unbeweglichen und unhandlichen Gegenstand, wie es ein mumifizierter Ritter ist, auf die Linde zu transportieren? Wovon lebt sie dort oben, und was tut sie mit dem toten Ritter, wenn sie sich den Bedürfnissen des Lebens nach bewegen muß? Obgleich bei Wolfram auch Nebenfiguren – Orilus z. B. oder Orgeluse – ein nachverfolgbares und beinahe nachrechenbares Eigenleben haben, das raumzeitlich ins Gesamtgefüge des Romans paßt, soll man diese Fragen offenbar nicht stellen.[67] Es ist ein erdachtes, allenfalls ein gesehenes, kein erzähltes Bild. Daß Sigune, auch wenn sie auf einem Baum sitzt, den toten Schionatulander im Arm hält, gehört zu der Räumlichkeit, die sich mit der Sigunefigur entfaltet. Die an der Pietà orientierte Ikonographie[68] fordert eine innere räumliche Anordnung – aristote-

---

67 Die völlige Abstinenz von rationaler Erklärung ist Eberhard Nellmann offenbar zuviel, er rechnet im Kommentar zu 249,14 mit einer vernünftigen Erklärung (Hilfe der Gralritter), deren Defizienz er gleichwohl sofort einräumt, vgl. Wolfram von Eschenbach: Parzival. Nach der Ausgabe Karl Lachmanns rev. und komm. von Eberhard Nellmann. Übertr. von Dieter Kühn. Frankfurt 1994, Bd. 2, S. 589f.

68 Vgl. Elisabeth Reiners-Ernst: Das freudvolle Vesperbild und die Anfänge der Pietà-Vorstellung. München 1938 (Abhandlungen der Bayerischen Benediktiner Akademie 2), S. 68; Karl Bertau: Regina lactans. In: Ders.: Wolfram von Eschenbach. Neun Versuche über Subjektivität und Ursprünglichkeit in der Geschichte. München 1983, S. 259–285, hier S. 280f.

lisch würde man sagen: einen *situs* –, die als Fertigteil und Baustein verwendet werden kann, so daß sich die Frage nach der erzählerischen Stimmigkeit nicht stellt: Sigune hält Schionatulander, wo auch immer sie sitzt.[69] Daß sie vom Baum aus spricht, also von oben, gibt ihrer Aufklärung über den Gralsbesuch und ihrer Abwendung von Parzival großes Gewicht: Ihre Lage, im wörtlichen wie im übertragenen Sinn, verleiht ihr Autorität: Sie hat sich an die Regeln der Minnewelt gehalten und das Liebste zerstört, das sie hatte; ihre bereits verstandene Erfahrung und ihre Trauer stellen sie über Parzival, der eben, indem er die Regeln der Ritterwelt befolgte, das wichtigste Ziel seines Lebens verspielt hat. Sie spricht aus der Pose einer erhöhten Schmerzensmutter, gewissermaßen der höchstautorisierten Spezialistin für Leid und Mitleid. So kann sie von oben, gleichsam ein lebendes Altarbild, zum ersten Mal erklären, daß ihn das Mitleid zur Frage hätte führen müssen.

Bei Gottfried kommt in der Minnegrotten-Episode[70] das Licht von oben, durch kleine Fenster:

> *dâ wâren kleiniu vensterlîn*
> *durch daz lieht gehouwen în,*
> *diu lûhten dâ unde hie.*
> (G 1672 9–16731)

Wenn sie ‚hier und da' leuchten, heißt das wohl, daß sie über das Rund der Wand verteilt sind und nicht eng beieinander liegen, so daß sie eine Seite auszeichnen würden.[71] Später erfährt man, daß es – trinitarisch – drei Fenster sind, denn am verdunkelten dritten erkennen Tristan und Isolde, daß jemand sie beobachtet hat:

> *do enschein diu sunne niht dar în*
> *niuwan durch zwei vensterlîn.*
> *nu nâmen sî des dritten war*

---

69 Daß sie Schionatulander schließlich doch begräbt oder begraben läßt, wie Parzival bei der zweiten Begegnung rät (*wir sulen disen tôten man begraben* Pz 253,8), relativiert die Überlegenheit ihrer Einschätzung im Nachhinein vom 9. Buch aus.

70 Hahn: Raum und Landschaft, S. 120 deutet die Rundung der Grotte auf die Einheit der Tugenden hin.

71 Mittelbar erfährt man auch, daß es ein Fenster nach Süden oder Westen sein muß, das Marke verstopft, denn am Morgen war Isolde (G 17576–17579) unterwegs gewesen, wodurch sie die schöne Gesichtsfarbe gewonnen hat, die Marke jetzt in der Sonne sieht.

und alse in daz niht liehtes bar,
des wunderte si sêre.
(G 17635–17639)

Dieses dritte Fenster hatte Marke zugedeckt, um die Sonne zu hindern:

nu er der sunnen war genam,
diu von obene durch den stein
ûf ir antlütze schein:
er vorhte, ez wære ir an ir lîch
schade unde schedelîch:
(G 17612–17616)

Der Mangel an Licht wird sogleich bemerkt, denn die Liebenden *begunden umbe sehen/ und nâch dem sunnenschîne spehen* (G 17633f.). Damit ist ein Zustand besonderer Erleuchtung beendet. Solange das Licht ungehinderten Eingang fand und die Liebenden übergoß, lebten sie unten im Modus des Oberen, in Wahrheit und Klarheit. Als aber Tristan die zufällig herannahende Jagd bemerkt hat und Entdeckung befürchtet, hält die Verstellung Einzug in die Grotte, denn Tristan legt sein Schwert zwischen sich und Isolde. Der neugierige Marke empfindet das herabfallende Licht als Bedrohung für Isoldes Schönheit und verlegt dem Licht den Zugang. Er bestätigt damit nur, was sich unten schon vollzogen hat: Indem nicht mehr das Obere und Wahre, sondern vielmehr das Gleichrangige und Äußere die Orientierung für Tristans Handeln abgibt, sind Isolde und er im Unten gefangen. Der ideale Ort hat sich für sie entwertet, sobald seine beiden Bewohner eine Außenperspektive auf sie mitdenken müssen.

In einer anderen berühmten Szene des ‚Tristan',[72] der Baumgartenszene, wird das als objektiv beschriebene Oben und Unten, das Raumarrangement der Szene, durch die Blickrichtungen und Perspektiven der Figuren ergänzt; das Licht, diesmal das des Mondes, ist wieder in die Bildlichkeit miteingewoben. Marke, der König, steht sozial über dem Neffen und Vasallen Tristan. Er wird von einem Zwerg begleitet, der sowohl körperlich als auch sozial niedriger als Marke steht, der aber

---

72 Gerd Dicke: Das belauschte Stelldichein. In: Christoph Huber, Victor Millet (Hgg.): Der ‚Tristan' Gottfrieds von Straßburg. Symposion Santiago de Compostela 5.–8. April 2000. Tübingen 2002, S. 199–220, hier S. 202: „Den Reiz und die besondere Eindrücklichkeit dieser Tristanepisode bezeugt die Tatsache, daß keine andere der höfischen Epik so häufig bildlich dargestellt wurde und daß auf sie zugleich bald die Hälfte aller Bildzeugnisse des ‚Tristan' entfällt." Vgl. auch Doris Fouquet: Die Baumgartenszene des Tristan in der mittelalterlichen Kunst und Literatur. In: ZfdPh 92 (1973), S. 360–370.

mehr über das Paar weiß als dieser und sich deshalb als Führer angeboten hat. Beide sitzen in einem Baum, um zu sehen, ohne gesehen zu werden; ein Kalkül, das Könige, die ein öffentliches Leben führen, normalerweise nicht brauchen.[73] Der Zwerg muß sich auf diese Weise erhöhen, um größer zu sein als Tristan: physisch für den Moment, über den Beweis seines Wissensvorsprungs auch sozial. Marke hätte einer Begegnung zu ebener Erde in beiderlei Hinsicht nicht ausweichen müssen; er verhält sich auf Anraten des Zwergs wie ein Zwerg. Beide werden vom Licht beschienen, das aber nicht nur ihnen, die nach unten blicken, den gewünschten Erfolg verheißt, sondern auch Tristan ihre Anwesenheit verrät, denn Tristan sieht beim nachdenklichen Betrachten der Quelle und des Bächleins, das seine Botschaft transportiert,[74] zwei Schatten:

sus kam, daz er den schaten gesach
von Marke und von Melôte.
(G 14632f.)

Für den Hörer oder Leser, der vom Erzähler hört, daß der König selbst im Baum sitze, sieht Tristan in diesem Bild Marke unter sich und als Schatten; auch wenn es auf der Figurenebene unentschieden bleibt, ob Tristan weiß, wer ihn belauscht. Von Isolde, die wenig später eintritt und, irritiert durch Tristans unhöfliches und ungewohntes Stehenbleiben, ebenfalls nach unten schaut (G 14693), wird ausdrücklich erzählt, daß sie beim Anblick der Schatten Marke im Garten vermutet, sie scheint aber nicht sicher, ob er mit dort im Baum sitzt.

binamen mîn hêrre der ist hie bi,
swâ er hie bî verborgen sî.
(G 14707f.)

Die räumliche Anordnung der Figuren zeigt eine verschobene Ordnung: Marke und Melot sind oben, aber zusammengekauert; Isolde und Tristan befinden sich unten, aber aufrecht.[75] Isolde sieht drei Schatten:

---

73 Auch bei Eilhart von Oberg sitzen König und Zwerg zusammen auf dem Baum und werden durch den Schatten verraten, ETristr 3594–3624.
74 Die Nachdenklichkeit begründet die Blickrichtung nach unten (*aldâ gestuont er trahtende,/ in sînem herzen ahtende/ sîn tougenlîchez ungemach* G 14629–14631); auch Isoldes Blickrichtung wird eigens begründet: *si begunde ir houbet nider lân/ und vorhtlîche gegen im gân* (G 14693f.).
75 Da das zweifellos zu den bedeutungstragenden Zügen der Szene gehört, sei auch hier angemerkt, daß diese beiden Lagebeziehungen den zwei Raumgrößen der aristotelischen Kategorientafel entsprechen, dem *ubi* (der objektiven Lage in einem Bezugssystem) und dem *situs* (der inneren räumlichen Organisation).

Tristans für sie deutbares und erwartbares Schattenbild liegt unter ihr und vor ihr, es weist wie ein absichtlich verursachtes Zeichen auf den Hinterhalt hin, während Tristan selbst ihr gleichzeitig aufrecht gegenübersteht:

> *nu gesach si mannes schaten drî*
> *und wiste niuwan einen dâ.*
> (G 14694f.)

Hingegen werden die zwei Männer, die sich nicht sehen lassen, nur durch ihr unteres Schattenbild repräsentiert, das sie nicht wollen und von dem sie nichts wissen; sie sind also nur im Modus des Niederen anwesend. Daß Tristan und Isolde ihre eigenen Schatten sähen, wird nicht besprochen, obgleich der zu Isolde gewandte Tristan der physikalischen Logik nach seinen Schatten vor sich sehen müßte, während Isolde tatsächlich ihren Schatten nicht sehen kann, denn er liegt hinter ihr. Die Figuren schließen von den Schatten auf die Ursache, vom Sichtbaren auf das Unsichtbare; sie handeln nach einem der bekanntesten Erkenntnisgrundsätze des Mittelalters.[76] Insofern spielen aus der Figurenperspektive die eigenen Schatten keine Rolle; der Hörer oder Leser darf jedoch ausphantasieren, daß Tristan sowohl seinen eigenen als auch ihren Schatten sehen muß; er ist ihm also im Grad der Bewußtheit über das Verursachte (die Kausalität liegt ausdrücklich im Gedankenhorizont der Szene) voraus: auch sie beide erzeugen Bilder, die unter ihnen selbst liegen.

2.6. Weg an sich und Weg für den Helden

Im Yvain/Iwein-Roman geht der Held sowohl bei Chrétien als auch bei Hartmann nach Jahren genau denselben Weg, den Kalogrenant vor ihm gegangen war. Er kennt diesen Weg nur aus Kalogrenants Erzählung, aber er findet ihn wieder, und er findet ihn unverändert. Er findet ihn deshalb, weil es sein Weg ist, was auch ein moderner Interpret noch ohne weiteres einsehen kann; die Selbstverständlichkeit aber, in der er in

---

76 Vgl. z.B. Hugo von St. Victor, Didascalicon I,3 über die dritte, vernünftige Seelenpotenz des Menschen: *Itaque, ut dictum est, huic divinae naturae non ea tantum in cognitione sufficiunt, quae subiecta sensibus comprehendit, verum etiam ex sensibilibus imaginatione concepta, et absentibus rebus nomina indere potest [...]*. Hugo von St. Viktor: Didascalicon de studio legendi. Studienbuch. Lateinisch-deutsch. Übers. und eingel. von Thilo Offergeld [Text nach der krit. Ausgabe von C. H. Buttimer], Freiburg 1997 (Fontes Christiani 27), S. 122.

die Geschichte eines anderen schlüpft und sie sich aneignet, findet in der mittelalterlichen Rezeption etwas andere Voraussetzungen als in der heutigen.

Seit der Antike gab es, unabhängig von der Erfindung von Geschichten, in der gelehrten Welt eine Textsorte mit dokumentarischem Anspruch, die deshalb auch den Weg aufs Pergament gefunden hat. Das waren die Itinerare, die Wegbeschreibungen. Sie nannten die Stationen auf dem Weg in die gewünschte Richtung, dazu einige Besonderheiten, z.B. zu Gasthäusern, wenn es solche schon gab, und eine durchschnittliche Reisezeit mit einem Standardverkehrsmittel, oft zu Pferd oder zu Fuß. Meist waren die Itinerare der Form nach Reiseberichte, aber sie waren zur Nachahmung bestimmt, z.B. für Pilger. Diese Texte geben Raumorientierung durch verbale Beschreibung, und man muß für das ganze Mittelalter davon ausgehen, daß sogar für Fernreisen überwiegend solche verbalen Berichte und Beschreibungen im Gebrauch waren. Was bedeutet das? Es heißt, daß die alltägliche Raumorientierung eines Reisenden sich im Mittelalter (wie schon in der Antike) anders vollzog als heute; daß er nicht von einem objektiv vorhandenen, in Koordinaten beschreibbaren Raum ausging, sondern sozusagen vom Raum-für-mich. Der Reisende wurde durch eine Beschreibung in die Lage versetzt, in der sich vor ihm ein anderer befunden hatte, und er konnte sich dessen Merkpunkte und Erfahrungen aneignen.

Das sympathetische und nachvollziehende Raumverhältnis ihrer Entstehungszeit ist den Wegeschilderungen der Romane für immer eingeschrieben.[77] Sie kodieren eine archaische, aber radikale Subjektivität[78] der Raumerfahrung, eine Bindung des räumlichen Weltabbildes an die Wahrnehmung des gehenden oder reitenden Menschen, die als ästhetisches Modell die historischen Bedingungen ihrer Entstehung weit übersteigt und überdauert. In diesem Erzählen existiert der Weg gleichsam nicht an sich, sondern nur als der Weg eines bestimmten Helden, den er

---

77 Vgl. Trachsler: Der Weg, bes. S. 97. Auf die realgeschichtliche Basis der diskontinuierlichen und subjektiven, d.h. an der Bewegung des Helden orientierten Raumschilderung mittelalterlicher Romane hat auch Claudia Brinker-von der Heyde hingewiesen: Brinker-von der Heyde: Zwischenräume, S. 207.

78 Der vormoderne Subjektbegriff meint seiner metaphysischen Herkunft nach noch primär das Zugrundeliegende und ist deshalb von der menschlichen Äußerungsform, z.B. der einzelnen Tat oder Leidenschaft, auf den Menschen hin gedacht, der ihr zugrundeliegt. Der Begriff bietet aber die Möglichkeit, die Frage umzukehren, vom Menschen hin auf seine Tätigkeiten und Äußerungen; so fragt die Neuzeit nach dem Subjekt, und deshalb kann das Subjekt für die Neuzeit autonom und selbstbewußt werden.

trägt.[79] Das schafft eine ganz besondere Raumregie: Die Landschaft und Architektur des Romans wird nicht als vorgängig und unveränderlich beschrieben, so daß sich die Figur in einem Bezugssystem, das die Objektivität der fiktionalen Welt verbürgen würde, bewegte. Vielmehr taucht sie erst auf, wenn eine Figur sie sieht oder begeht.

Für den Ritter im höfischen Roman ist das Unterwegssein eine Lebensform; er ist auf eine programmatische Weise landlos und heimatlos, bis ihn die Aventiure – wie Iwein – zum Herrscher im fremden Land oder – wie Erec – auf würdigere Weise zur Herrschaft im ererbten Land bestimmt, sofern ihn nicht – wie Tristan – ein unheilbares Leiden, wie die Liebe es ist, am Herrschen hindert. Weil der Ritter ständig unterwegs ist, gibt es in der fiktionalen Welt Wege. Sie werden nicht eigentlich überwunden, weil sie gleichsam nicht da sind, ehe der Ritter sie begeht. Der Ritter weiß nicht immer, wo er die Aventiure finden kann, nach der er sucht, und deswegen bietet die Erzählung dieses Verhältnis von Ritter und Weg bisweilen so dar, als bestimme der Weg, wohin der Ritter gelangt:[80] *Der wec in zehant truoc/ in ein unkundez lant* heißt es von Erec (HEr 4277f.) auf dem Weg zum Land des Guivreiz. Der Weg entsteht in der Erzählung, indem Erec ihn entdeckt; er bildet aber keinen geometrischen Ort des künftigen Zieles, sondern er ist nur der Name dafür, daß der Held sich zuerst an der einen Stelle und danach an einer anderen befindet. Weil der Weg erst durch Erecs Bewegung bestimmt wird, ist er subjektiv erzeugt in dem Sinne, daß Erec ihm zugrundeliegt. Wiederum muß man bei dieser Subjektivität mitdenken, daß sie vormodern entstanden ist, also vorindividuell, aber selbstverständlich modern rezipiert werden kann. Wenn der Weg erst mit Erec in die fiktionale Welt tritt, er den Ritter dann aber an einen anderen Ort tragen kann, wird die Subjektivität des Weges als objektive Eigenschaft der fiktionalen Welt gezeichnet. Die Subjekt-Objekt-Entgegensetzung ist darin beweglich und relational, vom Menschen her, aufgefaßt. Hier sind die Wege so, daß der Held im nächsten Moment auf die Aventiure treffen wird; für neuzeitliches Verständnis von Lagebeziehungen heißt das: Hier steht nicht fest, wie sich zwei Punkte räumlich zueinander verhalten, sondern nur, daß beide den Aufenthalt des Helden bezeichnen und einer Aventiure heißt.

---

79 Für dieses Phänomen der subjektiven Raumregie hat es in den 60er und frühen 70er Jahren ein besonderes Interesse gegeben, vgl. Hahn: Raum und Landschaft, S. 45–50; Ruberg: Raum und Zeit, S. 42.

80 Trachsler: Der Weg, S. 112 bestimmt diese scheinbare Passivität des Helden seinem Weg gegenüber unter der Kapitelüberschrift „Führung und Autonomie", S. 112–121. Belege wie den zitierten bringt er auch S. 293.

Selbst daß zwischen beiden Punkten, an denen sich der Held nacheinander aufhält, überhaupt ein Weg liegt, scheint in diesen fiktionalen Welten nicht gesichert zu sein. Die Wege können geradezu im Handumdrehen zurückgelegt werden. Iwein faßt z.B. noch während seiner Genesung am Artushof (Iw 7792–7804) den Entschluß, noch einmal den Brunnenstein zu übergießen. Unmittelbar nach dem inneren Monolog, der diesen Entschluß hervorbringt, bemerkt der Erzähler kurz:

> *mit sînem lewen stal er sich dar,*
> *daz es nieman wart gewar*
> *dâ ze hove noch anderswâ,*
> *und machte kumbers weter dâ.*
> (Iw 7805–7808)

Der ganze Weg liegt in dem *stal er sich dar*. Objektiv Räumliches fehlt dieser Angabe ganz; die Richtung (*dar*) macht den Weg aus. Der Weg wird ganz in das bewegte Subjekt verlegt, er ist nicht einmal mehr als Metapher der Bewegung da.

Auf andere Weise überbrückt wird Iweins Weg zur Burg zum schlimmen Abenteuer, auf dem er mit der Botin der Tochter des Grafen vom Schwarzen Dorn spricht, sie erzählen läßt und selbst erzählt:[81]

> *vil manec wehselmære*
> *sagetens ûf ter heide:*
> *sus vertriben si beide*
> *mit niuwen mæren den tac.*

---

81 Brinker-von der Heyde: Zwischenräume, S. 208f. faßt das Erzählen als ein Substitut für eine Entfernungsangabe auf, mit dem zugleich „der psychische Zwischenraum überwunden" werden könne (S. 209, an Wigalois 2184ff.). Vgl. auch Alexander Lasch, Béatrice Liebig: schœne rede sunder zil. Erzählen beim Reiten in der deutschsprachigen Literatur des Mittelalters. In: Ludger Lieb, Stephan Müller (Hgg.): Situationen des Erzählens. Aspekte narrativer Praxis im Mittelalter. Berlin u.a. 2002, S. 69–88, bes. S. 74–77. Der Schluß, „daß die Dauer des Erzählens von der Dauer des Reitens abhängig ist" (S. 88), scheint mir in diesem anregenden Aufsatz jedoch falsch; es gibt in den untersuchten Beispielen (wie in meinem oben) gerade keine objektive Dauer und keinen objektiven Weg, sondern die berichtete Erzählung *ist* der Weg, sie gibt ihm ein zugleich intersubjektives, weil kommunikativ vermitteltes, und nichtallgemeines, weil auf die Gesprächspartner und die Situation bezogenes Maß. Das denkbare Gegenteil würde bedeuten, daß ein Erzähler mit seiner Geschichte bis zur Ankunft nicht fertig wird, sich unterbrechen und den Hörer in der fiktionalen Welt wie den des Werkes auf später vertrösten muß.

2. Raum und Bewegung im Roman

nû sâhen sî wâ vor in lac
ein burc ûf ter strâze [...].
(Iw 6076–6081)

Wieder ist der Weg im lokalen Sinn völlig ausgespart; zwei Figuren sind zunächst an einem Ort und bald am nächsten, und unterdes erzählen sie sich Geschichten. Wieder sind die Stationen wichtiger als das Dazwischen, das allenfalls in subjektivem Handeln faßbar wird: Der fiktionale Raum besteht aus Orten ohne konkreten Ort, ohne objektivierbare Wege, nach denen man sie wie nach Koordinatenangaben in eine Karte einzeichnen könnte.[82]

Wenn Wege jedoch ausführlich geschildert werden, haben sie etwas zu bedeuten, und zwar nicht nur im Sinn der vorgedeuteten Vorstellungen vom *homo viator*.[83] Wolframs Parzival nimmt von seiner Mutter in die Ritterwelt einen anderen Weg als Perceval, der stracks in einen namenlosen Wald hineinreitet. Parzival wendet sich dem Zauberwald *Brizljân* (Pz 129,6) zu, einem Ort, den der Hörer aus dem ‚Iwein' kennen konnte (*Breziljân*, Iw 263), weil dort Kalogrenants und Iweins Brunnenaventiure spielt. Ob dieses *Brizljân* im räumlichen Sinn irgendwo ist, bleibt sowohl im ‚Iwein' als auch im ‚Parzival' offen; es ist jedenfalls das Reich der Aventiure. Hier reitet Parzival einen ganzen Tag an einem beschatteten Bach entlang, den er nicht überschreiten möchte, weil er den Räten seiner Mutter treu bleiben will: Der Bach führt ihn wie ein Weg, aber er ist kein Weg, sondern die Verhinderung eines Weges, der falsche Aufschub einer gewollten Grenzüberschreitung. Parzival folgt nicht dem Weg zur Aventiure, sondern dem Umweg, dem Bach, der ihn in paradoxer Verkehrung an einen Ort führt, wo er ungewollt Grenzen überschreitet, zur Begegnung mit Jeschute, einem Zerrbild von Aventiure.

Ob ein Held auf dem Weg ist, den die Geschichte – unter teleologischem Aspekt – für ihn bereithält, bestimmt, ob und wie er ihn findet. Parzival fragt den Fischerkönig um Herberge:

den selben vischære
begunder vrâgen mære,

---

[82] An diesem Sachverhalt entwickelt Brinker-von der Heyde ihre Analyse der diskontinuierlichen Raumstrukturen von Romanen. Vgl. Brinker-von der Heyde: Zwischenräume.

[83] Vgl. Harms: Homo viator, z.B. S. 221f. über solche vorgedeuteten Verwendungen. Instruktive Beispiele für bedeutungsvolle Wege bei Glaser: Der Held und sein Raum, S. 129–182.

> *daz er im riete durch got*
> *und durch sîner zühte gebot,*
> *wa er herberge möhte hân.*
> (Pz 225,13–17)

Weil es seine Bestimmung ist (und nicht nur, weil er sich Pz 225,26 nach rechts wendet, was Chrétien ja nicht erwähnt), findet er die Gralsburg nach dieser Beschreibung. Gawan fragt später nach dem Weg nach Schampfanzun (*dâ frâgter gegen Schanpfanzûn/ swaz im volkes widerfuor* 398,24f.),[84] und auch er findet diesen Weg. Dagegen weist Sigune den jungen Parzival, der Schionatulander an Orilus rächen will, absichtlich in die falsche Richtung (*si wîste in unrehte nâch* Pz 141,30),[85] und als sie ihm bei ihrer dritten Begegnung aufrichtig helfen will, auf Cundries Spur den Gral wiederzufinden, verliert er dennoch die Spur:

> *Cundrîen mûl die reise gienc;*
> *daz ungeverte im undervienc*
> *eine slâ dier het erkorn.*
> (Pz 442,27–29)

Alles Fragen nützt nichts, wenn der Weg, den der Held einschlagen will, ihm nicht bestimmt ist (sondern ein anderer). Der von Sigune fehlgeleitete Parzival hat unbewußt das Rachewerk schon vollzogen, das er ihr zuliebe ausführen will, denn er kommt gerade von Jeschute und hat, als unhöfischer Störer der Ruhe eines im höfischen Wertesystem Mächtigen, Orilus' Ehre in seiner Dame herabgesetzt; als höfischer Gegner wieder auf Orilus zu treffen, dazu ist er noch nicht bereit. Guivreiz und Erec suchen eigentlich den Hof des Artus, als sie an einer *wegescheide* (HEr 7813) gemeinsam irrtümlich den Weg nach Brandigan, nach Guivreiz' Einsicht (HEr 7906) einen nach links, aber zu Erecs ureigenster Aventiure führenden Weg wählen: Die innertextliche Kodierung geht nach dem Muster ‚Weg für den Helden', die textexterne Deutung nach dem Muster ‚rechter oder linker Weg'.

---

84 Diese Frage nach dem Weg wird auch angemerkt bei Glaser: Der Held und sein Raum, S. 165.

85 Walter Blank stellt heraus, daß Parzival dennoch auf eine Straße gerät, die ihn zu Artus führt (142,3f.), obgleich ihn Sigune offenbar sowohl vor Orilus und Lähelin behüten als auch von Artus fernhalten möchte. Walter Blank: Determination oder ordo? Parzivals Weg durch die Instanzen. In: Anna Keck, Theodor Nolte (Hgg.): Ze hove und an der strâzen. Die deutsche Literatur des Mittelalters und ihr „Sitz im Leben". Festschrift für Volker Schupp zum 65. Geburtstag. Stuttgart u.a. 1999, S. 212–232, hier S. 215.

2. Raum und Bewegung im Roman

Der Weg des Helden wird durchaus räumlich verstanden, aber auf bedeutsame, inhaltliche Weise: Er formt Geographie, und lokale Angaben werden auf ihn hin gebogen. So gehören die drei Sigune-Begegnungen in Wolframs ‚Parzival' an Parzivals Weg, nicht in eine objektiv begriffene Geographie.[86] In der nämlich kehrt sich der unerfahrene Parzival des 3. Buches *gein dem fôrest in Brizljân* (Pz 129,6) wo er zunächst Jeschute und *vor eines velses orte* (Pz 138,12) Sigune trifft, die bereits den toten Schionatulander beweint. Beim zweiten Mal trifft Parzival sie im 5. Buch (Pz 249,11ff.) in der Nähe der Gralsburg, nachdem er diese erfolglos verlassen hat. Er kommt in seiner Rede auf ihr früheres Treffen zurück:

> *zem fôrest in Brizljân*
> *sah ich dich dô vil minneclîch [...]*
> (Pz. 253,2f.)

Brizljân ist also, ob es einen festen Ort hat oder nicht, ob es nah oder fern von der Gralsburg liegt, in dieser Szene anderswo. Nellmann stellt zu der Stelle die berechtigte Frage, wie man sich denn den Weg der jungen Frau, die einen Toten zu konservieren und hernach zu tragen hat, über längere Distanzen vorstellen solle.[87] Die Antwort kann (wie bereits bei der Frage nach Sigunes Klettern) nur lauten: Man soll ihn sich nicht vorstellen. Sigune hat ihren Ort an Parzivals Weg. Diesen dagegen darf man sich, auch räumlich, vorstellen. Bei der dritten Begegnung mit Sigune kommt Parzival *geriten ûf einen walt* (Pz 435,4), der sich später durch den Angriff des Gralsritters (Pz 443,6ff.) als zum Gralbezirk gehörig herausstellt. Ob ihre Kapelle an der Stelle steht, an der sie früher auf der Linde saß,[88] bleibt offen: Sigune gehört zum Gral und wird örtlich in seine Nähe gesetzt, sie beeinflußt Parzivals Weg und wird diesem räumlich zugeordnet. Die Koordinaten ihres Aufenthalts sind subjektive Bezüge innerhalb der Figurenwelt, nicht objektive Angaben über die Grundplatte der fiktionalen Welt.

---

86 Auf die Unstimmigkeit der Angaben für eine objektiv verstandene Geographie der fiktionalen Welt macht Nellmann in seinem Kommentar zu Pz 250,13 aufmerksam: vgl. in seiner Parzival-Ausgabe Bd. 2, S. 590.
87 Vgl. Nellmann im Kommentar zu Pz 250,13, Ausgabe Nellmann Bd. 2, S. 590.
88 Das vermutet Nellmann im Kommentar zu Pz 438,29f., ebd., S. 659.

2.7. Biegsame Landschaften und Sproßräume

Auch in neuerer Literatur wird ein epischer Raum an und aus der Beschreibung von Handlung entwickelt, er trägt folglich ihre Züge.[89] Der mittelalterliche Roman ist darin jedoch konsequenter und rigoroser als der neuzeitliche. Die Landschaft ist verschiebbar, sowohl in der Ebene als auch in ihrer horizontalen Plastizität. Die Wege werden, wie oben vorgeführt, nicht als Raumkoordinaten, sondern Funktionen des bewegten Subjekts aufgefaßt. Für Raum und Landschaft folgt daraus, daß Raumkontinuität nur temporär entsteht, im Moment der erzählten Bewegung.

Bei Hartmann öffnet sich für den zwischen zwei Fallgittern eingesperrten Iwein plötzlich ein Türchen, von dem früher nicht die Rede war: *dô wart bî im niht über lanc/ ein türlîn ûf getân* (Iw 1150f.). Das ist die letzte konkrete Ortsangabe, ehe es heißt *nû stuont ein bette dâ bî in* (Iw 1212). Wo steht das Bett – im Tordurchgang? Wohl nicht; auf dem Gang? Das ist auch kaum gemeint, denn später kann Iwein von diesem Raum aus in den Hof schauen und den Trauerzeremonien zusehen (Iw

---

[89] Zum Gedanken, daß die Bewegung der Figur durch die fiktionale Welt ihren Raum prägt und in gewissem Sinne schafft, vgl. Dieter Röth: Dargestellte Wirklichkeit im frühneuhochdeutschen Prosaroman. Die Natur und ihre Verwendung im epischen Gefüge, Diss. Göttingen 1959, S. 210. Hillebrand: Mensch und Raum, S. 15–17 unterscheidet für seine Beispiele (Keller, Stifter, Fontane) einen primären Raum, der die Figur unmittelbar umgibt und der auf sie hin gestaltet ist, von einem sekundären Raum, bildlich gesprochen dem gesamten Sandkasten oder Puppenhaus des fiktionalen Spiels. Dieser zweite, so führt er aus (S. 17), könne entweder, wie bei Fontane, als innerfiktional festes Raumgerüst geschildert werden oder aber, wie bei Keller, in stärkerem Maße auf die Figuren bezogen sein, mehr angedeutet als ausgeführt. Damit wäre Keller der im folgenden vorzustellenden mittelalterlichen Gestaltungsgewohnheit ähnlicher; gleichwohl liegen Welten zwischen einer Technik der Andeutung innerfiktional objektiv und unverrückbar gedachter Landschaftsmerkmale und der Lizenz zu ständigem Umbau der Landschaft, wie sie im mittelalterlichen Roman besteht. Michael Andermatt: Haus und Zimmer im Roman. Die Genese des erzählten Raums bei E. Marlitt, Th. Fontane und F. Kafka. Bern 1987 (Zürcher germanistische Studien 8) entwickelt an Kafkas „Verschollenem" (S. 193–214), wie fragmentierte Raumwahrnehmung einer Figur auf ihr Bewußtsein von der Brüchigkeit der geschilderten fiktionalen Welt hinweist; diese Gedankenfigur unterstellt, daß eine Raumwahrnehmung grundsätzlich ganz sein könnte und sollte (wie auch Hillebrand es beschreibt). Die Fragmentierung des Raumes, in dem sich die Figuren in der erzählten Geschichte bewegen, ist also hier eine sinntragende Abweichung von einer zu unterstellenden Erwartung; im Mittelalter ist sie die Regel, sie steht dort der intakten Welt keinesfalls im Wege.

1305f.). Ein Zimmer – Lunetes Zimmer, das hieße auch, Lunetes Bett, oder ein Gästezimmer? Hier wird die Phantasie des Hörers, der gern Stimmigkeit in seiner fiktionalen Welt hätte,[90] aufgefordert, dafür selbst zu sorgen und aus der Tür einen Gang und aus dem Bett ein Zimmer zu erschließen, die allesamt nicht im Text erwähnt werden.[91] Auch die suchenden Burgbewohner beziehen sich einige Verse weiter nur auf das Bett, sie suchen darunter (Iw 1297) und durchstechen es (Iw 1372), kommen aber weder in ein Zimmer noch verlassen es, und erst als Iwein in der ersten Liebe zu Laudine zu dieser hinstürzen will, gibt es plötzlich eine Tür (Iw 1479), die zu dem im Kopf konstruierten Zimmer gehören kann; aber im Text steht das nicht. Wenn man ihm genau folgte, müßte man sich auf die einzige erwähnte Tür rückbeziehen, die im Tordurchgang. Hier, da es um die Kleinräumigkeit menschlicher Behausung geht, schnellen Raumelemente bei Bedarf plötzlich aus dem Text. Es sind die wichtigen Figuren, die diese Art der räumlichen Knospung anregen: Iweins Bewegungen bringen in der betrachteten Szene Raumelemente hervor, die Lunetes möglicherweise auch (insofern sie es ist, die aus dem Türchen tritt)[92], die der suchenden Burgbewohner keineswegs. In der Zuweisung von raumschaffenden Potenzen liegt offenbar ein Urteil des Textes über die Wichtigkeit seiner Protagonisten.

In diesem Beispiel hindert nichts, die plötzlich gleichsam aus dem nichterzählten Dunkel hervortretenden Raumelemente als dauerhaft, in ihrer Anordnung zueinander stabil zu denken. So verhält es sich auch mit der relativen Topologie des *hiuselîn* des Fischers (Gr 2775) gegenüber dem danebenliegenden, zerfallenen Schuppen (*ein sô armez hiuselîn [...] daz was zevallen, âne dach* Gr 3033–3035) in Hartmanns ‚Gregorius': Das zerfallene zweite Haus erscheint in der Erzählung erst, als Gregorius dorthin zum Schlafen geschickt wird (Gr 3031), aber der Platz, an dem

---

90 Das betrifft auch die Interpreten. Vgl. die Darstellung von Rudolf Zenker: Ivain im Torverlies. In: ZfdA 62 (1925), S. 49–66, und die voraufgehende Rezension von Hermann Schneider zu Zenkers Dissertation (Zenker: Yvainstudien. Halle 1921. Beihefte zur Zeitschrift für romanische Philologie 70) in: AfdA 42 (1923), S. 114–126.
91 Zur Nachträglichkeit von Angaben in dieser Szene Schröder: Schauplätze, S. 118f.
92 Schröder: Schauplätze, S. 118f. ordnet in diesem Sinne die Stadien der Beschreibung jeweils dem Befinden der damit verbundenen Figur zu: Zunächst fühlt sich Iwein gefangen, also sieht er keine Tür; Lunete rettet ihn, also kann sie eine Tür öffnen, wo sich zuvor keine befand. Schröder schließt daraus, man habe es bei den Raumschilderungen der Artusromane „nicht mit widerspruchsfreien Gebilden zu tun" (S. 119).

es stand, bleibt durch seine Anwesenheit markiert. Zwar ist nach 17 Jahren das Häuschen selbst weg:

> *jâ stuont daz selbe hiuselîn*
> *nâch iu niht zwelf wochen*
> *unz daz ez wart zebrochen.*
> (Gr 3710–3712)

Der Fischer jedoch findet den Platz und gemeinsam mit Gregorius die Tafel wieder. Wiederverwendet oder zumindest als stabil vorausgesetzt werden erzeugte räumliche Verhältnisse insbesondere dann, wenn es sich um Mikrostrukturen, nahe Raumrelationen, handelt: Die Fenster der Minnegrotte im ‚Tristan' bleiben oben (*obene in die fossiure [...] gehouwen* G 17062–17065, *oben an der fossiure* G 17439) und sind nicht etwa bei der Entdeckung des Paares nach unten gerutscht. Der riesige Tisch, den Renaut de Beaujeu im ‚Bel Inconnu' in die Mitte der Halle im Schloß der Öden Stadt stellt (Blnc 2920), ist nach den Kämpfen noch da, als der Drache sich zum Schrecklichen Kuß nähert (Blnc 3151).

Das bedeutet jedoch nicht, daß man für solche kleinräumigen Arrangements auch zugleich von neuzeitlichen Anforderungen an die räumliche Stimmigkeit und an die innere Logik räumlicher Verhältnisse ausgehen könnte. Bei Hartmann wird der tote Erec nach Limors zu einem nicht näher bestimmten Ort gebracht (*ûf Lîmors vuorten si in dan* HEr 6315)[93] und mit Lichtern und Totenwache aufgebahrt (HEr 6316–6320), wo Enite bei ihm bleibt (*dâ si phlac/ ir mannes dâ er ûf der bâre lac* HEr 6362f.). Der Graf muß sie von dort gewaltsam abholen (*er zôch si hin sunder danc* HEr 6427), sie wird dem Grafen gegenübergesetzt und bei ihrer Weigerung geschlagen (HEr 6521) – wohl über den Tisch hinweg, wie bei Chrétien (ChrEr 4751). Bei ihrer zweiten Weigerung und vor dem zweiten Schlag des Grafen entfernt sie sich jedoch räumlich von ihm: *si stuont von im vil verre* (HEr 6570). Symbolisch mag das hingehen, aber räumlich geht es nicht auf, es sei denn, auch der Graf wäre inzwischen aufgestanden und um den Tisch herumgegangen, denn es

---

93 Bei Chrétien ist die Raumstruktur der Episode in sich stimmiger. Hier wird der tote Erec auf Limors in die Mitte des Saales gelegt (*en mi la sale*, ChrEr 4706), zu ihm seine Lanze und sein Schild (ChRr 4707f.). Die wider Willen verheiratete Enide wird, offenbar in demselben Saal (wie man später erfährt, als Erec sich über die vielen Leute wundert, ChRr 4818f.) auf einen Faltstuhl gesetzt, vor dem ein Speisetisch aufgestellt wird, auf dessen andere Seite sich der Graf setzt (ChrEr 4747–4751). Das ist ein zureichendes und logisches räumliches Arrangement für die folgenden Schläge und Schreie und für Erecs Auferstehung, es gilt bis zum Ende der Szene.

heißt (HEr 6580): *sînen slac si niht vlôch*. Nun erwacht Erec; er sieht aber nichts Konkretes, hört nur, er liegt also wohl an einem anderen Ort (HEr 6600–6603). Weil Hartmann sein Schwert nicht neben ihn gelegt hat, ist Erec jetzt in Verlegenheit um eine Waffe, aber wunderbarerweise *hiengen dâ nâhen bî/ swerte vil an einer want* (HEr 6617f.). Jetzt wird ein von der Raumsituation her zu unterstellender Weg in der Wendung *des êrsten rûsches* HEr 6621 versteckt; der Rest der Szene folgt im wesentlichen Chrétien (nur daß Enite nicht Erecs Lanze nehmen darf wie in Chrétiens ‚Erec‘, ChrEr 4850). Vor der Burg wird, wunderbarer Zufall wie die Schwerter an der Wand, gerade Erecs Pferd vorgeführt: Rüstung, Waffen und Pferd gehören zum Ritter und werden in räumlicher Einheit mit ihm und von ihm aus gedacht. Die Bewegungen der Figuren werden kaum in nennenswertem Maß von Raumverhältnissen bedingt, wogegen sich der umgekehrte Zusammenhang, nämlich daß eine zu erzählende Handlung augenblicklich passende Raumverhältnisse voraussetzt und damit zu schaffen scheint, mehrfach findet.

Wie unter einem Vergrößerungsglas wachsen bei der Schilderung von großen Räumen und von Landschaften auch die Lizenzen gegenüber der Stimmigkeit proportional mit. Das führt dazu, daß dieselbe Landschaft in einer Episode anders aussehen kann als in einer anderen. In Heinrichs von dem Türlin ‚Krone‘ kommt der Held Gawein mit einer Botin durch einen rauschenden Steinfluß, in dem *manic hauf nazer/ Da stein über ein ander vloz* (Cr 7975f.), in Amurfinas Land, wo er geraume Zeit bleibt. Als er Amurfina in der Zaum-Episode später wiedertrifft, nachdem er ihre Herrschaft unwissend an ihre Schwester übertragen hat, führt zu ihrem Aufenthalt ein verwinkeltes Gangsystem im Gebäude. Den Weg kennt der Zauberer Gansguoter, der mit beiden Schwestern verwandt ist: durch *Manig kammer vnd gadem* (Cr 13614), dorthin, *Da Amurfina, sine amye,/ In einem kostlichen palas sasz* (Cr 13627f.). Dieser Palas der Amurfina muß zwar nicht derselbe sein, in dem sich Gawein früher aufgehalten hat, und man könnte daran denken, daß die abgedankte Königin den Regierungssitz verlassen muß, aber es fehlen auch sonst alle räumlichen Wiedererkennenssignale, während der Zaumepisode und jetzt. Auch vom steinernen Fluß ist keine Rede mehr; Gawein scheint in einem fremden Land zu sein, obgleich die Logik des Rechtsfalles zwischen den Schwestern davon ausgeht, daß sie sich um ebendas Land streiten, in dem Gawein schon war.

Eine besonders biegsame Geographie baut der Stricker in seinem ‚Daniel'-Roman auf.[94] Das unüberwindliche Gebirge vor dem Land Cluse (Da 510–514) scheint als geographische Invariante aufgebaut zu werden, denn die Erzählung kommt mehrmals darauf zurück (Da 1032f., 2893, 2914, 3950–4000, 5003). Der Eingang in das Land ist ein Tunnel, der mit einem Stein verschlossen wird (Da 515–519). Auch auf diesen Verschluß und seine Überwindung kommt die Erzählung zurück (Da 2936, 3950ff.). Doch am Ende, als Ginover mit ihrem Gefolge zum großen Jubelfest geholt werden soll, scheint das Gebirge verschwunden zu sein, oder der Tunnel hat sich erweitert, denn Daniel reitet mit 600 Rittern nach Britannien, um sie zu holen (Da 7977f.), und kehrt mit zusätzlichen 80 Damen neben der Königin wieder zurück, die eine *hêrlîche reise* (Da 8069) haben und *âne vreise* (Da 8070) in Cluse ankommen – von Berg oder engem Tunnel ist keine Rede, obgleich doch der verschließende Stein noch daliegen müßte, der von keinem Menschen bewegt werden kann und in den Daniel zwischen den Schlachten nur gerade ein Loch geschlagen hatte, *sô breit und sô hôch/ daz er daz ros dâ durch zôch* (Da 3999f.). Zum Reiten schien der Durchschlupf in dieser vergangenen Szene zu niedrig und zu eng zu sein, und vordem war der Stein nach dem Tod der Riesen von niemandem zu bewegen.

Eine dehnbare und verzweigte Geographie tut sich auch bei Daniels Sonderabenteuern vor der Ankunft des Artusheeres und zwischen den Schlachten auf. Noch vor dem Eintritt in das Wunderland Cluse lernt er – vor dem Gebirge? In einem Seitental? – das Land zum Trüben Berg kennen, dessen Erbtochter er von einem lästigen Zwerg befreien kann. Auf dem Rückweg von dort zum Eingang von Cluse (*Als er von der burc begunde traben* Da 1787), also vielleicht vor dem Berg, werfen sich gleich 40 Jungfrauen vor seinen Fuß, und ihre Geschichte eröffnet ein weiteres Wunderland in der Nähe des Tores zu Maturs Reich, das Land vom Lichten Brunnen, das von bauchlosen Ungeheuern terrorisiert wird. Der befreite Landesherr, ein Graf, schließt sich Daniel an (Da 2318ff.), aber er wird entführt, wodurch Daniel ein drittes Land kennenlernt, das sich auf eine schwer zu rekonstruierende Weise diesseits des Gebirges (an einem idyllischen Ort, wo ein immer gefülltes Speisenzelt steht, Da

---

94 Anregend dazu die Bemerkungen von Almudena Otero Villena: Zeitauffassung und Figurenidentität im ‚Daniel von dem Blühenden Tal' und im ‚Gauriel von Muntabel'. Diss. (Masch.) Santiago de Compostela 2005, S. 137–143 (‚Anhang: Der Raum').

2396ff.) und jenseits des Gebirges, hinter einem komplizierten Verschluß aus Stein und Wasser (Da 2499–2504), befindet.

Daniels Bewegung öffnet in den Aventiuren, die er allein besteht, jeweils ein neues Raumfenster, das nur für diese eine bestimmte Aventiure da ist und sie kennzeichnet, indem die erlösungsbedürftigen Herrschaften mit Flurnamen bedacht werden: Trüber Berg, Lichter Brunnen, Grüne Aue. Für den Helden sind die Wege auffindbar und reversibel, auch wenn die Länder nur dadurch in eine einheitliche Geographie eingebunden werden. Es bleibt offen, wie sich das Land des Herzogs vom Trüben Berg, das des Grafen vom Lichten Brunnen und das des Herrn von der Grünen Aue, in dem der Hypnotiseur sein Unwesen treibt, räumlich zueinander und zu dem Land des Matur verhalten. Nur für das letzte Raumfenster wird zumindest eine oberflächliche Koordination mit der Geographie der Matur-Aventiure versucht, indem Daniel und der Graf vor der Ankunft am Zelt schon den Eingang nach Cluse sehen (Da 2391f.). Insbesondere ist es für diese Erzählweise nicht erforderlich, von vornherein eine Landschaft zu schildern, in der die drei Aventiureländer oder die Wege dorthin schon angeschaut werden können, als sie noch nicht gebraucht werden (z.B. bei Daniels erster Besichtigung der Szene: In einer ortsfesten Topologie hätte er den Eingang zur Grünen Aue und das Speisezelt am Anfang ebenso wahrnehmen können, wie er es später kann). Der Raum breitet sich wie ein Teppich unter der Aventiure aus und rollt sich mit ihr wieder ein.

2.8. Eigenarten der Raumgestaltung im mittelalterlichen Roman

Überblickt man die vorgestellten Möglichkeiten der Organisation von Räumlichkeit um eine Handlung, so fallen zwei gegenläufige Tendenzen auf. Auf der einen Seite gibt es im Raumgefüge eines mittelalterlichen Romans häufig einen Fixpunkt, der immer wieder und immer ähnlich erinnert wird. Er wird von den Figuren gesucht und wiedergefunden, gleichgültig, ob er ein raumgreifender, aber mobiler Personenverband ist wie der Artushof oder ein fester Ort auf der Grundplatte der werdenden Erzählung wie Laudines Quelle im ‚Iwein', Trevrizents Klause im ‚Parzival', Markes Hof im ‚Tristan' und das schreiende Tier im ‚Daniel'. Zudem gibt es unter den beweglichen Handlungselementen feste räumliche Arrangements, die einmal zusammengekommen sind, aber niemals gelöst werden: Iwein und sein Löwe, Sigune und Schionatulander, Gralgesellschaft und Gral. Diese entweder fest montierten oder fest miteinander verbundenen Raumelemente verbürgen einen Anschein von Objektivität der räumlichen Gestaltung dieser fiktionalen Welt. Er kann durch Anklänge an wirkliche Geographie verstärkt werden. Doch es gibt auf der anderen Seite auch die gegenläufige Tendenz: Ein Handlungsraum wird entworfen und imaginiert, aber er überdauert in der fiktionalen Welt die Handlungssequenz nicht, für die er gedacht war, sondern er entsteht und erlischt mit ihr. Wenn Tristan und Isolde die Minnegrotte verlassen, bleibt hinter ihnen keine leere Höhle zurück, auch kein unerfüllter Gedankenraum, sondern nichts. Der Weg über den lärmenden Fluß aus Steinen, den Gawein in der ‚Krone' beim ersten Mal zu Amurfina gehen muß, kehrt in der Geschichte nie wieder, er ist mit Amurfinas Wohnsitz nicht fest verbunden, nichts davon wird wieder aufgerufen, als Gawein Amurfina in deren Palast wiederbegegnet. In der Widerruflichkeit bewegungsgebundener Räume ist die mittelalterliche Romanliteratur radikal figurbezogen; von einem mittelalterlichen Subjektverständnis, also dem Zugrundeliegenden, her gedacht, dürfte man sagen: konsequent subjektiv, auf ein gattungshaftes Subjekt bezogen.

Aus dieser Raumregie ergibt sich für die Beschreibung der fiktionalen Landschaft und Räumlichkeit ein Kontinuitätsproblem,[95] das durchaus Berührungen zur zeitgenössischen theoretischen Diskussion aufweist. Hatten mittelalterliche Denker in ihrem Aristotelesverständnis die Möglichkeit eines für sich bestehenden Raumes angezweifelt, so setzt die Raumregie mittelalterlicher Romane keine objektive Landschaft voraus, und wo niemand ist, von dem erzählt wird, gibt es auch keine fiktionale Welt.

3. Allgemeines zur Zeit im mittelalterlichen Roman

3.1. Besonderheiten des erzählerischen Umgangs mit Zeit im Mittelalter

Die kunstvolle Konstruktion einer Zeit, die für die Figuren einer fiktionalen Welt vergeht, während sie handeln, gehört zu den überzeitlichen Aufgaben des Erzählens. Eine Geschichte entfaltet sich selbst in der Zeit,

---

95 Im Vergleich verschiedener Autoren bestätigt sich, was Schröder: Schauplätze, S. 150f. für die beiden Artusromane Hartmanns festgestellt hatte: die „Unklarheit der räumlichen Verhältnisse und der Beziehungen der Schauplatzteile zueinander" (S. 150), in der „räumliche Geschlossenheit nicht angestrebt wird" (S.151).

3. Allgemeines zur Zeit im mittelalterlichen Roman

und was sie erzählt, spannt wiederum eine zeitliche Erstreckung in der fiktionalen Welt auf. Nur Erzählungen können, im Unterschied zu anderen Kunstformen, ihre Rezipienten auf eine Reihenfolge der Ereignisse verpflichten, aus denen sie in der Rezeption die Geschichte zusammensetzen. Wer eine unbekannte Erzählung aus dem Bildprogramm einer Vase oder Wand zusammensetzen will, hat für seine Leserichtung unter Umständen mehrere Möglichkeiten; der Hörer, selbst der Leser, einer unbekannten Erzählung hat nur eine. So bildet er, wenn er kein Signal zu abweichendem Verfahren empfängt, das nacheinander Erzählte auf in der fiktionalen Welt nacheinander Geschehenes ab, und er weicht von diesem Grundmodus nur ab, wenn er künstliche und künstlerische Verfahren erkennt, die ihn zu einer andersartigen Synthese des Gehörten auffordern, beispielsweise dazu, eine Parallelhandlung zu denken, eine Vorgeschichte vorzustellen oder eine Zukunft zu antizipieren. Er wird dies aber nur auf implizite Aufforderung des Textes tun, in der Regel deshalb auch im gleichen Moment oder auf der gleichen Seite, auf der auch der nächste Rezipient die Zeitfolge des nacheinander Erzählten im Kopf umsortiert. Denn die Zeitgestaltung im Erzählen ist darauf angelegt, sich in verschiedenen Köpfen zu einer annähernd übereinstimmenden tragenden Struktur zu entfalten, obgleich sie im literarischen Werk gepackt und gefaltet dargeboten wird.

Die Techniken des schönen Faltens auf Entfaltung hin, die im Mittelalter verwendet werden, stammen vielfach schon von antiken Mustern her, und sie haben sich in immer neuen Variationen bis in die Neuzeit hin fortentwickelt. Die Reihenfolge des Erzählten gilt für die Rhetorik als Bestandteil der *dispositio*; dabei werden *ordo naturalis* und *ordo artificialis* unterschieden.[1] Diese Begrifflichkeit setzt eine grundlegende Differenz zwischen dem Zeitfluß in der fiktionalen Welt (der zugleich als linear und progressiv unterstellt wird) und dem Zeitfluß des Erzählens voraus (der erst gegenüber diesem angenommenen natürlichen Fluß als kunstvoll abweichend begriffen werden kann), eine Unterscheidung,

---

1 Vgl. Hugo v. St. Viktor, Didascalicon III,8 (De ordine legendi): *Ordo in disciplinis attenditur secundum naturam, in libris secundum personam auctoris vel subiectam materiam, in narratione secundum dispositionem, quae duplex est; naturalis, videlicet quando res eo refertur ordine quo gesta est, et artificialis, id est, quando id quod postea gestum est prius narratur, et quod prius, postmodum dicitur [...]*. Ed. Offergeld, S. 242. Ähnliche Erklärungen finden sich bei Konrad von Hirsau und Bernhard von Utrecht: Robert B. C. Huygens (Hg.): Accessus ad auctores. Bernard d'Utrecht, Conrad d'Hirsau. Dialogus super auctores. Leiden 1970, vgl. S. 77, S. 64. Zum Kontext vgl. Klopsch: Dichtungslehren, S. 129f.

die Günther Müller viel später mit dem Begriffspaar ‚Erzählzeit – erzählte Zeit' eingefangen hat.² Eine Geschichte so zu erzählen, daß sie in sich eine zeitliche Sukzession enthält, gehört zu den Grundmustern der Mimesis, weil darin eine Applikation auf menschliche Erfahrung liegt, die der Reflexion vorausgeht. Zugleich ist jede erzählte Geschichte in sich selbst bereits reflexiv; die Art des Erzählens kommentiert das Erzählte, auch hinsichtlich der Sukzession, die die Voraussetzung für kausale Zusammenhänge ist.³ Der Erzähler ist frei darin, andere Zeitordnungen und andere Zusammenhänge der Dinge in seiner fiktionalen Welt zu stiften. Aus diesem Paradox ergibt sich einerseits eine epochenübergreifende Geltung der narratologischen Probleme, die sich an das Verständnis textinterner Zeitordnungen knüpfen,⁴ andererseits je epochenabhängige, bisweilen werkgebundene Unterstellungen über den Gang von Zeit und über Zusammenhänge von Ereignissen. Das sind einerseits Unterstellungen, die mit dem außerliterarischen Zeitverständnis einer Epoche und Kultur zusammenhängen; das Bewußtsein davon ist deshalb eng an den philosophischen und in bestimmten Zeitabschnitten den naturwissenschaftlichen Diskurs über Zeitprobleme gebunden.⁵ Im 20. Jahrhun-

---

2   Vgl. Müller: Die Bedeutung der Zeit in der Erzählkunst.
3   Diesen Zusammenhang hat Meir Sternberg in einem Votum für die narratologische Wertschätzung chronologischen Erzählens betont: Meir Sternberg: Telling in Time I. Chronology and Narrative Theory. In: Poetics Today, Vol. 11, No.4 (1990), S. 901–948, hier S. 903, S. 916. Die Chronologie und die daran gebundene Möglichkeit kausaler Interpretation ist für moderne Literatur, die die chronologische Folge bewußt verwischt, besonders bedeutsam, vgl. dazu Monika Fludernik: Einführung in die Erzähltheorie. Darmstadt 2006, S. 46 unter ‚Achronie'.
4   Die Zeitgestaltung ist der zentrale Gesichtspunkt des erzähltheoretischen Ansatzes von Eberhard Lämmert: Bauformen des Erzählens. Stuttgart 1955. Gründlich behandelt ist das Zeitproblem des Erzählens auch bei: Gerard Genette: Die Erzählung. Aus dem Franz. von Andreas Knop, mit einem Nachwort hg. von Jochen Vogt. 2. Aufl. München 1998, S. 21–114; Martínez/Scheffel: Einführung in die Erzähltheorie, S. 30–47; Weinrich: Tempus; Paul Ricoeur: Zeit und Erzählung, Bd. 3. Die erzählte Zeit. Aus dem Franz. von Andreas Knop. München 1991, bes. S. 159–293. Alle diese Arbeiten konzentrieren sich auf die Neuzeit und greifen allenfalls punktuell auf frühere Epochen aus.
5   Für einen ersten Überblick vgl. das Kapitel ‚Zeit und Geschichte' mit den Abschnitten ‚Antike', (von Carl-Friedrich Geyer, S. 633–640), ‚Mittelalter' (von Hans-Werner Goetz, S. 640–649) und ‚Neuzeit' (von Peter Dinzelbacher, S. 650–663) in: Peter Dinzelbacher (Hg.): Europäische Mentalitätsgeschichte. Hauptthemen in Einzeldarstellungen. Stuttgart 1993. Grundsätzliche Orientierung unter verschiedenen Blickwinkeln bei: Trude Ehlert (Hg.): Zeitkonzeptionen – Zeiterfahrung – Zeitmessung. Stationen ihres Wandels vom Mittelalter bis zur Moderne. Paderborn u.a. 1997; Gerhard Dohrn-van Rossum: Die Geschichte der Stun-

dert hat es dafür seit Bergson, Husserl und Heidegger ein kontinuierliches Interesse gegeben, das sich durch die Raumzeitdiskussionen der modernen Physik erweitert und modifiziert hat.[6]

3.1.1. Die Zeitenthobenheit des literarischen Helden im mittelalterlichen Erzählen

Daß in einer Geschichte für Bewohner der fiktionalen Welt Zeit vergeht oder vergangen ist, bemerkt der Hörer oder Leser, wo explizite Zeitangaben fehlen, daran, daß in der Erzählung etwas geschehen ist: Handlungen sind im Erfahrungsbereich des Menschen immer in Zeitabläufe eingebettet, und so werden sie auch künstlerisch modelliert. Wenn man diese Handlungen als Zeitausdruck und Zeitäquivalent liest, dienen Handlungsgliederungen als Zeiteinheiten. Nacheinander geschehene Dinge bergen für nachvollziehendes Verstehen immer die Möglichkeit kausaler Verknüpfung, weil in der Alltagserfahrung die Ursache stets früher ist als die Wirkung. Umgekehrt offenbart eine am Tage liegende kausale Relation einen progressiven Zeitparameter in der Erzählsequenz, ein feststehendes Früher – Später, auch wenn Zeitangaben sonst fehlen.

Im Unterschied zum modernen Erzählen wird in vormodernen Erzählungen das gleichmäßige Walten einer einzigen Zeitzählung oder Zeitrechnung über die gesamte fiktionale Welt hin nicht als der semantisch leere Normalfall angesehen, vor dem sich Eigentümlichkeiten der Zeitrechnung als bedeutend abheben (wie es Genette am Beispiel von Prousts ‚Recherche' herausgearbeitet hat[7]). Es gibt ein solches gleich-

---

de. Uhren und moderne Zeitordnung. München u.a. 1992; Norbert Elias: Über die Zeit. Arbeiten zur Wissenssoziologie II. Hg. von Michael Schröter. Übers. von Holger Fliessbach und Michael Schröter. 2. Aufl. Frankfurt 1989; Böhme: Zeit und Zahl.

6   Wiederum kann hier aus der reichen Literatur nur eine erste Orientierung aus verschiedenen Blickwinkeln angegeben werden: Nico Strobach: Der Augenblick des Wechsels. Diss. Münster 1995, Buchfassung unter dem Titel: The moment of change. A systematic history of space and time. Dordrecht 1998; Paul Ricœur: Zeit und Erzählung, Bde. 1–3. Aus dem Franz. von Rainer Rochlitz u. Andreas Knop. München 1991; Jürgen Audretsch, Klaus Mainzer (Hgg.): Philosophie und Physik der Raum-Zeit. 2. Aufl. Mannheim u.a. 1994; Nicholas Rescher und Alasdair Urquhart: Zeit und Zeitlogik. In: Bertram Kienzle (Hg.): Zustand und Ereignis. Frankfurt 1994, S. 27–97; Die Zeit. Dauer und Augenblick. Mit Beiträgen von Jürgen Aschoff, Jan Assmann u.a. 3. Aufl. München u.a. 1992.

7   Vgl. Genette: Die Erzählung, S. 64f. (‚Diskurs der Erzählung', 2. Kap.: ‚Dauer'); Sternberg: Telling in Time I, S. 908f. wendet sich dagegen, eine semantisch

mäßiges Walten nicht. Dieses Phänomen ist von Michail Bachtin mit dem Ausdruck ‚Abenteuerzeit' belegt worden.

‚Abenteuerzeit' nennt Bachtin eine literarische Zeitform, die den Helden nicht verändert, obgleich er in ihr handelt.[8] Bachtin entwickelt am hellenistischen Roman, daß die Zeit in vormodernen Geschichten für verschiedene Figuren und verschiedene Episoden ungleichmäßig zu vergehen scheint. Waren ähnliche Beobachtungen[9] aber seit Hegel[10] vor allem am Epos gemacht worden,[11] so zielt Bachtin auf eine ähnliche

---

schwach besetzte Folie der Chronologie und gleichmäßigen Zeitrechnung anzunehmen, weil es allenfalls unterschiedliche Semantisierungen geben könne, nicht aber keine. Für vormodernes Denken, das dort nicht mitreflektiert wird, liegt die Zeitgestaltung nicht ohne weiteres in der Hand eines werkmächtigen Autors: Wenn die Zeit Gott gehört, kann der Mensch auch über ihr Bild nicht schalten, als sei sie sein.

8   Bachtin: Formen der Zeit und des Chronotopos, S. 265–269.
9   Auch daß Zeitangaben überhaupt Zeitliches bedeuten, kann fraglich sein; vgl. für die ‚Ilias' Brigitte Hellwig: Raum und Zeit im homerischen Epos. Hildesheim 1964 (Spudasmata 2), S. 41f.: „Den tatsächlichen Verlauf will der Erzähler aber auch dann nicht hervorheben, wenn er im Zuge der Vorgangsschilderung einzelne Tage ausdehnt. Zwar weist er darauf hin, daß die Sonne auf- und niedergeht; [S. 42] und zuweilen gibt er auch noch die Mittagsstunde an. Aber die übertragene Bedeutung dieser Gliederung ist augenscheinlich. Wenn zu Anfang des B, Θ, Λ, T und Ω der Morgen anhebt, so soll damit weniger der Zeitpunkt als der Geschehenszustand bezeichnet werden: eine neue Phase der Auseinandersetzung beginnt."
10 Hegel behandelt diesen Gedanken in der ‚Ästhetik' im Dritten Teil (‚Die Poesie') unter der Überschrift ‚Besondere Bestimmungen des eigentlichen Epos. c. Das Epos als einheitsvolle Totalität', Abschnitt β.γγ. Hegel charakterisiert hier das Epos „der dramatischen Poesie gegenüber" so, „daß die epische Darstellung nicht nur überhaupt beim Ausmalen der objektiven Realität und inneren Zustände verweilt, sondern außerdem der endlichen Auflösung *Hemmungen* entgegenstellt. [...] Mit solch einem Hemmnis überhaupt z.B. beginnt die Iliade [...]. Mehr noch ist in der Odyssee jedes Abenteuer, eine Verzögerung der Heimkehr". Georg Wilhelm Friedrich Hegel: Ästhetik, Bde. 1–2. Nach der zweiten Ausgabe Heinrich Gustav Hothos (1842) redigiert und mit einem ausführlichen Register versehen von Friedrich Bassenge. 2. Aufl. Berlin u.a. 1965, hier Bd. 2, S. 446.
11 Vgl. Thaddäus Zielinski: Die Behandlung gleichzeitiger Ereignisse im antiken Epos. Teil 1. In: Philologus. Supplementband 8, H. 3. (1901), S. 405–449, bes. S. 428–432 über den Pfeilschuß des Pandaros und verschiedene Synchronisierungsprobleme in der ‚Ilias', die Zielinski interessanterweise vor dem Hintergrund einer (seiner interpretierenden) verbindlichen Zeitordnung für alle Schauplätze und Personen als problematisch beschreibt; vgl. auch Hellwig: Raum und Zeit im homerischen Epos, S. 40–88, hier S. 58–88 über Zeitgeber in Vorder- und Hintergrundhandlung von Ilias und Odyssee, S. 87f. Zusammenfassung.

3. Allgemeines zur Zeit im mittelalterlichen Roman

Konstellation in der Entwicklung des Romans. ‚Aventiurezeit' bedeutet, daß in der fiktionalen Welt zwar Zeit vergeht und auch Indikatoren dafür vorgeführt werden, die Auswirkungen dieser Zeit jedoch nicht allgültig und nicht allmächtig sind. Einerseits werden bestimmte Figuren von der Zeit für eine ganze Erzählsequenz ausgespart, als würden sie in der Zeit stehenbleiben, wenn sich die Erzählung nicht gerade mit ihnen beschäftigt; andererseits treten bestimmte Wirkungen der Zeit, besonders Krankheit, Entstellung und Hinfälligkeit, bei den Helden der Erzählung nicht in dem Maße ein, wie sie unter den geschilderten Umständen der Erfahrung der Alltagswelt entsprechen würden, weder als kontinuierliche noch als in der Handlung ausdrücklich verursachte.[12] Bachtin führt das am Beispiel des griechischen Liebes- und Abenteuerromans vom Typ der ‚Aithiopika' des Heliodor vor: „Die Helden begegnen sich zu Beginn des Romans im heiratsfähigen Alter und treten an dessen Schluß, der sie uns in demselben Alter, ebenso jung und schön, zeigt, in den Ehestand."[13] Auf diesen seltsamen Umstand der Idealisierung war schon Voltaire aufmerksam geworden, und er hatte sich über das vormoderne Ideal der Zeitresistenz von epischen Figuren lustig gemacht, indem er seinen Candide, dessen Geschichte das Muster des Liebes- und Abenteuerromans auf den Kopf stellt, am Schluß seiner angebeteten Freundin wiederbegegnen läßt, als sie vernutzt, alt und häßlich geworden ist und er keinen anderen Grund mehr zur Ehe findet als seinen früheren Vorsatz.

Der Bachtinsche Begriff der ‚Abenteuerzeit' ist für vormodernes Erzählen überhaupt geprägt, seine Reichweite umfaßt Antike und Mittelalter. Bachtin bindet mit diesem Begriff die Zeitform, die den Helden nicht verändert, an die Dauer des Abenteuers, in welchem sich der Held gerade befindet. Dieses Abenteuer braucht eine bestimmte Zeit und gibt

---

12 Das entspricht durchaus einer Gestaltungsstrategie, die es auch im heroischen Epos gibt, wo die Personen sich in ihrem Alter und Körperzustand nach der Situation in der Handlung richten, nicht etwa nach einer unterstellten Entwicklung von einer Handlungsstation zur nächsten. Bei Vergil z.B. ist in der Dido-Episode Ascanius noch so klein, daß Dido ihn auf den Schoß nehmen will (Aeneis I, 715–719); wenig später ist er erwachsen und trägt Waffen (Aeneis VII, 475–499; IX, 292–305; IX, 621–633). Über Hegels Äußerungen zum Epos und die Unveränderlichkeit mittelalterlicher heroischer Helden vgl. (anregend, wenn auch diskussionsbedürftig) Hildegard Bartels: Epos – die Gattung in der Geschichte. Eine Begriffsbestimmung vor dem Hintergrund der Helgelschen „Ästhetik" anhand von „Nibelungenlied" und „Chanson de Roland". Heidelberg 1982 (Frankfurter Beiträge zur Germanistik 22), S. 131f.
13 Bachtin: Formen der Zeit und des Chronotopos, S. 269.

interne Reihenfolgen vor. Dadurch ist es eine zeitsetzende Macht. Im hellenistischen Roman, in dem die Helden ihr Schicksal erleiden, werden sie von den Episoden gleichsam verschluckt und unverändert wieder ausgespieen; so kommt Bachtin zu seiner Beobachtung, daß die Aventiure mit der zeitlichen Handlung, in die sie einbricht, auch deren Zeitzählung unterbricht, indem sie ihr eigenes Bezugssystem geltend macht.[14] Für den mittelalterlichen Ritterroman mit aktivem Helden, dem Artus und der Gral wichtig sind, ließe sich diese Beschreibung weiter präzisieren, denn die Aventiure ist nicht ohne den Helden. Indem der Held sie besteht, macht er ihren Rhythmus im Handeln zu dem seinen, so daß am Ende die Aventiure auf ihn warten muß, um abgeschlossen zu werden (wie die erlösten Frauen auf Schastel Marveile in Wolframs ‚Parzival' warten müssen, bis Gawan wieder zu sich kommt). Daß die Aventiure eine bestimmte Zeit braucht, bedeutet im Artus- und Gralroman, daß sie erst beendet ist, wenn der Held sie bestanden hat (das Phänomen wird im Kapitel ‚Rechtzeitige Rettung' näher beleuchtet). Das anscheinend subjektunabhängige Zeitmaß der Aventiure fällt in diesen Texten mit dem subjektiven der Erfüllungszeit zusammen.

Bachtin fährt fort: Indem sie einander im Erzählen ablösen, fallen in der fiktionalen Welt die in der Aventiure vergehende Innenzeit (die Zeit, die der Held braucht, um die Aventiure zu bestehen) und einstweilen stillgelegte Außenzeit auseinander. Für das Abenteuer ist es durchaus wichtig, was der Held zuerst in Angriff nimmt und was er später tut; am Helden läßt jedoch keine derweil draußen geltende Uhr Spuren zurück. Der Begriff der Abenteuerzeit beschreibt für antike und mittelalterliche Romane also das Nebeneinander und Ineinander verschiedener Zeitrechnungen, die sich bald synchronisieren (die objektive Zeiterfordernis der Aventiure und das subjektive zeitsetzende Tun des Helden, der die Aventiure besteht), bald auseinanderfallen (die zeitsetzende Tat in der Aventiure und die Zeitbestimmung durch äußere Rhythmen wie Tage oder Jahre). Das bedeutet: Abenteuerzeit im Bachtinschen Sinne kennt keine konsequente Subjekt-Objekt-Unterscheidung, weder die Annahme einer in der fiktionalen Welt immer und für alles vergehenden objektiven noch die einer konsequent auf das Subjekt bezogenen Zeit. Sie ist nämlich zugleich objektiv (Eigenzeit der Aventiure) und subjektiv (Erfül-

---

14 „Die vom Abenteuer bestimmte ‚Zeit des Zufalls' ist die spezifische *Zeit der Einmischung irrationaler Kräfte in das menschliche Leben*; es ist die Einmischung des Schicksals (der ‚Tyche'), der Götter, Dämonen, Zauberer [...]." Bachtin: Formen der Zeit und des Chronotopos, S. 274.

3. Allgemeines zur Zeit im mittelalterlichen Roman

lungszeit). Sie kann vom Interpreten als solche nur wahrgenommen werden, wenn der Erzähler für die fiktionale Welt außer dieser Aventiurezeit noch mindestens eine weitere Zeitzählung anbietet, die jeweils galt und unterbrochen wird, wenn die Aventiure beginnt.

Bachtin hat auch darin, daß im griechischen Liebesroman wie im mittelalterlichen Ritterroman die Helden kaum älter werden, Verbindendes gesehen. Diese Konstellation hat jedoch epochale Besonderheiten, die bei Bachtin nicht reflektiert werden. Der Rezipient eines hellenistischen Liebes- und Abenteuerromans stellt an dessen Ende im Rückblick fest, daß die Ausnahmehelden zwar jeder Art von Schicksal und Verwicklung, paradoxerweise jedoch nicht der Zeit unterworfen waren. Dagegen kann der Leser oder Hörer eines mittelalterlichen Ritterromans zu dem Schluß kommen, der tätige Held sorge durch sein Tun selbst dafür, daß ihm die Zeit nichts anhaben kann: Solange der Ritter in der Aventiure ist, richtet sich die Zeit nach ihm, und ihm kann von ihr nichts geschehen. Das Abenteuer hat zwar eine eigene Zeitrechnung, aber er macht sie sich zu eigen, wenn er es besteht. Die Zeit des Abenteuers verändert ihn nicht, sobald er sich zu dessen Subjekt gemacht hat.[15] Seine Tat mißt im Inneren der Aventiureepisode und für ihn die Zeit, solange das Abenteuer dauert, und es dauert, bis er es besteht. Verläßt der Held das Abenteuer, dann geht das Maß der Progression auf andere Sachverhalte in der fiktionalen Welt über, zu denen sich der Held passiv verhält, so daß sie den Helden potentiell älter machen und verändern, weil er ihnen unterworfen ist, beispielsweise auf den Wechsel von Tag und Nacht.

Schließlich sieht Bachtin auch im Walten des Zufalls, im erzählerischen Weiterführen der Handlung mit ‚Plötzlich...', eine Gemeinsamkeit zwischen hellenistischem Roman und mittelalterlichem Ritterroman.[16] Er übergeht damit aber einen grundlegenden Umbau der Zufallsauffassung, auf den unten noch näher einzugehen sein wird. Zufälle ereignen sich anders, wenn man nicht mehr annimmt, daß das Fatum und der Streit der Götter sie hervorbringen, sondern daß sie einem Gott, der auf jeden einzelnen achtet, immer schon bekannt waren. Im ersten Fall nämlich setzt sich in der fiktionalen Welt eine mögliche Zukunft und Zeitanord-

---

15 Eine Unterscheidung von „aktiver" und „passiver" Zeit mit unterschiedlichen Vergehensweisen gibt es schon bei Hiltrud Katharina Knoll: Studien zur realen und außerrealen Welt im deutschen Artusroman (Erec, Iwein, Lanzelet, Wigalois). Diss. Bonn 1966, S. 32f. Knoll stellt auf S. 31 zudem fest: „Im Vordergrund stehen die einzelnen Episoden, ihnen ist das Fließen der Zeit gleichsam untergeordnet."
16 Vgl. Bachtin: Formen der Zeit und des Chronotopos, S. 340.

nung gegen andere gleich mögliche durch, ohne daß das leidende und handelnde Subjekt daran etwas ändern könnte; im zweiten offenbart sich den Figuren die Zeitanordnung, die letztlich Gott gehört, als Zukunft, weil diese zum Subjekt paßt, providentiell für seine freien Willensentscheidungen und Bestrebungen geschaffen ist. Wenn in den ‚Aithiopica' des Heliodor Räuber auftauchen, dann stehen sie für die grundsätzliche Fragilität der zufallsgeschüttelten oder von streitenden Göttern in Bewegung gehaltenen Weltordnung, in der eine menschliche Liebe, die es genau so und nicht anders haben will, sich ständig verteidigen muß. Wenn Erec und Enite von Räubern überfallen werden, dann ist das gerade die Art von Prüfung, die vor dem Auge der Fabel, die das Auge Gottes vertritt, dem moralisch heruntergekommenen Erec noch zugetraut werden kann. Mit einem Wort: Das ‚Plötzlich...' einer einsetzenden Handlung verändert seinen Status, wenn es sich taufen läßt. Die Zeit gehört dann nicht mehr sich, sondern Gott; sie hat von einem Jetztpunkt, der vom Standpunkt des höchstmöglichen Wissens in der fiktionalen Welt beurteilt würde, nicht mehr viele mögliche Ausgänge, sondern nur noch einen. Mit dem Gedanken der *providentia* ist eine Moralisierung des Zufalls (oder des Götterwillens) verbunden: Gott, der alles nach Maß, Zahl und Gewicht geordnet hat, ist der Herr der Zeit, und er gibt dem einzelnen eine Zukunft, die mit ihm zu tun hat. Der Autor schaltet zwar in seiner fiktionalen Welt, wie er will, aber sobald er menschliches Schicksal vorbildlich modellieren möchte, ist er mit dieser Gedankenfigur konfrontiert, denn sie gehört für seine zeitgenössischen Rezipienten zur Vorbildlichkeit menschlichen Lebens.

3.1.2. Zeitliche Beziehungsprobleme

Aventiurezeit, so hatte der Versuch, Bachtin zu verstehen, ergeben, kann vor der Folie einer gewissermaßen unmarkierten Zeitrechnung wahrgenommen und gestaltet werden. Es wäre also Aventiurezeit im Abenteuer anzunehmen, eine verbindliche progressive Zeitzählung außerhalb der Aventiure. Für alle Figuren, ob sie es wissen oder nicht, ob sie sich danach richten oder nicht, gülte dann außerhalb der Aventiurebezirke grundsätzlich dieselbe verfließende Zeit, die z.B. in Tagen und Wochen oder Jahren gezählt werden kann und auf die sich also alle Tages-, Wochen- oder Jahresangaben im Text gleichermaßen beziehen.[17] Wenn eine solche Zeit als wirklichkeitsadäquat begriffen wurde, dann bot diese Annahme die Berechtigung zu einer gleichsam objektiven, zahlhaften Symbolik der Zeitangaben: Alles in der Welt ist nach Maß, Zahl und Gewicht geordnet, und die natürlichen Rhythmen der Zeit sind – auch vor dem Bekanntwerden der Aristotelischen Physik – an die Bewegungen der Gestirne gebunden, die diese Weltordnung in ganz besonderem und wiederum biblisch gestütztem Maße angezeigten. Symbolische Fristen oder Zeiträume, z. B. der dritte Tag, wie Tristans Gerichtskampf gegen den Truchseß anberaumt wird (G 9985), oder 40 Tage, wie Kingrimursel sie Gawan als Frist zu dem Gerichtskampf in Schampfanzun nennt (Pz 321,18),[18] können daher nicht verwundern. Doch gelingt es auf dieser Basis auch, Zeit auf eine Weise zu semantisieren, die man subjektiv nennen könnte: Figuren fassen Zeitangaben, die in der fiktionalen Welt verbindlich sein könnten, weil eine gemeinsame Zeitzählung möglich ist, je unterschiedlich auf, und sie werden uneins, indem sie die Zeit doch verschieden zählen.

Im ‚Wigalois‘ will Gawein nach einem halben Jahr (Wig 1053) von seiner schwangeren Frau Florie Abschied nehmen, um den Artushof zu besuchen. Er belügt sie bewußt über die Zeit, die er ihr fernbleiben wol-

---

17 Diese Zeitangaben wurden in den vorliegenden Arbeiten über Zeitgestaltung von Romanen aufgespürt und interpretiert: Hermann J. Weigand: Die epischen Zeitverhältnisse in den Graldichtungen Crestiens und Wolframs. In: PMLA 53 (1938), S. 917–950; Hans Hugo Steinhoff: Die Darstellung gleichzeitiger Geschehnisse im mittelhochdeutschen Epos. Studien zur Entfaltung der poetischen Technik vom Rolandslied bis zum ‚Willehalm‘. München 1964 (Medium Aevum 4); Knoll: Studien zur realen und außerrealen Welt; Petrus W. Tax: Wort, Sinnbild, Zahl im Tristanroman. Studien zum Denken und Werten Gottfrieds von Strassburg. Berlin 1961; Gerhard Zimmermann: Die Darstellung der Zeit in der mhd. Epik im Zeitraum von 1150–1220. Diss. (Masch.) Kiel 1951; Ingrid Thomsen: Darstellung und Funktion der Zeit im Nibelungenlied, in Gottfrieds von Straßburg ‚Tristan‘ und in Wolframs von Eschenbach ‚Willehalm‘. Diss. (Masch.) Kiel 1962; Cornelia Grisebach: Zeitbegriff und Zeitgestaltung in den Romanen Chrétiens de Troyes und Hartmanns von Aue. Diss. (Masch.) Freiburg 1957; Birgit Hegerfeldt: Die Funktion der Zeit im ‚Iwein‘ Hartmanns von Aue. Diss. (Masch.) Marburg 1970; Daniel-Hermann Schorn: Die Zeit in den Tristandichtungen Eilharts und Gottfrieds. Studie zur Wirklichkeitsauffassung in mittelalterlichen Dichtungen. Diss. (Masch.) Köln 1952. Eine fruchtbare neuere Anknüpfung an diese Forschungstradition bei Harald Haferland: Parzivals Pfingsten. Heilsgeschichte im *Parzival* Wolframs von Eschenbach. In: Euphorion 88 (1994), S. 263–301. Vgl. zuletzt Tomasek: Die Gestaltung der Zeit.
18 Ähnliche Beispiele aus dem ‚Prosa-Lancelot‘ bei Ruberg: Raum und Zeit, S. 149–152 im Abschnitt ‚Die bedeutsame Zeit‘.

le: ‚*[...] vrouwe, ich wil von hinnen varn/ mit urloube drîe tage.*' (Wig 1066f.) Der Erzähler bezeichnet das als *lüge* (Wig 1068) und begründet: *er vorhte ir jâmer und ir nôt.* (Wig 1069) Wenig später wird berichtet, daß Gawein für den Herweg 12 Tage gebraucht hatte: *daz er dar reit in zwelf tagen,/ daz reit er wider ein halbez jâr.* (Wig 1129f.) Den Weg zu Florie konnte Gawein offensichtlich in Tagen bemessen. Wenn man seine *lüge* von dieser Aussage her korrigieren soll, dann hätte Gawein nach eigenem Wissen mindestens 24 Tage wegbleiben müssen – zu lange auf jeden Fall, als daß er, wie er Florie seine Absicht erklärt, unbemerkt binnen kurzem hätte zurück sein können:

> *ir sult ez niemen wizzen lân*
> *daz ich hinnen rîten wil;*
> *ich kum iu in vil kurzem zil*
> *michn irres danne der bitter tôt*
> *od sô ungevüegiu nôt*
> *die niemen müge erwenden;*
> *dise reise wil ich enden*
> *daz sîn niemen werde gewar*
> *war ich welle od wie ich var [...].*
> (Wig 1110–1118)

Florie bittet darum, daß Gawein ihre bevorstehende Niederkunft zum Zeitgeber nimmt und eine vorherige Rückkehr verspricht: *ez kumt vil lîhte daz ir ê/ niht wider komt, ichn sî genesen* (Wig 1084f.). Aber er nimmt diesen Vorschlag gar nicht auf, sondern weicht statt dessen auf eine ungewisse, vom Jetztpunkt ausgehende Zeitzählung aus, nach der er *in vil kurzem zil* (Wig 1112) wiederkommen will.

Nun braucht Gawein zum Hofe des Artus aber ein halbes Jahr. Was das in der direkten, raumzeitlichen Bedeutung heißt, liegt nicht ohne weiteres auf der Hand. Hat er sich verritten? Davon wird aber nichts gesagt. Eher hat Flories Land, das mit deutlichen Signalen einer Anderwelt versehen ist, eine andere Zeitrechnung oder magische Zugangswege (so daß Gawein, nachdem er denselben Weg wie zuvor in derselben Geschwindigkeit zurückgelegt hat, danach in der Außenzeit ein halbes Jahr älter geworden ist). In der herausgehobenen Zeitangabe spiegelt sich auf jeden Fall das, was Bachtin Aventiurezeit nennt, nämlich eine Divergenz zwischen innerem Zeitmaß (dem gerittenen Weg, den man kennt und als Zeitmaß benutzen kann) und draußen geltender Zeitrechnung (ein halbes Jahr). Gawein braucht lange, um aus diesem Land ins Vertraute zu gelangen, und darin liegt auch eine Aussage über das Verhältnis zu Florie: Er läßt sich durch den unerwartet langwierigen Weg nicht irremachen, obgleich er sich ihr gegenüber auf Fristen verpflichtet hat, die er auch in optimistischster Planung nicht zu halten imstande gewesen wäre. Er will weg. Gerittene Zeit ist Weg; aber auch sein Aufenthalt bei Artus dauert länger als einige Tage, wenn es wenig später heißt: *des tages was sîn zwei jâr/ daz sîn wîp was genesen.* (Wig 1218f.)

Es ist der Erzähler, der eine objektiv formulierte Zeitangabe auf Florie und das Kind bezieht. Seine koordinierende Betrachtung dessen, was in der fiktionalen Welt vorgeht, stellt für die Figuren an den unterschiedlichen Orten einen gemeinsamen Kalender auf, den es, während Gawein unterwegs war, nicht gegeben zu haben scheint. Die Figuren selbst werden nicht im Bezug auf einen solchen Kalender gezeigt. Das ist, wie sich im Fortgang der Handlung zeigen wird, durchaus bedeutungsvoll. Gawein hat den Entschluß zur Rückkehr an dieser Stelle noch nicht gefaßt. Hiltrud Knoll hat errechnet, „daß sich Gawein mindestens neun (bis ungefähr 15) Monate am Artushof aufgehalten haben muß".[19] Er ist nach den objektivierenden Zeitangaben des Erzählers jetzt mehr als zwei Jahre weg; würde er augenblicklich zurückreiten wollen und für den Weg so viel Zeit veranschlagen, wie er auf dem Weg zu Artus gebraucht hat, dann wäre er etwa die Frist in Jahren weggeblieben, die er sich in Tagen ausbedungen hatte. Es gibt keine zeitliche Beziehung der Figur auf die Geburt seines Sohnes; auch für den Entschluß zur Rückkehr spielt das Kind keine Rolle. Gawein zählt die Zeit nicht an Florie oder im Hinblick auf sie, nicht einmal an sich, sondern überhaupt nicht, trotz seines Versprechens, schnell zurückzukehren. Der Erzähler, der Gawein den *jâmer [...] nach sînem schœnen wîbe* haben läßt (Wig 1169f.), gibt in innerer Rede Gaweins Befürchtung wieder, das längere Verweilen könne ihm, Gawein selbst, schaden : *[...] ob ich belîbe/ lenger hie, des gwinne ich schaden* (Wig 1171f.). Dieses *lenger*, die einzige zeitliche Angabe in Gaweins Wegeberichten, seinen erzählten Einstellungen oder Gedanken, bezieht sich auf seinen Aufenthalt am Artushof. Was sich inzwischen bei Florie getan hat, wird nicht antizipiert, ihre Zeitrechnung und ihr Glaube an die vereinbarten Fristen werden (anders als beim Terminversäumnis im ‚Iwein') auch zu diesem späten Zeitpunkt nicht in Gedanken aufgerufen. Gawein verhält sich, als gäbe es keine Absprache über die Zeit seiner Rückkehr, als könne eine zeitliche Übereinkunft aus dem Anderland im Diesseits nicht eingelöst werden. Er zählt Zeit nicht, insbesondere nicht mit diesem Bezug, und in dieser fiktionalen Welt ist das möglich; die Zeitzählung drängt sich ihren Figuren nicht auf. Florie, über die

---

19 Knoll: Studien zur realen und außerrealen Welt, S. 26.

Gawein am Hof nicht spricht,[20] ist für ihn kein Zeitgeber, und die Sonderzeit, die er allein verbringt und die er als bezugslose Dauer wahrnimmt, dehnt sich und wuchert. Es brauchte das Motiv des Wundergürtels nicht, um einsichtig zu machen, daß er nicht zurückfinden wird. Zwar faßt er den Entschluß dazu, doch *reit er umbe ein ganzez jâr* (Wig 1190), um schließlich einzusehen, daß kein Weg zurückführt: Was mit einer kleinen Notlüge über die Dauer eines Ausflugs beginnt, endet mit der Trennung durch die Zeit, die sich immer von neuem zwischen die Liebenden schieben kann.

Für das Motiv der zeitlichen Übereinkunft gelten allerdings andere Verstehensvoraussetzungen als für die Neuzeit: Die progressive Zeitlichkeit, die sich in erzählten Zeitangaben ausdrückt, ist auch im Grundmodus, jenseits alles Speziellen, schwächer, subjektiver und polyzentrischer[21] als im modernen Erzählen (aber ganz ähnlich den Verhältnissen im antiken Epos).[22] In mittelalterlichen Erzählungen geht, auch außerhalb der Aventiuren, keine unsichtbare Uhr, an der alle Figuren sich orientieren würden;[23] es gibt nur Eckdaten für einen Kalender, auf den sich jedoch nur Figuren beziehen können, die davon wissen, vorausgesetzt, daß sie es wollen. Das hat mit Erfahrungen in der Wirklichkeit zu tun, besonders mit der komplizierten Kalenderrechnung und Zeitmessung im Mittelalter,[24] die das zeitliche Verabreden und Übereinkommen

---

20 *sîner geschiht er nie gewuoc,/ wand in sîn herze dar wider truoc.* (Wig 1158f.)
21 Hans Jürgen Scheuer hat in einem Aufsatz den Gedanken entwickelt, daß die tendenziell zeitaufhebende Gestaltungsart der Vormoderne, die Bachtin unter dem Begriff der Aventiurezeit faßt, vielleicht darin begründet sein könnte, daß die Zeit in dieser Epoche generell keinen privilegierten Status als Ordnungskriterium einer fiktionalen Welt beanspruchen darf, sondern allenfalls sekundär solche Ordnungen stiftet: Hans Jürgen Scheuer: Gegenwart und Intensität. Narrative Zeitform und implizites Realitätskonzept im ‚Iwein' Hartmanns von Aue. In: Reto Sorg, Adrian Mattauer, Wolfgang Proß (Hgg.): Zukunft der Literatur – Literatur der Zukunft. Gegenwartsliteratur und Literaturwissenschaft. München 2003, S. 123–138, vgl. die Thesen S. 124f.
22 Vgl. die Bemerkungen von Brigitte Hellwig zum Tages- und Nachtrhythmus in der ‚Ilias': Hellwig: Raum und Zeit im homerischen Epos, S. 41f.
23 Das Problembewußtsein dafür wurde zuerst von Dieter Kartschoke artikuliert: Dieter Kartschoke: Erzählte Zeit in Versepen und Prosaromanen des Mittelalters und in der Frühen Neuzeit. In: Zeitschrift für Germanistik N.F. Bd. 10, H. 3 (2000), S. 477–492, bes. S. 479f.
24 Grundlagen bei Arno Borst: Computus. Zeit und Zahl in der Geschichte Europas. Durchges. und erw. Ausgabe. München 1999 ; unentbehrlich nach wie vor: Hermann Grotefend: Zeitrechnung des deutschen Mittelalters und der Neuzeit, Bde. 1–2. Hannover 1891–98.

im Roman so schwierig sein lassen, wie es in der Wirklichkeit war; aber es wird auch durch literarische Traditionen beeinflußt, in denen z.B. bestimmte Areale, magische Bezirke, mit Besonderheiten der Zeitrechnung verknüpft werden.

Exkurs:

Während das Kalendermachen eine schwierige Rechenarbeit mit alten astronomischen Tabellen voraussetzte, wobei man über viele Jahrzehnte ohne Beobachtung auskam, war das Zeitmessen auf die Gliederung des örtlichen Arbeits- oder Gebetstages aus.[25] Vom Kalender kannte der Laie nur die Festtage und bestimmte Tage, die traditionell für Aussaat und Ernte gewählt oder gemieden wurden, die Lostage.[26] Der bäuerliche und der handwerkliche Tag orientierten sich am Tageslicht, also am Aufgang, Mittagsstand und Untergang der Sonne. Nach dem Vorbild der römischen Zeiteinteilung zählte man nur die Spanne des hellen Tages, die man mit einer Sonnenuhr oder der lichtunabhängigen Wasseruhr in zwölf Teile, die Stunden nämlich, einteilte; diese waren im Winter kürzer als im Sommer. Für die Binnenzeiten zwischen Sonnenaufgang und Mittag oder zwischen Mittag und Sonnenuntergang orientierte man sich gern an den Glocken eines Klosters, die zu den Gebetszeiten läuteten, viermal am Tag in gleichem Abstand, etwa alle drei Stunden, und dreimal mit einer längeren Pause – ursprünglich viermal, aber das war längst geändert – in der Nacht. Ob die Glocken in der nächsten Stadt einige Minuten später schlugen, kümmerte niemanden; ebensowenig war es für die meisten Zeitgenossen von Belang, daß die nächste Diözese einen anderen Festkalender hatte, man dort also einige Feste nicht, andere zusätzlich feierte, so daß man sich nur bei den großen Festen – besonders Ostern, Pfingsten, schon beim Jahreswechsel und Weihnachten gab es

---

25 Beispiele für lokale Anweisungsschriften zur Zeitmessung durch Sterne und zur relativen Veränderung der Winter- gegen die Sommerstunden sind ediert bei Ulrich Nonn (Hg.): Quellen zur Alltagsgeschichte im Früh- und Hochmittelalter, Teil 1. Darmstadt 2003 (Ausgewählte Quellen zur deutschen Geschichte des Mittelalters, Freiherr-vom-Stein-Gedächtnisausgabe XLa), S. 24–33.

26 Ein Beispiel für eine Liste solcher Lostage in der Quellenedition von Nonn: Alltagsgeschichte im Früh- und Hochmittelalter, S. 22f. Der Glaube an solche Unglückstage wurde von Theologen als Aberglaube bekämpft, vgl. dazu Karin Baumann: Aberglaube für Laien. Zur Programmatik spätmittelalterlicher Superstitionenkritik. Würzburg 1989 (Quellen und Forschungen zur Europäischen Ethnologie 1), S. 372f., 376.

Abstriche – der terminlichen Übereinstimmung mit einem entfernt liegenden Ort einigermaßen sicher sein konnte.[27]

Für die Figuren eines mittelalterlichen Romans ist, wenn die zeitgenössischen Rezipienten ihre Verstehensvoraussetzungen unterstellen durften, auch im Horizont des Dichters und seiner fiktionalen Welt die gemeinsame Orientierung an einem und demselben Zeitgeber, modern gesprochen: derselben Uhr und demselben Kalender, keine in der fiktionalen Welt vorfindliche Bedingung. Sie kommt vielmehr durch Anstrengung und Willen der Figuren zustande, oder sie scheitert; ein gelungener zeitlicher Bezug und die gemeinsame Interpretation derselben Zeit gehört zum einvernehmlichen Verhältnis der Figuren zueinander.

Am Ende des 6. Buches in Wolframs ‚Parzival' lädt Kingrimursel in seiner Anklage Gawan mit einer Frist von 40 Tagen nach Schampfanzun: Der Herausforderer Vergulaht, dessen Klage Kingrimursel überbringt, ist der Herr des Ortes, Kingrimursel selbst der Kämpfer (Pz 324,24). Gawan kennt die Frist, läuft aber dennoch buchstäblich der Aventiure von Bearosche hinterher (am Anfang des 7. Buches). Seine Verpflichtung hat er jedoch nicht vergessen, denn als der Erzähler am Anfang des 8. Buches konstatiert *nu nâht ouch sînes kampfes zît* (Pz 398,9), ist Gawan bereits im Land Ascalun und auf dem Weg nach Schampfanzun. Da er dort in seinem erotischen Überschwang für die Tochter des Kingrisin, den er unehrenhaft erschlagen haben soll, an die Ehre des Fürstenhauses rührt und ihres Bruders Vergulaht Leute bereits im Begriffe sind, ihn zu erschlagen, wird der Kampf von Kingrimursel eingedenk der geschworenen Sicherheit vertagt:

> *hêr Gâwân, lobt mir her für wâr*
> *daz ir von hiute über ein jâr*
> *mir ze gegenrede stêt*
> *in kampfe, ob ez sô hie ergêt*
> *daz iu mîn hêrre læt dez lebn:*
> *dâ wirt iu kampf von mir gegebn.*
> (Pz 418,9–14)

---

27 Vgl. Hans Martin Schaller: Der heilige Tag als Termin mittelalterlicher Staatsakte. In: Deutsches Archiv zur Erforschung des Mittelalters, Bd. 30, H. 1 (1974), S. 1–24; Uta Lindgren: Zeitvorstellungen bei Albertus Magnus und die Genauigkeit astronomischer Zeitbestimmung. In: Ehlert: Zeitkonzeptionen – Zeiterfahrung – Zeitmessung, S. 69–79, bes. S. 72f.

3. Allgemeines zur Zeit im mittelalterlichen Roman

Darin, was aus dieser Verabredung wird, steckt gleich ein ganzes Bündel von Aussagen über Beziehungen von Figuren zueinander. Der Kampf soll nun vor König Meljanz in Barbigoel stattfinden (Pz 418,16f.), der nicht beleidigt worden ist. In dem Jahr bis dahin (und offenbar darüber hinaus)[28] muß Gawan nach dem Rat des Liddamus nach dem Gral suchen, was nach aller Überzeugung eine lebensgefährliche Angelegenheit ist. Damit wird die raumzeitliche Orientierung – auf einen Kampf über sechs Wochen in Schampfanzun, am Ort der beleidigten Sippe – durch eine zweite, allerdings schwierigere, ersetzt, nämlich durch die Verpflichtung, auf unbestimmte Zeit den Gral zu suchen und in jedem Fall, bei erfolgreicher wie erfolgloser Suche, zum Ablauf der Jahresfrist bei Meljanz in Barbigoel zu erscheinen, um gegen Kingrimursel zu kämpfen. Vergulaht spielt bei diesem Arrangement gar keine Rolle mehr. Er ist nicht der Kämpfer und stellt nicht den Kampfplatz; er müßte nicht einmal anwesend sein, wenn Kingrimursel und Gawan den Gerichtskampf ausfechten; folgerichtig wird der Einfall zu dieser Lösung auch Kingrimursel und Liddamus zugeschrieben. Vergulaht wird für Gawan nie zum Zeitgeber, Kingrimursel, der für Vergulaht handelt, allerdings durchaus. Die zeitliche Übereinkunft zwischen beiden, die sich schon einmal bewährt hat und deshalb wieder getroffen wird, zeigt beider achtungsvolles Einverständnis schon zu einem Zeitpunkt, als sie in der Sache des toten Königs noch Gegner zu sein glauben.

Mit Vergulaht eine Übereinkunft zu erzielen kann hingegen nur schwierig sein. Das Zeitdiktat, das Parzival ihm auferlegt hatte, bestand darin, ein Jahr lang den Gral zu suchen und im Fall des Mißerfolgs danach zu Condwiramurs zu reiten (Pz 424,15–425,14). Aber er delegiert die Aufgabe des Gralsuchens an Gawan und unterläßt den Besuch bei Condwiramurs ganz. Am Anfang des 10. Buches jedenfalls befindet sich Vergulaht in Barbigoel, als wolle er selbst kämpfen (Pz 503,12f.). Allerdings ist es Kingrimursel, der den Vorwurf gegen Gawan fallenläßt (Pz 503,19f.). Vergulaht tritt nicht als Zeitgeber der beiden anderen Figuren am Kampfplatz auf, sondern es verhält sich umgekehrt: Er kommt an den raumzeitlichen Ort, den sie beide – ohne ihn zu fragen – festgelegt haben; er tritt gewissermaßen ihrer beider Fähigkeit, sich aufeinander zu

---

[28] Bernd Schirok verdanke ich den Hinweis, daß nichts davon berichtet wird, ob auch Gawan den Gral befristet, nämlich Parzivals Anweisung gemäß ein Jahr lang, suchen soll. Wenn man *si fuoren beide sunder dan,/ Vergulaht unt Gâwân,/ an dem selben mâle/ durch vorschen nâch dem grâle* (Pz 503, 21–24) als rückbezogene Erklärung versteht, dann wüßte Gawan nichts von einer Befristung, Vergulaht hätte ihm seine eigene, befristete Aufgabe also unbefristet übertragen.

beziehen, bei, und in diesem Moment wird die Einigkeit in Gestalt der Verwandtschaft entdeckt. Sie heilt zwar den vorbereiteten Konflikt, nicht jedoch die zwiespältige Bewertung der Figur Vergulaht, die nicht stark genug ist, als Zeitgeber für andere zu wirken, und die – im Unterschied zu Kingrimursel – nie zu einer bestimmten Zeit dort ist, wo man sie erwarten darf: Vergulaht geht nämlich nun von Barbigoel aus auf Gralssuche (Pz 503,21–24), womit er die Verpflichtung gegenüber Parzival wiederaufleben läßt, allerdings nach seinem eigenen Ermessen modifiziert und verschoben. Da der Hörer oder Leser von der zuvor übernommenen Terminpflicht, bei Condwiramurs zu erscheinen, weiß, kann er nun rätseln, ob Vergulaht für sich die Jahresfrist zur Gralssuche erst nach dem Kampf beginnen läßt und er den Besuch bei Condwiramurs um dieses Jahr verschiebt. In der Rezeption kommen beide Möglichkeiten in einem Zwielicht über Vergulaht zusammen: Entweder ignoriert er übernommene Pflichten ganz (denn auch Gawan ist nicht nach Pelrapeire geschickt worden), oder er interpretiert Fristen, wie es ihm recht ist, ohne diese Interpretation anderen Figuren mitzuteilen.

Ein Beziehungsproblem, das sich als Zeitgeberkonkurrenz offenbart, steckt auch in Iweins berühmtem Terminversäumnis. Wenn sich eine Figur auf einen Zeitgeber bezieht, dann wählt sie ihn aus, sie bezieht sich bewußt auf ihn, sie orientiert sich an ihm – und sie vernachlässigt dabei andere Orientierungen und Bezüge. Laudine hat ihre Frist im Sinne ihres Landes gestellt, in der Überzeugung, daß sich Iwein künftig am Land und an ihr werde orientieren müssen und wollen.[29] In der Formulierung bindet Laudine ihre Frist an die Sonne, deren Lauf überall beobachtet wird.

> *hiute ist der ahte tac*
> *nâch den sunewenden:*
> *dâ sol daz jârzil enden.*
> (Iw 2940ff.)

Laudine setzt die Frist, die Sonne mißt sie – ein größeres Maß an Verbindlichkeit hätte nicht erzielt werden können.[30] Die Sommersonnenwende gibt einen Termin ohne die Gefahr, daß sich die regionalen Sonderkalender – etwa bei einer Verabredung nach einem regionalen Heiligenfest – nicht würden koordinieren lassen. Sie fällt gleichzeitig mit

---

29   Die klassisch gewordene Interpretation des Jahres als einer rechtsrelevanten Frist: Volker Mertens: Laudine. Soziale Problematik im *Iwein* Hartmanns von Aue. Berlin 1978 (Beihefte zur ZfdPh 3), S. 43–46.
30   So sieht es auch Mertens: Laudine, S. 45.

3. Allgemeines zur Zeit im mittelalterlichen Roman

einem großen und überregionalen Fest im Kirchenjahr zusammen, nämlich mit dem Johannisfest: Natürlicher Zeitgeber und Kirchenjahr befestigen in ihrer Übereinstimmung eine gemeinsame, unausweichliche Zeitrechnung aller Figuren und Schauplätze.

Dennoch wendet sich Iwein von Laudine als seiner zeitlichen Orientierung ab, um nach dem Fest- und Turnierkalender des Artus und seiner Ritter zu leben. Er ist mit Gawein zusammen *von eime turneie komen* (Iw 3061) und reitet zu einem Fest des Artus nach Karidol (Iw 3064–3066), auf dem Gawein und er ausgiebig für den Turniersieg gelobt werden (Iw 3075–3079), als ihm Laudines Frist wieder einfällt. Während er sich keinen Rat weiß, wie er die beiden Bezugssysteme wieder vereinigen könne, und deshalb betroffen sitzt, *als er ein tôre wære* (Iw 3095), findet Lunete den Weg zu Iwein durchaus, obgleich sie allenfalls vermuten kann, wann er wo ist. Laudine und Lunete haben also neben dem eigenen auch den fremden Kalender und Aufenthaltsraum überblickt, während Iwein damit überfordert war. Sie beziehen sich auf ihn und auf gemeinsame, überregionale Übereinkunftsmöglichkeiten, er hatte sich nur auf Artus und die Folge der Turniere bezogen. Jedoch denkt Laudine im Warten auf Iwein und im negativen Bezug auf ihn imperial. Sie hatte und hat nicht vor, ihn als ihren Zeitgeber gelten zu lassen, sondern besteht auf der ausgemachten Frist, für die sie die Herrin der Frist war. Sie ist in diesem Konkurrenzkampf der Zeitsysteme und des Anspruchs, die Orientierungsgröße des anderen zu stellen, nicht besser als Iwein, wird aber von der Erzählung dadurch ins Recht gesetzt, daß sie sich auf die allgemeinsten Zeitzählsysteme beruft, auf Sonnenwende und Woche.

Wenn es dem Hörer oder Leser so scheinen kann, als lerne Iwein im Laufe seiner Bewährungsaventiuren, mit Termindruck umzugehen,[31] so ist dieser Eindruck im Text artifiziell vorbereitet, obgleich sich Iwein strenggenommen nicht anders verhält als früher.[32] Der Anschein, er habe

---

[31] So schreibt zum Beispiel Horst Brunner in seiner Modellinterpretation des ‚Iwein': „... er muß lernen, Termine einzuhalten". Horst Brunner: Hartmann von Aue: *Erec* und *Iwein*. In: Ders. (Hg.): Interpretationen. Mittelhochdeutsche Romane und Heldenepen. Bibliogr. erg. Ausgabe 2004. Stuttgart 2004, S. 97–126, hier S. 119. Etwas vorsichtiger hinsichtlich des Lernerfolgs ist Volker Mertens: Der deutsche Artusroman. Stuttgart 1998. Er schreibt in seinem Iwein-Kapitel (S. 63–87) nur: „beim Gerichtskampf für Lunete muß er den Termin einhalten und hat Schwierigkeiten damit" (S. 74) und „wieder gilt es, Termine einzuhalten" (S. 76).

[32] Diese Beobachtung stammt von Matthias Meyer, der im Iwein-Kapitel seiner Habilitationsschrift bemerkt: „Auffällig ist ebenfalls, daß Iwein aus dieser krisenhaften Situation heraus wenig ‚lernen' kann. Er weiß bereits zu Beginn der Si-

gelernt, entsteht dadurch, daß Iwein in den späteren Konflikten von sich aus artikuliert, in welche Aporien die zeitlichen Ansprüche der verschiedenen Personen ihn stürzen. Schon durch das bloße Bewußtsein vom Widerspruch der Zeitzählsysteme scheint sich im Roman der Zwang zu einer Entscheidung, die ja immer falsch sein kann, abwenden zu lassen: Harpin kommt rechtzeitig, als Iwein gerade klar geworden ist, daß er den Forderungen zweier einander widersprechender Zeitgeber unterliegt, wenn er sowohl den genau fixierten Gerichtstermin halten als auch den ungenau angekündigten Besuch des Bedrückers abwarten will. Den ersten der beiden Zeitgeber hatte er sich durch Selbstverpflichtung schon zu eigen gemacht, ehe das Wissen um die zeitliche Nähe der Bedrohung einen zweiten entstehen ließ. Die unlösbare Schwierigkeit löst sich in dem Moment, in dem er sie ausdrücklich bedenkt und sich vor Gott für überfordert erklärt. Im Text ist jedoch nicht Gott, sondern der Riese das Subjekt der Befreiung aus dem Dilemma: *nû schiet den zwîvel und die clage/ der grôze rise des sî dâ biten [...].* (Iw 4914f.) Als habe Iwein es durch seine Reflexion über die Notwendigkeit einer Entscheidung und einer Hierarchisierung der Güter erreicht, läßt der Riese nicht länger auf sich warten, er löst seine Zeitgeberfunktion gleichsam selbst auf, er erweist sich von sich aus als nachgeordneter Zeitgeber.

Ganz ähnlich verschwinden Iweins Terminschwierigkeiten auch auf der Burg, auf der man um Herberge gegen Riesen kämpfen muß. Iwein hat nach seinem Sieg die ihm angebotene Tochter des Burgherrn bereits ausgeschlagen, als dieser darauf besteht, daß er sie nehmen müsse: *‚ode ir sît gevangen [...]‘* (Iw 6813). Mit einer Gefangenschaft wäre aber der Termin für den Gerichtskampf für die Tochter des Grafen vom Schwarzen Dorn in Gefahr. Daraufhin spricht Iwein von diesem Kampf, und nun lenkt der Burgherr ein; zwar ist er beleidigt, aber er hält sich an sein Versprechen hinsichtlich der gefangenen Frauen, und er *behabte den gast bî im dâ/ unz an den sibenden tac* (Iw 6844f.). Von einer Gefangenschaft ist nicht mehr die Rede, vielmehr sollen die Damen während des zusätzlichen Aufenthalts in einen reise- und hoffähigen Zustand versetzt

---

tuation, daß er pünktlich im Quellenreich sein muß, das Einhalten seines Termins liegt aber, wie der Monolog andeutet, außerhalb seiner Einflußmöglichkeit. [...] Außerdem wird der Konflikt gelöst, indem Iwein bewegungslos dort bleibt, wo er sich gerade befindet und kämpferisch tätig wird – er macht also genau das, was er auch im Falle des Fristversäumnisses getan hat". Matthias Meyer: Blicke ins Innere. Form und Funktion der Darstellung des Selbst literarischer Charaktere in epischen Texten des 12. und 13. Jahrhunderts. Habilitationsschrift (Masch.) Berlin 2004, Bd. 1, S. 214.

werden. Auch hier löst sich die zeitliche Verstrickung in dem Moment, in dem Iwein eine Fremdbestimmung, die er für sich bereits zum eigenen Zeitgeber gemacht hat, gegenüber dem Zeitdiktat eines Dritten als eigene Notwendigkeit vorbringt, er sich also in einem Geltungskonflikt mit dem ihm Wichtigen behauptet.

Einen Grenzwert zeitlichen Bezogenseins auf andere Figuren bildet das völlige Herausfallen eines Helden aus der Zeit, das sein temporäres Ausscheiden aus der Geselligkeit und Gemeinschaft begleitet und anzeigt. Iwein hat in seiner Wildheit offenbar nur noch seinen Körper zum Zeitgeber, der ihm diktiert, wann er Nahrung suchen und wann er schlafen soll. Die erste raumzeitliche Verabredung, die ihm wieder gelingt, nämlich den Einsiedler anzutreffen und sich von ihm Brot reichen zu lassen, geht auf einen einfachen Dressurakt des Einsiedlers zurück. Wie ein symbiotisch lebendes Tier bringt Iwein diesem von seiner eigenen Beute mit. Der Zeitpunkt spielt dabei keine Rolle, nur der Platz ist festgelegt. Sowohl der Kampf für die Dame von Narison als auch die Hilfe für den Löwen verlangen Iwein keine zeitliche Übereinkunft mit anderen Figuren ab; er tut vielmehr, was die Situation ihm vorschreibt. Auch an die Kapelle kommt er in völligem zeitlichen Selbstbezug. Erst die Wiederbegegnung mit Lunete führt ihn in die Gesellschaft zurück, die ihm wichtig ist, und von nun an muß und will er in seiner Zeitzählung wieder Bezug auf andere Figuren nehmen, um sie zu einem zukünftigen Zeitpunkt treffen zu können. An diesem Beispiel, das die Verneinung jeder zeitlichen Koordination als einen extremen Punkt einer Skala des Bezuges zeigt, wird zweierlei deutlich: einerseits der Zukunftsaspekt der zeitlichen Übereinkunft und andererseits die Verwandtschaft von Aventiure und Wildheit. Einen Zukunftsaspekt hat zeitliche Übereinkunft, weil sie sich stets auf einen kommenden Zeitpunkt bezieht, der dadurch wichtig wird, denn er kann nicht eindeutig anvisiert werden, sondern zeichnet sich auf zwei Antizipationslinien ab, der Handlungslinie der einen wie der der anderen Figur. Die Wildheit ist mit der Aventiure darin verwandt, daß beide die Abwesenheit zeitlicher Übereinkunft voraussetzen, ihr Subjekt dem raumzeitlichen Zufall aussetzen und es in diesem Maße asozial erscheinen lassen. Daher fehlt epischen Figuren für den Fall, daß sie jeder Notwendigkeit zum zeitlichen Bezug aufeinander enthoben sind, weil sie sich nie trennen, ein handlungsinterner Zukunftsbezug, und ihre Gemeinschaft bekommt etwas Asoziales und Wildes, das in der fiktionalen Welt der mittelalterlichen Romane als defizitär bewertet wird. So geschieht es den Liebenden in der Minnegrotte von Gottfrieds Tristanroman, so stößt es Erec und Enite in ihrer ersten liebenden Gemeinschaft zu.

3.2. Zeit und Kausalität

3.2.1. Die Frage nach dem Zusammenhang in der Zeit

Das Denkmuster der Kausalität und das der Teleologie hat der Mensch zur Interpretation seiner Wirklichkeit entwickelt. Beide ordnen Dinge einander zu, die im Zeitstrom voneinander getrennt sind und nicht an demselben Punkt liegen, aber darin verknüpft scheinen. Ähnlich wie bei anderen Formen beobachtbarer Zusammenhänge (z.B. der Wechselwirkung mit der Umgebung, der Ähnlichkeit oder der Verwandtschaft) wird das Interesse an der Kausalität nicht allein vom Interesse an der Beschreibung, sondern auch vom Gedanken der möglichen Unterbrechung des Zusammenhangs und des Eingriffs in ihn diktiert: Ein kausaler natürlicher Zusammenhang kann aufgehoben werden, wenn die Ursache beseitigt wird, denn dann verschwindet die Folge mit ihr. Interessant an dieser lebensweltlichen Verankerung des Kausalitätsproblems ist seine vortheoretische Bindung an Erzählen: Was woraufhin geschieht, muß weitergegeben, also möglichst wirklichkeitsgetreu erzählt werden, damit das Immer-Wieder überhaupt denkbar wird. Erst dann setzen die Formalisierungsprozesse ein, die eine Regel als kausalen Zusammenhang abstrahieren und – eventuell in einer künstlichen Sprache, z.B. einer mathematischen oder formal-logischen Formel – einen Zusammenhang formulieren, dem der Zeitparameter abhanden gekommen zu sein scheint.

Die Teleologie stellt sich in der Alltagswelt als ein Sinnbildungsmuster für solche zeitlichen Vorgänge zur Verfügung, die sich einer kausalen oder doch überwiegend kausalen Erklärung verweigern. Sie sieht die Dinge von ihrem Ende an und behauptet, daß sie so haben geschehen müssen, damit dieses Ende entstünde, obgleich eine Regel fehlt, von der man es hätte voraussehen können. So erzählen Menschen ihre Biographie und Völker ihre Geschichte. Das Ende ist, insofern es nicht voraussehbar war, immer ein besonderes: Teleologie bleibt auch in der Abstraktion einzelfallgebunden und mündet nicht in eine Regel für die Objektebene; sie ist von vornherein auf Erzählung angewiesen und bleibt, auch in der theoretischen Reflexion, wesentlich im Reich des Erzählens

3. Allgemeines zur Zeit im mittelalterlichen Roman

(im Kapitel über den Zufall wird ein Beispiel aus der Theo Summe des Thomas von Aquin vorgestellt werden). Die teleologische Betrachtung tut, als sei ein anderes Ende nie möglich gewesen, und erklärt den Vorgang daraufhin. Das ist immer ein relatives Vorgehen und verleiht nur dem Einzelfall Sinn. Deshalb betont eine teleologische Erklärung die subjektive und individuelle Füllung der gleichsam von oben, von einem steuernden Prinzip, angeschauten Zeitachse, indem sie vom Vollzug der Zeit ausgeht. Eine kausale Erklärung dagegen objektiviert sowohl die Zeitachse (nicht notwendig von oben, sondern von einem beliebigen Betrachterstandpunkt in der Zeit selbst) als auch den beobachteten Vollzug, den sie grundsätzlich im Plural denkt: Sie stellt das Regelhafte am Vergehen von Zeit heraus.

Künstlerisches Erzählen ist im Gegensatz zur empirischen Wissenschaft nicht auf die Regeln aus, sondern auf die Ausnahmen und Widersprüche. In einem literarischen Text gibt es kein zufälliges Zusammentreffen von Umständen, dem der Interpret aufsitzen könnte; andererseits gibt es aber jeden Text nur ein einziges Mal, man kann also nur tentativ und in begrenztem Rahmen, durch intertextuelle Vergleiche zum Gattungsüblichen, eine Regelhaftigkeit aufdecken, die über ihn hinaus geht. Literarische Kausalität und Teleologie funktionieren – ebenso wie die anderen Arten von Zusammenhang, z.B. das Sein am selben Ort[33] oder in derselben Geschichte – nur textintern, und sie haben mit der Kausalität oder Teleologie der Außenwelt im strengen Sinn nichts zu tun, auch wenn im mimetischen Erzählen Erfahrungen der Alltagslogik wiederkehren dürfen. Sie müßten es keineswegs. Das macht das Aufdecken textinterner Zusammenhänge zu einer persönlichen Sinnstiftung, die für einen anderen Verstehenden allenfalls als Vorschlag gelten kann. Jedoch statten die Erzähler ihre Berichte über die fiktionalen Welten mit Details aus, die zur Annahme von Kausalketten taugen könnten, und mit Hinweisen darauf, daß das Geschehen gleichsam von selbst auf seinen Schluß zusteuere, auf den es recht eigentlich ankomme. Clemens Lugowski hat diese narrative Ausstattung der Texte ‚Motivation von vorn' und ‚Motivation von hinten' genannt.[34] Nun kann man grundsätzlich jedes räumlich verbundene Nacheinander als Verhältnis von Grund und Folge interpretieren und jedes Ende einer Geschichte als das bestimmende Wozu, das begründende Telos, aller vorausgegangenen Handlungs-

---

33 Vgl. dazu Harald Haferland: Metonymie und metonymische Handlungskonstruktion. Erläutert an der narrativen Konstruktion von Heiligkeit in zwei mittelalterlichen Legenden. In: Euphorion Bd. 99 (2005), S. 323–364.
34 Lugowski: Die Form der Individualität, S. 66–68.

elemente. Dennoch gibt es epochale und gattungsbedingte Präferenzen solcher Interpretation, sowohl in den Vorgaben der Autoren als auch im Vorverständnis der Hörer oder Leser.[35] Zum Beispiel fordern Erzählkerne, in denen der Zufall eine tragende Rolle spielt, die teleologische Interpretation heraus, und mittelalterliche Leser und Hörer dachten einen teleologischen Sinnhorizont immer schon mit, wenn sie unterstellten, daß es in einer von christlichen Rittern bewohnten fiktionalen Welt auch einen allwissenden Gott geben müsse.[36] Umgekehrt können Rachefabeln kaum anders als kausal aufgefaßt werden, und der Siegeszug der modernen Naturwissenschaft hat die Allgegenwart kausaler Erklärungsmuster – zumindest auf der Oberfläche – befördert.

Kausalketten werden in der Rezeption nicht wie ein festes Gerüst eingezogen, sondern eher wie eine Skizze zu einem Bild entworfen und verworfen, selbst dann, wenn der kausale Zusammenhang vom Erzähler selbst behauptet wird. So sagt Wolfram im 3. Buch des ‚Parzival‘ ausdrücklich, daß Herzeloyde vor Gram stirbt, als Parzival in die Welt aufbricht:

> *dô viel diu frouwe valsches laz*
> *ûf die erde, aldâ si jâmer sneit*
> *sô daz se ein sterben niht vermeit.*
> (Pz 128,20ff.)

Aber so klar bleibt die Sache nicht: Später, im 9. Buch, wirft Parzivals einsiedlerischer Onkel Trevrizent, von dem er sein Wissen über den Gral bezieht, ihm vor, Schuld am Tod der Mutter zu tragen. Ein Warum wird nicht diskutiert. Der Leser mag rebellieren: Parzival hat nur getan, was alle jungen Menschen im höfischen Roman tun müssen, damit man überhaupt von ihnen erzählen kann, nämlich von der Mutter fortgehen; Parzival hat in der erzählten Welt nicht zurückgesehen und weiß gar nichts vom Tod seiner Mutter; er hatte keineswegs die Absicht, ihr zu schaden; sie stirbt nicht seinetwegen, sondern ihretwegen – aber das ist

---

35 Darüber reflektiert Schulz: Die Poetik des Hybriden, S. 33–35 mit Rücksicht auf Lugowskis Begriff des mythischen Analogons, vgl. Lugowski: Die Form der Individualität, S. 27. Lugowski bezeichnet mit diesem Begriff die besondere Erzeugung von Zusammenhang in Texten, die in (historisch gesehen) nachmythischer Zeit entstanden sind, aber (strukturell gesehen) verfahren wie die Erzählung eines Mythos, nämlich selbstbegründend, so, daß der Grund für das erzählte Ereignis in der fiktionalen Welt im Ereignis selbst liegt. Kausalität fehlt dann, oder sie biegt sich von der Linie zum Kreis auf.

36 Über diese speziellen Konstellationen der teleologischen Sinnbildung wird genauer unten im Kapitel B 2 über den Zufall gehandelt.

3. Allgemeines zur Zeit im mittelalterlichen Roman

alles nicht am Text zu verifizieren. Teleologische Betrachtung (Parzival geht seiner Bestimmung zum Gralskönig entgegen) legt der Text durchaus nahe; dennoch setzt eine literarisch diskutierte Schuldfrage immer auch eine textintern unterstellte Kausalität voraus, denn Schuld entsteht, das macht ihren Begriff aus, in einem Resultat, und sie belastet dessen Urheber, sie ist also ein moralischer Sproß der Kausalität. Jedes Verstehen des 9. Buches erzeugt implizit eine zurückgreifende kausale Interpretation der Ereignisse im 3. Buch. Der Leser oder Hörer kann es nicht unterlassen, Hypothesen über die kausalen Abfolgen in dem Text zu bilden, wenn er Sinn unterstellt; und dazu hat er allen Grund, weil er es nicht mit der natürlichen Umwelt und ihren Zufälligkeiten zu tun hat, sondern mit einer Kunstwelt, in der jeder behauptete Zufall kunstvoll an seinen Platz gerückt wurde.[37]

Ob man kausal oder teleologisch lesen müsse, bleibt nicht erst in der Neuzeit, sondern schon in mittelalterlichen Texten oft unentschieden.[38] In Chrétiens (Yv 907–928) und Hartmanns Löwenritter-Roman hat das Schloß des Askalon ein schweres Fallgatter am Tor, das durch einen mechanischen Kontakt im Fußboden ausgelöst wird, wenn jemand darüberreitet, der die Stelle nicht kennt.

> *sweder ros od man getrat*
> *iender ûz der rehten stat,*
> *daz ruorte die vallen und den haft*
> *der dâ alle dise kraft*
> *und daz swære slegetor*
> *von nidere ûf habte enbor:*
> *sô nam ez einen val*
> *alsô gâhes her zetal*
> *daz im niemen entran.*
> *sus was beliben manec man.*
> (Iw 1085–1094)

---

37 Über die Verflechtung von Chronologie und Kausalität im Verständnis von Erzählungen vgl. Sternberg: Telling in Time I, bes. S. 903f., S. 929.

38 Mathias Martínez stellt die doppelte Motivation vor allem als ein neuzeitliches Phänomen dar, vgl. Martínez: Doppelte Welten. Vom ‚Iwein‘, ‚Gregorius‘ und ‚Apollonius‘ her müßte man eher davon ausgehen, daß die doppelte Motivation als Denkmöglichkeit und ästhetisches Experiment schon im mittelalterlichen Erzählen eingeführt ist, allerdings unter anderen Voraussetzungen: Hier verstärkt die supranaturale die menschlich-kausale Interpretation, es herrscht Harmonie zwischen Kausalität des persönlichen Handelns und Teleologie des Weltlaufs, und in der stukturellen Verdopplung der Erklärungen ist der Gedanke, daß sich diese Harmonie trüben könnte, nur als Möglichkeit angelegt.

Askalon meidet den Kontakt und kommt heil hinein, Iweins Pferd dagegen wird halbiert, und er selbst wird nur deshalb nicht getötet, weil er sich gerade nach vorn geneigt hat, um den Gegner zu erlangen (daß er fällt, wird nicht erwähnt, folgt aber notwendig aus der Pferdeteilung). In der Bewegung des Fallgatters wird eine mechanische Kausalität der Objektebene vorgeführt. Eine zweite Kausalität stört ihr Wirken: Weil er Askalon erreichen will, befindet sich Iwein nicht in der Lage, in der sich für den Apparat der zu zerteilende Gegner befinden muß. Wie soll der Hörer oder Leser mit dieser Stelle umgehen? Wird Iwein hier dafür belohnt, daß er einem verwundeten Gegner nach dem Leben trachtet (kausale Interpretation: die Bewegung bewirkt Rettung)? Oder ermittelt der Apparat den überlegenen Gegner, an dem Askalon scheitern würde (teleologische Interpretation)? Beide sind möglich, aber schwer miteinander vereinbar, weil das erste Verständnis das Fehlverhalten betont und auf dessen künftige unheilvolle Folgen vorausweist, während das zweite die Außergewöhnlichkeit betont und an keinen Fehler denken läßt. Selbst wenn der Erzähler kommentierend und monosemierend eingegriffen hätte, bliebe doch in der fiktionalen Welt die Ereignisreihe bestehen, zu der sich der Hörer oder Leser seine Interpretation von Zusammenhang bilden könnte. Anders als in der Wirklichkeit, wo es grundsätzlich möglich ist, nach parallelen Erfahrungen zu suchen, bleibt der Interpret von Zusammenhängen in fiktionalen Welten im wesentlichen an den Horizont des Einzeltextes gebunden. Der Hörer und Leser gerät dadurch über Grund und Folge in eine unhintergehbare Unentschiedenheit, die ihm zu schnelles, zu eindeutiges, zu klar antizipierendes Verstehen verwehrt.

Während Hinweise auf das Sinnmuster der Teleologie im Text dem Leser oder Hörer nicht helfen, die Geschehnisse im Binnenraum der Erzählung, also vor dem Ende, zeitlich zu ordnen, enthalten Anhaltspunkte für kausale Zusammenhänge durchaus eine solche Hilfe: Die Ursache ist früher als die Wirkung, also ist Zeit vergangen, auch wenn sonst darüber nichts gesagt wurde. Die Zeit einer fiktionalen Welt, in der es immer wieder kausale Abläufe gibt, muß in diesen Abschnitten, Aventiurezeit hin oder her, progressiv und linear sein. Aber wie weit reicht diese Linearität, und wie geht sie in andere Zeitformen über, wie Bachtins Theorie der Aventiurezeit anzunehmen fordert?

3.2.2. Schuld, Kausalität und die Rundung der Zeitlinie

Eine mögliche Welt, wie die Dichter sie erdenken, ist auf lineare Zeit und die zeitliche Ausdehnung kausaler Phänomene nicht verpflichtet. Das Schicksal der Kausalität in den fiktionalen Welten ist, wenn man es mit dem Dichter aus dem Blickwinkel der Literaturproduktion bedenkt, programmatisch offen.

Vom Standpunkt des Rezipienten führt diese Offenheit aber dennoch tendenziell in die vertraute Linearität der Zeit zurück. Er hört oder liest einen fertigen Text, in dem mit nur wenigen Strichen angedeutet sein kann, was die Einbildungskraft als den normalen Gang der fiktionalen Welt imaginieren soll. Wenn er eine fortschreitende Zeit nur dort unterstellen dürfte, wo explizite Zeitangaben es ihm erlauben, könnte er das Zeitverhältnis vieler erzählter Eigenschaften, Handlungen und Episoden zueinander nicht sinnvoll ordnen, weil es nur diskontinuierliche Zeitpunkte in viel zu weiter Streuung gäbe. Er verhält sich aber, unabhängig von Epoche und Bildungsstand, grundsätzlich anders, indem er die Sukzession des Erzählens als Sukzession des Erzählten nimmt, solange ihm nichts Abweichendes bedeutet wird,[39] und indem er im wesentlichen davon ausgeht, daß die Figuren in einer kontinuierlichen Zeit leben, auch wenn er davon nur Abschnitte kennenlernt. Dieses notwendige lückenfüllende Imaginieren gewöhnt den Hörer oder Leser an die Anstrengung, die fiktionale Welt zu komplettieren. Da er weiß, daß der Text nicht alles erzählen oder besprechen kann,[40] ist er grundsätzlich bereit, in einem früher Erzählten die Ursache des später Erzählten zu erblicken, wogegen die umgekehrte Sinnhypothese, nach der das Spätere dem Früheren zugrundeliegt (wie im Erzählen von einer Prophezeiung), sich nicht spontan herstellen wird, sondern Anhaltspunkte im Text braucht. Progressive Zeitachse und mögliche Kausalität zwischen Früher und Später sind gewissermaßen die Normallage verstehenden Interpretierens, wogegen andere Zeitformen und andere Arten des Zusammenhangs die Ausnahme bedeuten.[41] Im Prozeß des Verstehens bilden sich so nicht nur aus

---

39 Diese Beobachtung gehört bereits zum Grundstock rhetorischer Lehren über das Erzählen, über neuzeitliche Debatten dazu vgl. Lämmert: Bauformen des Erzählens, S. 19f.; Genette: Die Erzählung, S. 21–59; Ricœur: Zeit und Erzählung, Bd. 3, S. 217–221, S. 225–233.
40 Die Unterscheidung zwischen dem Besprechen und dem Erzählen der Zeitverhältnisse in einem fiktionalen Text hat Harald Weinrich eingeführt: Weinrich: Tempus, bes. S. 57–67.
41 Vgl. Sternberg: Telling in Time I, S. 903.

vorhandenen Zeitangaben Mutmaßungen über kausale Relationen, sondern auch umgekehrt aus erzählten kausalen Relationen Rückschlüsse auf verstrichene Zeit; beide Zeichensysteme durchdringen und ergänzen einander.

So scheint es, als sei es epochenübergreifend möglich, von einer im Text dargebotenen kausalen Folge von Ereignissen in der fiktionalen Welt auf eine darin herrschende lineare Zeitprogression zu schließen. Bei näherem Hinsehen erweist sich aber, daß in den bevorzugten Kausalitätsmodellen der epischen Dichtung jeweils epochal geprägte und damit unterschiedene Vorannahmen über die implizite Zeit der kausalen Ereignisse stecken. Mittelalterliche fiktionale Zeit ist nämlich, wie man zugespitzt sagen könnte, selten nur linear.

Das Herzstück der Kausalität ist im arturischen Roman der klassischen Zeit um 1200 der narrative Umgang mit der Verfehlung des Helden: Der Held macht etwas in der fiktionalen Welt Wichtiges falsch, und er setzt sich mit dieser Verfehlung in seinen nachfolgenden Taten indirekt auseinander. Das ist ein kausales Muster, in dem das Frühere nicht ohne tiefe Sinnstörung gegen das Spätere ausgetauscht werden könnte. Es kann im Text erkannt werden, weil den Zeitgenossen in ihrer Lebensumwelt die Reihenfolge von Schuld, Beichte und Buße (geistlich) oder von Schuld und Strafe (weltlich) jeweils unverrückbar vor Augen steht. Die mittelalterlichen Auffassungen von Schuld und Entschuldigung färben dieses kausale Muster jedoch zugleich auf spezifische Weise ein. Die schuldhafte Tat ist in Recht und Moralphilosophie, die bis ins Alltagsbewußtsein strahlen, mehrfach kausal gedacht: Sie hat verderbliche Folgen, an denen man sie erkennt und die nicht immer rückgängig gemacht werden können, und sie zieht Strafe nach sich, die den Schuldigen trifft. Sowohl das weltliche als auch das kirchliche Recht und die Religion kennen aber den Gedanken der Wiedergutmachung, eine Art Rückversetzung in den früheren Zustand durch neues Handeln. Sie ist im Fehler begründet und folgt ihm daher kausal.[42] Das betrifft sowohl die Objektebene, auf der ein entstandener Schaden nach Möglichkeit ausgeglichen werden muß, ehe der Schuldige bei leichteren Vergehen bestraft und schließlich entschuldigt werden kann, als auch die moralische Ebe-

---

42 Vgl. Ekkehard Kaufmann: Buße. In: Handwörterbuch zur deutschen Rechtsgeschichte. Hg. von Adalbert Erler, Ekkehard Kaufmann. Mitbegr. von Wolfgang Stammler. Berlin 1971, Sp. 575–577; Gregor Müller: Genugtuung. In: Lexikon für Theologie und Kirche, Bd. 4. 2. Aufl. Freiburg 1986, Sp. 683–686; Norbert Angermann: Wergeld. In: Lexikon des Mittelalters, Bd. 8. München 1997, Sp. 2199–2204.

ne, auf der er durch Beichte, Buße und Absolution wieder unschuldig werden kann. Trotz der progressiven Zeitlinie, die in der inneren Kausalität steckt, endet der Straf- und Entschuldungsprozeß im mittelalterlichen Umgang mit der Schuld sowohl faktisch als auch psychisch paradoxerweise bei einem früheren Zustand, der vor der Beeinträchtigung liegt, jedenfalls dann, wenn das angerichtete Übel als grundsätzlich heilbar angesehen wird. Erreicht wird dieser Kreis durch das bewußte Weitertreiben des zeitverbrauchenden kausalen Handelns. Schuld und Entsühnung haben also eine lineare und eine kreisförmige Komponente. Die Bestrafung folgt dem Muster linearer zeitlicher Progression, die Entschuldigung und Absolution dem eines scheinbaren Rückgriffs auf ein vorbildliches Früher.

Das Motiv der Schuld führt, sobald ein mittelalterlicher Autor es einsetzt, eine zeitgenössische Verständnisvoraussetzung ein, von der aus man eine minimale Doppelstruktur denken muß: Einerseits darf ein Stück fester Linearität und Kausalität erwartet werden, zugleich wird aber auch eine Zeitspirale mitproduziert, die den Helden wieder bei seiner makellosen und typischen Existenz ankommen läßt, wie sie episodischem Erzählen ohne feste Zeitleiste zugrundeliegt.[43] Unten im Kapitel B. 2.2.3. („Der gute Ausgang und die Kontingenz der Zukunft') wird näher erläutert werden, was das für den Umgang mit arturischen Romanen bedeutet. Hier ist jedoch bereits grundsätzlich festzuhalten, daß eine gleichsam von außen angeschaute, objektiv wirkende und progressive Zeit verbrauchende Kausalität konfligierender menschlicher Angelegenheiten im Mittelalter weder vom Dichter- noch vom Rezipientenstandpunkt erzeugbar ist, sobald sich der Text für Schuld und die Entschuldung vor einer Gemeinschaft interessiert; und dann fehlt auch eine feste, mechanische, lineare Zeitordnung.

---

43 Alle linearen Schemata greifen also zu kurz. Diese Erwägung löst nicht, aber bestätigt das grundsätzliche Problem mit dem seit Hugo Kuhns Erec-Aufsatz von 1948 (Hugo Kuhn: Erec. In: Ders.: Dichtung und Welt im Mittelalter. Stuttgart 1959, S. 133–150) verbreiteten Schema vom Doppelweg, das Elisabeth Schmid artikuliert hat. Elisabeth Schmid: Weg mit dem Doppelweg. Wider eine Selbstverständlichkeit der germanistischen Artusforschung. In: Friedrich Wolfzettel unter Mitwirkung von Peter Ihring (Hgg.): Erzählstrukturen der Artusliteratur. Tübingen 1999, S. 69–85.

3.2.3. Anomalien von Zeit und Kausalität im magischen Bezirk

Wenn es Zeitanomalien in einer Dichtung gibt, muß man sich der Voraussetzungen einer kausalen oder teleologischen Interpretation besonders genau versichern. Das trifft auch auf kanonische Texte zu. Der wunderbare Garten an der Burg Brandigan in Hartmanns ‚Erec' wird, wie der Burgherr sagt, seit 12 Jahren von seinem Neffen bewohnt und verteidigt (HEr 8416). Dessen Aufenthalt und mörderisches Treiben dort entspringt einer Ewigkeitsphantasie seiner sehr jungen Freundin (HEr 9550–9561). Auch die magische Grenze und Art des Gartens hängt damit zusammen, ohne daß der Text klärte, wie. Mabonagrin gibt den Beginn seines Aufenthalts nach der Zeitrechnung seines äußeren Lebens an (*hie vor in mîner kintheit* HEr 9463), nicht nach Jahren der Gartenzeit, die es vielleicht nicht gibt, weil es keine Jahreszeiten gibt. Er weiß, daß er für die Angehörigen draußen wie tot war: *durch daz in lebende was begraben/ mîn jugent unde mîn geburt* (HEr 9599f.). Nachdem Erec Mabonagrin besiegt und das Horn geblasen hat, kann plötzlich jedermann in den Garten gelangen (HEr 9643–9654). Der Garten ist also durch Magie zur zeitenthobenen Zone geworden, in die niemand hinein- und aus der niemand hinauskommt, eine Art exklusiven Totenreichs, in dem man ewig jung bleibt und liebt, ohne zu zeugen. Gibt es unter diesen Umständen eine feste Zeitfolge zwischen Ereignissen im Garten und solchen draußen, kann man Kausalitäten annehmen? Chrétien scheint der Meinung gewesen zu sein, daß er davon nichts erzählen könne. Zurückgelassene Witwen gibt es nur bei Hartmann. Sie sind ein kausales Problem und eines der Zeitrechnung. Mabonagrin erschlägt die Ritter einen nach dem anderen drinnen im Garten, während die Witwen draußen bleiben, trauern, aber auch nicht weggehen. Einerseits scheint es, als habe eine Tat in der Unzeit Folgen in der Zeit, denn die Witwen draußen sind die Spuren der Kämpfe im Garten. Andererseits scheint es, als seien die Witwen nicht wirklich außerhalb des magischen Kreises, denn sie gehen nicht weg.

Wie kann eine Tat in der Unzeit Folgen in der Zeit haben? Wird die Unzeit als angehaltene Zeit aufgefaßt, dann ist jede Tat im Garten per se früher als jede andere, die sich seit seiner Einrichtung draußen zuträgt, also jederzeit als Ursache reklamierbar. Soll man aber eher an ein mythisches Immer denken, dann wiederholt sich der eine Kampf mit dem eindringenden Ritter immer wieder, der Zeitpunkt in diesem Zyklus trägt alle anderen Zeitpunkte in sich, bis der Kreis durchbrochen wird. Eine Kausalität zur Außenwelt ist dann sehr schwer zu denken.

3. Allgemeines zur Zeit im mittelalterlichen Roman

Hartmann löst die Schwierigkeit, indem er die Damen draußen ebensowenig altern läßt wie das Paar drin: Sie sind alle, wann sie auch gekommen sein mögen und wie alt sie damals waren, von ausgesuchter Schönheit, also Jugend. Da er das Tun im zeitabgewandten Garten nun einmal mit hinterlassenen Folgen außerhalb seiner zusammenbringt und damit eine Kausalität behauptet, scheint es ihm offenbar nötig, das Bewirkte magisch bewirkt sein zu lassen.

Seltsame Verhältnisse der Zeit und des Bewirkens finden sich auch in Chrétiens und Hartmanns Löwenritter-Romanen. Neben der Wunderquelle am Eingang zu Laudines Land steht bei Chrétien die wunderbar schöne Pinie oder Fichte, bei Hartmann ist der Wunderbaum eine Linde. Bis auf diesen Unterschied gehen die Szenen parallel weiter: Der Brunnenstein wird begossen, ein Unwetter erhebt sich, das für alles Leben im Wald schreckliche Folgen hat. Diese Naturkatastrophe der fiktionalen Welt hinterläßt keine sichtbaren Spuren und scheint den magischen Bezirk doch nachhaltig zu schädigen.[44] Kalogrenant sieht nach dem Unwetter *daz ander pardîse* (Iw 687) wiederkehren; als Iwein in dieselbe Lage kommt, wird der Zustand des Baumes nicht kommentiert. Der Landesherr allerdings wirft Kalogrenant vor:

> *nu wie sihe ich mînen walt stân!*
> *den habent ir mir verderbet*
> *und mîn wilt ersterbet*
> *und mîn gevügele verjaget.*
> (Iw 716–719)

Später, als Iwein den Brunnenstein begießt, um Laudine wiederzugewinnen, verfluchen die Leute ihre Wohnsitze in diesem Katastrophengebiet:

---

44 Elisabeth Schmid hat die Stelle bei Chrétien mit Hartmanns Bearbeitung verglichen und angesichts der Unterschiede zwischen der Wahrnehmung Kalogrenants und der Askalons gefragt „[...] wie ist diese Unstimmigkeit einzuschätzen? Soll sie unser Verständnis leiten oder sollen wir sie als handwerklichen Webfehler verbuchen?" Elisabeth Schmid: Da staunt der Ritter, oder der Leser wundert sich. Semantische Verunsicherungen im Wald der Zeichen. In: Friedrich Wolfzettel (Hg.): Das Wunderbare in der arthurischen Literatur. Probleme und Perspektiven. Tübingen 2003, S. 79–94. Sie kommt ebd. zu dem Schluß, Hartmanns – im Detail abweichende – Nachbildung des Unterschieds in den Perspektiven Kalogrenants und Askalons scheine „dafür zu sprechen, daß in Hartmanns Sicht die rätselhafte Diskrepanz zwischen der Wahrnehmungsweise des Melomanen und der des Forstbesitzers obligatorisch zu dem von Chrétien angelegten System des Wunderbaren gehört" (hier S. 93). Ich schließe an diese Überlegungen an.

> *, vervluochet müezer iemer wesen,'*
> *sprach dâ wîp unde man,*
> *, der ie von êrste began*
> *bûwen hie ze lande.*
> *diz leit und dise schande*
> *tuot uns ein man, swenner wil.[...]'.*
> (Iw 7812–7817)
>
> *Daz waltgevelle wart sô grôz,*
> *untter sûs untter dôz*
> *werte mittem schalle,*
> *daz er die liute alle*
> *gar verzwîvelen tete.*
> (Iw 7821–7825)

Hier wird die mechanische Kausalität betont, mit der das Unwetter durch das magische Gießen ausgelöst wird. Von der Restituierung der Idylle ist nicht die Rede; andererseits wird nur das Leiden während des Unwetters besprochen, nicht eines danach. Wenn die Kausalität des magischen Mechanismus zeitenthoben wiederkehrt, und das soll offenbar unterstellt werden, sonst würden sich die Leute darüber nicht aufregen, dann ist die Herstellung des Ausgangszustandes eine magische Notwendigkeit. Die wunderbare Vorrichtung ist zeitenthoben, sie wird durch langes Ruhen nicht unbrauchbar und begibt sich nach Gebrauch wieder in den Ausgangszustand. Diese Kausalität, eine magische, wenn man will (ohne Zeitfaktor, also ohne Selbstzerstörung des Systems), wird dem Hörer oder Leser in der Figurenrede Kalogrenants aus dessen Eroberer-Sicht mitgeteilt. Auf die Bewohner des Landes und den Herrn der Quelle, die eigentlich dem Wunder näher sind, scheinen sie seltsamerweise in physikalisch-menschlicher Übersetzung zu wirken, unter dem Aspekt der Zerstörung ohne Wiederaufbau. Innerhalb des Wunderlandes ist also das Wunder nicht wunderbar, gelten lineare zeitliche Abläufe, kann man Ursachen benennen. Auf der Verständnisebene des Hörers oder Lesers ordnen sich diese linearen Abschnitte jedoch sofort zyklisch, weil der Stein im Roman dreimal begossen wird und die Auswirkungen immer gleich sein sollen. Die Linearität der Zeit, in der die Figuren Kausalitäten festmachen und erkennen können, rundet sich für den Hörer oder Leser zum Zeitkreis, der an den magischen Zeitgeber gebunden ist. Im Vergleich mit Mabonagrins Garten erkennt man das Regelhafte: Der magische Bezirk ist ein Gebiet der Anomalien, ein Loch in der Zeitrechnung und ein Bereich abweichender Kausalität.

3.3. Semantische Stereotype:
Bedeutungen von Zeit in der mittelalterlichen Literatur

Die Semantisierung von Zeit in Texten scheint ein literaturgeschichtliches Universale zu sein. Mit dieser Annahme darf man an mittelalterliche Texte jedoch nur äußerst vorsichtig herangehen. Zeit ist für mittelalterliches Denken zuallererst unverfüglich, weil sie Gott gehört; das ist die Begründung, weshalb die Händler und die Geldverleiher unehrliche Berufe haben. Unter dieser Voraussetzung, man könnte auch sagen: mit diesem Respekt vor der Zeit, ließen sich Zeitkonstellationen textintern durchaus mit Bedeutungen verknüpfen. Andererseits wird eine konventionelle Zeichenhaftigkeit von Zeitabschnitten gern und oft gebraucht, also auch unterstellt. Das geht zwanglos, wenn etwa natürliche Zeitrhythmen unter dem Aspekt der Schöpfung betrachtet werden, denn die Welt läßt sich, wiederum ein Gemeinplatz des mittelalterlichen Denkens, lesen und also auch ausdeuten wie ein Buch. So sind konventionelle Zeichen entstanden, von denen zwei grundlegende Oppositionen im folgenden vorgestellt werden sollen.

3.3.1. Tag und Nacht

Aktionen, die öffentlich geplant oder öffentlichkeitsfähig sind, finden im höfischen Roman am Tage statt. Die Landschaften, in die der Ritter auf seiner Aventiurefahrt kommt, sind in helles Licht getaucht. Sich am Tage der Liebe hinzugeben gilt als bedenklich. Im ‚Erec' ist es der Kern der Verfehlung des Herrschers, obgleich er jung, verliebt und frisch verheiratet ist. Geschildert wird das so:

> *als er nie würde der man,*
> *alsô vertreip er den tac.*
> *des morgens er nider lac,*
> *daz er sîn wîp trûte*
> *unz daz man messe lûte.*
> *sô stuonden si ûf gelîche*
> *vil müezeclîche.*
> *ze handen si sich viengen,*
> *zer kappeln si giengen:*
> *dâ was ir tweln alsô lanc*
> *unz daz man messe gesanc.*
> *diz was sîn meistiu arbeit:*
> *sô was der imbîz bereit.*

> *swie schiere man die tische ûf zôch,*
> *mit sînem wîbe er dô vlôch*
> *ze bette von den liuten.*
> *dâ huop sich aber triuten.*
> *von danne kam er aber nie*
> *unz er ze naht ze tische gie.*
> (HEr 2935–2953)

Weil die Höflinge mit dieser Lebensweise unzufrieden sind, kann Erec das Seufzen Enites hören und nach dem Grund fragen; damit beginnt die Bewährungsaventiurenreihe.

Erec und Enite brechen am Nachmittag auf und reiten die ganze Nacht hindurch, und in dieser Nacht werden sie zweimal im Wald von Räubern angegriffen. Seltsamerweise sehen diese Räuber wie Raubtiere im Dunkeln. Enite sieht sie auch, aber Erec ist nachtblind, zumal er seinen Helm trägt. Das ist ein falsches Arrangement,[45] worauf eigens hingewiesen wird:

> *schône schein der mâne.*
> *nâch âventiure wâne*
> *reit der guote kneht Êrec.*
> (HEr 3110ff.)

Erec macht hier auf jeden Fall etwas falsch, denn auf Aventiurefahrt reitet man sonst am Tage, meist am frühen Morgen.[46] So sind auch alle Ergebnisse der Kämpfe, die Erec in der Nacht absolviert, unrühmlich und in sich verkehrt. Als es Tag wird (HEr 3474), hat Erec 8 Räuber getötet und 8 Pferde erbeutet, die er seiner Frau zur Aufsicht überläßt, obgleich oder weil sie ihre liebe Not damit hat. Nachdem sie die Nacht durchwacht haben, kehren sie am Tag nach dem Frühstück in eine Herberge ein, in der sie baden und essen; mehr scheint an diesem Tag nicht

---

45 Nur noch hinweisen kann ich auf das während der Drucklegung erschienene Buch von Barbara Nitsche: Die Signifikanz der Zeit im höfischen Roman. Kulturanthropologische Zugänge zur mittelalterlichen Literatur. Frankfurt 2006 (Kultur, Wissenschaft, Literatur 12), in dem die Verkehrung der Ordnung von Tag und Nacht im ‚Erec' ebenfalls behandelt wird (S. 41–68). Ansätze zu solcher Interpretation auch bei Mireille Schnyder: Topographie des Schweigens. Untersuchungen zum deutschen höfischen Roman um 1200. Göttingen 2003 (Historische Semantik 3), S. 232f.

46 Auf die Verkehrung hat auch Knoll: Studien zur realen und außerrealen Welt, S. 34f. hingewiesen; die Nacht scheint ihr symbolisch für das Dunkel der Anonymität zu stehen, in die Erec zurückgefallen ist und aus der er sich erst wieder befreien muß (vgl. S. 34).

zu geschehen. Der Tag ist damit – in Fortsetzung des Fehlers, den Erec in Karnant gemacht hat – wieder in eine handlungslose Zeit verwandelt. Dagegen ist die nächste Nacht wieder voll Bewegung, denn Enite weckt ihren Mann mit der Eröffnung, er solle überfallen und sie geraubt werden, woraufhin beide schnell aufbrechen. Sie werden noch in der Nacht, allenfalls im Morgengrauen, von dem nacheilenden Grafen eingeholt. Kurz darauf kommt Guivreiz mit seiner Kampfesaufforderung auf Erec zu; und es wird bis zur None gekämpft, also bis 3 Uhr nachmittags, falls man den Sonnenaufgang mit 6 Uhr morgens ansetzt (HEr 4461). Hier ist die Ruhezeit der Nacht also einfach ausgefallen. Nachdem sich die beiden Helden am Artushof nach dem allgemeinen Lebensrhythmus richten mußten, spielt die Cadoc-Episode, die Erec allein und als Helfer einer Hilflosen ausficht, wieder, wie es sich gehört, am Tag. Der zweite Kampf gegen Guivreiz, der es gut mit ihm meint und ihm gegen die Leute von Limors zu Hilfe kommen will, findet in der Nacht statt (HEr 6894) und wird dadurch als verkehrt charakterisiert. Erst nach dem Abenteuer in Limors, auf dem Weg zur Burg des Guivreiz, hören Erecs Nachtauftritte auf. Die nächtliche Aktion eines Ritters und Königs zeigt eine Störung des gehörigen und rechten Handlungsrhythmus an.

Auch in anderen Romanen fließen die Tageszeiten in die Darstellung und Bewertung der erzählten Handlungen ein. In Hartmanns ‚Iwein' wird es eher naserümpfend erwähnt, daß Artus und seine Frau sich am Tag ins Bett zurückziehen, ohne müde zu sein.

> *Der künec und diu künegin*
> *die heten sich ouch under in*
> *ze handen gevangen*
> *und wâren ensament gegangen*
> *in eine kemenâten dâ*
> *und heten sich slâfen sâ*
> *mê durch geselleschaft geleit*
> *dan durch deheine trâkheit.*
> (Iw 77–84)

Kalogrenants Erzählung von Aventiure übt auf die Königin so großen Reiz aus, daß sie ihren Mann liegenläßt und zu den Rittern hingeht. Das höfische Verhalten fordert tagsüber die Öffentlichkeit der Personen von öffentlichem Interesse. Die Sphäre der Privatheit dagegen ist durch *privatio* an Publikum gekennzeichnet und insofern im wesentlichen auf die

Nacht beschränkt.[47] Nachts kann Tristan Isolde im Baumgarten treffen,[48] nachts schleicht die Fee Meliur bei Konrad von Würzburg ins Bett ihres jugendlichen Geliebten Partonopier. Als sich im ‚Daniel' des Strickers der Hauptheld nach der ersten Schlacht vom Kampfplatz stiehlt, um bis zum nächsten Morgen seinen verlorenengegangenen Freund in einem angrenzenden Land zu befreien, so setzt die zeitliche Situierung ein Vorzeichen vor diese Handlung. Sie ist keine Haupt- und Staatsaktion, sondern gewissermaßen die Privatsache des Helden. Groß ist der Spielraum des Privaten nicht, denn Herrscherkultur ist auch in der Literatur Öffentlichkeitsarbeit. Es ist ganz folgerichtig, daß in Hartmanns ‚Gregorius' der Versuch des Gregorius, eine Heimlichkeit in seinen Tagesablauf einzubauen – nämlich die regelmäßige Klage über seine inzestuöse Geburt, von der niemand weiß –, unbedingt mißlingen muß.

3.3.2. Sommer und Winter

Wenn Artus ein Fest feiert, ist immer Frühling oder Frühsommer und außerdem schönes Wetter. Wolfram hat im ‚Parzival' eigens darüber reflektiert:

> *Artûs der meienbære man,*
> *swaz man ie von dem gesprach,*
> *zeinen pfinxten daz geschach,*
> *odr in des meien bluomenzît.*
> (Pz 281,16–19)

Im ‚Iwein'[49] ist es der Mittag des Pfingstsonntags (*Dô man des pfingestages enbeiz* Iw 62), an dem Kalogrenant während der Mittagsruhe von König und Königin von der Brunnenaventiure erzählt. Der Artusritter ist sozusagen *per definitionem* vor den Unbilden widrigen Wetters geschützt. Es kann geschehen, daß er von der Nacht überrascht wird und um Herberge verlegen ist; dagegen scheint im Normalfall, solange er selbst keine Fehler macht und nicht in Schwierigkeiten steckt, nicht

---

47 In diesem Sinn interpretiert Hübner: Erzählform im höfischen Roman, S. 371 Anm. 189 in Gottfrieds Tristanroman die Szenen im Baumgarten: „Am Tag gehört der Baumgarten, wie die zweite Szene mit Markes Entdeckung der Liebenden zeigt, zur Außenwelt; nur die Nacht stellt Heimlichkeit her."
48 Dagegen steht das letzte Treffen am hellen Mittag von vornherein unter dem Zeichen der Entdeckung (G 18130–18148).
49 Zum ‚Iwein' greift man nach wie vor mit Nutzen zur ungedruckten Dissertation von Hegerfeldt: Die Funktion der Zeit im ‚Iwein' Hartmanns von Aue.

3. Allgemeines zur Zeit im mittelalterlichen Roman 111

vorzukommen, daß er von einem Gewitter oder Regen und Hagel oder gar Schnee überrascht wird. Diese meteorologischen Selbstverständlichkeiten gehören im höfischen Roman nicht zu den Gegebenheiten vor jeder Handlung, sondern sie sind im Gegenteil Zeichen des äußersten Notstandes für den Helden. Wenn sie ausnahmsweise auf die fiktionale Welt niedergehen, drückt sich in ihnen nicht eine außerhalb ihrer bestehende Realität aus, in der der Held sich durchsetzen muß, sondern sie spiegeln sein aus der Ordnung geratenes Selbst.[50]

Iwein bricht zu Pfingsten auf, um die Brunnenaventiure zu bestehen, und es ist *sant Jôhannes naht* (Iw 901), also der Vortag des Johannesfestes, als Artus mit seinen Leuten kommt, um die Brunnenaventiure zu bestehen. Die Frist, die Laudine Iwein setzt, reicht vom Tag des Abschiedes, das ist *der ahte tac/ nâch den sunnewenden* (Iw 2940f.), bis zur Woche nach der nächsten Sommersonnenwende. Es ist auf jeden Fall ein Winter dabei, aber über den erfahren wir nichts; die Erzählung setzt erst wieder ein, als Iwein mit höfischem Zeitvertreib die Zeit verpaßt:

> *im gie diu zît mit vreuden hin.*
> *man sagt im daz mîn her Gâwein in*
> *mit guoter handelunge*
> *behabte unde betwunge*
> *daz er der jârzal vergaz*
> *und sîn gelübede versaz,*
> *unz daz ander jâr gevienc*
> *und vaste in den ougest gienc.*
> (Iw 3051–58)

Als Iwein nach seiner Verstoßung wahnsinnig wird und im Wald lebt, wird er dort zwar schwarz wie ein Moor, aber offenbar leidet er nicht unter Kälte; ja als die Dame von Narison ihn findet, schläft er nackt im Wald (*er lief nû nacket beider,/ der sinne unde der cleider* Iw 3359ff.). Er bleibt also selbst in der Verwirrung seines Geistes und in der Entfremdung von seinem ritterlichen Wesen im freundlichen Einverständnis mit den Elementen; die Natur ist ihm noch gewogen, als es die Menschen nicht mehr einhellig sind. Es gibt vernünftige Erklärungen dafür, daß Iwein im Winter nicht erfroren ist, denn er hatte sich einem Einsiedler angenehm gemacht, der über Feuer verfügte; aber das ist eine Ratio-

---

50 Das trifft auch auf Veldekes Aeneasroman zu, ist also nicht stoffabhängig: Dido und Aeneas fliehen vor starkem Regen miteinander ins Trockene, und das ist die erste Gelegenheit, ihre Leidenschaft auszuleben. Für Dido wird diese Flucht vor der feindlichen Natur zu einer anderen, sich als feindlich erweisenden Seite der Natur tödlich enden.

nalisierung im Nachhinein, der Text spart den Winter einfach aus, denn auch Iweins Rettung durch die Dame von Narison und seine nachfolgenden Bewährungstaten spielen offenbar nicht im Winter. Jedenfalls wird behauptet, daß Iwein keinen Rock braucht und doch im Freien sitzen kann, als er auf die Burg kommt, auf der jeder Gast gegen die zwei Riesen kämpfen muß:

> *des rockes heter wol rât,*
> *wand ez ein warmer âbent was.*
> *an ein daz schœneste gras*
> *daz sî in dem boumgarten vant,*
> *dar vuorte sî in bî der hant, [...].*
> (Iw 6488–92)

Aber Wärme und Kälte scheinen an diesem seltsamen Ort (vielleicht überall im Text) ohnehin eher mit dem Gemüt als mit der Außentemperatur zu tun zu haben; die Jungen denken immer an den Sommer, die Alten an den Winter, steht einige Verse weiter:

> *diu zwei jungen senten sich*
> *vil tougen in ir sinne*
> *nâch redelîcher minne,*
> *unde vreuten sich ir jugent,*
> *und redten von des sumers tugent*
> *und wie sî beidiu wolden,*
> *ob sî leben solden,*
> *guoter vreude walten.*
> *dô redten aber die alten,*
> *sî wæren beidiu samet alt*
> *und der winter wurde lîhte kalt:*
> *sô soldens sich behüeten*
> *mit rûhen vuhshüeten*
> *vor dem houbetvroste.*
> (Iw 6524–6537)

Wenn man diese Situation wieder rationalisieren will, dann findet die Unterredung im Herbst statt; aber es folgt in Iweins Geschichte darauf kein Winter. Entweder hat es Iwein geschafft, noch vor dem Winter Laudine zurückzuerobern, oder der Winter ist erzählerisch aus dem Jahr ausgeschnitten. Schließlich ist eine fiktionale Welt nicht darauf angewiesen, vier Jahreszeiten zu haben. Iweins Krise geht jedenfalls nicht und nie so tief, daß die Natur ihm kalt gegenübertritt; vielmehr wärmt sie ihn auch dann noch, als er im Wahnsinn aus der gezählten Zeit herausfällt.

3. Allgemeines zur Zeit im mittelalterlichen Roman   113

Auch Hartmanns ‚Erec' nutzt die elementare semantische Besetzung der Jahreszeiten ausgiebig. Der Schönheitswettbewerb, bei dem Enite gewinnt, findet unter freiem Himmel statt. Nach seinem Ausritt verbringt Erec mit Enite zwei Nächte im Freien (eine durchrittene Nacht und eine nach dem zweiten Kampf mit Guivreiz); ausreichende Temperatur wird offenbar vorausgesetzt. Die spiegelnde Begegnung mit Mabonagrin und seiner Freundin ist in einen Garten verlegt, in dem es offenbar nie einen Winter gegeben hat, weil die beiden seit Jahren ausschließlich darin leben; man könnte zwar wieder im Nachhinein rationalisieren und erwägen, daß es vielleicht ein festes Gebäude im Garten gebe; aber davon wird nicht gesprochen, sondern nur von einem Zelt. Mabonagrin hat also – wie Iwein in seiner Wildheit – die Freundschaft und Wärme der Elemente nicht verloren, obgleich er sich offenkundig falsch verhält; er bleibt dennoch im klimatischen Bereich der Artuswelt, ja vielleicht ist er sogar durch ein Sonderklima dieses Gartens verführt worden, sein Gelübde in einem sehr wörtlichen Sinn umzusetzen. Erec profitiert also mit dem gesamten Personal seines Romans wie Iwein von der jahreszeitlichen Natur der Artusritter und ihrer Welt, die zum Sommerhalbjahr und zum Schönwetter gehört, und wie im ‚Iwein' verlieren auch die Figuren, deren Verfehlung dargestellt wird – also Erec selbst und Mabonagrin – diese Sonnenscheinnatur in ihrer Krise nicht.

In Wolframs ‚Parzival' nun erstreckt sich das Mitbetroffensein der Elemente auf den Jahreskreis. Als das 6. Buch des ‚Parzival' beginnt, hat der Held Parzival schon viel erreicht: Er hat eine schöne Frau, die ihn zum König über ihr Land gemacht hat (Condwiramurs), und er ist auf die Gralsburg gelangt, die sich nur von Auserwählten finden läßt. Leider hat er dort die richtige Frage versäumt, und er hat von Sigune auch erfahren, daß er hätte fragen sollen und daß es sich um Wichtiges handele. Aber er hat auch Richtiges getan seitdem, nämlich den Herzog Orilus im Zweikampf besiegt und ihn davon überzeugt, daß er in seiner ersten jugendlichen Torheit dessen Frau Jeschute nicht vergewaltigt hat. Das 6. Buch setzt ein mit dem Entschluß des Artus, nach Parzival zu suchen und ihn zu seinem Ritter zu machen. Mit Artus und den Rittern, die er ausschickt, ist gleichzeitig Frühling oder Sommer miterzählt. Wolfram weiß das und spielt damit, er hebt die Verbindung dem Hörer explizit ins Bewußtsein; hier steht die Stelle vom maienhaften Artus, die oben zitiert wurde. Von Parzival aber heißt es:

von snêwe was ein niwe leis
des nahtes vast ûf in gesnît.

ez enwas iedoch niht snêwes zît,
istz als ichz vernomen hân.
(Pz 281,12–15)

Dann kommt die Ausführung über das Artuswetter. Hermann Weigand hat die Jahreszeitenanomalie zum ersten Mal nachgerechnet und festgestellt, daß sie in Chrétiens Zeitgefüge „zwischen Mitte Juni und Mitte Juli fällt, einen Monat nach Pfingsten";[51] für Wolframs an verschiedenen Stellen ausgestreute Zeitangaben kommt er auf September.[52] Der Schnee fällt erzählerisch ausdrücklich auf ihn, auf Parzival. Das heißt: Parzival gehört nicht in den Kreis derer, die am Artuswetter partizipieren; eher bringt er sein krisenhaftes Irrwetter den anderen mit, er stört also ohne den Willen dazu die Harmonie und die gesellschaftliche Temperatur, wie ja dann tatsächlich die Anklage gegen ihn und die gegen Gawan die Artusrunde von Plimizoel am Ende des 6. Buches sprengt.

Aber das Motiv des Schnees wird noch weiter ausgebaut. Das ist bedeutsam, denn Schnee ist ein seltenes Wort und eine seltene Sache in der höfischen Epik. Wolfram erzählt davon nur im Zusammenhang mit Parzival, nach dem Gralsversäumnis und vor dem Aufenthalt bei Trevrizent.[53] Der Winter ist, gleichsam als Konsequenz der rhetorischen Lehre vom *locus amoenus*, das Bild für alles, was Glück ausschließt, also Sündenwetter und Schadenwetter, während in der späteren Parallelhandlung für Gawan arturisches, winterloses Ritterwetter zu herrschen scheint. In dieser ersten Schnee-Szene nun war ein Falke des Artus zu Parzival geflogen und hatte mit ihm die Nacht im Wald verbracht. Parzival befindet sich folglich nachts, wo sich Ritter normalerweise nicht befinden, nämlich im Wald, im Reich des Unhöfischen und Unzivilisierten. Dort leistet ihm aber der Falke, das Adelsattribut par excellence, als Bote der höfischen Weltgesellschaft, als wolle er ihn zu seinem Herrn Artus

---

51 Weigand: Die epischen Zeitverhältnisse, S. 925.
52 Weigand: Die epischen Zeitverhältnisse, S. 942. Vgl. auch Nellmanns Parzivaledition (Frankfurt 1994), Kommentar zu 281,14, Bd. 2, S. 604.
53 Die Stelle Pz 455,25–30 spricht in Erzählerrede vom Wiedererkennen: Die jetzt verschneite Umgebung ist dieselbe, in der Parzival in sommerlicher Umgebung Orilus hat schwören lassen. Die Zeichenhaftigkeit des Schnees ist also nicht nur an die Symbolik des Kirchenjahres gebunden, in der am Karfreitag alle Menschen zur Buße angehalten sind, folglich auch alle Figuren im Schnee gehen, sondern sie ist auch für Parzival individualisiert, indem das Richtige in der Erinnerung von der Sonne beschienen wird, während sich die Figur nach eigener Wahrnehmung nun in der Verkehrung und Richtungslosigkeit, also gestalterisch im Schnee, befindet (*sich huop sîns herzen riuwe* Pz 451,8 *mac gotes kunst diu helfe hân/ diu wîse mir diz kastelân/ dez wægest umb die reise mîn* Pz 452,5ff.).

abholen. Gegen Morgen schlägt der Falke eine Gans, verfehlt sie aber. Das Gänseblut tropft in den Schnee, und das Blut des unschuldigen Tieres im parzivalischen Sonderschnee löst einen Zustand des magischen Bannes in Parzival aus – er muß an seine Frau Condwiramurs denken und ist handlungsunfähig, solange er die Tropfen sieht.[54] Nun ist Condwiramurs selbstverständlich weiß wie Schnee und rot wie Blut, und das würde den erzählerischen Aufwand von Schneefall und Blut vielleicht schon rechtfertigen. Aber Wolfram hatte ja ausdrücklich die Unzeit des Schnees betont; und er nimmt wie Chrétien Perc 4186–4189 nicht Parzivals Blut (beide Dichter wären ja frei gewesen, eine kleine Verletzung zu erfinden), auch nicht das des Falken, für das Schönheitssymbol. Das Blut gehört bei beiden Dichtern einem gejagten Tier, das seinem Jäger entkommen kann, wie Condwiramurs selbst mit Parzivals Hilfe einem bedrängenden Werber entkommen war. Condwiramurs' Schönheit und Bedrängnis ist in Parzivals persönlichem Schnee zu sehen. Die Mahnung an eine offene Verpflichtung, die auch eine Heimat ist, korrigiert also gleichsam die Verurteilung, die in der meteorologischen Ausnahme vom wohltemperierten Hof steckt.

3.4. Geschichte, Heilszeit, Abenteuerzeit

Daß die Zeit, in der Menschen leben und Geschichte und Geschichten schreiben, nur eine Zwischenzeit ist, eingespannt zwischen dem Auftreten Jesu und dem Weltende, war für mittelalterliche Dichter wie Leser und Hörer eine selbstverständliche Denkvoraussetzung. In ihrem Alltag wurden sie durch den Lauf des Kirchenjahres immer wieder darauf verwiesen; in Literatur und Kunst hörten und sahen sie Gestaltungen biblischer und apokrypher Stoffe. Im Roman bietet das Kirchenjahr häufig die Möglichkeit einer gemeinsamen Zeitrechnung, auf die die Figuren sich beziehen können.

Für den Weg Parzivals wird nicht nur eine Kalenderrechnung bedeutsam, die Trevrizent im 9. Buch (Pz 460,22–27) mit Hilfe seines Psalteri-

---

54 Zu dieser vielinterpretierten Szene erschließend und gleichsam im Gespräch Joachim Bumke: Die Blutstropfen im Schnee. Über Wahrnehmung und Erkenntnis im ‚Parzival' Wolframs von Eschenbach. Tübingen 2001 (Hermaea N.F. 94), und die ausführliche Rezension von Bernd Schirok in: ZfdA 131 (2002), S. 98–117.

ums anstellt,[55] sondern auch die Symbolik des Kirchenjahres, z.B. des Ostergeschehens: Am Karfreitag kehrt Parzival bei Trevrizent ein. Er bleibt dort fünfzehn Tage (Pz 501,11). Deren Binnengliederung[56] ist nur angedeutet. Am Freitag geht Trevrizent mit seinem Gast nachmittags auf Nahrungssuche; er hat die Gewohnheit, *vor der nône* (Pz 485,25), also vor dem Nachmittag, nichts zu essen, und die erste gemeinsame Mahlzeit der beiden wird ausdrücklich geschildert (Pz 486,1–30). Danach versorgen sie Parzivals Pferd (Pz 487,23–25), setzen jedoch ihr Gespräch fort: *Dô si daz ors begiengen,/ niwe klage si an geviengen* (Pz 488,1–2). An die einbrechende Nacht soll man offenbar nicht denken, die Zeit ist dehnbar, weil der Karfreitag der Tag des Bekenntnisses und der Umkehr ist: Die symbolische Zeitgliederung ist wichtiger als die natürliche. Als Trevrizent Parzival auffordert, *wir suln ouch tâlanc ruowen gên* (Pz 501,6), ist das Wichtigste gesagt; die Gesprächsinhalte des Samstages sind der Erwähnung nicht wert, und der Ostersonntag wird nicht herausgehoben, vielmehr setzen die beiden die *swære* noch zwei Wochen lang fort (Pz 501,15). Der Hörer oder Leser fügt jedoch den Ostersonntag als kalendarische und symbolische Folge des Karfreitags hinzu und interpretiert die Osterfreude: Nicht Parzival freut sich über die Auferstehung Christi, sondern der Rezipient über die Auferstehung Parzivals.

Im ‚Apollonius' Heinrichs von Neustadt (um 1300) ist das Schema der Heilsgeschichte auch makrostrukturell verwendet worden. In dieser Hinsicht ist der Roman sehr modern; man kann ihn wie die ‚Krone' Heinrichs von dem Türlin als einen Text über Zeit lesen,[57] aber mit entgegengesetzter Aussage: Die Linearität der Zeit ist gottgewollt, wogegen das Verweilen in zyklischen Strukturen und die subjektive Verweigerung gegenüber der Zeitprogression als Fehler und Täuschung entlarvt wird.

---

55 Die Stelle setzt die Vertrautheit mit dem Buchtyp des mittelalterlichen Psalters voraus: Die Handschriften enthalten häufig nicht nur den Psalmentext, sondern als Mitüberlieferung auch Kalenderübersichten, die sich nach dem beweglichen, vom Mondzyklus abhängigen Osterfest orientierten. Vgl. den Kommentar von Nellmann zur Stelle, seine Ausgabe Bd. 2, S. 672.

56 Mit diesen Beobachtungen bewege ich mich im Denkmuster von Harald Haferland: Parzivals Pfingsten, besonders S. 272f.; zwar ist die Binnengliederung der Ostertage dort nicht erwähnt, aber die theoretische Fragerichtung stammt von Haferland.

57 Die heilsgeschichtlichen Angelpunkte im Bauplan von Heinrichs ‚Apollonius' herausgefunden und interpretiert zu haben ist das wesentliche Verdienst des Buches von Wolfgang Achnitz: Babylon und Jerusalem. Sinnkonstituierung im ‚Reinfried von Braunschweig' und im ‚Apollonius von Tyrland' Heinrichs von Neustadt. Tübingen 2002 (Hermaea N.F. 98), bes. S. 332–337, S. 363–373.

3. Allgemeines zur Zeit im mittelalterlichen Roman 117

Die alte Fabel von Trennung und Wiedervereinigung einer Familie[58] wird bei Heinrich in doppelter Weise modernisiert: indem er eine Binnengeschichte der Orientabenteuer einfügt, die an den ‚Herzog Ernst' erinnert, und indem er die Verbindung von Binnen- und Rahmenhandlung datiert: Apollonius bringt auf der Rückkehr aus den Wunderländern gleichsam dem Alten Testament die Kunde über das Neue Testament. Der Held erzählt Henoch und Elias, die warten und nach der prophezeiten Geburt des Erlösers fragen (Ap 14835–14849), es sei *mer dann zehen jar* (Ap 14860) her, daß einer als *zauberere* (Ap 14855) *an ain creutz erhangen* worden sei (Ap 14867).

Diese Datierung und Christianisierung der Handlung (Apollonius wird Christ und läßt am Schluß des Romans Jerusalem erobern)[59] macht die Heilszeit (am Punkt ihres realgeschichtlichen Erscheinens) zur allgemeinen und wichtigsten Zeitorientierung im Roman. Sie steht nicht neben der progressiven Handlungszeit, sondern in ihr, sie gibt ihr Fixpunkte,[60] paßt mit den Zeitangaben über Fristen und Verläufe zusammen. Die Zeit in der fiktionalen Welt läßt sich so auf Geschichte und Heilszeit gleichermaßen projizieren; ihr progressiver Gang ist damit mehrfach begründet. Die gemeinsame Verlaufszeit manifestiert sich am Körper des Apollonius, der sich Bart, Haare und Nägel nicht zu schneiden geschworen hat *untz an das jar/ Das ich mein kind zu manne gebe [...]* (Ap 2887f.).

In der Binnengeschichte der Orientabenteuer gilt aber eine andere Zeitform, eine beinahe prototypische Abenteuerzeit im Bachtinschen Sinne. Hier wird Apollonius zum ersten Mal auf der Insel des Wundertieres Milgot in die Lage gebracht, ewige Jugend erringen zu können (Ap 6959f.). Da der Preis jedoch Milgots Leben ist, schlägt er sie aus. Später,

---

58 Der Apollonius-Stoff ist am Ende des 12. Jahrhunderts in Gottfrieds von Viterbo ‚Pantheon' und im 13. Jahrhundert in die Sammlung der ‚Gesta Romanorum' aufgenommen worden, vgl. Elimar Klebs: Die Erzählung von Apollonius aus Tyrus. Eine geschichtliche Untersuchung über ihre lateinische Urform und ihre späteren Bearbeitungen. Berlin 1899, S. 338–361. Apollonius muß in den bekannten lateinischen Fassungen als gefährdeter Entdecker eines Inzestskandals fliehen, er gewinnt in der Fremde die Liebe und Hand einer Königstochter, verliert sie aber vermeintlich an den Tod und läßt seine neugeborene Tochter unterwegs zurück. Er schwört, weder Bart noch Nägel zu kürzen, solange er sie nicht verheiratet habe, muß aber später glauben, auch sie verloren zu haben. Beide Totgeglaubten, die ihre Ehre und Identität unter widrigsten Umständen haben bewahren können, findet er lebend wieder.
59 Vgl. Achnitz: Babylon und Jerusalem, S. 357.
60 Zu den Fristen und erwähnten Zeiträumen Achnitz: Babylon und Jerusalem, S. 334.

im Goldland Crisa, gibt es zu solcher Zurückhaltung keinen Anlaß; mit seinen Gefährten badet Apollonius im Jungbrunnen: *Si wurden alle wunnikleich/ Als di jungen knabelein [...]* (Ap 13012f.). Mitgedacht, aber erst später ausgestaltet ist der Verlust des gewachsenen Haares und Bartes. Apollonius ist damit zeichenhaft aus seiner progressiven Eigenzeit gefallen. Jedoch behält er seine Erinnerung, und die Erzählung hört nicht auf, ihn, gleichsam von außen, nämlich in Erzählerrede, mit progressiver Zeit in Verbindung zu bringen. Nach einem Jahr und zwölf Wochen (Ap 13513), also gemessener Zeit, will Apollonius seine Tochter besuchen (Ap 13519–13529). Unterwegs begegnet er der Mohrenkönigin Palmina, die ihn zum Bleiben bewegen kann. Diomena sieht das Paar in einer Wundersäule und entzieht Apollonius ihre Huld und die ewige Jugend und Schönheit. Dadurch wird Apollonius auch von Palmina weggetrieben und wieder in die Zeitrechnung der Rahmenhandlung zurückgestoßen (Ap 14359–14366), und in einer Rede von kindlichem Trotz beschließt er, er sei auch mit seinem Bart und Alter jung und schön genug und die Rückkehr in seine Geschichte ihm angemessen:

> *Er sprach ‚mein schein ist verloren:*
> *Hiet ich ir ee enporen,*
> *Das det mir paß dann wol,*
> *Seyt das ich sie verliesen sol.*
> *Es ist mir pey namen laid*
> *Das ich ye so vil gestrayt*
> *Umb das land und umb das weib,*
> *Seyt das mir mit gauckel mein leib*
> *Guldein gemachet ward.*
> *Ich hab noch den selben part*
> *Den ich in manigen streitten trug.*
> *Mein leib der ist schon genüg*
> *Als er auff erden ist geporen.*
> *Auff meinen aid mir ist zoren*
> *Das ich ye so guldein ward,*
> *Seyt es nicht ist von rechter art.*
> *Di gauckel farbe ist da hin:*
> *Mir ist lieber das ich pin*
> *Als ain ander man gestalt*
> *Und auch zu rechten tagen alt*
> *Dann ich wär als ain pilde*
> *Mit fromder farbe wilde.'*
> (Ap 14367–14388)

3. Allgemeines zur Zeit im mittelalterlichen Roman

Damit ist die Fortsetzung der Rahmenhandlung eingeleitet, in der Apollonius nun Tochter und Frau wiederfindet und alle seine eroberten Länder regiert.

Die explizite Problematisierung des Themas Zeit unterscheidet die Bearbeitung Heinrichs von Neustadt sowohl von den bekannten lateinischen Vorbildern, in denen Apollonius mit seinem wachsenden Bart einen progressiven Zeitmesser an sich trägt, als auch vom Artusroman, in dem der Held die Progression mitbestimmt, ohne ihr unterworfen zu sein. Im ‚Apollonius' ist der Ausbruch aus einer progressiven, verändernden Lebenszeit eine Option, die ausschließlich während der inserierten Orientabenteuer besteht. Erst nach der Rückkehr aus der Zeitlosigkeit in die progressive Zeit werden die Taten des Helden mit heilsgeschichtlichen Ereignissen synchronisiert; eine Abwendung von der Vergänglichkeit menschlichen Lebens geschieht bewußt und bedeutet gleichzeitig eine temporäre Abwendung vom Heilsweg, während doch im Ritterroman die verstreichende Lebenszeit des Ritters anhält, ohne daß dieser es wollen muß, solange er in der Aventiure befangen ist.

Der ‚Apollonius' bemüht sich um die Modellierung einer geschichtsförmigen linearen Zeitachse der fiktionalen Welt, einer solchen Zeitachse, die in Synchronisationspunkten an die Realgeschichte angeknüpft werden kann, allerdings in deren einzigem Schnittpunkt mit der Heilsgeschichte, in der Datierung durch Leben und Tod Jesu. Diese Verknüpfung mit der Zeitrechnung außerhalb der fiktionalen Welt schafft – als eine Datierung des Erzählten außerhalb des Erzählten – im ‚Apollonius' nicht nur einen Wirklichkeitsbezug, sondern auch einen Wahrheitsanspruch.

Damit steht der ‚Apollonius' im Schnittpunkt verschiedener Auffassungen über das Verhältnis von fiktionaler Zeit und Geschichte. Das textexterne, auf Geschichtsabbildung zielende und Wahrheit behauptende Deutungsangebot ‚Erzählen, wie es war' steckt in der Rahmenerzählung. Interessanterweise ist es aber nicht von vornherein mit dem Stoff verknüpft, wie es vom Antikenroman und von heldenepischen Stoffen (auch im Roman, wie der ‚Willehalm' zeigt) geläufig ist. Vielmehr ist der lateinische ‚Apollonius' ja so geschichtsfern wie alle griechischen und lateinischen Liebes- und Reiseromane. Jedoch behandelt er einen antiken Stoff, und dieses Bewußtsein bewog den Bearbeiter, den Stoff als geschichtlich aufzufassen, woraufhin er ihn in einem Arbeitsgang historisierte und die Geschichte darin als Heilsgeschichte relativierte: Die Berichte über Christi Auftreten und Tod hat ein mittelalterlicher Bearbeiter zugefügt, ob es nun Heinrich war oder ein Vorgänger. Sie verraten ein Gattungsbewußtsein vom Antikenroman und gleichzeitig eine Korrektur seines substrathaft heidnischen Geschichtsbildes.

In der Binnengeschichte des ‚Apollonius' wird die fiktionale Zeit von den datierbaren Geschichtsbezügen der Rahmengeschichte entkoppelt. Sie scheinen völlig vergessen. Das ist in der Binnengeschichte des ‚Herzog Ernst' ähnlich, die den Helden auch aus der geschichtlichen Zeit in die Abenteuerzeit wandern läßt. Das geschichtslose Einst in diesen Episoden wird ähnlich behandelt, wie Chrétien, Hartmann und Wolfram es in ihren Romanen über Erec, den Löwenritter und Perceval/Parzival mit dem mythischen Einst des Königs Artus vorgeführt haben: Es ist nicht auf datierbare Geschichtsbezüge geknöpft. Auch Romane mit anderen Handlungstypen sind geschichtsentbunden: Flore und Blanscheflur, Mai und Beaflor, Tristan und Isolde erleiden ihre Liebes- und Trennungsgeschichten jeweils in undatierten und enthistorisierten fiktionalen Welten. Die Abwesenheit von Geschichte bedeutet in all diesen fiktionalen Welten oder Teilwelten, daß die Zeitrechnung der Handlung autonom bleibt und ihre Semantisierung primär textinternen Mustern folgen darf, statt sich das Sinnangebot mit dem geläufigen textexternen Deutungsmuster der Heilszeit zu teilen. Erst dadurch werden die Experimente mit nichtlinearen Zeitformen möglich, die zu den bleibenden ästhetischen Leistungen des Ritterromans gehören.

Heinrich von Neustadt kennt beide narrativen Diskurse über Zeit, und er läßt seinen Helden in seiner Reflexion über Crisa eine Hierarchie der Zeitformen errichten: Die geschichtliche Zeit, die auf Heilszeit bezogen wird, gilt als würdige Füllung eines erzählten Lebens; das Verweilen in der Romanzeit und Abenteuerzeit dagegen als Allotria. Schaut man sich den Roman aber vor dem Hintergrund seiner Vorlage an, so scheint sich die werkinterne Bedeutungshierarchie der Zeitformen umzukehren. Ob Inselphantasie oder Jungbrunnenerzählung – die Episoden der Binnenerzählung stehen jeweils in einem Motiv- und Bedeutungskontinuum zwischen antiken Vorbildern und neuzeitlicher Wiederaufnahme, zeigen archetypische Probleme des Menschen mit sich und mit seiner sozialen Umwelt – nur eben nicht mit der Geschichte.

B. Spezielle Raumzeitkonstellationen im mittelalterlichen Roman

1. Rechtzeitige Rettung

1.1. Das Muster: Ein Retter kommt nicht zu spät

Der fahrende Ritter bringt das ideale Maß seines Handelns als Gesetz in die Welt, indem er auf seinem Weg das Unrechte vereitelt. Er veredelt dadurch das Gewaltprinzip, mit dem sich auch der heldenepische Held durchsetzt, in seiner fiktionalen Welt zu einem Instrument der Gerechtigkeit und sozialen Ordnung, deren Sicherung als Standespflicht aufgefaßt wird. Demnach müßte immer und überall ein Ritter sein, der das Gute gegen das Böse verteidigt, und der Roman inszeniert diese Utopie, indem er seinen Helden bei den Schurkereien in der fiktionalen Welt rechtzeitig auftauchen läßt, um das Ärgste zu verhindern. Nie denkt der Ritterroman daran, daß sich eine Szenerie vorstellen ließe, in der der Held immer schon zu spät kommt, ebensowenig, wie er ins Auge faßt, daß ein einzelner vielleicht nichts ändern könnte. Denn der Ausnahmeheld hilft, befreit und rettet auch gegen feindliche Übermacht und in letzter Minute. Die Konstellationen, in denen der Held jemanden aus unverschuldeter Zwangslage retten muß, haben regelmäßig einen progressiven Zeitparameter, denn drängende Gefahr drängt nicht so sehr, wenn die Rettung Zeit hat. Wenn der Ritter als Retter kommen will, muß er rechtzeitig am Ort sein; kommt er zu spät, ist er, zumindest in dieser Absicht, gescheitert.

1.2. Feuer, das nicht brennt

Iwein, der Laudine gegenüber im Wort war und es vergaß, schafft es in letzter Minute, Lunete gegenüber sein Versprechen zu halten und sie zu retten. Das ist insofern erstaunlich, als Iwein sich keineswegs dafür interessiert hat, wann genau er denn am Ort des Gerichts sein müsse, um für die Angeklagte zu kämpfen. Lunete hatte gesagt *sî beitent mir unz morgen* (Iw 4070).

Iwein interpretiert diese Angabe offenbar so, daß der Kampf am Vormittag stattfinden werde, denn so terminiert sieht er ein großartiges Schauspiel voraus, zu dem er in seiner Phantasie sein Eintreten für Lunete mit seiner Buße gegenüber Laudine verquicken will:

> *deiswâr ich trûwe wol gesigen*
> *an den rîtern allen drin,*
> *die iuch geworfen hânt her in:*
> *und swenn ich iuch erlœset hân,*
> *sô sol ich mich selben slân.*
> *mîn vrouwe muoz doch den kampf gesehen:*
> *wander sol vor ir geschehen.*
> *ichn weiz waz ich nû mêre tuo*
> *wan daz ich ir morgen vruo*
> *über mich selben rihte [...].*
> (Iw 4224–4233)

In diesem Sinne verspricht er Lunete: *wartet mîn morgen vruo:/ ich kume ze guoter kampfzît* (Iw 4308f.). Dieser Absicht stellt sich bekanntlich die Hilfsbitte der vom Riesen Harpin bedrängten Familie von Gaweins Schwester entgegen. In der dilemmatischen Situation hält Iwein einen ratlosen Monolog, in dem er am Ende Gott um eine Entscheidung bittet: *nû gebe mir got guoten rât,/ der mich unz her geleitet hât* (Iw 4889f.), und tatsächlich erscheint Harpin sofort und kann erschlagen werden.[1] Im Einverständnis mit diesem löblichen Unternehmen, zu dem die Figur die Zeitregie erfolgreich in Gottes Hand gegeben hat, entscheidet der Erzähler für den Hörer oder Leser, welche der zeitlichen Aussagen aus Iweins bisheriger Figurenrede, ob *morgen vruo* (Iw 4232) oder eher *um mitten tac* (Iw 4742), *umbe den mitten tac* (Iw 4753), *umbe mitten tac* (Iw 4797), den tatsächlichen Eintritt in die Gefahr bezeichne.

---

1 Auch Matthias Meyer stellt heraus, daß Iwein selbst nichts, was über das Wissen von der dilemmatischen Situation hinausginge, dazu tut, sie aufzulösen. Chrétien läßt einen Vers über Yvains faktisches Bleiben in den nächsten über das Kommen des Riesen übergehen (*Neporquant ancor ne se muet,/ Einçois demore et si atant,/ Tant que li jaianz vint batant, [...],* Yv 4088ff.; Übersetzung Nolting-Hauff S. 207: „Dennoch bricht er nicht auf, sondern bleibt und wartet, bis der Riese herangaloppierte"). Das erwecke im Vergleich zu Hartmann den „Eindruck, Yvains Entscheidung zum Bleiben provoziere quasi den Auftritt des Riesen". So Meyer: Blicke ins Innere, Bd. 1, S. 213, Anm. 160. Ähnliche Bemerkungen zum Verhältnis von Chrétien zu Hartmann hinsichtlich der Terminnot in der Harpin-Szene bei Rüdiger Schnell: Abaelards Gesinnungsethik und die Rechtsthematik in Hartmanns *Iwein*. In: DVjS 65, (1991), S. 15–69, hier S. 36.

1. Rechtzeitige Rettung

Es ist der spätere, der Iweins Anstrengungen nicht von vornherein zum Scheitern verurteilt:

> *ouch gerter urloubes sâ:*
> *wander enhete sich dâ*
> *niht ze sûmen mêre,*
> *ob er sîne êre*
> *an ir bestæten wolde,*
> *der er dâ komen solde*
> *ze helfe umbe mitten tac,*
> *diu dâ durch in gevangen lac.*
> (Iw 5085–5092)

Obgleich Iwein sich beeilt und in *kurzer stunt/ zuo der kapellen komen* (Iw 5146f.) ist, ist es inzwischen *wol um mitten tac* (Iw 5150), und Lunete ist schon gebunden worden, sie ist bis aufs Hemd entkleidet, sie kniet und betet, während der Scheiterhaufen schon brennt:

> *[...] diu hurt was bereit*
> *und daz viur dar under geleit,*
> *unde stuont vrou Lunête*
> *ûf ir knien an ir gebete [...].*
> (Iw 5155–5158)

Die Logik der Ereignisse erfordert, daß Lunete dieses kniende Gebet schon auf dem Scheiterhaufen tut, denn auf einen brennenden Scheiterhaufen kann man niemanden mehr führen, geschweige denn ihn dort festbinden, ohne in gleiche Gefahr zu kommen wie der Delinquent. Im Zeitalter der Scheiterhaufen wird das, so sehr man das bedauern mag, eine selbstverständliche Verständnisvoraussetzung gewesen sein, keine nachträgliche Rationalisierung. Wenn die Erzählung jetzt diese eingeleitete Handlung zeitlich vonstatten gehen ließe und ihr ihren Eigenlauf zubilligte, müßte Lunete schon in wenigen Augenblicken lebensgefährliche Verbrennungen erlitten haben. Das geschieht aber keineswegs. Vielmehr verläßt die Erzählung diesen Teilschauplatz, indem sie ihn im Moment größter Gefahr stillstellt und den Fortgang des Verhängnisses hemmt. Iwein ruft zwar, daß man Lunete am Leben lassen solle und daß er für sie kämpfen wolle, hat aber dann Zeit, Laudine mit den Augen zu suchen, darüber beinahe in Ohnmacht zu fallen und den Reden der Hoffräulein zuzuhören. Dann erst reitet Iwein näher zu Lunete. Er findet sie offenbar kniend, denn er fordert sie auf, aufzustehen und ihm ihre Gegner zu zeigen: ,*vrouwe, zeiget mir die/ die iuch dâ kumbernt, sind sî hie [...]*' (Iw 5221f.). Vom Feuer ist nicht mehr die Rede. Ist es eilends gelöscht worden, weil Iwein herankam? Der Text sagt nichts davon, und es ist nach dem Fortgang der Handlung auch unwahrscheinlich, denn das hätte Lunete bemerken müssen, sie hat aber noch nicht verstanden, daß sie nun doch gerettet wird:

> *nû was diu reine guote maget*
> *von vorhten alsô gar verzaget*
> *daz sî vil kûme ûf gesach.*
> (Iw 5229ff.)

Was ist also mit dem Feuer geschehen? Es brennt offenbar nicht mehr, aber nicht die Figuren haben es gelöscht, sondern die Erzählung hat es stillschweigend wieder ausgehen lassen, sie hat die Szene also nicht nur stillstehen lassen, bis der Retter herangekommen war, sondern sie sogar in einen früheren Zustand zurückversetzt, aus dem Lunete ohne Probleme und gesundheitliche Langzeitfolgen gerettet werden kann. Die Aufforderung *heizet iuch drâte ledec lân* (Iw 5223) unterstellt sprachlich, Lunete sei nun die Herrin des Geschehens, als dessen Opfer sie doch bisher eingeführt worden war. Iweins Gegenspieler, die das Feuer mittelbar verursacht haben, werden damit als Agierende und als Wirkursachen entmachtet, Iwein spricht ihnen die alsbald in Handlung umgesetzte Rolle der Erleidenden zu.

Von diesem Endpunkt aus läßt sich die Szenerie der rechtzeitigen Rettung ganz überschauen. Daß Harpin rechtzeitig erscheint, stellt der Text als unmittelbare zeitliche Folge von Iweins Bitte an Gott um einen Ausweg dar; ein kausales Verhältnis wird dadurch nahegelegt. Iwein selbst hat auf dem Weg die Absicht, pünktlich zu sein, und die Erzählung stellt ihm nicht nur nichts entgegen, sondern sie hemmt auch den zeitlichen Verlauf derjenigen Ereignisse, die auf seine Gegenspieler zurückgehen und die in einer eigenen Kausalität und von ihm unabhängig gedacht und dargestellt werden könnten. Weder von einer Eigengesetzlichkeit feindlichen Wollens und Tuns noch von einer Konkurrenz beider Bestrebungen vor dem gleichmäßigen, keine Seite begünstigenden Zeitmaß[2] ist die Rede. Die Zeit der Erzählung ist mit Iwein im Bun-

---

[2] Daß es dennoch progressive Zeitzählungen gibt, die in der fiktionalen Welt übergreifende zeitliche Übereinkünfte anzeigen, ist damit nicht in Abrede gestellt. Das Besondere am mittelalterlichen Romanerzählen ist aber nicht diese wirklichkeitsabbildende Progression, die es zu allen Zeiten in der Literatur gibt, sondern die Lizenz zur Abweichung davon, die hier deshalb im Vordergrund steht. – Zur Bedeutung zeitlicher Progression und Übereinkunft im ‚Iwein' vgl. Hegerfeldt: Die Funktion der Zeit im ‚Iwein' Hartmanns von Aue; Grisebach:

1. Rechtzeitige Rettung

de, aber sie liegt nicht allein in der Figur, sondern auch in der Aventiure, die auf die Figur wartet, es ist die Zeit, die der Held für sie braucht, so, wie es Bachtin für die Abenteuerzeit beschrieben hat.[3] Deshalb genügt es, dem Hörer oder Leser von der guten Absicht des Helden zur Pünktlichkeit zu berichten, um ihn in seiner Rezeption die Tat und den Erfolg antizipieren zu lassen.[4] Die Zeit arbeitet nicht gegen den Helden und nicht für ihn, sondern mit ihm, indem sie ihn durch die Aventiure trägt, bis zu deren Ende, wenn er sich ihr anvertraut: Die Geschichte einer Bedrohung, die in Aventiurezeit erzählt wird, wird mit einer rechtzeitigen Rettung enden.

Wenn das Muster der rechtzeitigen Rettung hier als charakteristisch für den höfischen Roman vorgestellt wird, soll damit weder behauptet werden, dieser habe es erfunden, noch, es ende mit seinem Ausgang. Die rechtzeitige Rettung ist ein Erzählmuster, das das erzähltechnisch Typische vormodernen Erzählens (die Abenteuerzeit) einsetzt, um ein in der Wertewelt des höfischen Romans tragendes Motiv, das der uneigennützigen Hilfe, zu bilden. Es ist an zwei zumindest kurzzeitig entworfene Handlungsstränge gebunden und formt deren getrennt verlaufende Zeiten

---

Zeitbegriff und Zeitgestaltung; Zimmermann: Die Darstellung der Zeit. Vgl. auch vorn Kap. A 2.

3 Bachtin: Formen der Zeit und des Chronotopos, zum Begriff ‚Abenteuerzeit' S. 268–270; vgl. vorn Kap. A 2.

4 Diese Feststellung klingt wie eine Bestätigung der These von Schnell, nach der sich Hartmann und in minderem Maße Chrétien mit dem gelehrten Hintergrund der *intentio*-, *discretio*- und *conscientia*-Debatten verbinden lassen. Vgl. Schnell: Abaelards Gesinnungsethik. Grundsätzlich scheint mir die Frage berechtigt und die Hinwendung zu einer selbstreflexiven Denk- und Handlungsstruktur nur kulturübergreifend denkbar; im engeren Sinne, mit Bezug auf Abaelard und die *intentio*, scheint mir aber Vorsicht geboten. Schnell zufolge würde die Absicht des Helden, schon seine Bewußtheit, für den guten Ausgang ausreichen, weil die Absicht gut sei und das Gute zeige. In der Generalisierung dieser für die Harpin-Episode plausiblen Erklärung stecken jedoch Probleme. Die optimistische Zeitgestaltung, die den Erfolg der Rettung verbürgt, folgt in der fiktionalen Welt dem Maß der zu bestehenden Bewährungsprobe, die Bachtin Abenteuerzeit nennt, ausdrücklich aber nicht dem des Helden und seiner Lebenszeit. Der Erfolg zeitlicher Kabinettstücke ist in der fiktionalen Welt einerseits von den objektiven Erfordernissen her gedacht, andererseits vom Ausnahmehelden her. Das Ich des Helden gibt nicht schon durch sich den Zeittakt vor, sondern erst als Subjekt einer vorherbestimmten, vorausbemessenen Handlung, der Aventiure. Die Absicht des Helden reicht (zumindest bei Hartmann) deshalb zum Erfolg der Tat aus, weil sie in der Aventiurezeit mit der Tat zusammenfällt, es gibt keine erzählte Absicht ohne gleichgerichtete Tat. Der zögernde Held (Dietrich) ist bezeichnenderweise eine heldenepische Erfindung und der idealischen Ritterwelt fremd.

in der fiktionalen Welt bis zu einem gemeinsamen Endpunkt gegeneinander; insofern erweist es sich als ein Sonderfall der Zeitführung gleichzeitiger Ereignisse.[5] In die Zeiteinheiten, die der Retter bis zum Verstreichen der Frist zur Verfügung hat, paßt viel mehr an Aventiure und Überwindung von Wegen und Hindernissen hinein, als das sonst in dieser fiktionalen Welt üblich wäre. Auf der anderen Seite wird die zeitliche Progression der Bedrohung verlangsamt, angehalten oder, wie im Fall von Lunetes Feuer, sogar zurückgestellt. Dieses erzählerische Aneinanderlegen von zwei Zeitmustern innerhalb der fiktionalen Welt läßt sich mit Begriffen wie ‚Zeitdehnung' und ‚Zeitraffung', ‚erzählte Zeit' und ‚Erzählzeit'[6] nur unvollkommen beschreiben, weil es die fikti-

---

[5] Zur vormodernen Gleichzeitigkeitskonstruktion Zielinski: Die Behandlung gleichzeitiger Ereignisse im antiken Epos. Zielinski faßt Erzählungen, bei denen ein erzählter Vorgang ortsfest ist und weniger erzählerisches Interesse beansprucht, der andere sich gleichzeitig darauf zu- und eventuell wieder wegbewegt, unter dem zweiten Typ, den er die „gleichzeitige analysirend-desultorische" Gestaltungsmöglichkeit nennt, zusammen (hier S. 412). Steinhoff hat in seinem immer noch wichtigen Buch (Steinhoff: Die Darstellung gleichzeitiger Geschehnisse) keinen eigenen Abschnitt über die Konstellationen der Bedrohung und Rettung, wenn man nicht die gesamte Anlage des ‚Willehalm' als diesem Schema verpflichtet sehen wollte.

[6] Von den beiden auf Müller (Die Bedeutung der Zeit in der Erzählkunst) zurückgehenden Begriffen ‚Erzählzeit' und ‚erzählte Zeit' ist ‚Erzählzeit' die problematischere Kategorie. Erzählzeit ist ja nicht nur Zeit, in der in der Rezeptionsgegenwart eine Geschichte erzählt (oder gelesen, weshalb Martinez/Scheffel: Einführung in die Erzähltheorie, S. 31 Buchseiten als Äquivalent angeben) wird; sondern es ist zugleich Zeit, die Ereignisse in der fiktionalen Welt und damit einen Zeitablauf in dieser produziert; denn wenn nicht erzählt wird, vergeht in der fiktionalen Welt auch keine Zeit. Der Begriff ‚Erzählzeit' bezeichnet der Sache nach zwar eine Vermittlungs- und Überbrückungsleistung, aber er setzt auch einen Schwerpunkt, und er setzt ihn falsch, nämlich auf der Seite des äußeren Erzählvorgangs, nicht des inhaltlichen Fabulierens. Deshalb muß Lämmert: Bauformen des Erzählens, S. 84 bei der Behandlung des zeitdeckenden Erzählens auch in die größten Schwierigkeiten kommen und sich in ein Verständnis als lineare Sukzession retten. Lämmerts Begriff der Zeitdehnung, der für das Phänomen der rechtzeitigen Rettung auf den ersten Blick geeignet scheint (vgl. S. 84), bezeichnet eine andere Erscheinung, nämlich einen Vorgang in der fiktionalen Welt, dessen äußeres Zeitmaß kurz ist (aber einheitlich), dessen Erklärung für den Rezipienten, also entweder außerhalb der fiktionalen Welt oder – aus Figurensicht – innerhalb der fiktionalen Welt a posteriori, dagegen komplizierter ist und einige Zeit in Anspruch nimmt. Der Lämmertsche Begriff der Zeitdehnung setzt demnach ein innerhalb der fiktionalen Welt einheitliches, dem äußeren Geschehen inhärentes, progressives Zeitmaß voraus, an dem sich Besonderheiten des Erzählens messen und von dem sie sich abheben. Eigenschaften vormodernen Erzählens, wie Bachtin sie vermerkt hat, sind dabei nicht berücksichtigt und kön-

onale Welt selbst ist, in der die verschiedenen Zeitprogressionen herrschen. Um an das Geläufige und Richtige der traditionellen Begrifflichkeit (bis zu Genette) anzuknüpfen und dennoch das Ungenügende daran nicht zu überbrücken, weiche ich deshalb auf den explikativen Ersatzbegriff der Geschwindigkeit[7] aus, also auf das Tun in der Zeit: Die rechtzeitige Rettung wird in einer einheitlichen Erzählgeschwindigkeit angeboten, indem sie von zwei unterschiedlichen, aber koordinierten Handlungsgeschwindigkeiten in der fiktionalen Welt berichtet. Der Leser oder Hörer ist darin frei, den einen oder anderen Handlungsstrang zum Bezug und Maß zu wählen und den anderen daran zu messen. Von der Gerichtshandlung aus erscheint Iweins Handlungsgeschwindigkeit übergroß, er tut mehr Dinge pro Zeiteinheit der Gerichtshandlung, als dort möglich wäre; umgekehrt erscheint, wenn man von Iweins Rettung aus auf die Gerichtshandlung schaut, das Vorgehen dort langsamer, es geschieht pro Zeiteinheit von Iweins Bewegung signifikant weniger als bei Iwein selbst.

1.3. Ein Messer, das nicht schneidet

In Hartmanns ‚Armem Heinrich' trachtet der Held nach Heilung vom Aussatz. Er findet wider Erwarten in der Tochter des Meiers, bei dem er wohnt, eine Jungfrau, die ihr Herzblut als Medizin freiwillig hergäbe, aber er wendet sich in einer dramatischen Szene von dieser Absicht ab. Die Szene ist so aufgebaut: In dem einen Raum befindet sich das bereits ausgezogene und gebundene Mädchen, in dem anderen der auf das frische Blut wartende Heinrich. Die Sinnesänderung wird zunächst nur faktisch mitgeteilt:

nû sach er sî an unde sich
und gewan einen niuwen muot:

---

nen folglich mit dieser Begrifflichkeit auch nicht erklärt werden. Das gilt auch, trotz des mit dem ‚Discours du récit' verbundenen Zuwachses an Beschreibungsgenauigkeit, für Genettes Weiterentwicklung von Müllers Zeitbenennungen zum *temps du recit* (entspricht im wesentlichen der erzählten Zeit) und *temps du discours* (entspricht im wesentlichen der ‚Erzählzeit'), vgl. Genette: Die Erzählung, S. 21f.

7 Von zwei Handlungsgeschwindigkeiten im ‚Iwein' spricht auch Hans Jürgen Scheuer, der allerdings Bachtins Konzept der Abenteuerzeit zugunsten des augustinischen subjektiven Zeitkonzeptes verläßt. Scheuer: Gegenwart und Intensität, S. 134.

> *in dûhte dô daz niht guot*
> *des er ê gedâht hâte*
> *und verkêrte vil drâte*
> *sîn altez gemüete*
> *in eine niuwe güete.*
> (AH 1234–1240)

Seine Beweggründe werden in einem Monolog nachgeliefert, einem der seltenen Monologe männlicher Figuren in der höfischen Literatur, den der Held vielleicht nur halten darf, weil er ein leidender Held ist.[8] Darin opponiert Heinrich seinem eigenen Vorhaben, indem er sich mit ‚du' anspricht: Das Leben sei gegen Gottes Ratschluß nicht zu verlängern; es sei angesichts des gewissen Todes besser, das Leben so zu tragen, wie es von Gott verhängt sei; und zuletzt: Es sei keinesfalls gewiß, ob das Opfer des Mädchens ihn rette.

> ‚*dû hâst einen tumben gedanc,*
> *daz dû sunder sînen danc*
> *gerst ze lebenne einen tac*
> *wider den nieman niht enmac.*
> *du enweist ouch rehte waz dû tuost,*
> *sît dû benamen ersterben muost,*
> *daz dû diz lasterlîche leben*
> *daz dir got hât gegeben*
> *niht vil willeclîchen treist,*
> *und ouch dar zuo niht enweist,*
> *ob dich des kindes tôt ernert.*
> *swaz dir got hât beschert,*
> *daz lâ allez geschehen. [...]*'
> (AH 1243–1255)

Währenddessen fällt die Entscheidung, die im letzten Vers des Monologs wieder der Ich-Instanz in den Mund gelegt wird: ‚*[...] ich enwil des kindes tôt niht sehen*' (AH 1256). Nun hämmert Heinrich wild an die Wand, er verlangt Einlaß. Was geschieht inzwischen hinter der Wand? Der Text sagt, daß das Geräusch des Messerschärfens zu Heinrich hinübergedrungen ist und ihn zum Spähen veranlaßt hat:

---

8   Vgl. Emil Walker: Der Monolog im höfischen Epos. Stil- und literaturgeschichtliche Untersuchungen. Stuttgart 1928 (Tübinger Germanistische Arbeiten 5), S. 181–188 über die eher leidenden Figuren mit Unsicherheits- und Entscheidungsmonologen; Dieter Kartschoke: Der epische Held auf dem Weg zu seinem Gewissen. In: Thomas Cramer (Hg.): Wege in die Neuzeit. München 1988, S. 149–197, hier S. 168f.

1. Rechtzeitige Rettung

Nû lac dâ bî im [dem Arzt] ein
harte guot wetzestein.
dâ begunde erz ane strîchen
harte müezeclîchen,
dâ bî wetzen. daz erhôrte,
der ir vreude stôrte,
der arme Heinrich, hin vür
dâ er stuont vor der tür, [...].
(AH 1217-1224)

nu begunde er suochen unde spehen,
unz daz er durch die want
ein loch gânde vant, [...].
(AH 1228-1230)

Durch das Loch in der Wand kann Heinrich sehen, was hinter der Wand geschieht; den Arm hemmen könnte er dem Arzt jedoch nicht. Er hat durch seinen Auftrag eine Handlung verursacht, deren Subjekt er nicht selbst ist, die er also nicht direkt stoppen kann. Das Geschehen hinter der Wand hat seine Eigendynamik und seine eigene Kausalität gewonnen. Infolgedessen ist der Arzt auch wenig begeistert über die Störung:

der meister sprach: ‚ich enbin
nû niht müezic dar zuo
daz ich iu iht ûf tuo.'
(AH 1260-1262)

Seine Aufforderung *beitet unz daz diz ergê* (AH 1265) muß Heinrich befürchten lassen, seine Intervention komme zu spät; er will ausdrücklich *ê*, vor dem blutigen Geschehen, mit dem Arzt sprechen (AH 1265), es aber auch nicht durch die Wand sagen: ‚*jâ enist ez niht alsô gewant*' (AH 1268). Warum nicht? Die Zeit drängt doch, und der Arzt hört ihn ja gut. Dennoch besteht Heinrich auf seiner physischen Anwesenheit, er traut dem Wort allein die aufhaltende Kraft also nicht vollends zu. Neben dem Arzt stehend, könnte er den Arm mit dem Messer notfalls auch körperlich hemmen, als gewandelte Erstursache die Zweitursache zurücknehmen. Auch wenn der Held hinter der Wand optisch und verbal die Kontrolle über die von ihm ins Werk gesetzte Handlung, die sich von ihm gelöst hat, behalten kann – er befürchtet, das sei nicht genug, er fürchtet deren Eigendynamik und will sich deshalb auch durch physische Präsenz wieder in der Rang der Erstursache setzen. Der Arzt, der nur vollstreckt und nicht nach seinen eigenen Gedanken handelt, ist gleichsam Heinrichs Maschine, und dessen Verlangen, eingelassen zu werden, zeugt von der Befürchtung, die verursachte Ursache könne nicht zurückfragen und in ihrem Programm fortfahren.

Doch ist das nur ein transitorischer Moment; der Arzt öffnet, Heinrich kann sich erklären, das Mädchen wird befreit, der Arzt ist erleichtert. Wieder ist die Rettung rechtzeitig gekommen, aber anders als im ‚Iwein' war es nicht die innere Kausalität einer gegnerischen Macht, die gehemmt werden mußte, sondern die sich verselbständigende Kausalität eigener Wünsche und Vorkehrungen.[9] Die äußeren Bedingungen der Szene hätten eine andere Erzählweise erlaubt, es hätte beispielsweise genügen können, den Arzt durch das Wort des Auftraggebers zurückzuhalten. So wird aber hier nicht erzählt: Das Schema der rechtzeitigen Rettung im romanhaften Erzählen baut auf die persönliche Anwesenheit des Retters (und nicht etwa nur eines begnadigenden Boten). Hier wird es benutzt, obgleich es sich nicht um eine typische *hëlfe* vor Fremdbedrohung handelt. Die Schwierigkeiten der Rettung sind deshalb nicht kleiner, dafür jedoch, wenn man so will, moderner: Es gelingt dem Subjekt zuletzt, die ihm bereits entfremdete Kausalität des einmal gegebenen Auftrags an sich selbst zurückzubinden; symbolisch dafür wird es wieder zum Zeitgeber für die fremde Handlung, das Messer wartet gleichsam in der Luft auf seinen Entschluß. Es taucht nicht einmal als Befürchtung der Gedanke auf, daß es zu spät sein könnte, daß Heinrich zu lang überlegt, zu leise geklopft, zu unklar gesprochen haben könnte, während dort drüben die Eigenzeit der Ereignisse fortgeschritten wäre.

Wenn man auf die handwerkliche Machart dieser Szene schaut, so fällt zunächst auf, daß zwei Handlungsstränge synchronisiert werden, deren gemeinsamer Anfangspunkt und Endpunkt bei Heinrichs Auftrag und seiner Zurücknahme liegen. Während der Arzt, ein Agens im Auftrag, allein handelt, geht es für Heinrich darum, ihn mit seinem Entschluß wieder einzuholen. Wiederum werden in der fiktionalen Welt zwei Handlungsgeschwindigkeiten vorgeführt.[10] Aber ihre Eigenzeiten

---

9 Die Szene, in der Heinrich auf das Blut des Mädchens wartet und dabei darüber nachdenkt, was er tut, setzt eine innere Instanz an, die sich mit dem eigenen Ich als etwas Drittem auseinandersetzt, und sie hat prospektive Sicht – man kommt kaum umhin zu sagen: Hier ist eine Gewissensentscheidung gestaltet, wie noch das 13. Jh. sie sehen wird, auch in der Theorie. Der Entscheidungsmonolog mündet folgerichtig in einen Entschluß, der als Willensakt formuliert ist: ‚[...] *ich enwil des kindes tôt niht sehen*' (AH 1256). Zur Parallelität von Romanentwicklung und Theoriezuwachs auf dem Felde der Gewissenstheorie: Kartschoke: Der epische Held.

10 Diese Interpretation paßt zu William Mc Donalds Feststellung, Hartmann benutze im ‚Armen Heinrich' bevorzugt weiche, dehnbare, unpräzise Zeitangaben, die

relativieren einander nicht so, wie es bei der Rettungsszene aus dem ‚Iwein' war; sie scheinen weniger gleichgewichtig. Beide Handlungsstränge sind hier Heinrichs Tun, im einen unmittelbar, im anderen mittelbar. Das unmittelbare Tun beginnt mit dem Nachdenken und wendet sich in Aktion, während das mittelbare vorwiegend mechanisches Tun bleibt. Dem Hörer oder Leser wird denn auch das mechanische Tun des Arztes als zeitlicher Parameter angeboten, in dem sich ein zeitlicher Fortschritt sicher manifestiert. Es gilt Heinrich und mit ihm dem Leser oder Hörer als ausgemacht, daß dem Wetzen in kurzem Abstand das Töten folgen wird. Demgegenüber beziehen sich Arzt und Mädchen nicht auf Heinrichs Tun (Lunete dagegen hatte mit der gesamten Gerichtsversammlung Iwein erwartet). Die wechselseitige Synchronisation der zwei Handlungsgeschwindigkeiten war im ‚Iwein' durch einen den Figuren bewußten Bezug der Handlungsstränge aufeinander ins Werke gesetzt worden. Hier findet die Synchronisation der Handlungsstränge nur *einen* auch den Figuren bewußten Zeittakt, den der fortschreitenden Tötung. Dagegen wird dem Hörer oder Leser diejenige Blickrichtung, aus der das Denken und Rufen Heinrichs die feste Zeitachse bildet, vor der sich in der Rezeption die Opferhandlung relativ verlangsamt, nur aus der Außenperspektive angeboten und nicht durch die Innensicht der Figuren gestützt wie im ‚Iwein', in dem die Vorbereitungen am Scheiterhaufen und Lunetes enttäuschtes Hoffen die Frage nach dem Ausbleiben des Retters auch textintern signalisieren. Im ‚Armen Heinrich' scheint vorab alles entschieden. Was der Hörer oder Leser in diesem Arrangement mehr weiß als die Figuren, ist, daß es auf Heinrichs Denken nicht nur dem Resultat nach, sondern auch der Rechtzeitigkeit nach ankommt. Es ist also der Leser oder Hörer, der am Leitfaden der Synchronisation mit der Opferhandlung den Zeitparameter in Heinrichs Überlegungen einführt.

Wie lange und in welchem Verlauf Heinrich denkt, bleibt nämlich im Text zeitlich unbestimmt. Daß er beim Geräusch des Wetzsteins ein Astloch sucht, ist durchaus prozessual vorgestellt (*nu begunde er suochen unde spehen, unz [...]*. AH 1228), das Anschauen aber, das den Sinneswandel nach sich zieht, ist im Text nicht zeitlich determiniert: *nû sach er si an unde sich/ und gewan einen niuwen muot* (AH 1234f.). Auch für das anschließende Selbstgespräch gibt es im Text keinen Zeit-

---

sich einer eher psychischen Zeitauffassung zuordnen: William McDonald: Aspects of Time in ‚Der arme Heinrich'. In: Monatshefte für den deutschen Unterricht 80 (1988), S. 430–443, hier S. 433, S. 441.

indikator; erst an seinem Ende, nach dem Entschluß, steht im nächsten Vers eine Zeitvokabel: *Des bewac er sich zehant* (AH 1257).

Daß Heinrich eilen muß, erklärt die Geschichte also nicht so sehr an seiner eigenen Handlung (während Iwein wußte und anderen Figuren erklärte, daß er es eilig habe) als am Verlauf der Opferung. Die entfremdete Idee zur Rettung des eigenen Lebens, der sich selbst ausführende Plan wirkt in der Geschichte wie ein mechanisches Uhrwerk. Es reagiert nicht auf Worte aus dem Off, sondern nur auf ein Einschreiten im wörtlichen Sinn, auf persönliche Anwesenheit. Der Arzt führt nur aus, was Heinrich wollte, während Heinrich denkt, will und ausführt. Es kommt in der Eile der Rettung darauf an, daß das Denken seine mechanischen Wirkungen wieder einholt. Da der progressive Zeitparameter in die mechanischen Abläufe der Tötung gelegt wird, versteht der Hörer oder Leser, daß Heinrich schneller denken muß, als der Arzt – sein eigenes Werkzeug, letztlich er selbst – handelt.

Dieser Aufbau der Szene zeigt, daß die zwei Geschwindigkeiten oder zwei Zeitrechnungen in der fiktionalen Welt, mit denen das Schema der rechtzeitigen Rettung konstruiert wird, noch in der klassischen Zeit auch auf einunddasselbe Handlungssubjekt angewendet werden können; ein Mensch kann also sich selbst überholen, er hat keine feste Eigenzeit, die mit der Figur fest verknüpft wäre, sondern der Möglichkeit nach mehrere Zeitrhythmen, die von seinen Taten abhängen. Eindrücklich modern und als ferner Vorklang zu den Automatenphantasien des 19. Jahrhunderts wirkt dabei der Einfall, den stabilen Zeitrhythmus des Menschen in die Umsetzung seiner ihm schon entfremdeten, beschlossenen Pläne zu legen, den beweglichen aber in sein lebendiges Denken.

1.4. Variationen

1.4.1. Rechtzeitige Ankunft, die nichts hilft

Eine interessante Wendung des Schemas von der rechtzeitigen Rettung bringt der Tristan-Roman an seinem Ende, wie es von Eilhart erzählt wird. Tristrant ist von der vergifteten Spitze an der Lanze des Nampetenis getroffen worden. Zum zweiten Mal muß Ysalde ihn retten, aber die Bedingungen haben sich zu ihren Ungunsten verändert: Als junge Frau rettete sie in einem vermeintlich Fremden, der in ihr Land gekommen ist und den sie nicht zu Gesicht bekommt, ihren Feind Tristrant; diesmal soll sie ihren Geliebten retten, aber sie muß dazu zu ihm kommen und

1. Rechtzeitige Rettung

ihr gesamtes Leben hinter sich lassen. Tristrant leidet, sein Leben wird sich ohne sachkundige Hilfe zum Ende neigen. Das war in seiner Jugend auch so, nach der Verwundung durch Morolts *gelüpten spieß* (ETristr 915). Damals hatte er sich – in Eilharts Fassung – dem Meer anvertraut und in Ysaldes Land seine Chance genutzt; diesmal organisiert er sein Überleben, aber er glaubt selbst nur halbherzig an seinen Plan. Denn nicht er oder ein anderer edler Ritter hat die schnelle und rechtzeitige Rettung ins Werk zu setzen, sondern eine Frau, seine Geliebte Ysalde. Den Kausalitätssog und die zeitprägende Kraft des aktiven, rechtzeitig rettenden Helden kann man einer Frau nicht ohne weiteres zutrauen. Dieses habituelle Manko verlegt Tristrant in seiner Antizipation des möglichen Ausganges mit einem mehrdeutigen Wort am ehesten in den Willen der Ysalde: *blibt sü aber dar,/ so daß sü nit her kommen wöll* (ETristr 9520f.). Es bleibt programmatisch unklar, ob das *wëllen* an dieser Stelle Zukunftsumschreibung ist oder den Willensakt meint. In Ysaldes abweichendem künftigen Tun, das vielleicht ihrem Willen entspringt,[11] liegt für Tristrant die Alternative zum gelingenden Rettungswerk. Ysalde kommt oder kommt nicht, und das kann bedeuten: sie will oder will nicht. Die voluntative Komponente in der Sicht auf Künftiges erinnert an den Schlußsatz *ich enwil des kindes tôt niht sehen* (AH 1256), mit dem Heinrich bei Hartmann seine Reflexionen beendet hatte, aber hier ist es nicht das reflektierende Subjekt selbst, mit dessen Willen gerechnet werden kann, sondern der Wille und das künftige Tun der Geliebten, deren sich der Held nicht sicher ist. Dennoch löst Ysalde die Hoffnungen Tristrants ein, sie kommt, ohne Rücksicht auf ihre eigenen Lebensverhältnisse, und sie kommt rechtzeitig – diese Erfüllung eines für männliche Retter entworfenen Schemas hebt sie noch einmal in die ideale Höhe, in der die Erzählung sie eingeführt hatte.

Aber anders als im ‚Iwein' und im ‚Armen Heinrich' geht die Erzählung nicht im Schritt des Retters weiter, der sich dem zeitlichen Erfordernis der Aventiure mit dem festen Glauben an das Gelingen anvertraut.[12]

---

11   Im Sinne einer Aussage über den Willen versteht Anna Keck die Stelle: Die Liebeskonzeption der mittelalterlichen Tristanromane. Zur Erzähllogik der Werke Bérouls, Eilharts, Thomas' und Gottfrieds. München 1998 (Beihefte zu Poetica 22), S. 122. Tristrant überlege, „daß Ysalde sich vielleicht nicht entschließen könnte – nicht etwa: daran gehindert werden könnte –, zu ihm zu kommen."

12   Schorn: Die Zeit in den Tristandichtungen Eilharts und Gottfrieds, S. 140–155 hat sich in seinem Kapitel über Parallelhandlungen die Schlußepisode leider entgehen lassen. Ohnehin ist der Gedanke der Pluralität und unterschiedlichen Zen-

Bei Eilhart wird das Muster verändert und ausdrücklich gestört. In Tristrants Krankheit liegt die zeitlich relativ konstant fortschreitende Bedrohung, in Ysaldes Schiff die herannahende Rettung. Die Figuren richten jeweils den Blick auf den anderen Handlungsstrang, indem Tristrant auf das Schiff wartet, Ysalde der Ankunft entgegenfiebert. Die Synchronisation der beiden Handlungsstränge, die das Einmünden der Rettungshandlung in die Bedrohungshandlung verbürgt, ist aber – anders als im ‚Iwein‘, in dem Lunete an die Rettung nicht mehr glaubt – an Tristrants Bewußtsein von der herannahenden Rettung gebunden. Er lebt und dehnt seine Zeit, solange er seine ablaufende Lebenszeit mit Ysaldes Herannahen synchronisiert. In dem Moment, in dem er die Fähigkeit zum Bezug auf Ysalde verliert, wird seine Eigenzeit starr und mechanisch, und so endet sie. Die Betrugshandlung um das Segel liefert eine zusätzliche Motivation zu diesem Bezugsverlust, aber sie tut zu dem Zeitgefüge der mißlungenen Rettung nichts hinzu.

Ähnlich wie die gelingende Rettung im ‚Armen Heinrich‘ ist auch die mißlingende im ‚Tristrant‘ eine Subjektivierung des Musters von der rechtzeitigen Rettung. Während im ‚Armen Heinrich‘ die Hauptfigur mit der Objektivierung ihrer eigenen Pläne um die Wette lief und sie erfolgreich einholte, kann Tristrant überleben, solange er mit dem Kommen des Schiffes synchronisierend seine Krankheitszeit verlangsamt, also Ysalde wie einen Teil seiner selbst behandelt, wie seinen eigenen mentalen Handlungsplan. Das Gelingen der Rettung hängt in der fiktionalen Welt von einem Subjekt ab, das die Synchronisation der beiden Handlungsstränge vollbringen muß, indem es sich als ihren gemeinsamen Urheber begreift. In dem Moment, in dem Tristrant Ysalde einen ihn gefährdenden Eigenwillen zugesteht und der Nachricht glaubt, daß sie nicht komme, gewinnt auch die Krankheit ihren von jeder Verlangsamung unabhängigen Eigenrhythmus zurück, und Tristrant stirbt. Aventiurezeit wird in dieser Konstellation nicht nur an die Imagination des Autors und des Rezipienten gebunden, sondern auch an die einer Figur. Bachtins Aventiurezeit gibt es in dieser fiktionalen Welt nicht immer schon an sich, sondern sie wird in bestimmten Konstellationen durch einen mentalen Akt des Bezugs verliehen.

---

trierung von Zeitzählungen in mittelalterlicher Dichtung vor Kartschokes Aufsatz: Erzählte Zeit in Versepen und Prosaromanen, der 2000 erschien, trotz der Bachtinschen Anregungen in der germanistischen Mediaevistik nur ansatzweise gefaßt worden.

1. Rechtzeitige Rettung

Bezug gab es freilich auch im ‚Iwein' und gibt es in allen parallel gebauten Rettungsszenen. Im ‚Iwein' liegt der Wille zum Bezug in der Figur, denn Iwein will Lunete ausdrücklich retten; aber der Bezug liegt auch in der gesamten fiktionalen Welt, die sich nach diesem Anliegen formt und richtet. Ähnlich ist es in der Cadoc-Episode des ‚Erec' (HEr 5293–56489). Hier weiß der Held nicht, daß er einem Hilfsbedürftigen begegnen wird, und er entwickelt den Willen zum Bezug auf dessen Schicksal erst auf die Klage der Dame um den vermeintlich Toten hin:

> ‚[...] herre, mir belîbet tôt
> der aller liebiste man
> den ie wîp gewan.'
> (HEr 5351ff.)

Die Erzählung hat ihn aber zu einem Zeitpunkt auf die kleine Parallelhandlung treffen lassen, zu dem der Entführte noch lebt, und Erec, der das nicht wissen kann, nimmt es ohne weiteres an:

> Êrec sprach: ‚vrouwe, nû gehabet iuch wol,
> wan ich benamen sol
> bî im belîben tôt,
> oder ich hilfe im ûz der nôt.'
> (HEr 5368–5371)

Hier richtet sich das nicht begründete und nicht begründungsbedürftige Wissen der Figur nach der Einrichtung der fiktionalen Welt, in der ein Ritter, der retten will, nicht zu spät kommen kann. Im Unterschied dazu rechnen sowohl der ‚Arme Heinrich' als auch der ‚Tristrant' grundsätzlicher mit dem Scheitern von Rechtzeitigkeit, weil die Rettung weniger unauflöslich in die fiktionale Welt eingewebt ist und dafür stärker an das Wissen und Wollen der Figuren gebunden wird. Umgekehrt ausgedrückt: Die Subjektivierung des Schemas geht mit einer geringeren Stabilität der Aventiurezeit in der fiktionalen Welt, mit der grundsätzlichen Möglichkeit asynchroner Eigenzeiten einher. Man könnte das mit Eigenschaften der Stoffe begründen (narrative Aussatzheilungen können auch mit dem Motiv des vollzogenen Opfers spielen, wie Konrads von Würzburg ‚Engelhard' vorführt, und in den Tristan-Romanen ist dem Helden das Scheitern programmatisch in den Namen geschrieben), aber das verschiebt die Frage nur (denn warum gewinnen solche Stoffe ein Attraktionspotential?). Sowohl im ‚Armen Heinrich' als auch im ‚Tristrant' ist die Synchronisation der Eigenzeiten und das Gelingen der Rettung im wesentlichen dem Bewußtsein eines Subjekts in der fiktionalen Welt anheimgegeben, im ‚Armen Heinrich' ist es aber der Retter, im

‚Tristrant' der zu Rettende, von dem diese Leistung erwartet wird. Der ‚Arme Heinrich' ist damit gleichsam das Bindeglied zur arturischen Ausformung des Schemas, in dem das Wollen des Retters mit der Einrichtung der fiktionalen Welt übereinstimmt; Eilharts Tristrantroman gibt dem Retter nicht mehr diese Kraft, sondern erwartet den zeitlichen Bezug auf die externe Rettungshandlung von dem Sterbenden, der sich damit gleichsam selbst retten müßte. Tristrant stirbt, weil er sich gegen die gehörten Nachrichten keine Rettung mehr vorstellen kann, er stirbt also am Erlebnis, die Welt nicht mehr in seinem Geist und durch seine Intention strukturieren zu können (was ihm früher, als er sich dem Meer anvertrauen konnte, um Heilung zu finden oder Markes Braut zu holen, mühelos gelang).

Mit dieser Veränderung des Rettungsschemas, einer extremen Subjektivierung, hat es aber in der Schlußszene von Eilharts Roman noch nicht sein Bewenden. Er führt zudem eine dritte Kraft ein, die zu keiner der beiden Seiten gehört, weder zur rettenden noch zur bedrohenden. So sehr die kleine Intrige der weißhändigen Ysalde nur als Funktion von Tristrants Zweifel aufgefaßt werden kann,[13] so sehr verändert sie doch die fiktionale Welt für die Konstellation einer Rettung. Im ‚Erec', ‚Iwein' und ‚Armen Heinrich' bleibt die fiktionale Welt bipolar und übersichtlich, wenn jemand in Gefahr ist und ein anderer sich anschickt, ihn zu retten. In dem Moment, in dem eine dritte Kraft mit eigenen Interessen dazukommt, wird diese Übersichtlichkeit gestört. Alle (nicht nur zwei) Figuren tun, was sie für richtig halten,[14] und heraus kommt, was niemand wollte: eine geschichtsphilosophische Konstellation, die die

---

13 In diesem Gedanken folge ich Keck: Die Liebeskonzeption der mittelalterlichen Tristanromane, hier S. 122 über das vertauschte Segel.
14 Ysalde handelt nicht nur boshaft, sondern durchaus zweckrational. Immerhin lebt Tristrant im Land ihres toten Bruders, er hat darauf keine Erb- oder Herrschaftsansprüche wie sie, und er hat – zumindest weiß das der Hörer – seiner Ysalde zusichern lassen: *unser wirt hie gůt raut/ die wil daß wir leben* (ETristr 9512f). Tristrant hat, und das kann der Figur durch den bloßen Hergang klar sein, also die Absicht, in und von ihrem Land mit seiner Geliebten zu leben. Es ist von ihrem Standpunkt aus vernünftig, ihn sterben zu lassen. Auch in Wolframs ‚Parzival' hat ein Mann, nämlich Feirefiz, die Absicht, mit seiner neuen Frau im Land der bisherigen zu leben. Der Erzähler löst das Problem hier, indem er Secundille rechtzeitig sterben läßt (Pz 822,18–20).

1. Rechtzeitige Rettung 137

Verankerung von rechtzeitigen Rettungen in der fiktionalen Welt grundsätzlicher in Frage stellt als jedes Terminversäumnis es vermocht hätte.[15]

Nachdem die rettende und zu rettende Figur mit der Synchronisation ihrer Eigenzeiten gescheitert sind, ergreift Ysalde die einzige Möglichkeit der Übereinkunft mit ihrem Geliebten: Sie stirbt ihm nach. Die Eigenzeiten der Handlungsstränge für die Rettungshandlung sind damit in der Erzählung erloschen. Danach treten Marke und Ysalde Weißhand mit ihren Klagen auf: Die Uhr der Erzählung läuft über den Tod der Haupthelden hinaus weiter, wie man es aus ‚Nibelungenlied‘ und ‚Klage‘ kennt, und nun erscheint es im Nachhinein, als haben Tristrant und Ysalde in einer allgemeinen Zeit gehandelt, die mit ihnen nicht endet.

Diese allgemeine Zeit erscheint dadurch, daß sie über den Tod des Paares hinausgeht, bedeutsamer als die Eigenzeiten der Figuren, aller Figuren; sie wird für die rückwärts interpretierenden Überlebenden zu einem Wirkungsraum für Mächte, die größer sind als die einzelne Figur.

Das in der Erzählung Vergangene ordnet sich nun kausal. Für die Figur Marke werden erst jetzt große Zeiträume der vergangenen Handlung überschaubar, dem mitvollziehenden Hörer wird zu der Vielschichtigkeit des Erzählten rückblickend ein holzschnittartiger Umriß angeboten. Marke holt, nachdem er von Ysaldes und Tristrants Tod erfahren und sich ihre Liebe mit dem Trank erklärt hat, beide Leichname zu sich nach Hause, er nimmt die Toten als seine eigene, nunmehr verstehbare und verstandene, Geschichte an sich: *do fürt er sie bayd/ mit im ze land über se.* (ETristr 9728f.)

Mit der Kausalität der Geschehnisse ist auch der rechte Ort geklärt, an den die Figuren gehören. Von einem Recht oder Protest der zweiten Ysalde ist keine Rede. Wie Ysalde sie von der Bahre hat aufstehen lassen, so nimmt Marke ihr den Toten. Die Figur der zweiten Ysalde wird dadurch abgewertet. Es war nicht ihre Geschichte, sie hat nur an der Dramaturgie des Endes mitgearbeitet.

Die Rückkehr von der Abenteuerzeit der rechtzeitigen Rettung in eine allgemeine Zeit, der alle Figuren gleichermaßen unterliegen, ist nicht nur eine Relativierung einer Gestaltungsgewohnheit des Romans mit den Mitteln der Heldenepik, sondern sie nimmt auch die Subjektivierung wieder zurück, zu der Eilhart die Synchronisationsaufgabe der Rettungshandlungen getrieben hatte. Gemessen am Ausgang und insoweit sie

---

15 In anderen, besonders heldenepischen Gattungen, z.B. in der Chanson de geste (man denke z.B. ans Rolandslied) sind solche Konstellationen eher geläufig, was vermittelt sicher mit deren Verhältnis zur Geschichte zu tun hat.

lieben, sind die Handlungssubjekte dieses Romans mit der Aufgabe, ihre Zeit als Zeit anderer oder gar aller zu gestalten, je länger je stärker überfordert.

1.4.2. Strickers ‚Daniel': Serialität und Überbietung

Wenn es noch eines Beweises bedürfte, daß der Stricker im ‚Daniel' in Scherz und Ernst auf die Muster zurückgreift, die sich in der Romandichtung der vorhergehenden Generation gerade als vorbildlich bewährt haben,[16] dann gäben die Rettungen und Rechtzeitigkeiten reichlich Stoff zu solchem Beweis, denn es gibt sie zuhauf.[17] Daniel hat seinen Gefährten, den Grafen vom Lichten Brunnen, verloren, als jener einem Mann nachritt, der weder im Gruß noch im Verhalten zu seinem Gefangenen ehrenhaft zu handeln schien. Ein schwerer Feldblock und ein künstlicher Wasserfall blockieren den Eingang zu dem Land Grüne Aue, in dem der Fremde und der Freund nacheinander verschwunden sind, ehe der Gefährte ungewollt den Tormechanismus auslöste. Daniel wartet an einer immer gedeckten Tafel, die der Herr des Landes vor dem Eingang zu seinem Reich hat aufstellen lassen, *vil nâch eine wochen* (Da 2693), ob das Tor sich wieder öffnet,[18] ehe er diese Hoffnung aufgeben muß, um rechtzeitig vor Artus am Eingang zum Lande Maturs zu sein.

> *ich endarf niht lenger bîten,*
> *ich muoz hinnen rîten,*
> *ob ich im [Artus] ze hilfe komen sol.*
> (Da 2711ff.)

---

16 Vgl. Peter Kern: Rezeption und Genese des Artusromans. Überlegungen zu Strickers ‚Daniel vom blühenden Tal'. In: ZfdPh 93 (Sonderheft 1974), S. 18–42; Walter Haug: Paradigmatische Poesie. Der spätere deutsche Artusroman auf dem Weg zu einer ‚nachklassischen' Ästhetik. In: DVjS 54, (1980), S. 204–231; Matthias Meyer: Die Verfügbarkeit der Fiktion. Interpretationen und poetologische Untersuchungen zum Artusroman und zur aventiurehaften Dietrichepik des 13. Jahrhunderts. Heidelberg 1994 (GRM Beiheft 12), S. 20–64, bes. S. 61f.

17 Für Otero Villena: Zeitauffassung und Figurenidentität, S. 120-136 spielen die Rettungen auch eine wichtige Rolle. Ihre interessanten Beobachtungen sind mit dem Raster von in der fiktionalen Welt objektiver und subjektiver Zeit unterinterpretiert.

18 Meyer: Die Verfügbarkeit der Fiktion, S. 34 hebt diese „geradezu überlange Pause" angesichts der „Hast im Daniel" ebenfalls hervor und weist ebd. auf die Parallelen zur Zeitstruktur des ‚Iwein' (gemeint ist der Abschnitt bis zum Quellenabenteuer) hin.

1. Rechtzeitige Rettung

Dort wacht ein bisher durch jede Waffe unverwundeter Riese, den Daniel genau zu dem Zeitpunkt angreift und tötet, als die Ritter des Artus bereits in Sichtweite sind:

> *Dô er mit dem risen hâte gestriten,*
> *dô quam der künic Artûs geriten*
> *und manic ritter gemeit*
> *der wol ze strîte was bereit.*
> *nû wâren sîner gesellen drî*
> *zuo geriten alsô bî*
> *daz sie sâhen den slac,*
> *und der rise dannoch lebende lac.*
> (Da 2845–2852)

Daniel macht hier richtig, was Iwein bei Askalon falsch gemacht hat: Er ist zuerst am Ort des Geschehens, um die Aventiure zu bestehen, aber er sichert sich die Zeugen seines Ruhms. Nun toben den Tag über erbitterte Kämpfe, in denen Artus den gegnerischen König Matur, Daniel den zweiten Riesen erschlägt. Am Abend rät Daniel, nicht ins Land vorzudringen, sondern die zweite Schar abzuwarten, die zur ritterlichen Unterhaltung ihres Königs am nächsten Tag eintreffen wird. Die Schlacht wird also am Morgen weitergehen; bis dahin muß Daniel zurück sein. Er nutzt die Frist, um seinen Gefährten zu befreien.

Auf diesem Befreiungsgang ist der äußere Zeitrahmen der Nacht völlig überdeckt von der Folge der Ereignisse; hier wird Aventiurezeit so rein gestaltet, als hätte der Stricker Bachtin gelesen.[19] Nachdem er den Felsblock am Ausgang von Maturs Land zerhauen hat, reitet er in die Richtung, in der er die gedeckte Tafel weiß. Er kommt dort an, *dô ez êrste tagen wolde* (Da 4006). Wenn es in dieser fiktionalen Welt einen einheitlichen Tag-Nacht-Rhythmus gäbe, hätte er jetzt schleunigst zurückzureiten, um die Schlacht nicht zu verpassen. Das muß Daniel aber nicht befürchten, denn die beiden Zeitrechnungen haben nichts miteinander zu tun, wie sich alsbald zeigen wird. Noch im Morgengrauen und außerhalb des Landes kämpft er mit dessen sich selbst entfremdetem Herrn, den er besiegt, aber nicht tötet. Danach geht er durch den Mechanismus von Tor und Wasserfall, den er offen findet und verschließt. Daniel geht weiter und fällt in ein unsichtbares Netz, aus dem Sandinose,

---

19 Vgl. Bachtin: Formen der Zeit und des Chronotopos. Auf die Überdehnung des zeitlichen Rahmens, der durch die Nacht zwischen den zwei Schlachten aufgespannt wird, hat auch Meyer: Die Verfügbarkeit der Fiktion, S. 42 aufmerksam gemacht.

die Tochter des Landesherrn, ihn gegen die Zusicherung befreit, für sie einen ehrenhaften Kampf zu fechten, was bedeuten wird, gegen den blutbadenden Unhold anzutreten. Sandinose und Daniel sitzen miteinander zu Tisch (Da 4220ff.), Daniel erfährt die Geschichte des Landes und seiner Bedrückung, bis sie in die seines Gefährten mündet (Da 4244–4543). In dieser Geschichte ist eine Frist enthalten, denn sie erzählt vom Grafen, Daniels Freund: *sîn bluot muoz aber ie doch/ hiute des tages zuo dem bade* (Da 4532f.). Die Zeit drängt, denn das willensbindende Ungeheuer hat, wie das Mädchen Daniel mitteilt, offenbar die Gewohnheit, vor dem Abend zu baden:

> *dô vâhten sie unz an die naht.*
> *aller êrst wart er gefangen,*
> *dô was daz bat ergangen.*
> *von den schulden lebt er noch.*
> (Da 4528–4531)

Im weiteren Gespräch Daniels mit Sandinose stellt sich heraus, daß die Opfer dieses Tages bereits warten, und zwar auf den Gegner des Landesherrn, also auf ihn selbst, mit dessen Sieg niemand gerechnet hat. Das Mädchen ist sich aber nicht sicher, ob nicht schon alle tot sind:

> *wan daz er wolde warten*
> *ob mîn vater ieman erwürbe*
> *der mit den andern stürbe,*
> *unde sîn dâ beitet,*
> *daz bat wære nû bereitet,*
> *sie hæten alle den tôt erkorn,*
> *und hânt ouch lîhte den lîp verlorn.*
> (Da 4652–4658)

Sofort geht Daniel zu dem Baumgarten, in dem die Männer auf ihr grausiges Schicksal warten. Während der Unhold den ersten Mann absticht *als ein swîn* (Da 4788), ist Daniel hinter ihm und erschlägt ihn *weder ze spâte noch ze fruo* (Da 4794), also rechtzeitig; das eine Menschenopfer zählt offenbar nicht oder gilt dem Erzähler als unvermeidlich. Er spricht mit dem Gefährten und mit den befreiten Einwohnern des Landes, die wieder zu ihrem Verstand gekommen sind. Dabei sagt Daniel rückblickend über seinen Kampf mit dem Landesherrn vor dem Eingang zum Land: ,*ich sach in hiute fruo [...]*' (Da 4869). Das ist eine Zeitbestimmung, die man nur gebraucht, wenn der Morgen bereits vorüber ist. Der Herr des Landes kommt hinzu, und weil er sich zum Dank

1. Rechtzeitige Rettung

für seine Rettung zur Hilfe für Daniel verpflichtet, müssen die wenigen verbliebenen Männer des Landes sich schnell Pferde beschaffen:

> *dô wart ein michel gâhen*
> *nâch rossen, dô sie sâhen*
> *daz ir herre wolde rîten.*
> (Da 4945ff.)

Wenn in der Erzählung eine für alle Schauplätze gültige Uhr mäße, dann müßte der Rückweg ebenso lange dauern wie der Hinweg, der Daniel die ganze Nacht gekostet hatte. Solche Rationalität wird aber nicht herausgefordert, im Gegenteil, es fehlt jede Angabe zu einer zeitlichen Erstreckung des Weges. In einem einzigen Vers ist die Distanz bis zum Lande des Matur zurückgelegt: *Dô sie zuo dem berge riten,/ nû lac der rise dâ versniten* (Daniel 4969f.). Sie reiten weiter ins Landesinnere und kommen eben rechtzeitig zur zweiten Schlacht:

> *ez was aber an der zît*
> *daz sie aber komen solden*
> *die dâ turnieren wolden.*
> (Da 5000ff.)

Zu Erklärungen ist keine Zeit, denn sie *sâhen dort gâhende komen/ zwei tûsent ritter wol gar* (Da 5030f.). Doch diese wunderbare Rechtzeitigkeit geschieht nicht einfach, sondern der Erzähler will sie seinem Helden eigens als besondere Leistung anrechnen, und dazu führt er, rückwärts bewertend, vom Schauplatz des Kampfes aus eine generalisierende, ebenmäßige, progressive Zeitrechnung ein:

> *diz was ein michel frümekeit*
> *daz Daniel von dem künige reit*
> *rehte umbe mittenaht*
> *(wande er nâch sînem gesellen vaht,*
> *dem grâfen von dem Liehten Brunnen,*
> *den hâte er wider gewunnen),*
> *und quam dar wider alsô fruo*
> *dem künige Artûse zuo*
> *ê sich hüebe der strît.*
> (Da 4991–4999)

Aber gerade diese hypothetische ebenmäßige Zeitrechnung kann beim besten Willen nicht aufgehen:[20] Nach dem Bericht des Riesen, der die

---

20 Villena: Zeitauffassung und Identität, S. 123 ordnet das Geschehen nach Tagen und stellt fest, daß alle zur Befreiung des Gefährten nötigen Handlungen in den

Herausforderung überbringt, kommen die sieben Scharen zu Matur, um *drî stunt an dem tage* (Da 701) *daz rîten und daz hovespil* (Da 700) zu betreiben, worin dreimal ein Wechsel des Schauplatzes und der Kleider inbegriffen ist (Da 674–683). Der Riese ist für die spätere Erzählung immer wieder ein sicherer Gewährsmann, seine Angaben über seinen Bruder und sich, über das mechanische Tier und den Hergang in Clûse bewahrheiten sich. Der Schlachtplan des Artus, der nicht mit der ganzen Streitmacht des Matur kämpfen will, stützt sich auf diese Angaben, und auch dies gelingt. Dann muß also auch der Tageszeitrhythmus, den der Riese über Cluse erzählt hat, verläßlich sein. Die drei Vorführungen bei Tageslicht setzen voraus, daß die Scharen spätestens am Mittag ankommen – auch im ‚Iwein' die rechte Kampfzeit. Um diese Zeit wäre auch die zweite Schar zu erwarten, die gerade ankommt, als Daniel mit dem befreiten Grafen zurück ist. Der Erzähler will seinen Helden also dafür loben, daß er zwischen Mitternacht und Mittag eine wunderbare Aventiure absolviert hat. Das ist in der Tat eine staunenswerte Leistung, denn das, was der Erzähler hier anstößt, das Nachrechnen, kann nur ungläubiges Kopfschütteln hervorbringen. Dieses Staunen basiert darauf, daß die Erzählerbemerkung rein hypothetisch eine einheitliche Zeitrechnung in der fiktionalen Welt einführt und daß der Hörer oder Leser nachvollziehend überlegt. Von Mitternacht bis zum Morgengrauen ist Daniel vom Schlachtplatz bis zur gedeckten Tafel geritten, mindestens 4 ½ Stunden, wenn Tag und Nacht, Mitternacht und Morgengrauen zeitlich ungefähr so zueinander stehen wie in der Wirklichkeit. Denselben Weg muß er später zurück: macht insgesamt 9 Stunden von den 12, die er höchstens hat. In den restlichen höchstens 3 Stunden Clusischer Zeitrechnung streitet Daniel lange mit dem Landesherrn, versperrt er das Tor, reitet er weiter, verfängt er sich im Netz, spricht er mit dem Mädchen, geht er zum Baumgarten, erschlägt er den blutbadenden Unhold, redet er mit den Befreiten, wartet er auf ihre Ausrüstung zum Kampf, reitet er mit ihnen zurück zur Grenze der Grünen Aue.

Zeitabschnitt zwischen Mitternacht und Morgen des 12. Tages passen und die Handlungsgeschwindigkeit darin sehr hoch ist. Barbara Nitsche: Die Signifikanz der Zeit im höfischen Roman, S. 171 weist auf der Nachtzeit widersprechende Zeitangaben Da 4006 und Da 4869 hin und hebt die Ambiguität der zeitlichen Gestaltung hervor. Festgestellt hat die extreme Überdehnung der Nachtspanne schon Wolfgang Schmidt: Untersuchungen zu Aufbauformen und Erzählstil im ‚Daniel von dem blühenden Tal' des Stricker. Göppingen 1979 (GAG 266), S. 123.

1. Rechtzeitige Rettung

Das ist unglaublich, zumal es zuvor am Speisezelt (*dô ez êrste tagen wolde* Da 4006) und beim anschließenden Kampf mit dem Vater der Jungfrau Sandinose (*hiute fruo* 4869)[21] schon einmal Morgen gewesen sein soll, was die inneren Proportionen auch der gedrängtesten Zeitzählung vollends durcheinanderbringt. Solche Zeitbeherrschung soll bestaunt werden, weil sie unglaublich ist: Der Ausnahmeheld vermag das Unglaubliche, sagt der Erzähler. Wie kann der Held das vermögen? Offenbar so, wie die Aventiure von ihm erzählt worden ist. Es gab im Erzählen nicht eine einheitliche Zeitordnung der fiktionalen Welt, sondern zwei: eine, für die die nächste Schlacht der Zeitgeber war, und eine andere, auf den gefährdeten Freund bezogene. Wenn dem Helden erzählerisch ein Verdienst zugeschrieben wird, dann nicht das, besonders gut auf die Tageszeit achten zu können, denn solche Sorge kommt gar nicht vor; vielmehr das, alle Gefahren zügig zu überwinden, so daß er aus der Zeitrechnung in der Grünen Aue, in der viel in eine Stunde paßt, wieder zurück in die schnellere Zeitrechnung von Cluse schlüpfen kann.

Chrétien und Hartmann haben es, wie oben gezeigt wurde, im ‚Yvain' bzw. ‚Iwein' auch so gemacht, aber der Stricker spricht über das Verfahren, er weist gleich zweimal darauf hin. Der Mechanismus der Rechtzeitigkeit wird damit ins Bewußtsein des Rezipienten gehoben. Als die Trennung der Zeitrechnungen wieder beseitigt ist und für geraume Zeit die weiteren Ereignisse im Lande Maturs spielen, spricht der Erzähler den zitierten Satz über das Verdienst des Helden, das er nur an der Zeitrechnung in Cluse mißt. Damit weist er seinen Rezipienten darauf hin, wie der Stricker Daniel erzählerisch ausgezeichnet hat. Es gilt nicht nur implizit, sondern ausdrücklich als Verdienst des Helden, wenn er das Zeitmaß des Geschehens ist, wenn sich die Zeitzählung der erzählten Geschichte, auch die der anderen, nach ihm richtet und die einzuhaltende Frist am Ort des Geschehens auf seine Ankunft wartet.

In dieser poetologischen Reflexion steckt schon eine Überbietung der klassischen Vorbilder, aber sie ist nicht genug. Denn in den Rahmen der einen Rechtzeitigkeit hat der Stricker, ebenfalls überbietend, noch eine zweite eingefügt, die Rettung des Grafen vom Lichten Brunnen. Ihn zu befreien war Daniel ausgezogen, aber noch ohne eine Frist zur möglichen Rettung. Er hat es ursprünglich so wenig eilig damit, daß er mit mehreren Versuchen rechnet.

> *er dâhte, als im was geslaht,*
> *er wolde hin ze dem berge traben,*

---

21 Beide Stellen auch bei Nitsche: Die Signifikanz der Zeit, S. 170f.

> *ob der stein wære ûf gehaben, [...]*
> *wære aber diu strâze noch bespart,*
> *daz er her wider rite.*
> (Da 3924–3926 und 3930f.)

Die Tochter des Herrn der Grünen Aue erzählt Daniel jedoch von der akuten Bedrohung. Durch ihre oben zitierten Auskünfte über den Freund verengt sich der zeitliche Spielraum der Rettung in zwei Stufen: Daniel erfährt zuerst, daß der Gefährte noch am selben Tage sterbe, dann, daß dessen Tod unmittelbar bevorstehe. Seine rechtzeitige Ankunft hängt in diesem Falle nicht von ihm ab, und daß er den Rettungsversuch in diesem Moment abbrechen könnte, um die Schlacht in Cluse nicht zu versäumen, erscheint im Horizont der Erzählung gar keine Erwägung wert. Als er den aussätzigen Unhold aber mit dem Schwert erschlägt, weist der Erzählerkommentar *weder ze spâte noch ze fruo* (Da 4794) ausdrücklich auf das Rechtzeitigkeitsmuster hin. Im Vordergrund der Erzählung bezieht sich die Bemerkung auf die Rettung des Gefährten und der übrigen Opfer mit Ausnahme des ersten. Da im selben Moment aber auch die Rückbewegung wieder einsetzt, die Daniel bei den Danksagungen sofort beginnt, kann die Bemerkung auch auf die Rahmenhandlung und ihr Zeitproblem bezogen werden, denn es ist in der Erzählung für Daniel noch nicht zu spät, um umzukehren und Artus in der Schlacht zu unterstützen.

Im Unterschied zu Eilhart und Wolfram stellt der Stricker das Muster der Rechtzeitigkeit nicht in Frage, sondern er überbietet es und macht es bewußt, womit er die Ausnahmestellung des Helden unter allen Figuren des Romans betont. Ausnahme sein soll Daniel – anders als Erec und Iwein bei Hartmann – in der Erzählung nämlich nicht mehr nur im Grad derjenigen Tugenden und Vorzüge, die auch anderen Rittern eignen, sondern in der instrumentellen Ausnutzung von Vernunft und Aventiure für die Leitziele ritterlicher Existenz. Solche Anlagerungen des tradierten Schemas an veränderte Heldentypen oder Konfliktlagen scheinen jederzeit möglich. Jenseits einer Zeit, die die Macht des Subjektes noch erproben muß, indem sie die fiktionale Welt in den Zeitsog der Figur geraten läßt, muß Rechtzeitigkeit als literarisches Versatzstück jedoch neu semantisiert werden, oder sie wird trivial wirken. Der ‚Daniel' befindet sich in dieser Hinsicht in einem Übergang, er zeigt das gerade noch Kunstfähige auf dem Abstieg zur Trivialität.

1.4.3. Umschlag und Ausblick: Die Rettung kann ausbleiben

Heinrich von dem Türlin hat im 13. Jahrhundert mit seiner ‚Krone' ein Buch über den Artusroman geschrieben, das selbst die Gestalt eines Artusromans hat. Darin wird der Optimismus gegenüber menschlicher Tatkraft, der im Rechtzeitigkeitsschema steckt, weit zurückgenommen. Es gibt noch gelingende Rettungen zu rechter Zeit, zum Beispiel die Unterstützung für König Flois gegen den Riesen Assiles, die zur bestimmten Zeit kommen muß. Aber sie haben bisweilen fatale Folgen, wie die Intervention Gaweins im Kampf des Aamanz gegen Zedoech, durch welche er Zedoech vor Aamanz rettet, indem er mit Aamanz kämpft. Aamanz, der aussieht wie Gawein, sich wie dieser verhält und deshalb der zweite Gawein heißt, wird von Gawein besiegt und der Obhut seines dazukommenden Feindes Gigamec anvertraut, was ihn das Leben kostet – Gawein hat mittelbar seinen Doppelgänger getötet, indem er für dessen Gegner eingetreten ist. In Frage gestellt wird das Rechtzeitigkeitsschema auch durch die Verknüpfung ernster mit komischen Rechtzeitigkeiten. Gotegrin, der Bruder der Ginover, will seine Schwester wegen der Schande eines öffentlichen Skandals um Gasoein töten (Cr 11108–11235), wird aber gerade noch rechtzeitig von Gasoein gehindert (Cr 11253–11284). Der jagt ihm die Königin ab, will sie aber bei der nächsten Gelegenheit vergewaltigen, was in einer nicht ganz ernsten Szene (Cr 11629–11772) durch das rechtzeitige, aber völlig zufällige Kommen Gaweins verhindert wird.

Während diese Motivvariationen aber gleichsam literaturgeschichtlich nach hinten weisen, sich zu einer früheren Gestaltungsidee kritisch verhalten, führt Heinrich gleichzeitig auf einem Nebenschauplatz und an einer Nebenfigur die völlige Umkehr des Rechtzeitigkeitsschemas ein, gleichsam den Sieg der Umstände über die Intention. Ich hebe diese kleine Episode deshalb heraus, weil von ihr eine Linie zur klassischen Moderne führt, beispielsweise zu Kafka, bei dem es keine rechte Zeit mehr gibt.

Nachdem Gawein aus der Trance aufgewacht ist, die ihn im Reich der Amurfina umfangen hatte, sieht er eine seltsame Spur, die vorn Hund, hinten Mensch zu sein scheint (Cr 9162–9165), später einen abgeschnittenen Zopf (Cr 9183f.) und drei Blutstropfen (Cr 9193f.), in denen er, als habe er Wolframs ‚Parzival' gelesen, das Gesicht Amurfinas zu erkennen glaubt. Wie sich herausstellt, gehört die Spur zu einem mit Nattern behangenen Wassermann (Cr 9230–9237), der eine junge Frau entführt hat, die Gawein, wieder in der Rolle des Aventiureritters, sofort befreit

(Cr 9243–9260). Als er, vom Ansturm der Waldgefährten des Ungeheuers verletzt, ausruht (Cr 9321–9325), wird er von einem wilden Weib entführt, aus dessen Gewalt er sich jedoch befreien und dem er mit dem Mädchen, das ihn unterdes gesucht hat, über den Fluß entfliehen kann (Cr 9340–9496). Das Mädchen kommt aber zu spät nach Hause zurück. Es war ausgeschickt worden, um dem kranken Bruder Heilung zu bringen, aber nun kommt es ohne die erhofften Kräuter zurück, und der Bruder stirbt:

> *Als der wund riter vernam,*
> *Daz im so gar vnhelfsam*
> *Disiv magt was chomen wider,*
> *Auf daz bet liez er sich nider*
> *Vnd starp vor leide sa zehant.*
> (Cr 9612–9616)

Das hört sich an wie eine Variation des Tristranttodes, denn der Bruder stirbt nicht an seiner Krankheit, sondern an der Enttäuschung. Im Unterschied zu Tristrant ist der Bruder des Mädchens aber nicht deshalb enttäuscht, weil die Retterin nicht kommt (dann wäre er bei dem Eintreffen der beiden schon tot), sondern darum, weil die Schwester kommt, aber nicht als Retterin. Er hatte eine Rettung erwartet, aber die findet nicht statt, denn das Mädchen hat ihn und seine Kräuter vergessen, weil ihre eigenen Verwicklungen ihr den Auftrag zugedeckt haben. Anders als die weißhändige Isolde hat der Wassermann kein Interesse daran, das Einvernehmen zwischen Mädchen und Bruder zu stören. Es handelt sich also nicht um eine absichtsvolle, sondern um eine zufällige Hinderung, aber dennoch hat sie die Kraft, die Rettungsmission vergessen zu machen.

Hier bricht in der fiktionalen Welt das Kontingente in Strukturen ein, in denen die Figuren sich zueinander ordnen und in denen sie selbst und der Hörer oder Leser Sinn sehen, und die Aventiure ist nicht in der Lage, diese Störung zu heilen. Bruder und Schwester leben durch Verwandtschaft in einem System wechselseitiger lebenserhaltender Hilfe, dessen Unterbrechung von außen zum Tod eines Protagonisten führt. Am zeitlichen Aspekt des Schemas der rechtzeitigen Rettung liegt es jedoch nicht, wenn die Krankheit doch zum Tode führt: Im Gegenteil, die Rechtzeitigkeit ist trotz der größten Schwierigkeiten gewahrt. Die zeitliche Synchronisation gelingt den Figuren also. Aber die Geschichte wird so erzählt, daß es – obgleich man an Abläufe in anderen erzählten Geschichten erinnert wird, bei denen es genau darauf ankommt – diesmal nicht wesentlich darum geht, daß die Retterin rechtzeitig eintrifft; es wird vielmehr fundamental in Frage gestellt, ob es Rettung überhaupt geben kann, ob der Bezug zu einem nahen Menschen eng genug ist, alle Schwierigkeiten zu überwinden und dabei an dem Bezug festzuhalten. Die kurze Episode in der ‚Krone' sagt dazu: Nein.

1.5 Literaturgeschichtliche Linien

Das Schema der rechtzeitigen Rettung basiert darauf, daß es in der fiktionalen Welt keine allgemeine Zeitzählung gibt, sondern zwei grundsätzlich divergente und asynchrone Eigenzeiten, die sich nur unter Schwierigkeiten aufeinander beziehen lassen, indem jedes Handlungssubjekt seinen Taten zumutet, in den Zeitrhythmus des anderen zu passen. Was der Retter, der immer bewußt handelt, zur Rettung zu tun hat, muß vor dem Tod des Bedrohten vollendet sein, und das Subjekt der Bedrohungshandlung richtet sich, ob unfreiwillig oder freiwillig, ob nach der Einrichtung der fiktionalen Welt bei einer Bedrohung von außen oder nach dem Willen des Bedrohten bei einer Bedrohung von innen, nach der Langsamkeit, in der der Retter kommt. Diese Synchronisationsleistung ist von der Seite des Retters her ein voluntativer Akt, und der Erfolg stellt sich dann ein, wenn sich die gesamte fiktionale Welt einschließlich der bedrohenden Macht auf das Zeitdiktat des Retters einläßt; die gelungene Rettung enthält folglich eine aktive und eine reaktive Zeitsetzung. Die aktive liegt beim Helden und Retter, der die Zeit durch seine vielen gedrängten Taten gliedert, die reaktive bei den Bedrohungen, die sich unterdes verlangsamen, um auf ihn zu warten. Die Zeit scheint das Wichtigste zu sein und spielt zugleich keinerlei Rolle: Es geht um Vorgangs-, nicht um Maßsynchronisierung.

Während das Gelingen von Rettungen – bei aller Differenzierung nach den Instanzen der Rettung und Bedrohung – einheitlich nach diesem Schema verläuft, wird das Mißlingen unterschiedlich gestaltet. Noch gilt es aber regelmäßig als die tragische Abweichung vom Normalfall, nicht etwa als das Normale und Erwartbare. Die Störung wird darin gesehen, daß ein Dritter mit seinen auf eine der Seiten gerichteten Intentionen und Handlungen auftaucht. Eilhart legt den Hebel, mit dem die dritte Macht das Gefüge der Vorgangssynchronisation aushebt, beim zeitlichen Mechanismus an. Ysalde kommt zu spät, um Tristrant von seinem Irrtum zu überzeugen, weil Ysalde Weißhand Tristrant von seinem Bezug auf die Retterin abbringt. In der ‚Krone' wird, wenn auch an einer Nebenfigur, eine noch tiefere Störung durchgespielt. Hier verliert das Mädchen, indem es selbst leidet und gerettet werden muß, die Rolle und Würde der Retterin, und zwar nicht nur objektiv, indem es am Einsammeln der heilenden Drogen gehindert würde, sondern auch subjektiv, indem es mit keinem zweiten Versuch auf diese Rolle zurückkommt. Während Tristrant noch im Tod beweist, daß das selbstbestimmte, zeitformende Tun und Denken der Figur deren epische Welt modelliert, ist es in der Wassermann-Szene der ‚Krone' umgekehrt: Der in der fiktionalen Welt objektive Eingriff in die Handlungsspielräume der Figur verändert auch ihr Denken und Tun, die Retterin läßt sich von ihrer Aufgabe abbringen.

Mit der rechtzeitigen Rettung hat der höfische Roman ein literarisches Schema erfunden oder doch wesentlich ausgebaut, das nie aus der Literatur verschwunden ist und das zwei Medienwechsel überlebt hat, den von der Handschrift zum Druck und den von der Erzählung zum Film. Interessanterweise scheint aber die gerade noch rechtzeitige Weltrettung, die in letzter Minute entschärfte Bombe und ähnliche Motive nur noch in trivialen Texten oder Filmen möglich, oder umgekehrt: Das Schema scheint einen Text oder einen Film trivial zu machen. Das ist nicht verwunderlich, weil seine Kunstfähigkeit an eine fiktionale Welt gebunden war, in der das rechtzeitige Auftauchen des Retters das Überall und Jederzeit adeliger Ordnungsmacht anzeigte. Das mittelalterliche Muster erhöhte in diesen Episoden nicht den einzelnen, sondern den idealen Vertreter eines Standes, und wenn der Ritter die Zeit der Bedrohung zwingen konnte, auf ihn zu warten, so war das bis zum Anbruch der Neuzeit nur ein Sonderfall der allgegenwärtigen Polyzentrik der Zeit.

2. Besondere mittelalterliche Zufallskonstellationen

Was macht den Zufallsdiskurs der mittelalterlichen Erzählungen so besonders und unverwechselbar, hebt ihn ab von langdauernden Kontinuitäten und den epochalen Besonderheiten anderer Zeiten? Dieses Kapitel untersucht als vorläufige Antwort – eine epochenübergeifende Literaturgeschichte des Zufalls in fiktionalen Welten fehlt noch[1] – zwei

---

1   Zu Recht immer wieder zitiert wird das kleine Buch von Erich Köhler: Der literarische Zufall, das Mögliche und die Notwendigkeit. München 1973. Die noch nicht vorhandenen Handbücher werden durch Sammelbände vertreten: Walter Haug, Burghart Wachinger (Hgg.): Fortuna. Tübingen 1995 (Fortuna vitrea

im Mittelalter ubiquitäre Konstellationen: die der Aventiure und die christliche Umbesetzung des Fatums, und es versucht einige Blicke ins philosophische Umfeld.

2.1. Der Zufall im Feld seiner historischen Begrifflichkeit

Unter dem Lemma ‚Zufall' listet ein gegenwartssprachliches Wörterbuch des Deutschen auf: „unerwartetes Ereignis, unvorhergesehenes Zusammentreffen von Vorgängen, Geschehnissen [...]/ philos. Kategorie/ Ereignis, das unter gegebenen Bedingungen zwar kausal, aber nicht notwendig eintritt und nur statistisch voraussagbar ist [...]"[2]. Die Kausalität scheint bei der Beobachtung des Zufalls nach dieser Beschreibung keine Rolle zu spielen, sie ist aber implizit darin enthalten. Einerseits kann nur unerwartet und unvorhergesehen sein, was man nicht als Wirkung von Ursachen vorhergesehen hat; andererseits wird der Entstehung des zufälligen Phänomens durchaus eine Kausalität zugebilligt – nur eben keine bekannte. Für das Verständnis dessen, was als zufällig beschrieben wird, eröffnet die Beschreibung in dem Wörterbuch zwei Möglichkeiten: Ereignis oder Zusammentreffen. Sachlich ist das ein großer Unterschied. Wenn man etwas nicht vorhergesehen hat, dann legt man sich mit dem Wort ‚Ereignis' nicht darauf fest, ob es hundert kleine Vorgeschichten hat, in der Ursachen stecken, oder nur eine einzige; wenn man dagegen eine Begebenheit als Zusammentreffen versteht, dann hebt man mehrere (mindestens zwei) voneinander abgegrenzte ursächliche Vorgeschichten aus dem Vorfeld heraus, man sieht sich in der Lage, die Stränge der Vorgeschichte voneinander zu sondern. So ergibt sich, daß das zufällige Zusammentreffen ein Sonderfall des zufälligen Ereignisses ist. Das deutsche Wort ‚Zufall' macht zwischen beidem keinen Unterschied, aber es gibt begriffsgeschichtliche Traditionen, die ihn sehr wohl wichtig nehmen.

---

15); Gerhart von Graevenitz, Odo Marquard in Zusammenarbeit mit Matthias Christen (Hgg.): Kontingenz. München 1998 (Poetik und Hermeneutik XVII). Zur Zufallsdebatte in der Germanistik vgl. z.B. Werner Frick: Providenz und Kontingenz. Untersuchungen zur Schicksalssemantik im deutschen und europäischen Roman des 17. und 18. Jahrhunderts, Bde. 1–2. Tübingen 1988 (Hermaea N.F. 55).

2 Günther Kempcke u.a. (Hgg.): Handwörterbuch der deutschen Gegenwartssprache, Bde. 1–2. Berlin 1984, hier Bd. 2, S. 1378.

Auch andere europäische Sprachen haben schöne Zufallswörter (das französische *hasard* z. B. kommt vom arabischen Wort für den Würfel); da aber Assoziationsfelder und Begriffsumfang je unterschiedlich sind, benutzen die fachsprachlichen Diskurse in Europa und Nordamerika meist die Fremdworte ‚Kontingenz' für das unvorhergesehene und für den Beobachter auch unvorhersehbare Geschehen,[3] ‚Koinzidenz' für den unvorhergesehenen und für den Beschreibenden unvorhersehbaren raumzeitlichen Zusammenfall.[4] Die Diskussion darum, was von einem bestimmten Standpunkt aus vorhersehbar war, ist und hätte sein können, wird nur zu einem kleinen Teil in den Philologien geführt.[5] Daneben haben die Naturwissenschaft und verständlicherweise die Technik ein Interesse an der Bändigung des Unvorhersehbaren.[6] Ihnen ist die Verschwisterung von Kontingenz und Koinzidenz nicht immer wichtig, sie können sich an das logische und hierarchische Verhältnis der beiden Begriffe zueinander halten, in dem die Koinzidenz der Sonderfall ist. Für die Philologien jedoch ist die Koinzidenz ein wirklicher Schwesterbegriff zur Kontingenz, nicht etwa, weil es im Deutschen für beides ein und dasselbe Wort gibt, sondern vielmehr, weil das plötzliche und unerwartete Zusammentreffen ein sehr altes und nie untergegangenes literarisches Schema des Erzählens und (das Erkennen oder Wiedererkennen von Figuren: Anagnorisis) des dramatischen Dichtens ist, ein Schema, in dem sich das Walten des Zufalls in der fiktionalen Welt – wie immer man ihn interpretiert – in Worten modellieren läßt. Und man interpretiert ihn immer, weil die Abwesenheit von innerfiktionalen Erklärungsmöglichkeiten in einer Welt aus Zeichen ihrerseits erklärt werden muß.

Das deutsche Wort ‚Zufall' ist eine Lehnübersetzung aus Schulstuben des Mittelalters. Es gibt den lateinischen Begriff *accidens* wieder, der gemeinsam mit lat. *substantia* (gr. οὐσία) in den Umkreis der aristoteli-

---

3 Zum Begriff: Vgl. Hans Blumenberg: Kontingenz. In: Die Religion in Geschichte und Gegenwart, Bd. 3. 3. völlig neu bearb. Aufl. Tübingen 1959, Sp. 1793f.; Michael Makropoulos: Modernität als Kontingenzkultur. Konturen eines Konzepts. In: Graevenitz/Marquard: Kontingenz, S. 55–79, bes. S. 59f.; W. Brugger: Kontingenz I. In: Historisches Wörterbuch der Philosophie, Bd. 4. Basel 1976, Sp. 1027–1034.
4 Vgl. H. Meinhardt: Koinzidenz. In: Historisches Wörterbuch der Philosophie, Bd. 4. Basel 1976, Sp. 879–881.
5 Vgl. Haug/Wachinger (Hgg.): Fortuna; Graevenitz/Marquard (Hgg.): Kontingenz.
6 Dazu in populärwissenschaftlicher Verständlichkeit Stefan Klein: Alles Zufall. Die Kraft, die unser Leben bestimmt. Hamburg 2004.

schen Ontologie gehört.[7] Bekannt aus der Kategorienschrift und der Isagoge des Porphyrius, einer in der 2. Hälfte des 3. Jahrhunderts entstandenen Einführung in die Kategorienschrift des Aristoteles, die beide um 500 von Boethius ins Lateinische übersetzt worden waren, zählte das Wort zum terminologischen Grundbestand der Metaphysik, der sich längst verfestigt hatte, als am Ende des 12. Jahrhunderts die große Welle der Rezeption des Aristoteles einsetzte. Das *accidens*, übersetzt das Hinzutretende oder eben Hinzufallende, kommt zu den Wesenseigenheiten eines Dinges, dem gattungshaft Zugrundeliegenden (der ‚zweiten Substanz' des Aristoteles; die erste ist das konkrete Sein) dazu. Es modifiziert sie für den Einzelfall, aber es ändert sie dabei nicht. Für das Einzelding oder Einzellebewesen ist es in der Wirklichkeit unverzichtbar. Das *accidens*, der Zufall im Wortgebrauch der mittelalterlichen Übersetzungsliteratur, für heutigen Sprachgebrauch klarer wiederzugeben als das Hinzukommende, bedeutet das je Besondere, das die Bausteine der Wirklichkeit ihrem Gedankenabbild gegenüber wirklich macht, ohne zum engeren Begriff zu gehören. Der Begriff *accidens* und damit auch das Übersetzungswort *zuoval* sind dabei das gesamte aristotelisch geprägte Mittelalter hindurch im Hinblick auf die Frage nach dem Sein geprägt. Während *substantia* das selbständige Seiende bezeichnet, ist ein *accidens* nie substantiell, nie ein selbständiges Seiendes, sondern, wie das Wort sagt, nur das, was zum Seienden hinzukommt.

An diesem systematischen Berührungspunkt kreuzt sich die Begriffsgeschichte des *accidens* mit der der *contingentia*.[8] Die *contingentia* (Neutrum Plural des Präsenspartizips *contingens* vom Infinitiv *contingere* ‚mitberühren', ‚beeinflussen', also: ‚die berührenden, beeinflussenden Dinge') sind bei der Übersetzung von ‚De interpretatione' (Περὶ ἑρμηνείας) des Aristoteles ins Lateinische gelangt. Die Schrift war schon im frühen Mittelalter bekannt und blieb es, weil Boethius sie übersetzte, zum Teil im Rückgriff auf das frühere (Mitte 4. Jh.) Vorbild des Marius Victorinus. Kaum zu überschätzen ist auch hier der Einfluß der Übersetzungen der Isagoge des Porphyrius, die in der Übersetzung des Boethius eines der wichtigsten Lehrbücher der ‚Logica vetus' wurde. Die Formen des Verbs *contingere* und das Partizip *contingens* stehen in der durch

---

7 Zum Überblick vgl. auch Winfried Rottenecker: Zufall. In: Lexikon des Mittelalters, Bd. 9. München 1998, Sp. 682f.
8 Der Kreuzungspunkt ist (vom Kontingenten her) auch markiert bei Josef de Vries: Grundbegriffe der Scholastik. 3. Aufl. Darmstadt 1993, Stichwort ‚Kontingent' (contingens), S. 59–63, hier S. 61.

Marius Victorinus und Boethius[9] begründeten Tradition für gr. ἐνδεχόμενον.[10] Sie bezeichnen das, was sein kann, aber nicht sein muß, und was so sein kann, aber nicht so sein muß. Damit ist der Begriff *contingens* im Bezug auf das Problemfeld der Kausalität und der Notwendigkeit gebildet, also ein logischer Begriff, während der des *accidens* zur Frage nach dem Sein gehört, also einen ontologischen Status anzeigt. Was kontingent ist, kann Substanz haben (jeder einzelne Mensch ist hinsichtlich seiner Zeugung kontingent) oder Akzidens sein (wie die Haarfarbe eines Menschen ohne den Menschen und ohne sein Haar nicht sein kann, aber in sich beliebig ist). Das gibt in der mittelalterlichen Begrifflichkeit dem Kontingenten einen weiteren Umfang als dem Akzidens, denn das Akzidens kann nie Substanz haben. Aber es ergeben sich aus den unterschiedlichen systematischen Anbindungen der beiden Begriffe auch Verflechtungen und Überschneidungen: Das Akzidens ist hinsichtlich des zugrundeliegenden Seins und seiner Ursachen immer kontingent, auch wenn es sich einer nächstliegenden Ursache nach kausal begründen läßt. Systematisch gesehen ist alles, was einem Seienden akzidentiell ist, auch kontingent; hingegen ist nicht alles Kontingente auch akzidentiell. Dem Kontingenten wohnt ein Zeitparameter inne, weil der Begriff der Notwendigkeit an eine unverrückbare Ordnung von Grund und Folge gebunden ist, während ein Akzidens für den Jetztpunkt und ohne temporale Dimension bestimmt werden kann. Diese Augenblicksbezogenheit des Begriffs *accidens* wiederum erlaubt, ihn zur Bezeichnung einer plötzlichen und unerwarteten Störung eines berechenbaren kausalen Ablaufs durch hinzutretende Zweit- und Drittursachen in Anspruch zu nehmen; scholastisch heißt das *per accidens*,[11] was durchaus dem modernen ‚zufällig' entspricht und die Vermischung der beiden Begriffe in der Übersetzungssprache vorbereitet.

---

9   Vgl. Albrecht Becker-Freyseng: Die Vorgeschichte des Terminus ‚contingens'. Die Bedeutungen von ‚contingere' bei Boethius und ihr Verhältnis zu den Aristotelischen Möglichkeitsbegriffen. Heidelberg 1938 (Quellen und Studien zur Geschichte und Kultur des Altertums und des Mittelalters 7, Reihe D), S. 20–24.
10 Lat. *contingere* übersetzt daneben auch gr. συμβαίνειν ‚sich ereignen'. Dazu neben Becker-Freyseng: Die Vorgeschichte des Terminus ‚contingens', S. 22 auch De Vries: Grundbegriffe der Scholastik, S. 59. Becker-Freyseng arbeitet heraus, daß bei Boethius ein Teil der begrifflichen Differenziertheit im Feld des Zufälligen auf diese Weise im Lateinischen zunächst verlorengeht, um sich jedoch im Zuge späterer, mittelalterlicher Diskussionen wieder zu etablieren, dazu bes. S. 73f.
11 Vgl. De Vries: Grundbegriffe der Scholastik, S. 62.

2. Besondere mittelalterliche Zufallskonstellationen

Die Vorstellungen von der Kontingenz und dem Geschehen *per accidens* bieten in ihrer aristotelischen Fundierung dem mittelalterlichen Denken die wesentlichen Modelle für die Verarbeitung der geschichtlichen Erfahrung, daß es anders kommt, als alle glauben und wollen. Sie vertragen sich mit theologischem Denken und Erklären, weil Willensentscheidungen immer kontingent sind, was auch für den Willen Gottes gilt. Gleichzeitig geben sie der Reflexion im Bezug auf die *contingentia futura* auch Rätsel auf, die kontrovers diskutiert werden konnten.[12] Dieses Problemfeld des zufälligen Geschehens wird, wie man unten wird sehen können, auch in der erzählenden Literatur reich reflektiert.

In die gelehrte Zufallsdiskussion des Mittelalters fließt auch eine juristische Vorstellung ein, die vom römischen Recht und der Rhetorik herstammt. Die Wendung *ex casu*, die Boethius kennt,[13] bezeichnet den Zufall im Mittelalter vor allem in der kanonistischen mittelalterlichen Rechtswissenschaft. Als zufällig gilt dort, was geschieht, ohne bewußt verursacht worden zu sein, es ist also ein Gegensatzbegriff zur intendierten und ausgeführten Tat, die Schuld begründen würde; der Zufall schließt Schuld weitgehend aus.[14]

Der Begriff der Koinzidenz, der in der modernen Narratologie häufig verwendet wird und der auch Sachverhalte antiken und mittelalterlichen Erzählens trifft, zum Beispiel das Koinzidenzschema,[15] ist in der philosophischen Reflexion des Mittelalters noch nicht so stark mit dem Zufallsproblem verschwistert. Er wird anders gedacht, eher von der Einheit her, die der raumzeitliche Zusammenfall bildet, als von den verschiedenen Wegen her, die zu dieser raumzeitlichen Einheit führen (und nur unter diesem Aspekt stellt sich die Nähe zum Zufall her, weil das Hinzu-

---

12 Vgl. Joachim Roland Söder: Kontingenz und Wissen. Die Lehre von den *futura contingentia* bei Johannes Duns Scotus. Münster 1999 (Beiträge zur Geschichte der Philosophie und Theologie des Mittelalters N.F. 49), S. 15–84.
13 Boethius: In librum Aristotelis De Interpretatione. Buch 3. PL 64, Sp. 492 A-B: *Stoici dum omnia quidem ex necessitate et secundum providentiam fieri putant, id quod ex casu fit, non secundum ipsius fortunae naturam, sed secundum nostram ignorantiam metiuntur, id enim casu fieri putant, quod cum necessitate sit tamen ab hominibus ignoretur.*
14 Vgl. Wilhelm Rees: Schuld. II. Kanonisches Recht. In: Lexikon des Mittelalters, Bd. 7. München 1995, Sp. 1577f., hier Sp. 1578: „In der Behandlung des Zufalls (casus) wurde der Willensmangel erkannt und daher das Schuldmoment ausgeschlossen".
15 Vgl. Hilary Dannenberg: A Poetics of Coincidence in Narrative Fiction. In: Poetics Today 25 (2004), S. 399–436. Die Verfasserin versteht (vgl. S. 399f.) den *Coincidence Plot* im Sinne universaler Verfüglichkeit, weniger als historisch geworden.

treten zum anderen für diesen oder für beide akzidentiell sein kann). Dieses Denken von der Einheit her bewegt sich in neuplatonischen Bahnen, wie man noch bei Nikolaus Cusanus erkennt, für den die *coincidentia oppositorum* zum tragenden Begriff werden.[16]

Für das Denken des Mittelalters liegt dagegen der Zufall (das *contingens* oder der *casus*) in der Nachbarschaft des Schicksals (*fatum*), der Vorsehung (*providentia*) und des Glücks (*fortuna*). Diese Begriffe, deren Verschwisterung mit dem Zufall eine lange, auf die Aristoteleskommentare zu ‚De interpretatione' (besonders zum 9. Kapitel) zurückgehende Tradition hat,[17] stehen für Modelle sinnstiftender Interpretation, die das zu erklärende Faktum nicht an ein zeitlich vorausliegendes, erzähltes Ereignis bindet (das wäre die Voraussetzung für kausale Auffassung), sondern an entweder spätere Zustände (das hieße eine Vorsehung unterstellen, also teleologisch erzählen) oder an nicht erzählte, den Figuren verborgene unbekannte Notwendigkeiten (für diese Grenze der einsehbaren Kausalität steht traditionell der Begriff des Schicksals).

‚Schicksal', ‚Vorsehung' und ‚Glück' werden als Modelle solcher Sinnmodellierung im Zuge der Boethius-Rezeption befestigt. Sie sind eng benachbart, insofern alle drei das Wirken von Mächten unterstellen, die vom Standpunkt dessen, der Sätze über Vorgänge bildet (und das ist der Logiker wie der Rhetor, Geschichtsschreiber oder Dichter), als nicht nachvollziehbar verursacht erscheinen und die sich den Handelnden, über die gesprochen wird, als im Einzelfall unbeherrschbar und im besonderen Wirken nicht prognostizierbar darbieten. Gleichwohl unterscheiden sich die drei Begriffe in der Bewertung dieser Mächte für die Figur, deren Geschichte erzählt wird.

Der Begriff ‚Schicksal' (*fatum*) unterstellt das Wirken lenkender, höherer Mächte, wie sie in den mythischen Erzählungen der Griechen und Römer in den Göttern dargestellt werden. Das Fatum ist unabänderlich, wenn auch unbegreiflich, und wird deshalb, wie Boethius erklärt, in philosophischen Auseinandersetzungen um Grund, Folge und Wahrheitswerte nach Vorschlägen aus der Stoa als die unbekannte Notwen-

---

16 Vgl. Meinhardt: Koinzidenz.
17 Boethius zeigt in den Erläuterungen zu seiner Übersetzung von ‚De interpretatione', wie sich die Frage nach den *contingentia futura* aus der nach der Möglichkeit wahrer Aussagen über die Zukunft entwickelt; die Vorsehungs- und Schicksalsbegriffe tauchen im weiteren Gang der Untersuchung in diesem Zusammenhang auf. Vgl. Boethius: In librum Aristotelis De interpretatione. Buch 3, Kap. ‚De futuris contingentibus', PL 64, Sp. 495A–496B; zu *fatum* und *providentia* auch Sp. 501C–504D.

digkeit aufgefaßt.[18] Die christlichen Leser der alten Texte haben mit dem Begriff Schwierigkeiten, weil er in Mythologien wurzelt, in denen auch die Götter nicht allmächtig sind, und weil er die Willensfreiheit in Frage stellt; sie halten sich also eher an die stoische Interpretation von den unbekannten Notwendigkeiten und rücken deshalb die Sterne in den Vordergrund ihrer deterministischen Gedanken,[19] zumal deren Einfluß zugegeben und gleichzeitig niedriger bewertet werden kann.[20]

‚Vorsehung' (*providentia*) erklärt das unerwartete und nicht aus einsichtigen Ursachen ableitbare Geschehen mit der Annahme, das gelenkte Geschehen müsse von einem Standpunkt oberhalb der Handlungsebene aus in sich sinnvoll und geschlossen sein, weshalb es häufiger mit der Vorstellung von göttlicher Lenkung verknüpft wird. Die göttliche *providentia* ist seit Augustin und durch ihn für das mittelalterliche Denken bis zur Reformation ein großes Thema, weil – wie Augustin konsequenterweise einräumte, worin ihm aber die mittelalterliche Ethik nicht folgen

---

18 Boethius: In librum Aristotelis De interpretatione, Buch 3, Kap. ‚De futuris contingentibus', PL 64, Sp. 503A: *Dicunt enim quidam quorum sunt stoici, omnia quaecumque fiunt, fati necessitate provenire, omnia quae fatalis agit ratio, sine dubio ex necessitate contingere.*

19 Augustinus schreibt in einem Brief an Lampadius: *Quando ergo quisque, cum reprehendi coeperit, causam convertit in fatum, et ideo se culpari non vult, quia fato se dicit coactum fecisse id quod arguitur; redeat ad seipsum, servet hoc in suis, non castiget servum furem, non de contumelioso filio conqueratur, vicino improbo non minetur. Quid enim horum faciens, iuste facit, si omnes a quibus iniurias patitur, non culpa sua, sed fato impelluntur ut faciant?* Epist. 246, 3. Sancti Aurelii Augustini Epistulae. Ed. A. Goldbacher. Wien, Leipzig 1911 (CSEL 57), S. 584,25–585,3. In der Auslegung des Johannesevangeliums setzt Augustin den allgemein angenommenen Zusammenhang von Sternen und Fatum bei aller Abwehr des Fatums überhaupt voraus: *Quia si esset fatum de sideribus, non poterat esse sub necessitate siderum conditor siderum. Adde quia non solum Christus non habuit quod appellas fatum; sed nec tu, aut ego, aut ille, aut quisquam hominum.* In Ioannis Evangelium tractatus CXXIV, tract. 8, cap. 10. Ed. Radbod Willems. Turnout 1954 (CCSL 36), S. 89.

20 Vgl. dazu die Beschreibung der Astrologie in Hugos von St. Viktor ‚Didascalicon' 2,10: *Ita astronomia videtur esse quae de lege astrorum et conversione caeli disserit [...]. Astrologia autem quae astra considerat secundum nativitatis et mortis et quorumlibet aliorum eventuum observantiam, quae partim naturalis est, partim superstitiosa; naturalis in complexionibus corporum, quae secundum superiorum contemperantiam variantur, ut sanitas, aegritudo, tempestas, serenitas, fertilitas et sterilitas; superstitiosa, in contingentibus et his quae libero arbitrio subiacent [...].* Hugo von Sankt Viktor: Disdascalicon ed. Offergeld, S. 174. Hugo setzt in dieser Erklärung voraus, daß es unterschiedliche Meinungen über den Grad der Determination menschlicher Handlung gebe und daß gerade über Determination und Kontingenz keine Einigkeit bestehe.

mochte – die Allwissenheit Gottes die Möglichkeiten des einzelnen, auf sein Leben im Jenseits durch gutes Handeln im Diesseits Einfluß zu nehmen, systematisch beschränkte.[21] Die Gerechten sind immer schon gerettet und die Bösen verloren.[22] Weil alles Denken über historische Abläufe im Mittelalter in einen heilsgeschichtlichen Rahmen eingespannt war, wurde die Sinnunterstellung vom Ende aus (die teleologische Interpretation im Sinne der göttlichen Vorsehung) alltagsweltlich hundertfach eingeübt. So kann es nicht verwundern, daß Dichter solche spontanen Sinnbildungsprozesse herausfordern und unterstellen, wie es am Beispiel des ‚Tristan' beobachtet wurde.[23]

‚Glück' (*fortuna*) schließlich ist der Zufall im Menschenleben, gedacht als Wechsel von Aufstieg und Niedergang, Gutem und Schlechtem, unabhängig vom Wollen und Verdienst der Person. Boethius verwendet *fortuna* in seiner zum Problem der *contingentia futura* hinführenden Auseinandersetzung mit dem Problem der Kausalität im dritten Buch von *De interpretatione* synonym zu ‚zufällig' (*ex casu*).[24] Diese systematische Engführung der Begriffe wird ergänzt durch die ikonographische Verbindung der Fortuna mit einem Rad, das sich stets gleichmäßig dreht, was die starr daran fixierten Menschen rhythmisch bevorzugt oder benachteiligt.[25] Das Bild vom Rad fügt dem Begriff vom

---

21 Boethius versucht das Problem deshalb im Rückgriff auf Aristoteles anders zu lösen, nämlich indem er die Kontingenz des Kommenden als den Handlungsspielraum des Menschen gegen eine allgewaltige Notwendigkeit behauptet: In librum Aristotelis De interpretatione. 3. Buch. PL 64, Sp. 507 A/B: *Nam si omnia ex necessitate ventura novit Deus, in notione sua fallitur, non enim omnia ex necessitate eveniunt, sed aliqua contingentur. Ergo si quae contingenter eventura sunt, ex necessitate eventura noverit, in propria providentia falsus est. Novit enim futura Deus, non ut ex necessitate evenientia, sed ut contingenter, ita ut etiam aliud posse fieri non ignoret, quod tamen fiat ex ipsorum hominum et actuum ratione persciscat.*

22 Vgl. Kurt Flasch: Augustin, S. 180–191; ders.: Logik des Schreckens. In: Aurelius Augustinus: Logik des Schreckens. Augustinus von Hippo. De diversis quaestionibus ad Simplicianum I,2. Deutsche Erstübers. von Walter Schäfer. Lat. – dt. Hg. und erklärt von Kurt Flasch. Mainz 1990 (excerpta classica VIII), S. 19–138.

23 Franz-Josef Worstbrock: Der Zufall und das Ziel. Über die Handlungsstruktur in Gottfrieds ‚Tristan'. In: Haug/Wachinger (Hgg.): Fortuna, S. 34–51; Walter Haug: Eros und Fortuna. Der höfische Roman als Spiel von Liebe und Zufall. In: Haug/Wachinger (Hgg.): Fortuna, S. 52–75, bes. S. 66–68.

24 Die Stelle (PL 64, Sp. 492 A–B: *Stoici dum omnia quidem ex necessitate...*) wurde oben Anm. 13 bereits zitiert.

25 Vgl. Michael Schilling: Rota Fortunae. Beziehungen zwischen Bild und Text in mittelalterlichen Handschriften. In: Wolfgang Harms, Leslie Peter Johnson

Glück – als besonderem Zufall – eine statistische Regel zu, die wiederum nur aus der Rückschau in der fiktionalen Welt oder von einem Beobachterstatus über der Welt der Handelnden zu erkennen ist. Auch das Glück ist – wie das Fatum – im Ursprung eine heidnische Vorstellung, denn es ist vom moralischen Verdienst unabhängig; seine programmatische Akausalität macht christlichem Verständnis zu schaffen.

2.2. *contingentia futura*: Zukunft und Zufall

Im mittelalterlichen Denken steht die theoretische Frage nach der Zukunft in einem schwierigen Spannungsfeld zwischen Würdigung und Entwertung. Einerseits gilt die Beschäftigung mit der Zukunft als etwas, das den Menschen vom Tier unterscheidet: Nur der Mensch kann sich auch mit dem Nichtgegenwärtigen auseinandersetzen und es verstehen. Insofern ist die theoretische Reflexion darüber ein Leitmerkmal der dritten, höchsten Seelenpotenz. Diese Position findet sich sowohl bei Augustin[26] als auch bei Boethius im Porphyriuskommentar,[27] von wo aus

---

(Hgg.): Deutsche Literatur des späten Mittelalters. Hamburger Colloquium 1973. Berlin 1975, S. 293–313; Worstbrock: Der Zufall und das Ziel; Helmut de Boor: Fortuna in mittelhochdeutscher Dichtung, insbesondere in der ‚Crône' des Heinrich von dem Türlin. In: Hans Fromm, Wolfgang Harms, Uwe Ruberg (Hgg.): Verbum et signum. Beiträge zur mediävistischen Bedeutungsforschung. Studien zu Semantik und Sinntradition im Mittelalter. Festschrift für Friedrich Ohly, Bd. 2. München 1975, S. 311–328; Fritz Peter Knapp: Virtus und Fortuna in der ‚Krone'. Zur Herkunft der ethischen Grundthese Heinrichs von dem Türlin. In: ZfdA 106 (1977), S. 253–265.

26   In diesem Sinne erörtert Augustin die Antizipation und Erinnerung des Nichtgegenwärtigen im 10. und 11. Buch der ‚Confessiones' (X. Buch, VII–VIII,11–14; XI. Buch, XVIII,24). Augustin hat keine systematische und einheitliche Seelenlehre entworfen, sondern er baut auf tradierten, besonders aristotelischen und stoischen Ansichten auf. In *De civitate Dei* lib. 7, cap. 23 unterscheidet er unter Berufung auf Varro vegetative, sensitive und intellektive Seelenpotenz (*tres esse [...] animae gradus [...] unum,, qui [...] non habet sensum, sed tantum ad vivendum valetudinem; secundum [...], in quo sensus est; [..] tertium [...], quod vocatur animus, in quo intelligentia praeminet*, ed. Dombart, Leipzig 1877, 5. Aufl. Stuttgart, Leipzig 1993, Bd. 1, S. 301). In *De quantitate animae* Kap. 33 (PL 32, Sp. 1073–1077) gibt es sieben Stufen der Seelentätigkeit, worunter die letzten zwei sich auf Erwerb und Schau transzendenter Wahrheiten richten. Vgl. Gerard J.P. O‚Daly: Anima, animus. In: Augustinus-Lexikon, Bd. 1. Hg. von Cornelius Mayer, Basel 1986–1994, Sp. 315–340, bes. Sp. 322–324.

27   Boethius: In Isagogen Porphyrii, ed. Samuel Brandt. Wien, Leipzig 1906 (CSEL 48), S. 137–138,4.

sie weitergewirkt hat, beispielsweise über das ‚Didascalicon' des Hugo von St. Victor, das Auszüge aus Boethius verwendet.[28] Hugo übernimmt von Boethius auch den knappen Satz über die nur mit der ersten und zweiten Seelenpotenz, also nur mit der Pflanzen- und Tierseele, begabten Lebewesen: *Futuri vero his nulla cognitio est*[29] („Von der Zukunft wissen sie nichts") und weiterhin die Kennzeichnung der intellektiven Seelenpotenz des Menschen durch die *absentium intelligentia*, die Einsicht in das Nichtgegenwärtige.[30] Als spezielle Fähigkeit zur Abstraktion vom Gegenwärtigen gehört die Sorge um die Zukunft also – das ist Gemeingut des mittelalterlichen Denkens – zur Würde des Menschen.

Die göttliche Vorsehung und die menschliche Voraussicht werden in der mittelalterlichen Diskussion mit demselben Wort bezeichnet: *providentia*. Trotz der positiven Bewertung der menschlichen Voraussicht, die die hochgeschätzte stoische Tradition bereitstellte, räumen mittelalterliche Denker der Frage nach der innerweltlichen Zukunft einen nur nachgeordneten Erkenntniswert ein; auch was die Aussichten einer planenden Lebensführung angeht, bleiben sie (mit biblischen Argumenten und auch jenseits mystischer Theologie) überwiegend skeptisch. Was die Zukunft bringen wird, weiß nur Gott, der über die absolute *providentia* verfügt, wohingegen die menschliche *providentia* grundsätzlich begrenzt bleibt.[31] Als die eigentlich wichtige Frage im Hinblick auf die Zukunft galt für die Theologie seit jeher die nach dem Seelenheil; wogegen die unmittelbar bevorstehende Zukunft als Problem minderen Ranges erschien. Auch der erkenntnisoptimistische Hugo von St. Victor hat das Verhältnis in diesem Sinn dargestellt. In der Schrift ‚Über die Eitelkeit der Welt' (*De vanitate mundi*) läßt er den Schüler am Ende des ersten Buches das Lernen bewerten, indem der Lehrer ihn in eine Schule führt, in der Personen unterschiedlichen Alters auf jedem erdenklichen Niveau alles Erlernbare studieren. Diese Schilderung mündet in die Frage, wozu das weltliche Wissen überhaupt gut sei, wenn man darüber die Herkunft und Zukunft

---

28 Vgl. die Nachweise der Ausgabe: Hugo von St. Viktor: Didascalicon ed. Offergeld, S. 124.
29 Boethius: In Isagogen Porphyrii. CSEL 48, S. 137,3; Hugo von St. Viktor: Didascalicon ed. Offergeld, I,3, S. 120.
30 Hugo von St. Viktor: Didascalicon ed. Offergeld, 1,3, S. 120, S. 124, Boethius: In Isagogen Porphyrii. CSEL 48, S. 137f.
31 Vgl. Thomas von Aquin, S.th.I q 22 über die *providentia* Gottes; I q. 103 a.7 über die Frage, ob etwas passieren könne, das nicht in der göttlichen Ordnung vorgesehen sei, hier besonders ad 3 über die Verschiedenheit der Standpunkte des rekonstruierenden Menschen und des allwissenden Gottes.

2. Besondere mittelalterliche Zufallskonstellationen 159

der Seele vergesse: „Was nützt es dem Menschen, wenn er die Natur aller Dinge tief ergründet, erfolgreich erfaßt, wenn er aber nicht bedenkt und nicht versteht, woher er selbst gekommen ist oder wohin er nach diesem Leben gehen wird?"[32] Prognosen in menschlichen Angelegenheiten sind einerseits unverzichtbar, andererseits, besonders wenn sie in Wahrsagerei hineinreichen, des Aberglaubens und der Häresie verdächtig.[33]

Ein Wiederaufstieg der Zukunft in die metaphysische Würde, die sie noch in Augustins Zeiterörterungen im 10. und 11. Buch der ‚Confessiones' innehatte, vollzieht sich im Rahmen der Aristotelesrezeption. Das Problem der unbekannten Zukunft (der *contingentia futura*) war bereits von Boethius aufgeworfen worden, es kehrt aber erst im 12. und 13. Jahrhundert auf die Tagesordnung des Denkens zurück.[34] Es ergibt sich nämlich aus der Aristotelischen Schrift ‚De interpretatione' und wird deshalb, als die Wiederentdeckung des Aristoteles auch eine Rückbesinnung auf den Aristotelesvermittler Boethius mit sich bringt, wieder wichtig. Durch diese Umbettung des Zukunftsproblems aus der Moralphilosophie in die Logik treten weltanschauliche Befangenheiten zurück. Erst von da an arbeiten die Philosophen und Theologen auch daran, das abweichende griechische und römische Zukunftsverständnis weiter in den Rahmen christlichen Denkens einzupassen.

Abälard hat die *contingentia futura* in seiner Auslegung des Sechstagewerks behandelt und dabei herausgestellt, daß im menschlichen Bereich alles das kontingent sei, was nicht natürlichen Ursachen gehorche, sondern menschlicher Entscheidung anheimgestellt sei.[35] Aus den Sternen – das Argument richtet sich gegen den präskriptiven Anspruch der

---

32 *Quid ergo prodest homini, si rerum omnium naturam subtiliter investiget, efficaciter comprehendat; ipse autem unde venerit, aut quo post hanc vitam iturus sit non consideret, nec intelligat?* Hugo von St.Victor: De vanitate mundi. Buch 1, PL 176, Sp. 710C.
33 Vgl. Walter Blank: Providentia oder Prognose? Zur Zukunftserwartung im Spätmittelalter. In: Das Mittelalter 1 (1996) H. 1 (= Providentia – Fatum – Fortuna, hg. v. Joerg O. Fichte. Berlin 1996), S. 91–110, bes. S. 94–99.
34 Vgl. Söder: Kontingenz und Wissen, S. 19–23.
35 Petrus Abaelardus: Expositio in Hexaemeron. PL 178, Sp. 731D–784A, hier Sp. 754A–754B: *Naturalia vero futura dicuntur, quae causam aliquam naturalem sui eventus habent [...] Contingentia vero futura sunt quae sic aequaliter ad fieri et non fieri sese habent, ut nulla in rerum naturis causa praecedat unde ipsa fieri vel non fieri cogantur [...]*.

Astrologie[36] – könne man derlei nicht erschließen.[37] Für Thomas spielt später ebenfalls der römische (traditionell an die Sterne gebundene) Fatumsbegriff eine Rolle, der dem Gedanken der universellen göttlichen Präscienz widerstreitet. Er löst das Problem mit viel Achtung vor der antiken und zeitgenössischen Gelehrsamkeit, indem er das Fatum durchaus ernst nimmt, aber auf den Rang der aristotelisch gedachten Zweit- und Drittursachen verweist,[38] wodurch es an Bedrohlichkeit verliert. Es ist nun nur noch eine Vorprägung (*dispositio*), kein unausweichliches Gesetz mehr;[39] in diesem Sinne beschäftigt sich auch die volkssprachliche Literatur mit den Determinationen des Menschen.[40]

Eine positive Bewertung der innerweltlichen Zukunftssorge des Menschen entsteht innerhalb der prudentialen Ethik, die aus dem Zusammenspiel der neuen, aristotelischen Tradition mit seit alters verfügbaren paganen und christlichen Lehren erwächst.[41] Wenn Thomas von Aquin die menschliche Voraussicht (*providentia*) als eine Komponente der Klugheit (*prudentia*) auffaßt,[42] beruft er sich zur Herleitung dieser Posi-

---

36 Zum Problem, das sich zwischen der Lehre von der Willensfreiheit und dem Gedanken vom Einfluß der Sterne auftut, vgl. Walter Blank: Providentia oder Prognose?, S. 99–102.

37 Abaelard: Expositio in Hexaemeron. PL 178, Sp. 755A–755B: *De contingentibus vero futuris quae, ut dicimus, naturae quoque sunt incognita, quisquis per documentum astronomiae certitudinem aliquam promiserit, non tamen astronomicus quam diabolicus habendus est.*

38 S. th. I, q. 114 a. 4 co: *[...] fatum est ordinatio secundarum causarum ad effectus divinitus provisos.*

39 Vgl. S. th. I q. 116 a. 2 ad 3: *Ad tertium dicendum quod fatum dicitur dispositio, non quae est in genere qualitatis; sed secundum quod dispositio designat ordinem, qui non est substantia, sed relatio.*

40 Die Spruchdichtung tut sich in der Auseinandersetzung mit dieser Thematik besonders hervor. Zu Reinmar von Zweter vgl. Blank: Providentia oder Prognose?, S. 101; bei Heinrich von Mügeln gibt es einen ganzen Spruchzyklus über die Prägung durch Sternzeichen: Sprüche 302–313 in der Ausgabe: Die kleineren Dichtungen Heinrichs von Mügeln I. Erste Abteilung: Die Spruchsammlung des Göttinger Cod. Philos. 21. Hg. von Karl Stackmann. Bd. 2 (DTM 51). Berlin 1959, S. 355–365. Vgl. auch Johannes Kibelka: Sternenglaube und Willensfreiheit in der deutschen Dichtung des Hochmittelalters. In: Wirkendes Wort 15 (1965), S. 85–98.

41 Burkhard Hasebrinks Habilitationsschrift widmet sich in ihrer problemgeschichtlichen Anfangserörterung zwar explizit dem Problem der politischen Klugheit, ist aber damit ganz im Zentrum innerweltlicher Sorge um die Zukunft. Ders.: Prudentiales Wissen. Eine Studie zur ethischen Reflexion und narrativen Konstruktion politischer Klugheit im 12. Jahrhundert. Habilitationsschrift (Masch.) Göttingen 2000, S. 9–38.

42 Vgl. S. th. II–II q. 48 a. 1 und q. 49 a. 6.

tion auf Cicero, der für die mittelalterliche Geisteswelt der wichtigste Gewährsmann stoischen Gedankengutes ist.[43] Aber auch Hugo von St. Victor war in seinem ‚Didascalicon' davon ausgegangen, daß das gute Handeln der eigentliche Zweck des Lernens sei und daß dem Umsetzen von Vorsätzen besondere Bedeutung zukomme;[44] darin ist schon eine Wertschätzung der Diesseitigkeit und der innerweltlichen Planung enthalten. Nicht nur diese geschätzten Traditionen ermöglichen es, den positiv planenden Blick auf die Zukunft unter die Tugenden zu zählen. Auch die ‚Nikomachische Ethik' des Aristoteles, die als das jüngere Traditionsgut dazukommt, betrachtet im 9. und 10. Kapitel des sechsten Buches die planende Klugheit des Menschen wohlwollend als eine Fähigkeit des Menschen, sein Handeln in den Gang des Hauswesens (οἶκος) und des Staates einzuordnen und dabei recht zu handeln. Thomas von Aquin errichtet in seiner theologischen Summe (II–II, qq. 49 und 50) auf diesen Traditionen ein mehrstufiges System der Klugheit, das vom Guten für den einzelnen über das *bonum commune* bis zum Weg zum Heil reicht. Auf diese Weise versucht er, den Gegensatz zwischen innerweltlicher und heilsrelevanter Zukunftssorge zu überbrücken. Die *providentia* tritt in seiner Konstruktion, gleichsam als trüge sie diese Brücke, an zwei verschiedenen Stellen auf, nämlich zum einen in der Erörterung der Einrichtung der Welt aus dem Blickwinkel Gottes (als göttliche Voraussicht, I q. 22) und zum anderen als Teil der menschlichen Klugheit (als menschliche Voraussicht, II–II q. 49 a. 6).

Die *contingentia futura* bleiben jedoch ein Bekenntnisort. Was einer über die Zukunft denkt, zeigt auch um die Wende zum 14. Jahrhundert noch an, wohin er theologisch-philosophisch gehört. Mit dem Aufkommen der franziskanischen Willenslehre um 1300 wächst dem Problem der Kontingenz neue Aktualität zu, und es nimmt eine überraschende Wendung: Johannes Duns Scotus entwickelt, daß aus der absoluten Willensfreiheit Gottes die Kontingenz jeder göttlichen Entscheidung folge. Das bedeutet, daß das Sein dieser Welt zufällig (nicht notwendig, also kontingent) ist, auch wenn die Zweitursachen einen Bereich inner-

---

43 S. th. II–II q. 48 a. 1 arg.: *Tullius enim, in II Rhet. (c. 53), ponit tres partes prudentiae: scilicet memoriam, intelligentiam et providentiam.* Thomas beruft sich auf Ciceros ‚De inventione' (lib. II, LIII, 160): *Prudentia est rerum bonarum et malarum utrarumque scientia. Partes eius: memoria, intelligentia, prouidentia.* Ed. G. Achard, Paris 1994, S. 225.

44 Hugo von St. Viktor: Didascalicon 5,9: *Deinde restat tibi, ut ad bonum opus accingaris, ut quod orando petis operando acciperemerearis. [...] Via est operatio bona qua itur ad vitam.* Ed. Offergeld, S. 350.

weltlicher Kausalität beanspruchen.⁴⁵ Daran knüpft sich im Einzelfall für jeden Moment das Problem der Kontingenz des Kommenden,⁴⁶ grundsätzlich aber die Frage, ob unter diesen Umständen Kausalität überhaupt noch möglich sei. Durch dieses Denken vom Willen her wird der Zufallsaspekt in der Zukunft noch bedeutend stärker betont, als es beispielsweise Thomas wenig zuvor getan hatte: Zukunfts- und Zufallsproblem erscheinen vollends untrennbar.

2.3. Aventiure, der Pakt mit dem Zufall über die Zukunft

Wie sich im theoretischen Denken die Reflexion über die Zukunft, auch die innerweltliche, seit dem 12. Jahrhundert wieder etabliert, so beschäftigt sich auch das Erzählen mit den Möglichkeiten des Menschen, seine Zukunft anzugehen, mit der Frage, inwieweit er sie beeinflussen könnte. Die Leitvorstellung, die der höfische Roman in dieser Hinsicht entwickelt, ist, das verrät schon das Wort, die Aventiure⁴⁷ (von lat. *adventura*⁴⁸). Ihr Modell davon, wie der Mensch seiner Zukunft entgegentreten

---

45 Vgl. Duns Scotus: De primo principio, Quinta conclusio, 59. Diese 5. Conclusio heißt: *Primum causans, quidquid causat, contingenter causat.* Sie wirft das Problem auf, ob es überhaupt noch Kausalität geben könne, wenn doch am Anfang der Verursachung ein nichtnotwendiger Wille stehe. Johannes Duns Scotus: Abhandlung über das erste Prinzip. Ioannis Duns Scoti Tractatus de primo principio. Hg. und übers. von Wolfgang Kluxen. 3. Aufl. Darmstadt 1994, S. 74–76, Komm. S. 205f.
46 Zur Problemgeschichte vgl. Söder: Kontingenz und Wissen.
47 Walter Haug übersetzt ‚aventiure' mit „Zufälliges" und schreibt „Der neue fiktionale Erzähltypus setzt also den Zufall ein, um das Zufällige als das Sinnlose darzustellen und es den Helden überwinden zu lassen." Walter Haug: Kontingenz als Spiel, S. 164; zur Auffassung des Aventiurebegriffs bereits Walter Haug: Literaturtheorie im deutschen Mittelalter. Von den Anfängen bis zum Ende des 13. Jahrhunderts. 2. überarb. und erw. Aufl. Darmstadt 1992, S. 119. Michael Nerlich: Abenteuer oder das verlorene Selbstverständnis der Moderne. Von der Unaufhebbarkeit experimentalen Handelns. München 1997 setzt andere Akzente, denkt aber im wesentlichen in diese Richtung, vgl. insbesondere Kap. 1 über den Zufall, Kap. 9 über Chrétiens Aventiurebegriff.
48 Hier ist weniger an den *adventus* zu denken, an den Elena Eberwein in diesem Zusammenhang erinnert hat. Elena Eberwein: Zur Deutung mittelalterlicher Existenz (nach einigen altromanischen Dichtungen). Bonn, Köln 1933 (Kölner Romanistische Arbeiten 7), S. 30. Vielmehr steht die Form im Zusammenhang mit dem futurischen Partizip. Nerlich: Abenteuer, S. 261ff. rechnet für die Ankunft des Wortes im Altfranzösischen mit folgenden Schritten: der wachsenden Häufigkeit des Futurpartizips seit dem klassischen Latein (S. 262); Entlehnung in diesem Sinn in die romanischen Volkssprachen des frühen Mittelalters (S. 263);

2. Besondere mittelalterliche Zufallskonstellationen 163

solle, unterscheidet den Roman von anderen erzählerischen Gattungen des Mittelalters, beispielsweise von der Heldenepik, in der die Zukunft wie eine fremde Macht über den Menschen hereinbricht, der ihr allenfalls standhaft gegenübertreten kann, wenn sie ihn vernichtet, und von der Legende, in der die diesseitige Zukunft völlig nichtig, die jenseitige dagegen der Horizont jeden ernsthaften menschlichen Strebens ist. Der arturische Roman faßt demgegenüber eine positive und innerweltliche Begegnung mit der Zukunft ins Auge, und er läßt sie für den Haupthelden am Ende in aller Regel gut ausgehen. Die Pointe dieses guten Schlusses liegt darin, daß er dem Zufall abgetrotzt wird, genauer: daß er aus einem tiefen Einverständnis mit dem Zufall entsteht, von ihm nicht bedroht wird.[49] Die mittelalterliche *âventiure* ist die Umwandlung des unbekannten Zukünftigen in Heldentum und vorbildliches Leben,[50] möglicherweise in einer zweiten Stufe die nochmalige Verwandlung von gewonnener Tat und Haltung in Erzählung. Doch ohne Heldentat keine Erzählung, ohne Hinausgehen in die ungewisse Zukunft keine Heldentat.

Die zufällige Zukunft, freundlich zugelassen und herausgefordert, bescheidet sich in diesen Erzählungen dem befreundeten Ritter gegenüber und mutet ihm nichts zu, worauf der mit seinen besten Kräften keinen Einfluß hätte: keine Völkerwanderung, keine Pest, kein Erdbeben. Dies

---

um 1040 (,Alexiuslied') als Teil des ererbten Wortschatzes im Französischen, dort in der Bedeutung ,Geschick', ,Schicksal' (S. 261).

49 Haug: Eros und Fortuna, S. 54f. weist darauf hin, daß im Roman das Zufällige gleichsam als anthropologische Ausgangsbedingung jeden Handelns angesehen wird und es unter diesem Blickwinkel seinen Schrecken verliert.

50 Christoph Cormeau drückt das so aus: „Die Helden sind glückliche Helden, keiner verfehlt am Ende sein Ziel. Sie setzen sich – das erst konstituiert die Romanfabeln – der Aventiure aus, und diese ist definitionsgemäß das Nicht-Vorhersehbare, das Zufällige und damit das Gefährliche, Bedrohliche, das Zu-Überwindende, wenn denn der Held sein Ziel, sich selbst in seiner Bestimmung, erreichen soll." Christoph Cormeau: Fortuna und andere Mächte im Artusroman. In: Haug/Wachinger (Hgg.): Fortuna, S. 23–33, hier S. 27. Zum Aventiurebegriff jetzt auch die Aufsätze von Franz Lebsanft (Die Bedeutung von afrz. *aventure*. Ein Beitrag zu Theorie und Methodologie der mediävistischen Wort- und Begriffsgeschichte, S. 311–337), Volker Mertens (Frau *Âventiure* klopft an die Tür, S. 339–346), Hartmut Bleumer (Im Feld der *âventiure*. Zum begrifflichen Wert der Feldmetapher am Beispiel einer poetischen Leitvokabel, S. 347–367), Mireille Schnyder (Sieben Thesen zum Begriff der âventiure, S. 369–375) und Peter Strohschneider (âventiure-Erzählen und âventiure-Handeln. Eine Modellskizze, S. 377–383) im Sammelband: Gerd Dicke, Manfred Eikelmann, Burkhard Hasebrink (Hgg.): Im Wortfeld des Textes. Worthistorische Beiträge zu den Bezeichnungen von Rede und Schrift im Mittelalter. Berlin, New York 2006 (Trends in Medieval Philology 10).

alles muß der Ritter nicht erleiden, was seine Tatkraft in der fiktionalen Welt erstrahlen läßt. Anachronistische Seitenblicke zum ‚Hildebrandlied', zu Boccaccio und Kleist lehren, daß große Literatur darin grundlegend anders verfahren kann. Auch zeitgenössische Erzählungen mit leidendem Helden – wie Hartmanns ‚Gregorius' – verfahren anders. Auf der anderen Seite des Paktes bescheidet sich auch der Ritter: Er verzichtet darauf, sich Pläne für sein Leben zurechtzulegen und sich zielstrebig gegen bestimmte Widrigkeiten des Zufalls zu rüsten; er verzichtet auf eine instrumentelle Annäherung an seine eigene Zukunft; er läßt sie sich vielmehr vom Zufall schenken, solange ihm dieser ein Recht zur Modifikation einräumt.[51]

2.3.1. Die Aventiure kommt plötzlich

Ein Grundmodus der Aventiure ist das unvermittelte Auftauchen vor den Augen des Helden.[52] Enite, die anstelle ihres Erec, der für das Ehrenhafte blind geworden ist, sieht und hört, erspäht plötzlich Räuber (*die ersach von êrste daz wîp* HEr 3123, *wan si vor ir ligen sach/ vünf roubœre* HEr 3297f.). Später, als Erec vom Artushof wegreitet *niuwan dar/ dâ er âventiure vunde* (HEr 5291f.), hört er selbst die Stimme der klagenden Frau, die ihn in die Cadoc-Episode ruft.[53] Auch Kalogrenants berühmte Erklärung des Begriffes *âventiure* für den Waldmann im ‚Iwein'

---

51 Cora Dietl hat an Abweichungen des ‚Wigalois' von diesem Muster treffend beobachtet, daß das aventiurehafte Verhältnis zur Zukunft, obgleich es in den klassischen Mustern an Figuren entworfen wird, die Könige und Fürsten sind, auf ein singuläres Subjekt bezogen bleibt und jeder militärischen, strategischen Dimension entbehrt; das macht im ‚Wigalois' die Grenze der Leistungsfähigkeit der Aventiure aus. Wie ein Ritter im Artusroman der klassischen Zeit siegt, kann man keine Kriege gewinnen. Vgl. Cora Dietl: Wunder und *zouber* als Merkmal der *âventiure* in Wirnts *Wigalois*? In: Wolfzettel (Hg.): Das Wunderbare, S. 297–311.
52 Bachtin: Formen der Zeit und des Chronotopos, S. 271 hebt die Plötzlichkeit als Signal der Aventiurezeit ebenfalls hervor, er hat aber dabei den antiken Liebesroman mit seinem Trennungs- und Wiedervereinigungsschema im Auge, in dem der Zufall das Fatum repräsentiert. Das ist ein wesentlich anderer Zufall als der der Aventiure, wie in diesem und dem folgenden Kapitel gezeigt werden soll; hier fehlt Bachtin eine Unterscheidung zwischen genuin antikem und genuin mittelalterlichem Erzählstoff.
53 *dô hôrte er eine stimme/ jæmerlîchen grimme/ von dem wege wüefen, [...].* (HEr 5296ff.)

2. Besondere mittelalterliche Zufallskonstellationen 165

> *ich heize ein riter und hân den sin*
> *daz ich suochende rîte*
> *einen man der mit mir strîte,*
> *der gewâfent sî als ich*
> (Iw. 530–533)

geht davon aus, daß der Ritter auf einen zufälligen Gegner trifft.

Auch in nachklassischer Zeit kann das Muster vom Abenteuer am Weg des Helden unverändert weiter benutzt werden. Am Anfang des ‚Daniel' des Strickers fällt dem Helden, der eben mit dem Riesen kämpfen will, eine Dame zu Füßen (Da 1123), die zufällig eben in dem Moment angekommen war, denn sie *hafte mit dem zoume/ ir pfert ze einem aste.* (Da 1118f.) Nachdem er für sie die Aventiure bestanden und sich selbst ein unzerstörbares Schwert beschafft hat, hält ihn unversehens etwas anderes auf, wofür ihm gleich 40 Jungfrauen zu Füßen fallen (Da 1801ff.). Sie sind, wie sie erklären, vorsätzlich dorthin gekommen, um einen Retter zu finden (Da 1821–1828), doch für ihn kommen sie unerwartet: *er sach daz sie in meinten* (Da 1796). In Wirnts ‚Wigalois' ist es ähnlich: Zuerst läuft ein Hündchen auf Wigalois' Weg, dem eine Aventiure folgt (*an derselben stunde/ lief vor in ein bräkelîn* Wig 2207f.), dann holen sie eine traurige Jungfrau ein, die ihren Freund verloren hat, als sie um einen Schönheitspreis betrogen wurde (*eine juncvrouwen al eine/ sâhen si vür sich rîten* Wig 2356f.).

Varianten gibt es freilich von Anfang an. Wolfram läßt Gawan am Anfang des 7. Buches des ‚Parzival' der Aventiure von Bearosche, die sich ihm zunächst zu entziehen droht, nachreiten. Die Stelle spielt mit den Erwartungen der Hörer. Zufällig stößt Gawan auf den Zug, aber mit einem ganzen Heer kann man nicht kämpfen, der vorbildliche Ritter hat es nicht mit einer Standardsituation zu tun:

> *dâ wart im ûf dem bühel kunt*
> *ein dinc daz angest lêrte*
> *und sîne manheit mêrte.*
> *dâ sach der helt für umbetrogn*
> *nâch manger baniere zogn*
> *mit grôzer fuore niht ze kranc.*
> (Pz 339,18–23)

Gawan will zwar den Anschein der Feigheit vermeiden:

> ,[...] swer verzagt
> sô daz er fliuhet ê man jagt,
> dês sîme prîse gar ze fruo. [...]'
> (Pz 340,7–9)

Jedoch vermeidet er jedes provozierende Verhalten, und erst einen Knappen, der *balde hinden nâch* reitet (Pz 342,9), fragt er nach der Bewandtnis dieses Aufmarsches. Was er hört, läßt ihm aus dem Heereszug eine Aventiure erwachsen, auch wenn er ihr jetzt nachreiten muß und sie ihm schon ihre Rückseite zeigt. Poydiconjunz und sein Sohn Meljacanz, von dem der Knappe nicht viel hält und den die Artusritter schon als Frauenräuber verfolgt hatten (vgl. Pz 125,11), reiten genau vor Gawan.[54] Sie werden zur Gegenpartei gehören, als seien sie ihm schon hier feindlich gegenübergetreten. Denn Gawan verwandelt während der Erzählung des Knappen offenbar augenblicklich den Krieg in Aventiure. Daß er einem Kampf zusehen soll, würde seinem Ruf schaden, wägt er ab, als sei der Krieg ein Turnier:

> er dâhte: ,sol ich strîten sehn,
> und sol des niht von mir geschehn,
> sost al mîn prîs verloschen gar. [...]'
> (Pz 350,1ff.)

In Gawans Augen steht der Zweikampf in Schampfanzun auf dem Spiel, deshalb ist das Eingreifen immerhin noch eine Überlegung wert. Für welche Partei er sich einsetzen soll, scheint dagegen keinen Gedanken des Helden und keine Erklärung des Erzählers zu verlangen. Es gab eine Rechtsbeugung, und Gawan gehört an die Seite des lehensrechtlich unschuldigen Lippaut – das versteht sich, und es ändert sich auch nicht, als die schnippische Obie ihn schlecht behandelt.

Die Beispiele zeigen, daß die Aventiure einen Lebenszufall beschreibt, der in einer kausalen Welt verankert ist. Der Held kann zufällig auf die Aventiure oder auf die Zeichen, die ihn zu ihr hinführen, treffen, aber die Aventiure ist in sich nicht zufällig; mit ihr hat es eine erklärbare Bewandtnis, ohne die es keine Bewährungs- oder Befreiungshandlung geben könnte. Getötete Räuber, befreite Mädchen, gesühnter Frevel: Die Aventiure stellt Ordnung her oder wieder her. Gegenüber dieser Ord-

---

54 ,hêr, sus heizt der vor iu vert,/ dem doch sîn reise ist unrewert/ roys Poydiconjunz,/ und duc Astor de Lanverunz./ dâ vert ein unbescheiden lîp,/ dem minne nie gebôt kein wîp:/ er treit der unfuoge kranz/ unde heizet Meljacanz. [...]' (Pz 343,19–26)

nung wirkt der Held nicht zufällig, sondern als Instrument der Notwendigkeit; zufällig ist nur der Anlaß, den die Aventiure ihm dazu bietet. Insofern hat er allen Grund zum Optimismus, denn auch der Ruhm, den der Held durch seine Taten erringt, folgt einem kausalen Muster. Die Ehre ist erworben und kann verlorengehen, beides jedoch nicht zufällig, sondern begründet und notwendig.

2.3.2. Die Kontingenz des künftigen Kampfes

In vielen Erzählungen wissen die Helden vorab, auf welche Aventiure sie zureiten. Der Waldmann im ‚Iwein' übersetzt sich Kalogrenants befremdliche Erklärung des Begriffes Aventiure mit *wil dû den lîp wâgen* (Iw 551), woraufhin er das wiederkehrende Geschehen beim Brunnen erklärt. Als Kalogrenant dort anlangt, denkt er

> *[...] sît ich nâch âventiure reit,*
> *ez wære ein unmanheit*
> *obe ich dô daz verbære*
> *ichn versuochte waz daz wære [...].*
> (Iw 631–634)

Die Brunnenereignisse fallen für ihn also unter den Begriff der Aventiure, zu der ein Ritter bei seiner Ehre verpflichtet ist: Er versteht darunter eine heldenhafte Tat, von der man sich erzählen wird. Man darf sie offenbar suchen, ohne daß sie den Namen verlöre; ja man muß sie suchen, auf sie zugehen. Bei Chrétien sagt Calogrenant dem Waldmann sogar, er suche, was er nicht finde – eben das ist âventiure: ‚*Je sui, ce voiz, uns chevaliers,/ Qui quier ce, que trover ne puis [...]*' (Yv 358f.).[55] Auch wenn andere Figuren der fiktionalen Welt die Bedingungen schon kennen, unter denen sich ein Ritter bewähren kann, bleibt die Vorstellung von den unbekannten Herausforderungen der Aventiure bestehen. Das liegt daran, daß die Aventiure darauf angelegt ist, die besten Ritter offenbar werden zu lassen, und die besten Ritter sind Männer, die gut kämpfen, wer auch immer ihr Gegner sei. Der Kern der Aventiure ist der Kampf, und damit bleibt der Ausgang programmatisch ungewiß (die Philosophen derselben Zeit würden sagen: kontingent). Iweins Geschichte wird so besonders, weil sie unvorhersehbar anders verläuft als die von

---

55 Übersetzung von Ilse Nolting-Hauff in ihrer Ausgabe, S. 33: „Ich bin, wie du siehst, ein Ritter, der sucht, was er nicht finden kann; lange habe ich schon gesucht und finde nichts."

Kalogrenant, weil sie nicht mit einem schönen Sieg mit Unterwerfung des Gegners endet, sondern mit einer Konstellation, in der sich Gegner in Gefahr ihres Lebens befinden und beider Tod nach dem Kampf, nicht etwa im Kampf, das Wahrscheinlichste ist.

Kontingent wäre die bevorstehende Aventiure auch noch, wenn alle Begleitumstände dem Helden und damit auch dem Hörer vorab bekannt wären, was zu verhindern sich die Autoren jedoch hüten, damit sie die Aventiure nicht nur ankündigen, sondern auch noch erzählen können. Gleichzeitig gehört es, gleichsam als inhaltliche Innenseite dieser erzähltechnischen Sparsamkeit, in der fiktionalen Welt zur Vortrefflichkeit des Ritters, alles richtig zu machen, ohne alles zu wissen.[56] Denn während gewöhnliche Bewohner der fiktionalen Welt mit unbekannten Herausforderungen nicht gern und nicht erfolglich umgehen (Cadoc ist im ‚Erec' mit den Riesen nicht fertiggeworden, und Kalogrenant kam im ‚Iwein' schlecht mit der Brunnenaventiure zurecht), zeichnet es den Ausnahmehelden aus, daß er sofort und richtig reagiert.

Unter diesem Vorbehalt dürfen Hörer und Held durchaus erfahren, wie die Aventiure beschaffen ist. Guivreiz, der kleine König, weiß im ‚Erec', wie es um den zauberischen Garten in Brandigan bestellt ist, und er gibt der *âventiure* sogar einen Namen: *sist Joie de la curt genant*. (HEr 8002) Daß er das weiß und daß er Erec dorthin führt, verhindert nicht, daß dieses nun planvolle Geschehen auch danach immer wieder *âventiure* genannt wird, denn schließlich wird Erec kämpfen müssen, eine anspruchsvolle Aufgabe mit ungewissem Ausgang, den vorauszusagen Erecs Vortrefflichkeit einerseits, die negative Erfahrung andererseits unmöglich machen. Erec fragt nach der *âventiure* (HEr 8384), der Erzähler stellt als Gedanken des Königs Ivreins dar, Erec sei *ûf der âventiure gewin* (HEr 8398) gekommen, Ivreins erklärt später *dise âventiure* (HEr 8414) als ein, modern gesprochen, historisches Phänomen (HEr 8415–8418, HEr 8459–8519). Spezifische Suche und Kenntnis einer besonderen Herausforderung sind also ihrer Bezeichnung als *âventiure* nicht im Wege.

Es erhöht den Helden zusätzlich, wenn ihm nicht nur die Aventiure selbst zugeschrieben werden kann, sondern auch ihre Entdeckung. Deshalb hat er es bisweilen schwer, die *âventiure* zu erfahren. Das Dunkel über der Zukunft wird dadurch dichter, der Mut des Helden, darauf zu-

---

56 Das Geheimnis an der *âventiure* ist auch für Mireille Schnyder wichtig: Mireille Schnyder: *Âventiure? waz ist daz?* Zum Begriff des Abenteuers in der deutschen Literatur des Mittelalters. In: Euphorion 96 (2002), S. 257–272, hier S. 261.

2. Besondere mittelalterliche Zufallskonstellationen 169

zugehen, leuchtet auf diesem Hintergrund stärker. In Wirnts ‚Wigalois‘ kennt zwar (wie im ‚Bel Inconnu‘) die Botin die Aufgaben, die auf den Artusritter warten, den sie ihrer Herrin zu Hilfe holt, der Hörer kennt sie jedoch nicht, ebensowenig wie der Held. Als er kurz vor dem Ziel zum ersten Mal fragt, wie denn die Erlösungsaufgabe beschaffen sei und wie er sie finde, erhält er nur Antwort auf die zweite Frage:

> ‚*juncvrouwe, nu sagt mir mê*
> *wiez umb die âventiure stê*
> *und wer mich dar bringe*
> *od mit welhem dinge*
> *ich si vinde; daz tuot mir kunt.*‘
> (Wig 3842–3846)

> ‚*[...] nimmer wirt dehein tac*
> *man sehe vür daz hûs gân*
> *ein tier, [...].*
>
> *ez hât erkorn im eine vart,*
> *diu ist niemen mê bekant:*
> *einen stîc in daz lant,*
> *durch den walt, zuo Korntîn:*
> *dâ sult ir im volgen în.*‘
> (Wig 3851ff., Wig 3879–3883)

Das Wie der Aventiure bleibt im Dunkel, und der Held zeigt sich ihr dennoch gewachsen.

In Wolframs ‚Parzival‘ verkündet Cundrie zwar, daß gefangene Damen befreit werden müßten, aber sie sagt nicht, wie das vor sich gehen könne, und als Gawan ankommt, ist er der erste, der es versucht. Der Fährmann, der ihn über die Aventiure aufklärt, sagt ihm:

> *ze Terre marveile ir sît:*
> *Lît marveile ist hie.*
> *herre, ez wart versuochet nie*
> *ûf Schastel marveil diu nôt.*
> (Pz 557,6–9)

Gawan fragt nicht, worin die Aventiure genau bestünde, obgleich es ihm, wie man später weiß, genützt hätte, wie ein Gladiator den Kampf gegen Tiere zu üben. Das tut ein Held offenbar nicht. Gawan ist mit dieser Zurückhaltung in guter Gesellschaft: Iwein wäre es sehr hilfreich gewesen, hätte er vorab eine Einsicht in übliche Verteidigungsanlagen erworben, Erec hätte zweckmäßigerweise die Orientierung in der Nacht trainieren können. Die Erzählungen würdigen solche Möglichkeiten keines

Wortes. In dem strikten Tabu über jeder Frage der instrumentellen Vernunft liegt ein gemeinsamer Zug der Aventiurendarstellung in der klassischen Zeit; im nachklassischen Roman wird sich das ändern. Daniel von dem blühenden Tal achtet beim Stricker sorgfältig auf die rechten Instrumente: das Zwergenschwert gegen die unverwundbaren Riesen, den Spiegel gegen das tötende Haupt, das Wundernetz gegen den unüberlistbaren Konstrukteur.[57] Selbst Wirnts Wigalois, dessen Frage nach dem Ablauf der Aventiure unbeantwortet bleibt, versteht und nutzt aus, wie der Pechnebel funktioniert, und benutzt magische Gaben für die wichtigsten Kämpfe. Bei Marie de France und Chrétien, bei Hartmann, Wolfram und Gottfried jedoch kann der rechte Held noch alles, worauf es ankommt, in dem Moment, in dem es darauf ankommt. Er kann und soll sich auf die Aufgaben des Zukünftigen nicht vorbereiten,[58] er ist dadurch vorbildlich, daß er darauf nicht angewiesen ist.

2.3.3. Der gute Ausgang und die Kontingenz der Zukunft

Eine Erzählform, die die Konfrontation mit dem ungewissen Zukünftigen zu ihrem Hauptmotiv macht, aber auf dem glücklichen Ausgang aller Schicksale des Helden beharrt – das ist in sich widersprüchlich, aber um 1200 ein Erfolgsmodell, von dem zunächst nur der Tristanstoff eine Ausnahme macht. Daß der Held am Ende der erzählten Geschichte lebt und glücklich ist, scheint für die überwiegende Anzahl mittelalterlicher Romane des 12. und 13. Jahrhunderts zu gelten: für die meisten Artusromane, für Liebes- und Abenteuerromane wie Konrad Flecks ‚Flore und Blanscheflur' oder für ‚Mai und Beaflor', für Veldekes Aeneasroman, Konrads von Würzburg ‚Engelhard' und ‚Partonopier' – nicht jedoch, auf eine programmatische Weise, für den Tristanroman.

---

57 Vgl. Sabine Böhm: Der Stricker. Ein Dichterprofil anhand seines Gesamtwerkes. Frankfurt u.a. 1995 (Europäische Hochschulschriften I,1530), S. 175–187; Hartmut Semmler: Listmotive in der mittelhochdeutschen Epik. Zum Wandel ethischer Normen im Spiegel der Literatur. Berlin 1991, S. 68f.; Hedda Ragotzky: Gattungserneuerung und Laienunterweisung in den Texten des Strickers. Tübingen 1981 (Studien und Texte zur Sozialgeschichte der Literatur 1), hier S. 45–82; Wolfgang Wilfried Moelleken, Ingeborg Henderson: Die Bedeutung der *liste* im ‚Daniel' des Strickers. In: ABÄG 4 (1973), S. 187–201.
58 Plippalinots Gabe an Gawan in Wolframs ‚Parzival' (*ich wil iu lîhen einen schilt* Pz 557,4), die dem entgegenzustehen scheint, wird dadurch motiviert, daß Gawan im Kampf gegen Lischoys seinen Schild eingebüßt hat (*die schilde wâren sô gedigen,/ ieweder lie den sînen ligen* Pz 541,15f).

2. Besondere mittelalterliche Zufallskonstellationen

Dieser wiederum nimmt alle anderen Figuren aus der Katastrophe des Helden und seiner Geliebten aus und läßt die fiktionale Welt weiter blühen, während das Paar tragisch untergeht. Erst die Aufnahme des Gralsmotivs und die Zyklenbildung führen dazu, daß in der vom Artuskreis und einer wie immer beschaffenen Gralgesellschaft bevölkerten fiktionalen Welt auch die Möglichkeit des Scheiterns fester ins Auge gefaßt wird. Als Nur-Ritter zu scheitern ist in einer fiktionalen Welt, die sich durch den Gral sakralisiert hat, in gewisser Weise sogar unausweichlich geworden, weil das Bleibende und Rechte nicht mehr in der Welt gesehen werden, sondern eher in einer christlichen Transzendenz. Doch gelangen der Tod des Artus und der Untergang der arturischen Welt, die im letzten Teil des französischen Lancelot-Gral-Zyklus in Prosa bedichtet werden, nicht vor etwa 1300 in die deutsche Literatur, möglicherweise sogar wesentlich später. Erhalten ist dieser Teil des deutschen Prosa-Lancelot nur in einer Handschrift aus dem ersten Drittel des 15. Jahrhunderts.[59] Vielleicht spiegelt sich in dieser Rezeptionsblockade ein normativ werdendes Gattungsbewußtsein, das den glücklichen Ausgang für unverzichtbar hält.

Im zeitgenössischen Horizont des 12. Jahrhunderts war der gute Schluß des Romans wichtig, denn er bot ein Gegenmodell zum gattungsüblichen Untergang des Helden in der Heldenepik und zur Orientierung auf Tod und jenseitiges Leben in der Legende. Er entwickelte (und das gilt auch für den Tristanstoff) ein Konzept von einer fiktionalen Welt, in der menschliches Handeln nicht von vornherein auf Vernichtung seiner eigenen Grundlagen hinauslief, schuf das Modell einer in sich stabilen fiktionalen Welt, die sich gegenüber Störungen und den Fehlern einzelner, auch wichtiger Männer, als relativ stabil erwies und die nicht sogleich kollabierte.[60] Das Erzählen vom Tod des Artus und vom Unter-

---

59 Vgl. zum Überblick Mertens: Artusroman, Kap. III.2.: Die ‚Artusdämmerung': der Prosa-Lancelot, S. 145–175; Klaus Speckenbach: Prosa-Lancelot. In: Horst Brunner (Hg.): Interpretationen. Mittelhochdeutsche Romane und Heldenepen. Stuttgart 1993, S. 326–350.

60 Einige neuzeitliche Interpreten hat der gute Schluß ans neuzeitliche Märchen erinnert (vgl. Georg Lukács: Theorie des Romans. 2. Aufl. Berlin 1963, S. 100–102; Erich Auerbach: Der Auszug des höfischen Ritters, S. 126) und zu strukturellen Parallelen und Rückschlüssen ermuntert. Vgl. Ilse Nolting-Hauff: Märchen und Märchenroman. Zur Beziehung zwischen einfacher Form und narrativer Großform in der Literatur. In: Poetica 6 (1974), S. 129–178; Simon: Einführung in die strukturalistische Poetik, S. 1–11; Isolde Neugart: Wolfram, Chrétien und das Märchen. Erzählstrukturen und Erzählweisen in der Gawan-Handlung. Frankfurt u.a. 1996 (Europäische Hochschulschriften I,1571), bes. S. 17–25. Da-

gang seiner Welt wird diese Prämisse schließlich in Frage stellen. So wichtig diese Verschiebung für die Literaturgeschichte werden sollte, so sehr blieb sie doch das Ergebnis der Spätzeit einer literarischen Form. Der Weltoptimismus und der gute Schluß dominieren das Romanerzählen bis zum Ende des 13. Jahrhunderts.

Aber was bedeutet eigentlich ein glücklicher Ausgang? Im Liebes- und Abenteuerroman ist er – wie schon im hellenistischen Roman, seinem Vorbild – ein Geschenk des Zufalls, der als Koinzidenz daherkommt (dazu unten). Auch im Artusroman scheint ein Erzählschluß, der den Helden lebend und wohl verläßt, zu den gattungshaften Konventionen zu gehören, vor denen sich Ausnahmen wie die *Mort Artu* abheben. Weil die kundigen Hörer den glücklichen Ausgang vorwegnehmen, während der Held sich noch durch seine Aventiuren kämpft, gibt ihre Erwartung dessen Lebenszufällen ein Vorzeichen, mit dem sie rechnen können; sie wissen nicht, wie es für ihn ausgeht, dürfen aber davon ausgehen, daß es auf irgendeine Weise glücklich endet. Die Kontingenz der einzelnen Aventiure wird dadurch nicht abgeschafft – ein Zweikampf soll immer noch auf Messers Schneide stehen – aber die Kontingenz der Summe aller Aventiuren ist beschränkt. Diese Quadratur des Kreises zu bewerkstelligen ist für Autoren eine schwierige Aufgabe.

Chrétien und Hartmann haben sie gelöst, indem sie die Aventiuren nicht wie Richtungspfeile der Handlung betrachten und vektoriell addieren, sondern sie flechten und runden wie zu einem Korb oder Kranz. Das Modell der Richtungspfeile hätte sie nämlich gezwungen, auf entschiedene Negativität in den Aventiuren zu verzichten, wenn sie denn am guten Ende festhalten wollen.[61] Spätere Dichter wie Wirnt von Gravenberc oder Ulrich von Zatzikhoven haben das getan, und mit der Subjektivität eines Geschmacksurteils sei vermerkt: mit ästhetisch schwachem Ergebnis. Bei Chrétien, Hartmann und Wolfram liegt das Ende der Geschichte jedoch nicht am Ende eines immer weiter ausgerollten Raum-

---

bei ist Vorsicht geboten. Der Märchenheld ist am Ende nicht mehr, was er war; er war ein Bauernsohn und ist ein König, er war ein Faulpelz und ist ein guter Regent, er war arm und ist reich. Daran zeigt sich, daß das Märchen in der Gestalt, wie es uns allein überliefert ist, ein Kind der Neuzeit ist: Es glaubt an die verändernde Kraft der Zeit und des Handelns in der Zeit. Diese Voraussetzung fehlt im mittelalterlichen Roman weitgehend.

61 Elisabeth Schmid: Text über Texte. Zur ‚Crône' des Heinrich von dem Türlîn. In: GRM 75 (NF 44), 1994, S. 266–287, merkt S. 285 an: „‚...der Ausschluß der Negativität aus der erzählten Welt ist ein Zug, der die Artus- und Gralromane der dritten Generation überhaupt kennzeichnet."

2. Besondere mittelalterliche Zufallskonstellationen

zeitteppichs, der den Helden vielleicht an einem unbekannten Ort, jedenfalls in einer noch unerlebten und insofern unbekannten Zeit ankommen läßt. Sie lassen die Helden raumzeitlich nicht im Neuen, sondern im verbesserten Alten ankommen, in einer Raumzeitkonstellation, die sie schon kennen.

Im Nachdenken über allgemeine Zeitstrukturen des Artusromans hatte sich ergeben, daß man die Krise und Bewährung des Helden unter dem Blickwinkel mittelalterlicher Bußauffassung betrachten sollte, eher zyklisch als linear. In den musterbildenden Romanen Chrétiens und Hartmanns über Erec und über Yvain/Iwein gerät der Held dadurch in eine Krise, daß er selbst die Verurteilung, die über ihn gesprochen wird, nicht als unbegründet zurückweisen kann; er nimmt die Schuld auf sich und ist dann nach mittelalterlicher Rechtsauffassung weltlich zur Besserung des Schadens,[62] geistlich zur Buße verpflichtet (wofür dasselbe mittelhochdeutsche Wort stehen kann). Der Weg der Auseinandersetzung mit Schuld durch Buße führt aber nach mittelalterlicher Auffassung nicht vorwärts, zu einem anderen Stand der Einsicht und Lebenserfahrung, sondern zurück, zu einem Zustand vor der Verfehlung (im Ideal: zur unbeschädigten Menschennatur). Wenn sich aber Taten ungeschehen machen lassen, dann erscheint in gewisser Weise auch die Lebensuhr zurückgestellt; es wird begreiflich, warum Bachtin vom Ritterroman sagt, daß sich seine Helden trotz ihrer zahlreichen Nöte, Kämpfe und Verwundungen nicht verändern.

Hartmann verstärkt diesen Zug im ‚Erec' durch kleine Veränderungen gegenüber Chrétien. Erec hält sich bei beiden Autoren nach der Mabonagrin-Episode bis zum Tode seines Vaters am Artushof auf, um danach ein vorbildlicher Herrscher zu werden, wie er es schon einmal hätte werden können. Nur Hartmann berichtet, daß das Land Erec bereits zu Lebzeiten des Vaters übergeben worden war: Lac *gap dô sîn lant/ in ir beider gewalt* (HEr 2919f), nachdem Erec und Enite geheiratet hatten.

---

62 Die Buße im Sinne einer Wiedergutmachung und Entschädigung ist als Ablösung von der Rache entstanden; im römischen Recht heißt sie *poena* und ist vom Schädiger an den Geschädigten oder dessen Sippe zu zahlen. Die Volksrechte der germanischen Stämme kannten den Gedanken der materiellen Wiedergutmachung in ähnlicher Funktion bereits vor der Christianisierung, so daß sich die christliche Buße an diese Vorstellung anlagern konnte. Die Buße bleibt das gesamte Mittelalter hindurch ein häufiges Mittel der Konfliktbeilegung. Vgl. Peter Weimar: Buße (weltliches Recht). I. Römisches und Gemeines Recht. In: Lexikon des Mittelalters, Bd. 2. München 1983, Sp. 1144; Helmut Nehlsen: Buße (weltliches Recht). II. Deutsches Recht. In: Lexikon des Mittelalters, Bd. 2. München 1983, Sp. 1144–1149.

Gleichwohl wird Erec am Schluß durch Artus noch einmal gekrönt, wie bei Chrétien; es gibt also zwei Regierungsübernahmen. Linear gedacht, gibt das keinen Sinn, es erscheint als Fehler; zyklisch gedacht, ist es ein Kunstgriff, ein klares Signal für den Hörer, daß der Held in eine bereits durchlebte Konstellation einmündet. Mit dieser kleinen Verschiebung, die Erecs politische Unterlassungssünden noch größer erscheinen lassen, werden die Dopplung und der zeitliche Rückschritt noch betont. Erec wird im Ergebnis seiner vorbildlichen Taten zurückversetzt in einen Zustand, den er bereits zuvor kannte; den Zustand unmittelbar vor dem Fehler, an dem sich nur wenige Nebenumstände geändert haben.

Auch am ‚Yvain'/‚Iwein' läßt sich die Kreis- oder Spiralstruktur ablesen: Bei beiden Autoren bricht die Handlung ab, nachdem Laudine wider Willen Iwein als Landesherren und Ehemann hat restituieren müssen. Das Einmünden in eine Situation, die der Held schon durchlebt hat, gewissermaßen die vollendete Umlaufbahn, wird bei Chrétien wie bei Hartmann durch einprägsame raumzeitliche Dopplungen hervorgehoben. Yvain und Iwein fassen jeweils den Entschluß, das Quellenabenteuer noch einmal zu bestehen.

> *Et pansa qu'il se partiroit*
> *Toz seus de cort et si iroit*
> *A sa fontainne guerroiier, [...].*
> (Yvain 6517ff)[63]

> ‚*[...] sone weiz ich wiech ir minne*
> *iemer gewinne,*
> *wan daz ich zuo dem brunnen var*
> *und gieze dar und aber dar. [...]*'
> (Iw 7793–7796)

Der Ritter ist jeweils kurz darauf wieder an der Quelle, und er begießt wieder den Stein. Der Wiederholungscharakter der Handlung wird nicht nur für den Hörer oder Leser in Abläufen der fiktionalen Welt arrangiert, sondern ist auch den Protagonisten bewußt. Yvain und Iwein gewinnen dank ihres Einfalls, der nur als Wille zur Berichtigung verstanden werden kann (sie können in beiden Romanen nicht wissen, ob Laudine einen Quellenritter engagiert hat), die Chance, an einer Stelle vor ihren Fehlern

---

63 Übersetzung Nolting-Hauff: „Und er dachte, er wolle ganz allein den Hof verlassen und zur Quelle reiten und dort Krieg beginnen [...]." Yvain ed. Nolting-Hauff, S. 319.

2. Besondere mittelalterliche Zufallskonstellationen

wieder zu beginnen und die Fehler zu vermeiden.[64] Auch hier ist es der äußere Zustand unmittelbar vor der Verfehlung, der für den Helden wiederhergestellt wird, und die neue Handlung überschreibt die alte. Wenn Yvain/Iwein wieder Herr im Quellenreich ist, könnte eine neue Geschichte beginnen.

Der Doppelweg ist ein Kreis. Wenn man die zwei Anläufe von Wolframs Parzival zur Erlösung des Anfortas auf dieser Folie lesen will, dann handelt es sich gleichfalls um eine genaue zeitliche Rückversetzung in den Moment unmittelbar vor dem Fehler: Parzival darf die Frage noch einmal stellen (Pz 795,29). Niemand in der fiktionalen Welt hat das geglaubt, Anfortas scheint noch bei Parzivals Ankunft nicht davon auszugehen, daß die Frage noch wirke; er bittet nur noch um den Tod.[65] Aber als würde das Früher und Jetzt in einer mythischen Einmaligkeit zusammenfallen, stellt Parzival die Frage, und sie wirkt; es gab offenbar kein Verfallsdatum. Parzivals eigener Roman ist damit beendet, auch wenn noch eine Vorschau auf zu erzählende Geschichten über seinen Sohn folgt.

Diesen fünf Texten ist gemeinsam, daß das scheinbare gute Ende weniger ein Schluß ist als die Vermeidung eines Schlusses.[66] Der Held ist wieder in derselben Lage wie vor seinem Fehler, in einer Situation, in der er sich schon einmal viel Ärger eingebracht hat. Strukturell wird damit angedeutet, daß neue Verwicklungen jederzeit möglich sind. Ilse Nolting-Hauff hat zutreffend bemerkt, daß solche Ritterromane ihre Helden wie heutige Serienhelden in die Ausgangslage zurückbringen,[67]

---

64 Unter diesem Aspekt ist es interessant, daß der Handlungskreis auch vor dem Zweikampf mit Askalon einmündet; das müßte nicht so sein, denn der Löwenritter könnte ohne weiteres der Landesherrin gegen einen wirklichen Bedränger helfen, so, wie Lunete der Laudine die Geschichte vermittelt. Dadurch erscheint auch dieser Zweikampf als Teil des Fehlers. Die Berichtigung sagt, daß das Richtige nicht gewesen wäre, gegen Askalon anzutreten, sondern gegen sich selbst zu kämpfen.

65 *sît ir genant Parzivâl,/ sô wert mîn sehen an den grâl/ siben naht und aht tage:/ dâ mite ist wendec al mîn klage./ ine getar iuch anders warnen niht:/ wol iu, op man iu helfe giht.* (Pz 795,11–16)

66 Ähnliches entwickelt Clemens Lugowski: Die Form der Individualität im Roman. Frankfurt 1976 [zuerst Berlin 1932], hier S. 28f. in seiner ‚Voruntersuchung' am ‚Amadis': „Das eigentlich Bezeichnende liegt in der absoluten Sicherheit des ‚Noch nicht', d.h. der absoluten Gewißheit der Erfüllung, die damit schon von vornherein als seiend gesetzt ist. [...] In der absoluten Sicherheit der Erfüllung ist die Zeit als *begrenztes* Kontinuum aufgehoben. [...] Das heißt, dieser Roman besitzt keinen Schluß im Sinne eines Endens, Erlöschens aus ihm selbst heraus."

67 Ilse Nolting-Hauff: Märchen und Märchenroman, S. 130–132.

damit sich die fiktionale Welt nicht ändert, von der das Erzählen dann ungestört weitergehen kann, wobei es weniger ins Gewicht fällt, ob der Brennpunkt dann wieder auf diesem Helden liegen wird oder auf einem anderen daneben. Die Romane sind auf Fortsetzung angelegt. Solange der Held unterwegs war, hatte er eine Zukunft. Von seiner Verfehlung aus bewegt er sich, wie mittelalterliche Denker die Planetenbewegung imaginieren: aus einer Grundsituation in einer großen Umlaufbahn wieder in diese Grundsituation zurück. So wird die weitere Zukunft der fiktionalen Welt zum Kreislauf, der nur noch angedeutet wird; es entsteht eine Art runder ewiger Gegenwart, der der Held auch nie entkäme, wenn von ihm weitererzählt würde.

Heinrich von dem Türlin hat seinen Artus- und Gralroman über Gawein ‚Die Krone' genannt.

> *HIe mit hat ein end*
> *Die krone, die mine hend*
> *Nach dem besten gesmidt hant (...)*
> (Cr 29966–29968)

Eine Krone ist ein rundes Ding ohne Anfang und Ende, und in der ‚Krone' ist der Held am Ende jünger als am Anfang, obgleich der Anschein zeitlicher Sukzession auf der Oberfläche keine Lücken hat.[68] Es würde zum sicher konstatierbaren Verhältnis des Textes zu Vorbildern in der Artus- und Graltradition passen,[69] wenn beides gemeinsam als eine parodistische, übertreibende Nachbildung des Rückgriffs auf Früheres zu sehen wäre, den man bei Chrétien und Hartmann findet. Die Frage nach der Zukunft des Helden innerhalb der fiktionalen Welt erübrigt sich dadurch, denn Gawein in der ‚Krone' ist gleichsam immer, ob lebendig

---

68 Vgl. Samuel Singer: Türlin, Heinrich von dem T., ADB 39 (1895), S. 20f.; Rosemary Wallbank: The Composition of Diu Krône. Heinrich von dem Türlin's Narrative Technique. In: Medieval Miscellany presented to Eugène Vinaver by pupils, colleagues and friends. Ed. by Frederick Whitehead, A.H. Diverres and F.E. Sutcliffe. Manchester 1965, S. 300–320; Alfred Ebenbauer: Fortuna und Artushof. Bemerkungen zum ‚Sinn' der ‚Krone' Heinrichs von dem Türlin. In: Alfred Ebenbauer, Fritz Peter Knapp, Ingrid Strasser: Österreichische Literatur zur Zeit der Babenberger. Vorträge der Lilienfelder Tagung 1976. Wien 1977 (Wiener Arbeiten zur germanischen Altertumskunde und Philologie 10), S. 25–49, hier S. 41.
69 Vgl. Hartmut Bleumer: Die ‚Crône' Heinrichs von dem Türlin: Form-Erfahrung und Konzeption eines späten Artusromans. Tübingen 1997 (MTU 112), bes. S. 1–7; Schmid: Text über Texte, bes. S. 285.

2. Besondere mittelalterliche Zufallskonstellationen 177

oder tot. Er besitzt eine mythische, zeitindifferente Präsenz, die den Helden Chrétiens und Hartmanns nicht zugesprochen werden kann, zu der sie aber auf dem Wege sind.

2.3.4. Wille und Kontingenz des Künftigen in nichtkämpferischen Aventiuren

Der Zufall steckt auch in Konstellationen, die nicht vom Kampf bestimmt werden. Kontingent ist das, was auch anders sein könnte. Die mittelalterlichen Philosophen denken dabei auch und vor allem an den Willen: Jeder einzelne Willensakt könnte so, aber auch anders ausfallen, er ist eine Quelle der Kontingenz im Leben des einzelnen und ein Prüfstück für die Ordnung der Gemeinschaft und die Lebenswerte des einzelnen. Die Dichter erzählen solche Situationen vom 12. bis ins beginnende 14. Jahrhundert ähnlich, wie ihre zeitgenössischen und nachgeborenen Kollegen von der Philosophenzunft denken. Das gibt es nicht nur im arturischen Roman; beispielsweise mündet die lange Selbstbesinnung des Armen Heinrich bei Hartmann in den Entschluß, der den Willensakt auch als solchen benennt: *Ichn wil des kindes tôt niht sehen* (AH 1256). Aber man kann den Entschluß und das Handeln unter ungewissen Umständen auch als Aventiure arrangieren: Sich dem möglichen Verfehlen einer Aufgabe oder Probe auszusetzen ist ebenso schwierig wie eine kämpferische Bewährung, und der Ausgang ist ebenso ungewiß.

Der Bel Inconnu weiß bei Renaut de Beaujeu nur, daß er die Aventiure des schrecklichen Kusses (BInc 192) bestehen soll. Die zahllosen Tapferkeits- und Loyalitätsproben auf dem Weg sind im wesentlichen Kämpfe; die Befreiung der Öden Stadt beginnt mit Kampf, mündet aber in den Kuß eines wilden Wesens, der vielleicht eine mythische Vereinigungsphantasie aufrufen soll. In diesem Text ist das Kämpfen nur die Vorschule der Tapferkeit und Tugend. Beim Schrecklichen Kuß wird es, was der Unbekannte nicht weiß, darauf ankommen zu unterscheiden, ob er in Gefahr ist und sich verteidigen muß, wenn ein Drache auf ihn zukommt, und ob er schließlich genügend risikobereit ist, die Berührung dieses dämonischen Wesens zuzulassen. Wiederum – wie bei den kämpferischen Aventiuren – scheint es dem Ritter verboten zu sein, genau nachzufragen, was auf ihn zukommt und was er tun soll (die unvollständige Belehrung durch Lanpart BInc 2797–2838 hat er nicht erbeten). Mehrfach wird er sich angegriffen fühlen und doch davon absehen, sich mit der Waffe zu verteidigen (BInc 3155, 3174, 3189), und eben dies,

B. Spezielle Raumzeitkonstellationen im mittelalterlichen Roman

das Nichtstun und Erdulden des Beängstigenden, wird das Richtige sein, das die Öde Stadt erlöst und ihm die Herrscherin samt Land einbringt. Es ist kein Kampf, aber eine Situation, in der der freie Wille mit verständlichen Gründen so oder anders entscheiden könnte: Die Situation ist, obgleich sie nicht vom Kampf beherrscht wird, auf eine philosophische Weise kontingent. Das war des Armen Heinrichs Wahl im Entscheidungsmonolog auch; dennoch ist das erste eine Aventiure, das zweite nicht. Aventiure können solche kontingenten Entscheidungs- und Verhaltenssituationen offenbar werden, wenn dem Handelnden zu wenig Informationen bereitstehen, als daß er das Rechte, das nun zu tun ist, überlegend deduzieren könnte. Schließlich ist es nicht schwer, einer anerkannten und anerzogenen Norm zu folgen; der Ritter tut in unzähligen kleinen Situationen das Rechte, ohne daß es schon Aventiure wäre, beispielsweise wenn er vor Damen vom Pferd steigt, wenn er sich auf einem Fest maßvoll und höflich beträgt usw. In den nichtkämpferischen Aufgaben, die als Aventiuren gestaltet sind, muß er jedoch in einem Dunkel der verborgenen Gründe und Umstände aus mehreren Möglichkeiten wählen.

Auch Percevals und Parzivals Erlösungsfragen sind, so verschieden Chrétien und Wolfram sie auch gestaltet haben, solche willkürlichen Handlungen unter unbekannten Umständen. Der Held muß die Frage stellen, ohne daß ihn eine Notwendigkeit triebe. Aber Perceval und Parzival verfehlen das Richtige. Ihre Willensentscheidung war kontingent, und sie wählen die falsche Zukunft, eine, die den Gralkönig in seiner Qual festsetzt und sie selbst ohne das Gralkönigtum wieder in die Welt entläßt. Das Problem der Kontingenz des Zukünftigen wird hier in einem Maße zugespitzt, daß das gute Ende nicht mehr – wie bei den vorhergehenden Artusromanen – als sicher erscheint. Bei Wolfram wählt selbst der Gral kontingent.[70] Er beschließt zunächst, die Frage dürfe nur einmal

---

70 Joachim Bumke: Wolfram von Eschenbach. 6. neu bearb. Aufl. Stuttgart, 1991, S. 141–143 gibt eine thematisch gegliederte Übersicht der Gralsstellen; er stellt (S. 142) die Befehle des Grals nicht als dessen, sondern Gottes Ratschlüsse dar: „Von Zeit zu Zeit erscheint auf dem Gral eine Schrift, die von selbst zergeht, wenn sie gelesen worden ist. Sie offenbart die Namen der zum Gral Berufenen und macht besondere Mitteilungen. Nur wer auf diese Weise von Gott dazu *benant* ist, kann den Gral *bejagn* (470,21ff., 468,12ff.)". Bumkes Zusatz „von Gott" ist durch den Text nicht gedeckt; die Frauen und Männer der Gralgesellschaft sind zwar *zem grâle [...] benant* (Pz 470,21), aber ohne daß ein logisches Subjekt der Handlung angegeben wäre; auch die jährliche wunderbare Begabung des Grals durch die Taube (Pz 470,1–15) spricht nicht von einem rein instrumentellen Gebrauch des Grals.

gestellt werden, später, Parzival solle doch Gralkönig werden und die Frage noch einmal stellen dürfen, obgleich er sie nun kennt. Der Gral verhält sich wie ein Entscheidungssubjekt, nicht wie ein Behältnis ewiger und unveränderlicher Wahrheit.[71] Solche unverrückbare Wahrheit und damit eine Voraussicht des Künftigen gibt es vielmehr innerhalb dieser fiktionalen Welt nicht mehr, zumindest ist sie in keiner Instanz unter Gott – der als gedanklicher Horizont mehrfach angesprochen wird – greifbar. Alle handelnden Personen und Gruppen unterhalb Gottes ändern ihre Entschlüsse und produzieren Zufall – allenfalls Gott, könnte man sagen, läßt sich von Parzivals kontingentem Fehlhandeln nicht beeindrucken und führt ihn auf den Weg seiner Bestimmung. Aber das ist eine teleologische Interpretation, während die Kausalketten, die durch die kontingenten Entscheidungen Parzivals und des Grals entstehen, einander mehrfach widersprechen.

Die Parzival-Romane Chrétiens und Wolframs setzen sich zum ersten Mal mit dem Phänomen des unerwarteten, unerhörten Versagens vor einer ungeübten Aufgabe auseinander, die die in jedem Moment neue und andere Zukunft stellt; aber sie tun das, indem sie das Versagen motivieren und ausdrücklich zur Ausnahme erklären. So wird das vertrauensvoll darauf zugehende Verhältnis zur unbekannten Zukunft noch einmal ausdrücklich zum Vorbild erklärt und gleichzeitig problematisiert.

2.4. Der Zufall des Zusammentreffens: Koinzidenz

2.4.1. Der *coincidence plot* und die philosophische Tradition des Mittelalters

Thomas von Aquin erzählt in seiner Theologischen Summe die folgende kleine Geschichte: Ein Herr hat zwei Diener. Er schickt beide an denselben Ort, ohne daß der eine vom Auftrag des anderen weiß. Die beiden treffen einander dort und versuchen, sich das Zusammentreffen zu erklären. Für jeden ist das eigene Am-Ort-Sein kausal begründet, aber daß der andere auch da ist, erscheint beiden zufällig. Die Zusammensicht der beiden Kausalitäten, die sich der Perspektive der Diener im Gespräch eröffnet, ermöglicht es ihnen aber, darauf zu schließen, daß der scheinba-

---

71 Vgl. zu den Entschlüssen des Grals Bernd Schirok: Die Inszenierung von Munsalvæsche: Parzivals erster Besuch auf der Gralburg. In: Literaturwissenschaftliches Jahrbuch N.F. 46 (2005), S. 39–78, bes. S. 68f., S. 75–77.

re Zufall einer lenkenden Voraussicht gehorcht, dem Willen des Herrn nämlich, der bewußt beide unabhängig voneinander an diesen Ort geschickt hat.[72]

Thomas ist kein Erzähler und weiß von vornherein, in welche Begriffe er die Pointe dieser kleinen Geschichte übersetzen will; schließlich hat er sie sich eigens zu diesem Zweck ausgedacht oder doch in gleicher Funktion aufgefunden. Er bringt sie als Anschauungsbeispiel in einer *quaestio*, in der er über die *providentia* handelt, der 22. im ersten Teil der ‚Summa'. Hier erklärt Thomas, daß die göttliche Voraussicht sich auf alles erstreckt, auch auf das, was die Menschen selbst beschließen und voraussehen, und weiterhin auf das den Menschen verborgene Wirken der Zweit- und Drittursachen. Aus dem Blickwinkel Gottes erweise sich als voraussehbar und notwendig, was dem Menschen zufällig und kontingent erscheine. Für diesen Gedanken dient ihm die kleine Geschichte als Illustration, verhalten sich die beiden Diener doch zu ihrem Herren und zueinander wie verschiedene Menschen zu Gott und zueinander. So schnelle Wege von der Erzählung zur Deutung tun einer Geschichte nicht gut, und so vermag sich Thomas' Fabel denn narrativ auch nicht recht zu entfalten.

Das kann aber nicht darüber hinwegtäuschen, daß hier ein unerwartetes Zusammentreffen von einander bekannten Personen erzählt wird, ein musterhafter kleiner *coincidence plot*.[73] Das ist der moderne englische Name für eine Fabel, in der das unerwartete Wiederfinden von Figuren, die einander verloren hatten oder nicht voneinander wußten, den organisierenden Kern bildet. Bei Thomas aber fällt das zufällige Zusammentreffen nicht unter den Begriff der *coincidentia*, sondern unter den der *providentia*. Es ergibt sich also die Aufgabe, das historische Verhältnis dieser beiden Begriffe zu erklären.

Koinzidenz bezeichnet dem Wort nach das Zusammenfallen. Man wendet das Wort heute in Philosophie und Philologie auf Konstellationen an, in denen zusammenkommt, was bisher im Geschehensausschnitt, den der beobachtende Interpret im Blick hat, nicht koordiniert war und

---

72 S. th. I q 22 a. 2 ad 1: *Inquantum igitur aliquis effectus ordinem alicuius causae particularis effugit, dicitur esse causale vel fortuitum, respectu causae particularis: sed respectu causae universalis, a cuius ordine subtrahi non potest, dicitur esse provisum. Sicut et concursus duorum servorum, licet sit causalis quantum ad eos, est tamen provisus a domino, qui eos scienter sic ad unum locum mittit, ut unus de alio nesciat.*
73 Einen historischen Abriß und einen Überblick über neuere Benennungen für das Schema bietet Dannenberg: A Poetics of Coincidence, S. 401–403.

nichts voneinander wußte. Aus dem Erkenntnisinteresse von verschiedenen Wissenschaftsdisziplinen benannte Spezialfälle der Koinzidenz sind die bereits erwähnte Anagnorisis (das Erkennen oder Wiedererkennen von Figuren), deren ästhetische Problemgeschichte bis in die griechische Tragödie zurückreicht, die aber auch im mittelalterlichen Roman eine Rolle spielt, und die Synchronizität, wie Carl Gustav Jung einen Zusammenhang nennt, der sich für den Beobachter allein dadurch herstellt, daß zwei Dinge sich vor seinem Auge oder verstehenden Bewußtsein (in einer durch das Subjekt geschaffenen räumlichen Klammer, die bei Jung allerdings nicht erörtert wird) gleichzeitig abspielen.[74] Für die Koinzidenz ist das Hier und Jetzt von Dingen oder Personen, die an sich raumzeitlich voneinander unabhängig sind, eine entscheidende Rahmenbedingung. Was sich nicht gleichzeitig am gleichen Ort befindet, kann nicht koinzidieren; es kann aber auch nicht koinzidieren, was immer schon zusammen war und sich nie getrennt hatte. Damit beschreibt die Koinzidenz die kontingente punktuelle Einheit der akzidentiellen Raumzeitbedingungen zweier wesentlich voneinander unabhängiger Ereignisfolgen.

Die Koinzidenz ist kein aristotelisches Problem. Insofern verwundert es nicht, daß das Wort auch bei Boethius, der Aristoteles den Weg ins lateinische Mittelalter gebahnt hat, nicht in einem spezifischen Sinne vorkommt, ebensowenig wie eine Wortform des Verbs *coincidere/concidere*.[75] Für das neuplatonische Denken war hingegen, unabhängig vom dafür verwendeten Wort, der Zusammenfall aller Bestimmungen im Einen seit jeher eine zentrale Denkfigur. Beim Pseudo-Dionysius Areopagita, dessen Wirkung auf das mittelalterliche Denken kaum überschätzt werden kann, wird in ‚De divinis nominibus' IX, 4 darüber gehandelt, daß der Zusammenfall aller Gegensätze in Gott zu dessen Geheimnis gehört.[76] Dieser Gedanke hat eine ununterbrochene Wirkungsgeschichte bis zu Nikolaus Cusanus. Er wurde auch christologisch

---

74 Vgl. Carl Gustav Jung: Synchronizität als Prinzip akausaler Zusammenhänge. In: Ders.: Die Dynamik des Unbewußten. Gesammelte Werke, Bd. 8, zweite Aufl. Zürich 1967, S. 475–591, bes. S. 484f.
75 Das Ergebnis stammt aus Recherchen mit den elektronischen Datenbanken des Corpus Christianorum (Cetedoc) und der Patrologia Latina.
76 Diese Stelle kennt auch der ansonsten eher religionswissenschaftliche und an Mythen interessierte Essay von Mircea Eliade: Mephistopheles und der Androgyn. Das Mysterium der Einheit. Aus dem Französischen von Ferdinand Leopold. Frankfurt u.a. 1999, hier S. 12.

ausgedeutet, zum Beispiel in einer wirkungsmächtigen Schrift des Bonaventura, dem ‚Itinerarium mentis ad Deum' (Kap. 6).[77]

Noch in der Spätantike ist *coincidere/concidere* (zusammenfallen) ein allgemeinsprachliches Wort ohne terminologischen Schwerpunkt. Bei mittelalterlichen Autoren begegnet es auch in Erörterungen darüber, was unter einen Begriff und zugleich unter einen zweiten fallen kann.[78] Für die weitere Entwicklung des Wortgebrauchs ist das wichtig, weil hier metaphysisch, aber nicht theologisch, also auch von innerweltlichem Zusammenfall, gesprochen wird.[79] Erst im 15. Jahrhundert, mit Nikolaus Cusanus und seiner bereits oben erwähnten Idee der *coincidentia oppositorum*, gelangt die Koinzidenz in der Philosophie in den Rang eines Leitbegriffes.[80] Die *coincidentia oppositorum* bezeichnet eine dem neuplatonischen Denken vertraute Eigenschaft des Göttlichen, nämlich keine Eigenschaft zu haben, weil es alle hat, indem alle Bestimmungen, auch die Gegensätze, in ihm zusammenfallen. Das Göttliche ist, wie der Cusanus in dieser Tradition entwickelt hat, immer ohne Anderes und nie selbst das Andere (*non aliud*).

Für das gesamte Mittelalter muß man jedoch davon ausgehen, daß die Sache, die heute in der angelsächsischen Narratologie *coincidence plot* genannt wird, und der Begriff der Koinzidenz noch nichts miteinander gemein haben. Das Modell für das tatsächliche Verhältnis liefert die

---

77 Bonaventura, Opera Quaracchi Bd. 5, S. 311–312. Über das Koinzidenzproblem bei Bonaventura vgl. Ewert H. Cousins: The Coincidence of Opposites in the Christology of Saint Bonaventure. In: Franciscan Studies (St. Bonaventure, New York) 28 (1968), S. 27–45.
78 Z.B. Bonaventura: Breviloquium, pars 3, cap. 10, Opera Quarachi Bd. 5, S.122f.: *Ipsa vero vel est acta si sequatur ad actuale vel est contracta si sequatur ad originale. Si ergo proprie accipiatur malum secundum quod est privatio boni naturalis et affectio involuntaria et malum quod patimur sic non coincidit cum malo culpae in idem licet sit annexum eidem.*
79 Ein Beispiel aus der Physik des Aristoteles aus einem Florileg vom Ende des 13. Jahrhunderts: Auctoritates Aristotelis, Senecae, Boethii, Platonis, Apulei Africani, Porphyrii, Gilberti Porretani. Ed. Jaqueline Hamesse, Louvain 1974 (Philosophes Médiévaux 17), sententiae 84–86, S. 147: *Illud quod est per se est prius eo quod dicitur per accidens. Forma et effectus finis et efficiens saepe coincidunt. Materia vero et efficiens numquam coincidunt similiter materia et finis.*
80 „Koinzidenz ist die eingedeutschte Form des lateinischen Terminus ‚coincidentia oppositorum' (Zusammenfall der Gegensätze) und hat als solche ihren Ort in der Wirkungsgeschichte des Nikolaus von Kues und der platonisch-neuplatonischen Implikate seiner Philosophie." Meinhardt: Koinzidenz, Sp. 879. Dieser Satz verengt den Begriff, und zwar nicht nur in historischer, sondern auch in systematischer Hinsicht.

angeführte Textpassage bei Thomas: Es gibt Geschichten von unerwartetem Zusammentreffen temporär getrennter Personen, aber das Leitwort dafür ist die *providentia*. Es gibt das Wort *coincidere* für das Zusammenfallen und Zusammentreffen, auch für den Zusammenfall unter einem Begriff oder einer Bestimmung, aber es wird keineswegs regelmäßig oder auch nur häufig zur Bezeichnung gewählt, wenn ein zufälliges raumzeitliches Zusammentreffen bezeichnet werden soll. Die *providentia* muß erst zum Zufall säkularisiert werden, ehe sie im theoretischen Denken in die Nähe der Koinzidenz rücken kann; hinsichtlich des jeweiligen Bezugsfelds liegen noch in der frühen Neuzeit Welten zwischen den beiden Begriffen, weil die *providentia* besonders auf Menschen und ihre Geschicke, die *coincidentia* auf Abstrakta und Kategorien angewendet wird.

Da der Zufall sich nicht in einer Regel ausdrücken läßt, ist er auf Beispiele angewiesen. Er ist das auch für das theoretische Denken; um so mehr für die Auseinandersetzung mit dem Zufall als menschlicher Grunderfahrung. Das ist die Chance des Erzählens. Auch die kleine Beispielerzählung des großen Begriffstheoretikers Thomas von Aquin konnte vor Augen führen, daß sich für den Einzelfall das Wirken der *providentia* am besten erzählen läßt. Mit anderen Worten: Die Erzählungen von raumzeitlicher Koinzidenz verschiedener Handlungsstränge, die bereits in vorchristlichen Erzählmustern als Knotenpunkte von Erzählungen verwendet wurden, gehören in den Diskussionszusammenhang des mittelalterlichen *providentia*-Begriffes. Es stand zwar für alle Denker, Dichter und Romanhörer fest, daß es eine göttliche *providentia* gibt; wie sie jedoch wirkt, wie sie sich mit Ursachen, die Menschen beobachten können, verflicht und wie sie sich zu den Bestrebungen der Menschen verhält, mit denen sie umspringt, das wurde vornehmlich in erzählten Geschichten erkundet.

2.4.2. Narrative Konstanten und epochale Varianten des Erzählens über Koinzidenz

Das narrative Schema von Trennung und Wiedervereinigung ist alt. Hilary Dannenberg beginnt ihren historischen Abriß mit der mythischen Oidipos-Geschichte.[81] Sie hätte danach auch den griechisch-hellenisti-

---

81 Dannenberg: A Poetics of Coincidence, S. 399.

schen Liebesroman nennen können,[82] dessen Vorbild, vermittelt über lateinische Sproßformen,[83] ebenfalls breite Nachwirkung entfaltet hat. Hier gehörte das Schema von Trennung und unverhoffter Wiederbegegnung eines Paares oder einer Familie zu den zentralen Erzählbausteinen.[84]

Seit diesen frühen Mustern bleibt das Erzählen vom zufälligen Zusammentreffen an Zweisträngigkeit (oder Mehrsträngigkeit) gebunden: Nur wenn die Figuren, die einander unverhofft begegnen werden, zuvor in ihrer je eigenen Handlungslogik und an voneinander getrennten Orten vorgeführt werden, kann das Arrangement des zufälligen Zusammentreffens gelingen. Beide oder alle dazugehörigen Figuren haben vor ihrem Zusammentreffen eine je eigene Geschichte: Ein *coincidence plot* arbeitet deshalb immer und zwangsläufig mit den literarischen Mitteln, die Gleichzeitigkeit literarisch darstellbar machen.[85]

Diesen überzeitlichen Bedingungen für das Erzählen von Trennung und Wiedervereinigung stehen jeweils epochenspezifische Modelle gegenüber, die vorgeben, wer oder was bei der Koinzidenz Regie führt

---

82 Otto Weinreich: Der griechische Liebesroman. Zürich, Stuttgart 1962, S. 10 grenzt die produktive Zeit der Gattung zwischen den Anfängen im 2. Jh. v.Chr. und einer „Spätblüte" mit Heliodor im 3. Jh. ein; die Anfänge setzt er mit den Fragmenten des Romans über den Assyrerkönig Ninos und seine Cousine Semiramis an.

83 Eine bemerkenswerte Nachwirkung hat zunächst nur der lateinische Apolloniusroman erfahren. Zu einem verlorenen griechischen Roman des 2. oder 3. Jahrhunderts hat sich nur eine lateinische Übersetzung des 5. oder 6. Jahrhunderts erhalten. Die weltliterarisch mindestens ebenso wirksamen ‚Aithiopica' des Heliodor beginnen ihre nachantike Wirkungsgeschichte dagegen erst in der Renaissance. Vgl. Massimo Fusillo L' Aquila, Theodor Heinze: Roman II. Griechisch. In: Der Neue Pauly, Bd. 10. Stuttgart, Weimar 2001, Sp. 1108–1114; Tomas Tomasek: Über den Einfluß des Apolloniusromans auf die volkssprachliche Erzählliteratur des 12. und 13. Jahrhunderts. In: Wolfgang Harms, Jan-Dirk Müller (Hgg.): Mediävistische Komparatistik. Festschrift für Franz Josef Worstbrock zum 60. Geburtstag. Stuttgart, Leipzig 1997, S. 221–239, hier S. 222–226.

84 Vgl. Isolde Stark: Strukturen des griechischen Abenteuer- und Liebesromans. In: Heinrich Kuch u.a.: Der antike Roman. Untersuchungen zur literarischen Kommunikation und Gattungsgeschichte. Berlin 1989, S. 82–106, bes. S. 83–87; Rosa Söder: Die apokryphen Apostelgeschichten und die romanhafte Literatur der Antike. Stuttgart 1932 (Würzburger Studien zur Altertumswissenschaft 3), S. 162–171 (Kapitel ‚Hilfe in höchster Not, Götterschutz'), S. 17–180 (Kap. ‚Orakel, Träume, göttliche Befehle').

85 Diese Techniken sind zuerst beschrieben bei Zielinski: Die Behandlung gleichzeitiger Ereignisse im antiken Epos. Für die mhd. Literatur grundlegend ist Hans-Hugo Steinhoff: Die Darstellung gleichzeitiger Geschehnisse.

2. Besondere mittelalterliche Zufallskonstellationen 185

und wie die Figuren sich zu den Verwicklungen stellen. Die mittelalterliche Wiederentdeckung der alten Geschichten läßt zwei Tendenzen erkennen, die einander jedoch partiell widerstreiten. Zum einen wird in einer Christianisierung der antiken Stoffe das Fatum zur göttlichen *providentia* umgedeutet, so daß das inhärent teleologische Erzählen einen direkt theologischen Sinn gewinnt. Zum anderen wirkt das aktive Heldenbild des Artusromans auf die Protagonisten der Trennungs- und Wiedervereinigungsgeschichten zurück, ihre völlige Schicksalsergebenheit scheint nur noch erzählbar, wenn eine Heiligengeschichte entstehen soll; bei einer Erzählung über weltliches Leben wird das Moment des Duldens abgemildert.

Thomas von Aquin hat mit seiner kleinen Geschichte über die göttliche *providentia* den theoretischen Rahmen abgesteckt, in dem sich das Verständnis eines *coincidence plot* im Mittelalter bewegt. Die göttliche *providentia*, die das Geschick so lenken kann, daß Getrenntes wieder zusammenfindet, umfaßt nach Thomas auch die dem Menschen verborgenen Zweit- und Drittursachen. Das zufällige raumzeitliche Zusammentreffen ist also nicht akausal gedacht, sondern von einer inneren Kausalität, die zumindest dem jeweils anderen Handelnden, möglicherweise auch beiden Handlungsträgern verborgen bleibt. Die Koinzidenz des erzählten Ereignisses ließe sich unter diesen Voraussetzungen vom Standpunkt eines wissenden Betrachters in Kausalität auflösen, auf dem Niveau der Figurenperspektive ist das jedoch ausdrücklich ausgeschlossen, hier läßt sich das Geschehen immer nur vom Ende her interpretieren. Den wissenden Betrachter gibt es für die Geschichte der zwei Diener auf zwei Ebenen: in der fiktionalen Welt, wo der Herr, der den Auftrag gegeben hat, auf das Gelingen seines Planes vorausschauen und später auf den Erfolg zurückblicken kann; auf der Rezipientenebene, wo der Leser von vornherein weiß, wessen Plan ausgeführt wird, wenn die beiden Diener einander bestaunen. Ein Erzähler, der in den 100 Jahren vor Thomas oder in seiner Zeit eine kunstgerechte Geschichte hätte bauen wollen, hätte eher so erzählt, daß die Handlungen und Begebenheiten in der fiktionalen Welt auf Figuren und Rezipienten planvoll verursacht wirken, ohne daß sie doch ausdrücklich verursacht genannt worden wären (wie unten an Beispielen gezeigt wird). Vom Schatten einer verborgenen Kausalität aus kann aber auch ein wissender Beobachter nur vermutungsweise auf die Ursache schließen. Ein Rezipient, der gewohnt ist, solche Fälle in seiner Wirklichkeit mit dem göttlichen Willen zu erklären, wird auch im Verstehen eines Textes die Letztvermutung – der Wille eines Höheren bewirke das Unerklärliche – einleuchtender finden als die Konstruktion nicht vom Text unterstützter Kausalketten (wobei die fiktionale Welt das allgemeine Walten von Kausalität gleichwohl als normal unterstellen darf). Ein Hörer oder Leser, der sich in diesen mittelalterlichen Denkbahnen bewegt, wird zuerst mit den Figuren und in deren Horizont die Vorstellung von der leitenden höheren *ratio* bilden, den Text also teleologisch verstehen, und von dieser Erkenntnis des Telos aus von seinem außertextlichen Wissen gleichsam in den Text zurückkehren, um in ihm das Wirken von Zweit- und Drittursachen angedeutet oder ausgeführt zu finden, von denen er (schon vorab) weiß, daß die Vorsehung sich in ihnen ausdrückt. Ein teleologisches Sinnmuster wird unterstellt und theologisch begriffen: Die Welt ist nicht chaotisch und sinnlos, sondern die verborgene Lenkung der Geschicke liegt immer in einer Hand, nämlich bei Gott. Dessen wunderbare Fügungen werden aber nicht als unmittelbares Eingreifen in die Welt vermutet, sondern in der Wirkung von verborgenen Ursachen gesucht. Diese Verbindung von theologischer Teleologie mit einer rationalitätsoptimistischen Kausalität kennzeichnet den produktiven wie den rezeptiven Umgang des Mittelalters mit dem Trennungs- und Wiedervereinigungsschema.

Von hier aus zeigen sich klare Unterschiede zum Früheren und zum Späteren. In den antiken Erzählungen über Trennung und Wiedervereinigung fehlen die theologische Perspektive auf das widersprüchliche Schicksal und die daraus folgende Unterstellung, daß die Welt im Ganzen in sich kausal und vernünftig sei, wenn sie auch nach Logiken funktioniere, die dem einzelnen unbekannt bleiben. Seit der Frühen Neuzeit geht die Überzeugung von der ordnenden Weltvernunft allmählich verloren, und es setzt sich die Überzeugung durch, daß die Logiken innerhalb der Welt viel wahrscheinlicher konfligieren können, als daß sie zusammenwirken.

Eingebunden in diese allgemeinen Veränderungen der Sicht auf Konstellationen in fiktionalen Welten, verändern sich auch die Überzeugungen davon, wie ein literarischer Held beschaffen sein müsse, der Prüfungen wie die unvorhersehbare Trennung von seiner Geliebten oder seiner Familie erfolgreich besteht. Was gilt als vorbildlich – das klaglose Dulden oder der Widerstand gegen das Schicksal, der Versuch, es zu wenden? Wie aktiv ein Held ist, in welchem Maße ihm ein Verdienst bei der Bewältigung seiner unverschuldeten Schwierigkeiten erlaubt oder gar abverlangt wird, gehört nicht zu den historischen Invarianten des Trennungs- und Wiedervereinigungsschemas. Während der antike Liebesroman seinen Helden im wesentlichen ruhigstellt, bis die Handlung ihn dort einholt, wo er ist,[86] und ihn dann zu seiner Bestimmung führt, tun sich in der mittelalterlichen Rezeption zwei divergierende Verständniswege auf: das Vorbild der Legende mit dem beispielhaft duldenden Helden einerseits, das des Ritterromans, in dem sich der Held sein Leben verdienen muß, auf der anderen Seite. Ob die fiktionale Welt in einem mittelalterlichen Text mit Koinzidenzstruktur eher ein Modell geistlichen oder eines weltlichen Lebens entwerfen will, entscheidet offenbar darüber, an welchem gattungshaften Vorbild für die Formung einer Hauptfigur sich der Dichter orientiert. Das ist insofern eine wichtige Neuerung, als es diesen Gegensatz zwischen weltlichen und geistlichen Erzählungen von Trennung und Wiedervereinigung in der Spätantike nicht gibt: Die Legendenhelden und die Helden der Liebesromane verhalten sich dort zu ihrer schicksalhaften Trennung von Familie, Geliebter oder Freunden gleich passiv.

2.5. Faustinian und die Clemenslegende: Der historische Weg religiöser Umbesetzung des Koinzidenzschemas

Die historische Ursache für die breite Nachwirkung des griechischen Liebes- und Reiseromans in der europäischen Literatur des Mittelalters liegt in einer vergangenen Gleichzeitigkeit. Die Blütezeit des griechischen Liebes- und Reiseromans (vom 2. bis zum 4. Jahrhundert) ist auch für die Literaturgeschichte des Christentums eine besonders intensive Zeit: Der Kanon der neutestamentlichen Schriften bildet und festigt sich, und es entstehen Erzählungen über die ersten Heiligen dieser jungen Religion. Diese Erzählungen haben die Aufgabe, den Lebensgang besonderer Helden der christlichen Kirche zu erzählen. Dem narratologischen Kern nach ist das eine alte Aufgabe, denn das Leben von Ausnahmehelden und gegebenenfalls ihre Apotheose sind schon im griechischen Altertum erzählt worden. Jeder, der sie sich stellte, wußte immer schon, wie andere vom Leben eines solchen Ausnahmehelden erzählt hatten, er wußte also prinzipiell schon, wie man das Vorhaben angehen könnte. Die christlichen Erzählungen wurden von vornherein zur Bewahrung des Verehrenswürdigen erdacht, was zu der Verschriftlichung führte, die der

---

86 Die Prüfungen, die den Helden auferlegt werden, sind folgerichtig auch häufig Ablehnungen gegenüber einem durchaus nicht unfreundlichen, neuen Lebensweg ohne den verlorenen geliebten Partner. Vgl. Renate Johne: Zur Figurencharakteristik im antiken Roman. In: Heinrich Kuch (Hg.): Der antike Roman. Berlin 1989, S. 150–177, bes. S. 164–172.

Gattung den Namen gibt: Begebenheiten, die man vorlesen soll, Legende. Dieser Zug zur Verschriftlichung trug einen Anspruch in sich, der sich einerseits auf die Wahrheit des Berichteten bezog, andererseits auf den kunstgerechten Bau der Erzählung, der die Wirkung sichern sollte. Unter diesem Aspekt ist es nicht verwunderlich, daß Legenden Anleihen beim zeitgenössischen Roman nahmen.[87] Die unwahrscheinlichen Zufälle, die das Leben der erwählten Ausnahmehelden zuerst verwirren, um es später wieder zu ordnen, ließen sich bruchlos in ein theologisches Denken übernehmen, und das gestaltete Ineinander der Kausalität, die in der Hand der Figuren liegt, und einer Finalität, die ihnen entzogen ist und sich nach dem Willen des Autors in der Rezeption des Gesamtwerks herstellt, beschrieb die christliche Grundhaltung zum Leben in der wünschenswertesten Weise.

Deshalb gibt es eine Anzahl Legenden, in denen unwahrscheinliche Zufälle, Trennungen und Wiedervereinigungen textprägend wirken.[88] Diese Anleihen haben bis ins hoch- und spätmittelalterliche Erzählen nachgewirkt, und sie haben dort den Weg zurück in verschiedene weltliche Erzählformen, auch in den Roman, gefunden.

Die Faustinian-Geschichte in der ‚Kaiserchronik'[89] führt über lateinische Zwischenglieder auf griechische Quellen aus patristischer Zeit zurück, nämlich auf apokryphe Erzählungen über den Apostel Petrus und seinen Schüler Clemens.[90] Schon dort findet sich das Schema von Tren-

---

87 Grundlegend dazu Söder: Die apokryphen Apostelgeschichten.
88 Über die Nachwirkung der Eustachius-Legende Volker Honemann: Guillaume d'Angleterre, Gute Frau, Wilhelm von Wenden: Zur Beschäftigung mit dem Eustachius-Thema in Frankreich und Deutschland. In: Martin H. Jones, Roy Wisbey (Hgg.): Chrétien de Troyes and the German Middle Ages. Papers from an International Symposium. Cambridge 1993 (Arthurian Studies 26), S. 311–329.
89 Die Bedeutung dieses Textes für die literarhistorische Linie der Motivation durch Zufall oder innertextliche Notwendigkeiten ist zuerst Matías Martínez aufgefallen, der die ‚Kaiserchronik' gewissermaßen von Lugowski her liest und dem Phänomen der doppelten, widersprüchlichen Motivation ein Buch gewidmet hat: Matías Martínez: Doppelte Welten. Struktur und Sinn zweideutigen Erzählens. Göttingen 1996 (Palaestra 298), bes. S. 13–36.
90 Vgl. Friedrich Ohly: Sage und Legende in der Kaiserchronik. Untersuchungen über Quellen und Aufbau der Dichtung. Reprint Darmstadt 1965 (Orig. Münster 1940), S. 74–84; Tibor Friedrich Pézsa: Studien zu Erzähltechnik und Figurenzeichnung in der deutschen ‚Kaiserchronik'. Frankfurt 1993, S. 143–150. Ausgabe: Die Pseudoklementinen I. Homilien. Hg. von Bernhard Rehm, 3. verb. Aufl. von Georg Strecker. Berlin 1992 (Die griechischen christlichen Schriftsteller der ersten Jahrhunderte). Hier heißt (S. 177–191, Hom. ιβ, 8,1–33,6) der Vater Faustus, die Mutter Mattidia, die Zwillingsbrüder heißen Faustinus und Faustinianus.

2. Besondere mittelalterliche Zufallskonstellationen 189

nung und Wiedervereinigung; der Stoff ist wie das Eustachius-Muster den Weg vom griechischen Roman über die griechische und lateinische Legende in die volkssprachliche Literatur gegangen. In der ‚Kaiserchronik' aus der ersten Hälfte des 12. Jahrhunderts wird (Kchr 1219–4082) die folgende Geschichte über das Schicksal eines Kaisers erzählt:

Faustinian ist mit Mächthild verheiratet und hat mit ihr drei Söhne, ein älteres Zwillingspaar und einen jüngeren Sohn. Da die Königin über längere Zeit und selbst während ihrer Schwangerschaft vom Bruder des Königs bedrängt wird, bricht sie eines Tages, während der König schläft, in Klagen aus; zur Rede gestellt, behauptet sie, geträumt zu haben, ihre älteren Söhne seien in Todesgefahr und könnten nur gerettet werden, wenn sie lesen und schreiben und geschriebene Weisheit (*diu buoch* Kchr 1351) lernten. Der König läßt sich bewegen, seine Söhne zu guten Lehrern zu geben, nach Athen, wie erst viel später erklärt wird (Kchr 2904). Ein Schiff wird ausgerüstet, aber es gerät in einen Sturm. Die Söhne überleben, werden von einem Fischer gerettet und als Sklaven verkauft, aber von ihrer Käuferin fürsorglich behandelt und wegen ihrer Angaben über den Grund ihrer Reise wie eigene Kinder in ein Kloster geschickt, wo sie unterrichtet werden. Unterdes vermißt die Königin Botschaften ihrer Söhne, sie härmt sich, bis der König ihr gestattet, sich selbst auf die Suche zu machen, wodurch auch sie auf dem Meer verlorengeht. Sie wird jedoch an Land gespült und dient danach jahrelang einer Witwe wie eine Sklavin. Der verzweifelte Kaiser läßt seinen jüngsten Sohn zurück und macht sich selbst auf die Suche, wobei auch er in einen Seesturm und an eine unbekannte Küste gerät, an der er sich mit niedrigen Diensten erhält. Der heranwachsende Clemens hört in Rom den Barnabas und von ihm von Petrus, sucht diesen in Cäsarea auf und schließt sich ihm an. Ein Engel weissagt Clemens Martyrium und Heiligkeit. Seine Brüder kommen zu Petrus, weil sie sich von Simon Magus

---

In der lateinischen Übersetzung des Rufin sind die Namen wie in der ‚Kaiserchronik', der Vater heißt Faustinianus, die Zwillingsbrüder Faustus und Faustinus, die Mutter wieder Mattidia. Vgl. Die Pseudoklementinen II. Rekognitionen in Rufins Übersetzung. Hg. von Bernhard Rehm. 2., verb. Aufl. von Georg Strecker. Berlin 1994 (Die griechischen christlichen Schriftsteller der ersten Jahrhunderte 51), S. 198–371 (VII,4–X,52). Die Clemensvita ist ediert: Ioannes Orlandi (Hg.): Ioannis Hymmonidis et Gauderici Veliterni, Leonis Ostiensis Excerpta ex Clementinis Recognitionibus a Tyrannio Rufino translatis. Milano, Varese 1968 (Testi e documenti per lo studio dell' antichità 24). Dazu auch Corinna Biesterfeldt: Moniage – Der Rückzug aus der Welt als Erzählschluß. Untersuchungen zu ‚Kaiserchronik', ‚König Rother', ‚Orendel', ‚Barlaam und Josaphat', ‚Prosa-Lancelot'. Stuttgart 2004, S. 21 Anm. 20.

betrogen fühlen und wissen, daß sein Zaubermittel ein erschlagenes Kind sei. Petrus nimmt sie auf und setzt sich mit Simon über die Lehre Jesu auseinander, danach fährt er mit seinen Jüngern (in der einzigen erfolgreichen Schiffsreise der Erzählung) nach Arantum, wo Mächthild lebt, inzwischen krank und arbeitsunfähig, und Petrus anspricht. Durch deren Klage und Lebenserzählung erkennt Petrus, daß er die Mutter des Clemens vor sich hat, danach erfahren die Zwillinge, wer sie ist. Nun tritt während eines Gebetes am Strand ein alter Knecht, der Kaiser, auf, der sein Leben beklagt, religiös getröstet (und damit bekehrt) wird und seine Familie wiedererlangt, die mit Petrus verbunden bleibt. Der eifersüchtige Simon Magus, der an die Familie und an Petrus zwei Jünger verloren hat, verwandelt Faustinians Gestalt in seine eigene, was Mächthild zunächst aufbringt, aber von Petrus aufgeklärt wird, der Faustinian zuletzt sein eigenes Gesicht wiedergibt. Faustinian und Mächthild wählen das geistliche Leben, während Faustinians Bruder Claudius regiert (Kchr 4038 und Kchr 4067). Nach des Faustinianus Tod wird Petrus auf das Betreiben des Simon Magus von Claudius der Stadt Rom verwiesen, aber Claudius selbst wird später von den Römern vergiftet.

Die zugrundeliegenden Erzählungen über den Apostel Petrus und den Papst Clemens sind einerseits in griechischen Homilien mit einer Rahmenerzählung, andererseits in einer ursprünglich griechischen, nur in der lateinischen Übersetzung des Rufinus erhaltenen Erzählung über das Eingreifen des Petrus in die Lebensgeschichte des Clemens überliefert.[91] Die griechischen Texte geben sich als solche des Apostels Petrus aus, und die Rahmenerzählung berichtet von dessen Lebensgeschichte, seiner Gegnerschaft gegen Simon Magus, der Schülerschaft des Clemens bei Petrus und dessen Lebensgeschichte (darunter in den Büchern 12–14 der Wiedervereinigung der Familie). Die nur in lateinischer Übersetzung erhaltene Version trägt den Namen ‚Recognitiones', weil sie die Geschichte der Trennung und Wiedervereinigung der Familie des Clemens erzählt, wie sie auch in der ‚Kaiserchronik' wiedergegeben wird. Der geistliche Zweck ist klar: Offenbar begründet die außergewöhnliche

---

91 Zur Auseinandersetzung um die Vorgängigkeit von Homilien oder Rekognitionen auf neuem Stand: Meinolf Vielberg: Klemens in den pseudoklementinischen Rekognitionen. Studien zur literarischen Form des spätantiken Romans. Berlin 2000 (Berlin-Brandenburgische Akademie der Wissenschaften. Texte und Untersuchungen zur Geschichte der altchristlichen Literatur 145). Vielberg kommt zum Ergebnis, daß es sich um zwei gleichberechtigte Rezensionen einer verlorenen griechischen Grundschrift handelt, der die erhaltenen Rekognitionen dem Formprinzip nach näherstehen als die Homilien, vgl. S. 184–187.

Herkunft die außergewöhnliche Eignung und Dignität des Papstes. In diesem Textkorpus, dessen Anfänge wohl ins 2. Jahrhundert zurückreichen,[92] ist von einem Martyrium des Clemens noch nicht die Rede;[93] erst spätere Versionen erfinden die Geschichte, daß er unter Trajan als Christ mit einem Stein oder Anker um den Hals im Wasser versenkt worden sei.[94]

Diese Textgeschichte ist für die spätere literarische Vorbildwirkung von Legenden paradigmatisch. Das Legendenerzählen profitiert von den Erfahrungen der griechischen Romanerzähler.[95] Dabei wird das Fatum gegen den göttlichen Willen ausgetauscht. Der Erzähler der Clemensvita benutzte das Schema der Familientrennung und -vereinigung, um das Wirken des göttlichen Willens im menschlichen Leben und in der Geschichte vorzuführen. Die späteren Nacherzähler seiner Legende uniformierten diese Erzählung, indem sie sie ins Martyrium münden ließen. In der ‚Kaiserchronik' kommt die Faustinian-Geschichte zwar in didaktischer Absicht vor, jedoch nicht im Hinblick auf Clemens, sondern unter dem Gesichtspunkt des guten und des schlechten Regiments. Die Kaiserchronik war außerordentlich weit verbreitet, und so konnte das erzählerische Muster von ihr aus weiterwirken.[96]

2.6. Gregorius: Variationen des Koinzidenzmusters

Hartmann stützt sich für seinen ‚Gregorius' auf eine französische Quelle, eine Vita des heiligen Grégoire. In den Acta Sanctorum oder dem Lexikon der christlichen Ikonographie sucht man diesen Gregor vergebens, obgleich es nicht weniger als 18 kirchlich anerkannte Heilige namens

---

92 Vgl. Karl Kerényi: Die griechisch-orientalische Romanliteratur in religionsgeschichtlicher Beleuchtung. Ein Versuch mit Nachbetrachtungen. Darmstadt 1962, S. 67–94 (Kap. „Der Clemensroman"), hier S. 90 Anm. 110 in Auseinandersetzung mit verschiedenen Datierungshypothesen.
93 Die Erwähnung des Clemens bei Irenäus: Adversus Haereses III,3,3, enthält noch kein Martyrium. Origenes nennt Clemens in De principiis II,3,6 einen Apostelschüler. Die erste Zuschreibung des Martyriums stammt von Eusebius: Historia ecclesiastica 3,15. Vgl. Guglielmo Zannoni: Clemente I, papa, santo. I–IV. In: Bibliotheca Sanctorum, ed. Pontificia Università Lateranense, Bde. 1–13. Rom 1961–987, Bd. IV, 1964, Sp. 38–47, hier Sp. 38–40.
94 Vgl. Kerényi: Die griechisch-orientalische Romanliteratur, S. 85.
95 Vgl. Söder: Die apokryphen Apostelgeschichten, S. 3f.; Vielberg: Klemens, S. 111–123.
96 Die Linie bis zum ‚Gregorius' zeichnet mit etwas anderer Akzentuierung auch Haferland: Metonymie, S. 348–361.

Gregor gibt, die jeweils ein Heiligenfest haben. Es gibt keinen, auch keinen regionalen, Kult für einen Heiligen, der jahrelang zur Buße auf einem Stein gesessen hat.[97] Das hat nicht verhindert, daß die Legende sich durchsetzte. Sie ist in der romanhaften Fassung, die Hartmann ihr gegeben hat, Anfang des 13. Jahrhunderts durch Arnold von Lübeck (gest. spätestens 1214) ins Lateinische übertragen, dann am Anfang des 13. Jahrhunderts in die lateinische Exempelsammlung ‚Gesta Romanorum' aufgenommen und schließlich in einer Prosaauflösung, die mit Hartmanns Versfassung noch sehr eng zusammenhängt, in ein weit verbreitetes Legendar, in ‚Der Heiligen Leben', aufgenommen worden.[98] Hier hat also, wenn man so will, Dichtung einen Heiligen erfunden.

Am Anfang des ‚Gregorius' läßt ein sterbender Vater seinen unmündigen Sohn mit der Ermahnung zurück, sich seiner gleichfalls unmündigen Schwester anzunehmen. Das nimmt er zu genau, bis sie von ihm schwanger wird. Ein vertrauter Rat hilft: Der junge Vater solle auf Pilgerfahrt gehen und seine Sünden büßen, die junge Frau im Land bleiben und eine gute Herrscherin sein; das heimlich geborene Kind wird in einem Fäßchen mit Geld, einem kostbaren Stoff und einer elfenbeinernen Tafel, auf der seine Herkunft steht, auf dem Meer ausgesetzt. Der Vater kommt zu Tode, das Kind wird angeschwemmt und von einem Abt in Pflege gegeben und später unterrichtet. Als es seine Herkunft erfährt, wählt es das Ritterleben. Gregorius gerät in seiner Rolle als ritterlicher Befreier bedrängter Frauen gerade ins Land seiner Mutter, die er heiratet. Durch seine Bußübungen an der mitgenommenen Tafel wird seine Herkunft offenbar, der junge König bricht wiederum zur Bußfahrt auf, diesmal, um sich von einem Fischer an einem Stein im Meer anketten zu lassen. Nach vielen Jahren weisen wunderbare Zeichen nach dem Tod eines Papstes auf den angeketteten Sünder, er wird gefunden, ein weiteres Zeichen beweist seine Heiligkeit. Die Mutter hört vom heiligen Papst und beichtet ihm, er gibt sich zu erkennen und spricht sie los.

Wie im griechischen Liebesroman werden zweimal Liebende getrennt und zweimal Familien wiedervereint. Aber das Schema wird dem historischen Vorbild gegenüber gewendet. Das betrifft schon den Ausgangszustand: Während sowohl in der Faustinian- als auch in der Apolloniuserzählung gemäß dem vielfach bewährten Schema des Liebes- und Rei-

---

97 Vgl. Volker Mertens: Gregorius Eremita. Eine Lebensform des Adels bei Hartmann von Aue in ihrer Problematik und ihrer Wandlung in der Rezeption. Zürich, München 1978 (MTU 67), S. 22f.
98 Die Angaben zur Rezeption nach Mertens: Gregorius Eremita, Kap. IV: Wandlungen der Rezeption, S. 105–152.

2. Besondere mittelalterliche Zufallskonstellationen 193

seromans die Einheit der Familie für die Harmonie des Weltzustands steht, so daß der Held bei sich ist, wenn er sich in der Familie aufhält, zeigt der ‚Gregorius' zweimal, im Geschwister- und im Muttersohninzest, eine depravierte Familie, erotische Liebe am falschen Ort, eine Einheit, deren Auflösung die Liebenden selbst wollen müssen. Folglich ist auch die Zusammenführung der Familie nicht per se ein Ruhepunkt des Geschehens, sondern unter Umständen eine Verwicklung, wie sie in den griechischen Romanen durch die familienzerstreuenden Seestürme und Räuberbanden geleistet wurden. Erst am Ende, nach der Läuterung des Gregorius und seiner Mutter, steht die Wiedervereinigung unter einem positiven Vorzeichen, in einer Familie, in der es keine erotische Liebe mehr gibt.

Damit hängt eine zweite Umkehrung gegenüber dem alten Schema von der schicksalhaft verstreuten Familie zusammen. Zweimal befreien sich die Figuren durch eigenen Entschluß aus der sündhaften inzestuösen Einheit, sie trennen sich aus eigener Kraft, nicht etwa, weil sie von außen getrennt würden. Solches Nein-Sagen gegenüber Versuchungen kennt auch die Tradition des Liebesromans, aber es wird hier in eine viel wichtigere Position gerückt, es ist die Voraussetzung dafür, daß die pervertierte Liebeseinheit zu einer erstrebenswerten Familieneinheit werden kann. Obgleich aus der Sicht der Figuren die Wiederzusammenführung kein positiver Wert sein kann, führt die Handlung vor, wie die Läuterung der einzelnen auch ihre Gemeinschaft läutert, so daß die zufällige – schicksalhafte, gottgegebene – Wiedervereinigung am Schluß wie die Korrektur der ersten und zweiten Einheit wirkt. Diese Umbesetzung des Handlungsmodells der Koinzidenz schließt einen trennenden elementaren Zufall (die Seestürme oder Räuber des spätantiken Romans) aus. Doch er ist nicht ausgefallen, sondern nur nach hinten verschoben und umfunktioniert. Auch im ‚Gregorius' wirkt nämlich ein handlungsprägender Zufall der Absicht der Figuren und ihren Interessen entgegen: Gregorius landet im Land seiner Mutter, und zwar, damit keine Zweifel an dem literarischen Muster bleiben, nach einem Seesturm. Spätere Zufälle arbeiten, unabhängig vom Wollen der Figuren, an ihrem Glück und ihrer Wiedervereinigung: Gregorius wird vom Stein geholt, die Mutter erscheint beim Papst. Das verhält sich in den alten Mustern ebenso.

Auf der Oberfläche scheint es demnach, ganz wie im antiken Liebesroman, auch im ‚Gregorius' einen indifferenten Zufall zu geben, der bald das Böse, bald das Gute bewirkt. Denn in der antiken Tradition des *coincidence plot* ist der Zufall zunächst widrig, endlich jedoch mit dem unbeirrbaren Helden im Bunde. Heliodor führt am Ende seiner ‚Aithiopica' in dramatischer Konstellation eine große Wiedererkennungsszene ein, die den Umschwung bringt und die beiden Hauptgestalten Charikleia und Theagenes vom Tode zu Leben und Liebe befreit. Sie kann nur vor sich gehen, weil ein früherer Ziehvater der Charikleia, Charikles, auf seiner Suche nach dem Mädchen zufällig zur rechten Zeit an den rechten Ort gekommen ist und weil Charikleia die Erkennungszeichen eines Königskindes durch alle Widrigkeiten hat retten können. Daß sie sie zufällig auf einer Flucht oder in einer Gefangenschaft eingebüßt hätte, wird von der Erzählung nicht in Betracht gezogen. So wird ein Zufall durch einen anderen Zufall begrenzt, der Zufall neutralisiert sich gleichsam selbst, ehe der Held untergehen könnte.

Dieses Muster bleibt im ‚Gregorius' erhalten, aber es wird in christlichem Sinne modernisiert. In der fiktionalen Welt des ‚Gregorius' geschehen einerseits Zufälle, die der Erhöhung des Gregorius am Ende dienen und vom Erzähler oder im Figurenhorizont der fiktionalen Welt als Wunder identifiziert werden (die gleichen Träume über Gregorius; der Fischer findet den Schlüssel und hält Gregorius nun für heilig); andererseits Zufälle, die auch dem Helden eines griechischen Reiseromans hätten zustoßen können: Ein Zufall führt das ausgesetzte Kind in die Obhut des Abtes und letztlich in die Entscheidung über zwei Lebenswege, ein anderer läßt den jungen Mann im Land seiner Mutter ankommen. In einem griechischen Roman ließen sich diese gegensätzlichen Lebensbegebenheiten zu einem verdienstunabhängigen, schicksalhaften Zufall addieren, der jedoch die Vorbildlichkeit eines Helden zuletzt respektierte und belohnte (denn auch der griechische Roman geht, wie es vorn für den Artusroman reflektiert wurde, am Ende regelmäßig gut aus). Aber es gibt auch Neuerungen gegenüber dem antiken Muster. Im ‚Gregorius' werden die Zufälle nicht nur in einem allgemeinen Sinn durch die Vorbildlichkeit des Helden gebremst, sondern sie werden unmittelbar an die momentane moralische Verfassung des Helden zurückgebunden, letztlich als Werkzeuge der göttlichen Gerechtigkeit, die bestraft und belohnt. Was Gregorius zustößt, hat damit zu tun, wie er selbst gehandelt hat. Der Zufall führt ihn, solange er der Welt nicht entsagt und die Sünde seiner Eltern nicht durch Kasteiung zu büßen bereit ist, in neue Sünde.[99] Der Abt prophezeit ihm das, indem er an das Erwartbare denkt, an die Kumulation läßlicher Sünde:

---

99 Zu den Diskussionen über Sünde und Schuld im ‚Gregorius' Mertens: Gregorius Eremita, S. 62–64.

2. Besondere mittelalterliche Zufallskonstellationen 195

> [...] gestâstû bî der ritterschaft,
> sich, sô mêret sich diu kraft
> dîner tägelîchen missetât
> und enwirt dîn niemer rât.
> (Gr 1787–1790)

Der Zufall ist es, der ihn diese Erwartung durch eine so außerordentliche wie unbewußte Übertretung, wie es die Heirat mit der eigenen Mutter ist, überbieten läßt. Der Zufall entwertet die ritterliche Tat, indem er der Figur zeigt, daß sie die Voraussetzungen ihres Handelns nicht kennt. Das geschieht sonst im Ritterroman mit aktivem Helden eher ausnahmsweise und in Episoden, die eher die grundsätzliche Pervertierbarkeit der ritterlichen Wertewelt anmahnen als ihre tatsächliche Perversion vorführen, z.B. in der Urjans-Episode im ‚Parzival‘ und in der Aamanz-Episode der ‚Krone‘. Hier im ‚Gregorius‘ gewinnt diese Verkehrung des intentional Guten durch ungewußte Voraussetzungen, die ins objektiv Schlechte führen, strukturprägende Bedeutung, so daß sich ein genereller Zweifel am Wert der *vita activa* des Ritters ergibt. In dieser Erzählung führen nur die Entschlüsse zur Umkehr, die einer tiefen Erkenntnis der Situation folgen, jeweils zu Ergebnissen, die sich die Figuren wünschen; dagegen folgt auf die Standardsituationen ritterlicher Bewährung tiefste Verstrickung. Erst den weltabgewandten Büßer trägt der Zufall in die Höhe des Papsttums, so wie erst die Frau, die auf alles verzichtet hat, ihren geliebten Sohn wiedersieht. In diesem Unterschied gegenüber dem antiken Gattungsvorbild ergreift man aber keinen spezifischen Zug des ‚Gregorius‘, sondern die mittelalterliche Auffassung davon, wie Erzählungen des Typs ‚Das Fatum, das heißt der Zufall prüft und belohnt den Helden‘ ablaufen müssen. Wenn der Zufall zur göttlichen Strafe oder Belohnung wird, erhöhen sich die Anforderungen an die moralische Vortrefflichkeit des Helden, insbesondere hinsichtlich seines Bewußtseins von sich und seinen Handlungsvoraussetzungen (wogegen der Ritter im Ritterroman, wie oben gezeigt, nicht zu viel reflektieren darf). Man sieht das im Textvergleich: Im ‚Armen Heinrich‘ bestraft der Zufall einer unheilbaren Krankheit den Helden sogar für das, was er noch gar nicht getan hat, dafür, daß er fähig ist, das Opfer fremden unschuldigen Lebens für sich selbst zu suchen und anzunehmen, also für eine Bewußtseinslage. Diese Parallele ist besonders aussagekräftig, weil keine spätantike Stofftradition einer alten Bekennerlegende zugrunde liegt. Man dachte vielmehr um 1200, daß Legendenromane so gedichtet werden. Der Zufall und der göttliche Wille werden austauschbare Namen für eine Gewalt, die den Helden so bewegt, wie es seinem inneren moralischen Zustand entspricht.

3. Die Raumzeit des Wunders

3.1. Chronotopische Vorbemerkungen

Während in der Religion besonders das ein Wunder genannt wird, was sich nicht in einer progressiven Zeitordnung kausal erklären läßt, erfindet die Literatur neben solchen (z. B. dem wiedergefundenen Schlüssel im ‚Gregorius') auch Wunder, die die Raumlogik verletzen, indem sie zum Beispiel gleichzeitige, unzugängliche Parallelwelten wie das Feenreich Avalon vorstellen. Wenn solche Parallelwelten neben der normalen Welt existieren, die im höfischen Roman eine Ritterwelt ist, steckt in dieser Vorstellung ein Zeitparameter, mit dem die Gleichzeitigkeit festgestellt werden kann, und ein Raumparameter, weil beide Räume eine Lage zueinander einnehmen müssen, um nebeneinander her zu bestehen.

Das Wunderbare steckt nicht ein für allemal im Text, sondern es entfaltet sich in der Rezeption, wenn der Hörer oder Leser mit seinen Ansichten von Kausalität und erwartbaren Abläufen die fiktionale Welt im Kopf nachschafft. Die Projektionsfläche, die eine Erwartung dem Verständnis gibt, damit es Abweichungen reflektieren und sie als Wunder einordnen kann, gehört deshalb weder eindeutig zur Erfahrungswelt des Rezipienten noch in die Wortwelt der Fiktion, sondern sie entsteht aus beider Überlagerung oder, wie Hans Robert Jauß es ausgedrückt hat, aus einer Horizontverschmelzung.[1] Um ein einfaches Beispiel zu wählen: Im ‚Iwein' bekommt der Held von Lunete einen wundertätigen Ring, der unsichtbar macht:

> *ez ist umben stein alsô gewant:*
> *swer in hât in blôzer hant,*
> *den mac niemen, al die vrist*
> *unz er in blôzer hant ist,*
> *gesehen noch gevinden.*
> (Iw 1203–1207)

---

1 Vgl. Hans Robert Jauß: Ästhetische Erfahrung und literarische Hermeneutik. 4. Aufl. Frankfurt 1984, S. 660–671.

3. Die Raumzeit des Wunders 197

Dieser Ring wird in der fiktionalen Welt selbst als wunderbar bezeichnet. Es ist offenbar nicht so, daß darin alle Ringe unsichtbar machen, sonst wäre diese Rede sinnlos, und Iwein wäre später auch mit Laudines Ring unsichtbar. Anläßlich der zweiten Ringgabe könnte der Hörer oder Leser fast denken, daß Ringe in Iweins Welt immer wunderbare Wirkungen haben – aber daran hindert ihn zweierlei: einerseits die Gebrauchsanweisung, die Laudine ihrem Ring mitgibt (der Ring macht glücklich und ausgeglichen: *er gît gelücke und senften muot* Iw 2954), andererseits die naive Übertragung von eigener Kenntnis aus der Wirklichkeit des Rezipienten, die er nur dann unterbindet, wenn ihm das nahegelegt wird.[2]

Dieser wunderbare Ring steht in der Welt des Wunderbaren gewissermaßen am unteren Rand des darin Möglichen. Er wirkt nach einer Regel, auch wenn es ihn nur einmal gibt. Lunete erklärt, was er kann; anderes kann er offenbar nicht, jedenfalls wird davon nichts erzählt. Immerhin kann er bewirken, was keine der Figuren vermag und wovon der Hörer oder Leser weiß, daß es nicht zu den menschlichen Fähigkeiten gehört. Das macht ihn wunderbar.

So einfache Gebrauchsanweisungen für das Wunderbare gibt es nicht oft. Ob ein Ding, ein Platz oder eine Figur wunderbar zu verstehen sei oder nicht, kann zur kunstvollen Verstehensaufgabe für Helden und Hörer arrangiert werden.[3] Ist Laudine im ‚Iwein‘ eine Fee? Offenbar gibt es in Romanen Episoden, in denen die Figuren einander nicht sagen, ob sie eine Konstellation als wunderbar verstehen, und in denen auch der Erzähler sich dazu nicht eigens äußert; dann müssen Held und Hörer selbst herausfinden, ob sie die Begebenheit in der erzählten Geschichte als wunderbar deuten wollen oder nicht. Die Alltagserfahrung und Alltagslogik auch des zeitgenössischen Lesers oder Hörers ist dabei nur

---

2   Daß erst eine mimetische Grundschicht der fiktionalen Welt das Wunderbare (Dubost sagt: das Phantastische) wahrnehmbar macht, betont auch Francis Dubost: Aspects fantastiques de la littérature narrative médiévale (XIIème – XIIIème siècles). L'autre, l'ailleurs, l'autrefois, Bde. 1–2. Genf 1991 (Nouvelle Bibliothèque du Moyen Âge 15), S. 112.

3   Vgl. zum Überblick über den Diskussionsstand und die Facetten des Problems den Sammelband von Wolfzettel (Hg.): Das Wunderbare. Walter Haug faßt den Sachverhalt in seinem Beitrag zu diesem Band: Die komische Wende des Wunderbaren: arturische Grotesken, ebd. S. 159–174, mit den Worten zusammen: „Es darf das Ungewohnt-Staunenswerte, damit es dies bleibt, entweder nur punktuell auftreten – wie Gottes Eingriff in den Lauf der Sonne –, oder es muß abseits angesiedelt sein, in einem nur für Einzelne zugänglichen Sonderbereich, im äußersten Osten oder Westen". Ebd. S. 162.

begrenzt hilfreich. Zum Beispiel entspricht es keinesfalls den Erfahrungen der mittelalterlichen Rezipienten, daß in der arturischen Welt im allgemeinen Herbst und Winter übersprungen werden. Das ist aber in den bretonischen Erzählungen nicht wunderbar, sondern auf der Figurenebene völlig normal, auf der Erzählerebene allenfalls einen ironischen Kommentar wert (vgl. Wolframs ‚Parzival' Pz 281,16–20 und Kap. A. 3.3.2.). Über den Winter, in dem der Ritter kaum Ritterliches tun kann, ist nichts zu sagen, und wenn ausnahmsweise eine Szene im Winter spielt (z.B. die Blutstropfenszene im ‚Parzival' und der Anfang der ‚Crône'), dann wird der Gegensatz zum Erwartbaren zeichenhaft. Hier ist die Abweichung von der Erfahrung des Rezipienten nicht genug, um ein Wunderbares anzunehmen, denn innerhalb der fiktionalen Welt und in der Rede des Erzählers darüber gibt es keine Anzeichen dafür.

Anders geht es im ‚Lanval' der Marie de France zu. Darin gibt es zwei Hauptfiguren: den Ritter Lanval und seine sehr schöne Geliebte, die ihn außerdem reich macht. Es gibt auch zwei Höfe und Gefolge, das des Artus und das der Geliebten des Lanval, die ihre schönen Jungfrauen mitbringt, um die Königin zu beschämen. Von der Aufstellung der Figuren her ist eine Einteilung in fiktionale Normalität und fiktionales Wunder nicht möglich. Dennoch: Die Freundin des Lanval wird nicht in Erzählerrede als Fee eingeführt, sondern allmählich als Fee aufgebaut, indem sie Dinge tut, die in der Menschenwelt unüblich sind (zum Beispiel das Auftauchen und Verschwinden nach Belieben), jedoch für literarische Feen normal (zum Beispiel ihren Freunden ein Tabu aufzuerlegen und ihnen alle Liebesfreuden der Welt zu schenken). Die Irritation der textexternen Normalvernunft führt zum Vergleich mit literarischen Vorbildern, in denen das Wunderbare klarer ausgezeichnet war, und erst in diesem Rückbezug entsteht das Bild der Fee – bis die Dichterin fünf Verse vor dem Schluß (Lanval 641–643) bestätigt: Ja, die beiden Liebenden sind nach Avalon gegangen, eine sehr schöne Insel – auf der in anderen Erzählungen, wie der Hörer wissen kann, aber nicht wissen muß, die Feen wohnen. Wie der Rezipient das Deutungsrätsel um das Wunderbare löst, hängt von seiner Kenntnis anderer Texte ab;[4] die historische und gattungshafte Kodierung des Wunderbaren gehört zu den

---

4 Der Vergleich mit anderen Texten als Kriterium des Rezipienten, eine Situation als anderweltig zu verstehen, wird auch von Claude Lecouteux in der Überblicksdarstellung ‚Zur anderen Welt' erwähnt: Claude Lecouteux: Zur anderen Welt. In: Wolf-Dieter Lange (Hg.): Diesseits- und Jenseitsreisen im Mittelalter. Voyages dans l' ici-bas et dans l'au-delà au moyen âge. Bonn u.a. 1992 (Studium Universale 14), S. 79–89, hier S. 87.

Syntagmen einer Grammatik des Verstehens, die er erwerben kann. Auf der Ebene der fiktionalen Welt spielt dabei die räumliche Situierung eines Geschehens eine Schlüsselrolle: Der Hörer oder Leser überblickt mit dem Helden oder an seiner Statt die Raumregie der Szene und weiß, mit dem Helden oder für ihn, ob er mit Wunderbarem rechnen muß.

3.2. Bewegliche Grenzüberschreitung: Magische Gegenstände

Als Iwein zwischen den Toren von Askalons Burg gefangen ist, gibt ihm Lunete, die Zofe der Landesherrin, den Ring, dessen Stein er mit der Hand umschließen muß, um unsichtbar zu werden. Das ist in dieser fiktionalen Welt ein besonderer Gegenstand, weil Figuren sich dort sonst sehen lassen, ein Wunderding also. Es rettet ihn, bei Hartmann wie bei Chrétien, als die Gefolgsleute des todwunden Königs auf die Idee kommen, daß ein Mann, dessen Pferd zur Hälfte in der Burg und zur anderen Hälfte davor liegt, nicht weit sein kann. Zuerst suchen Lunetes Leute nur unter dem Bett, auf dem Iwein liegt. In dieser Szene ist er körperlich anwesend gedacht, denn es heißt eigens:

> *sî giengen slahende umbe sich*
> *mit swerten sam die blinden.*
> *solden si in iemer vinden,*
> *daz heten sî ouch dô getân.*
> (Iw 1292–1295)

Auch der unsichtbare Iwein könnte also verletzt werden. Er ist prinzipiell sichtbar und nur den Blicken der anderen entzogen, die im Hinblick auf ihn *erblindent* (Iw 1243), nach ihrer eigenen Meinung *mit gesehenden ougen blint* (Iw 1277) sind und *sam die blinden* (Iw 1293) mit den Schwertern durch die Luft hauen.[5] Dieser dichte Gebrauch der Verblendungsvokabeln geht mit der Vermutung von *zouber* einher: *swie lange er sich doch vriste/ mit sînem zouberliste* (Iw 1283f.), *er [...] hât uns der sinne/ mit sînem zouber âne getân* (Iw 1368f); *swer ez anders wære/*

---

5 Der Maler des Ywain-Zyklus auf Rodenegg hat sich den unsichtbaren Ywain auf dem Bild wohl körperlich vorgestellt (man kann nur noch den Kopf erkennen). Daß man ihn nicht sehen kann, drückt er einerseits durch Yvains Umrahmung durch den Bettvorhang aus, andererseits durch die Gebärde eines der Sucher, der auf seine Augen zeigt, weil der Text von sehender Blindheit spricht. Vgl. Volker Schupp: Die Ywain-Darstellung in Schloß Rodenegg. In: Volker Schupp, Hans Szklenar (Hgg.): Ywain auf Schloß Rodenegg. Eine Bildergeschichte nach dem ‚Iwein' Hartmanns von Aue. Sigmaringen 1996, S. 81–105, hier S. 98f.

niuwan ein zouberære (Iw 1393f.). Laudine vermutet in ihrer anklagenden Zwiesprache mit Gott sogar, Iwein sei ein *unsihtic geist* (Iw 1391). Das ist eine neue Qualität der Vermutungen, denn ein Zauberer müßte prinzipiell körperlich gedacht werden, aber ein Geist ist es nicht. Auch der Erzähler legt sich nicht mehr auf eindeutige Körperlichkeit des Unsichtbaren fest. Jedenfalls wird, nachdem das Bluten der Wunde die Anwesenheit des Mörders in der Burg offenbart hat, Iweins Bettversteck mehrmals durchstochen:

> *daz bette wart vil dicke wunt,*
> *und durch den kulter, der dâ lac,*
> *gie manec stich unde slac:*
> *ouch muoser dicke wenken.*
> (Iw 1372–1375)

Man muß das *er* von *muoser* in dieser Szene wohl aus inhaltlichen Gründen auf Iwein beziehen, der hin und her rollt oder rutscht. Dann bleibt es seltsam, daß die Häscher das nicht wahrnehmen können, denn die Veränderungen am Bett, zum Beispiel eingedrückte Kissen oder ein Schwerpunkt, müßten eigentlich sichtbar sein, sind es aber nicht. Es ist auch nicht etwa ein Geräusch zu hören. Die Unsichtbarkeit des Mannes umfaßt alles, was dazu beiträgt, daß er nicht gefunden wird; er ist gewissermaßen ein magisch Nicht-zu-Findender. Aber in eine gleichzeitige parallele Welt entrückt wird er nicht, denn in diesem Fall müßte er den Stichen der Lanzen und Spieße nicht mühselig ausweichen.

Hier ist das Wunder raumzeitlich mitten in der fiktionalen Welt, an einem ganz gewöhnlichen Schauplatz und in der ganz gewöhnlichen Zeitrechnung verrechenbar. Das verändert beide, das Wunder und die Welt: Das Wunder erscheint gewöhnlicher, nicht ganz so bedeutsam; die Welt aber wird weniger berechenbar, Ausnahmen von ihren Regeln werden ausdrücklich eingeräumt; aber beides erscheint in einem eher beiläufigen Ton koordiniert, so, als könne es gar nicht anders sein.

Solche Konstellationen kommen im höfischen Roman mehrfach vor. Schon im ‚Iwein' gibt es ein weiteres Beispiel: die wunderbare Salbe der Dame von Narison. Im ‚Erec' hat die Fee Morgane (*Feimurgân,/ des küneges swester* HEr 5156f.) vor ihrem Tod der Königin ein Pflaster überlassen, das auch die schlimmsten Wunden heilt. Eilhart und Gottfried erzählen wie alle Vorgänger von einem Liebestrank, den Tristan und Isolde in alltäglicher Umgebung zu sich nehmen. Das sorgenzerstreuende Hündchen Petitcrü stammt in Gottfrieds Roman aus Avalon (G 15810ff.). In der ‚Krone' Heinrichs von dem Türlin erscheinen zweimal wunderliche Figuren bei König Artus, die Kleidungsstücke mitbringen, mit deren Hilfe man die Tugend der Anwesenden erproben kann.[6] Im gleichen Roman streiten sich mehrere Figuren um den Gürtel des Fimbeus, dessen magischer Stein seinen Träger – in jeder Umgebung – schön und stark macht. Einen magischen Gürtel gibt es auch im ‚Wigalois' Wirnts von Gravenberc, er verleiht Kraft und gewährt Eintritt in ein wunderbares Reich.

Die magischen Gegenstände, Tiere oder Stoffe[7] wirken offenbar nicht nur am Ort eines zauberischen Ursprungs (von dem nicht in jedem Fall erzählt wird), sondern überall und bei jedem. Als Gegenstände oder Stoffe sind sie grundsätzlich transportabel; und weil sie mitgenommen werden können, verbreiten sie die Zauberei über die gesamte fiktionale Welt. Ihr Zauber wirkt für oder gegen jede Person, die sich ihrer bedient. Damit werden sie zu beweglichen Inseln des Zauberischen und Magischen in der Topographie der fiktionalen Welt und sind weder an dort definierte Plätze (eine Anderwelt oder ein Wunderschloß) noch an besondere Personen (Zauberer oder Feen) gebunden. Die magischen Gegenstände machen jeden, der sie besitzt oder benutzt, in einer einzelnen Hinsicht zu einer wundertätigen Person, aber sie entkleiden ihn dieser Qualität auch wieder, sobald sie ihn verlassen. Damit symbolisieren sie die Jederzeitigkeit des Übergangs von der einen Welt in die andere, aber auch die Einseitigkeit eines bestimmten anderweltigen Aspekts, der zeitweilig verliehen werden kann. Sie setzen eine fiktionale Welt mit festen ontologischen Differenzen voraus. Iwein wird durch Lunetes Ring unsichtbar, aber er könnte das nicht ohne den Ring bewirken, und erst recht kann er sich nicht etwa in einen Drachen verwandeln. Fimbeus, der Freund der Fee Giramphiel in der ‚Krone', bleibt ein Mensch, obgleich die Fee ihn liebt; sie kann ihn nicht in seiner ganzen Person mit überirdischer Stärke ausstatten, sondern nur mit einer solchen, die in einem Gürtel steckt (den er verlieren kann und also verliert). Gawein im ‚Wigalois' kann nicht mehr in das Wunderland zu seiner schwangeren Frau zurückkehren, nachdem er es einmal ohne seinen magischen Gürtel verlassen hat. Sein Schwiegervater hat nicht ihm selbst uneingeschränkt Zugang verliehen, sondern ihm lediglich einen Gegenstand geschenkt, mit dessen Hilfe er passieren konnte.

---

6   Zur Becherprobe vgl. Cr 933–2631; zur Handschuhprobe vgl. Cr 23083–24699.
7   Eine Auswahl bei Natascha Wieshofer: Fee und Zauberin. Analysen zur Figurensymbolik der mittelhochdeutschen Artusepik bis 1210. Wien 1995, S. 187f.

Der magische Gegenstand ist dienstbar und beweglich. Auch wenn er für eine Figur bestimmt ist (wie der magische Gürtel in Heinrichs von dem Türlin ‚Krone' für Fimbeus gemacht ist),[8] ist er nicht angewachsen, und der Besitzer kann ihn verlieren (wie Fimbeus den Gürtel) oder zerstören (wie Isolde die Schelle am wunderbaren Hündchen). Die Trennung von Besitzer und Ding bleibt immer im Bereich des Denk- und Erzählmöglichen, dabei kann sich das wunderbare Objekt jedoch nicht etwa selbst bewegen, sondern ist an den Konsensus von Figuren gebunden, die es für sich nutzen oder gegen andere einsetzen wollen. Die beweglichen Inseln der Magie, die in der Landschaft der fiktionalen Welt auf diese Weise entstehen, gewinnen so eine voluntative Komponente, sie sind prinzipiell beherrschbar und umgehbar: entweder durch die Figur selbst, die sich des Gegenstandes bedient oder nicht bedient, oder durch andere Figuren, die die Kraft des Gegenstandes kennengelernt haben und den Gegner seiner entkleiden wollen.

3.3. Abgegrenzte Anderwelten

Der wunderbare Garten, in dem sich Mabonagrin mit seiner Freundin aufhält, ist im ‚Erec' durch eine unsichtbare Grenze von der Umgebung in der fiktionalen Welt getrennt:

> *ich sage iu daz dar umbe*
> *weder mûre noch grabe engie*
> *noch in dehein zûn umbevie,*
> *weder wazzer noch hac,*
> *noch iht daz man begrîfen mac.*
> *dâ gienc alumbe ein eben ban*
> *und enkunde doch dehein man*
> *dar in gân noch gerîten,*
> *niuwan ze einer sîten,*
> *an einer vil verholnen stat.*
> (HEr 8703–8712)

Dahinter liegt ein Paradies (daz ander paradîse HEr 9542), in dem ein Paar nicht unter Regen und Frost leidet, nie hungert und ganz der Liebe lebt. Es kommt nur der hinein, der die verborgene Pforte mit einem Wort

---

8   Christine Ferlampin-Acher: Merveilles et topique merveilleuse dans les romans médiévaux. Paris 2003 (Nouvelle Bibliothèque du Moyen Âge 66), S. 162f. bringt weitere Beispiele aus ‚Lancelot en prose',Suite de Merlin' und ‚Perceforest'.

3. Die Raumzeit des Wunders

geöffnet hat,[9] und er kommt zwar hinein, aber bis zu Erecs Auftreten nicht lebendig wieder heraus. Hier sind die wichtigsten Züge der Anderwelten im höfischen Roman versammelt: Sie sind räumlich aus der fiktionalen Welt ausgegrenzt, in ihnen leben und handeln die Figuren anders als draußen, es ist schwierig hineinzugelangen und oft noch schwerer, wieder herauszukommen.[10] Dadurch sind bereits semantische Verweise auf Tod und Jenseits gesetzt, die in manchen Texten durch explizite Signale verstärkt werden.[11] Im ‚Erec‘ spricht Mabonagrin davon, daß er für seine Verwandtschaft *lebende was begraben* (HEr 9599). In Wolframs ‚Parzival‘ ist das Wunderland Terre marveile durch einen Fluß vom übrigen Aventiureland getrennt; ein Fährmann, dem die Pferde der Besiegten zustehen (Pz 544,4–7), weiß, wie man es erlösen kann. Diese Anderwelt widersteht der progressiven Zeitrechnung der fiktionalen Außenwelt. In Schastel marveile werden bei Wolfram – wie bei Chrétien – die Mütter der Artus-Gawein-Sippe festgehalten,[12] anscheinend so, daß

---

9 Auf die Spannung zwischen Pforte (gegenständlicher Grenze), von der Ivreins berichtet (*der suoche wan die porte* HEr 8484), und ungreifbarer Grenze, von der sowohl Ivreins (der Garten sei *unumbegeben* HEr 8470) als auch der Erzähler im zitierten Stück mit dem Wort *ban* spricht (HEr 8708), macht Andrea Glaser: Der Held und sein Raum, S. 58–61 aufmerksam.

10 Diese Hauptmerkmale auch bei Howard Rollin Patch: Some Elements in Mediæval Descriptions of the Otherworld. In: PMLA 33 (1918), S. 601–643, hier S. 604f.; Patch führt als fakultatives Merkmal außerdem den Tabubruch auf (S. 605). Die räumliche Kodierung der Anderwelt wird auch bei Glaser: Der Held und sein Raum, S. 49f. betont und in einem eigenen Kapitel unter dem Begriff ‚Schwellenräume‘ untersucht, vgl. ebd. S. 49–127. Dubost: Aspects fantastiques, S. 300 geht innerhalb eines Kapitels über anderweltige Landschaften (S. 282–312) auf eine Ungewißheit für den Leser oder Hörer ein, die mit der Gewißheit über den anderweltigen Ort verbunden ist: die Ungewißheit nämlich, was aus dem Garten wird, nachdem Erec gesiegt hat. Mir scheint das insofern nicht ganz richtig, als dieser wunderbare Garten grundsätzlich ebenso flüchtig, also von der Bewegung des Helden abhängig, entworfen wird wie jede andere Landschaft innerhalb der fiktionalen Welt: Er ist aus der Erzählung verschwunden, weil der Held sich abgewandt hat und nicht zurückkehren wird. Der Text verweigert hier nicht die Auskunft über Anderwelt oder Diesseits, sondern nur die über das Vorhandensein von Raum in Abwesenheit einer handelnden Figur.

11 Zur Anreicherung der literarischen Anderwelten mit älteren mythischen Vorstellungen vom Totenreich vgl. Lecouteux: Zur anderen Welt; Hulda Henriette Braches: Jenseitsmotive und ihre Verritterlichung in der deutschen Dichtung des Hochmittelalters. Assen 1961 (Studia germanica 3).

12 Ob Gawan aus dem Bericht des Clias vor dem Aufbruch der Artusritter nach Schastel marveile am Ende des 6. Buches (Pz 334,18–22), wo die Namen erwähnt werden, wissen kann, daß seine Großmutter Arnive, seine Mutter Sangive (die beiden sind Mutter und Schwester des Artus) und seine Schwestern Itonje

sie ihr Eintrittsalter bewahren, daß ihnen Zeit und Alter nichts mehr anhaben können.[13]

Anderwelten sind – im Unterschied zum punktuellen alltäglichen Wunder – ihrer fiktionalen Umgebung gegenüber nicht die Ausnahme zu sonst allgemein geltenden Regeln, sondern sie sind anders regulierte Bereiche, solche, die sich nicht in erster Linie am menschlichen Maß ausrichten.[14] Feen wie Melusine und ihre Schwestern, die *uß dem berge Awalon komen*[15] sind, werden nicht älter. Auf Schastel marveile gibt es in Wolframs ‚Parzival' keine Liebe und vielleicht auch keinen Tod. Das Wunderschloß des Mabuz im ‚Lanzelet' Ulrichs von Zatzikhoven macht die Mutigen feig und die Feigen mutig. Im ‚Daniel' des Strickers nimmt die hypnotische Stimme eines aussätzigen Unholds allen Männern im Land den freien Willen. Die Anderwelten stellen damit die Regeln in der fiktionalen Welt in Frage, sie eröffnen die Möglichkeit, fundamentale Wechselwirkungen der Figuren mit ihrer alltäglichen fiktiven Umgebung (die solche der Menschen abbilden: gerichtete Zeit, Liebe, Tod) experi-

---

und Cundrie auf dem Zauberschloß leben, bleibt offen. Dem Fährmann Plippalinot sagt er über die gefangenen Damen: *ich hân ouch ê von in vernomen* (Pz 557,19). Im 12. Buch wird in Pz 590,17ff. das Verwandtschaftsverhältnis der vier Frauen untereinander in Erzählerrede erklärt, ebenso wird Itonje *Gâwâns süeziu swester* (Pz 605,7) genannt. Am Ende der Bettaventiure im 11. Buch wird nur der Name Arnives genannt (Pz 574,5). Vgl. Nellmanns Parzivalausgabe, Kommentare zu Pz 334,19–22 und zu Pz 574,5 (Bd. 2, S. 624, S. 722).

13 Im 2. Buch heißt es bei der Schilderung des Turniers von Kanvoleis, zu dem Utrepandragun gekommen ist, daß er seine Frau, die Mutter des Artus, an einen magischen Entführer verloren habe, und das sei nun beinahe drei Jahre her (Pz 65,29–66,8). Das schafft einen äußeren Zeitrahmen von mindestens einer Generation, angesichts des Generationsabstandes von Sangive zum erwachsenen Gawan eher von zwei Generationen, zur Befreiungshandlung auf Schastel marveile. Arnives Tochter Sangive hat fünf Kinder, darunter Gawan. Sie kann also nicht mitentführt worden sein, sondern muß mit zweien ihrer Töchter später an diesen Ort gelangt sein, es sei denn, sie wird als Clinschors Tochter gedacht, was wiederum durch dessen Kastrationsgeschichte unwahrscheinlich wird (Pz 657,8f.). Clias macht nur einen Unterschied zwischen Jungen und Alten: *zwuo sint alt, zwuo sint noch kint.* (Pz 334,18) Arnive und Sangive werden nicht in eine Altersreihe gebracht.

14 Vgl. auch den Abschnitt ‚Anders- und fremde Welten' bei Jutta Eming: Funktionswandel des Wunderbaren. Studien zum Bel Inconnu, zum Wigalois und zum Wigoleis vom Rade. Trier 1999 (Literatur, Imagination, Realität 19), S. 7–8. S. 7 die Bestimmung: „Generell läßt sich über die Anderswelt sagen, daß sich das Wunderbare in ihr zu einem eigenen Bereich formiert, in dem andere Regeln herrschen als in der ‚normalen', und das heißt hier, in der höfischen Welt."

15 Thüring von Ringoltingen: Melusine. Nach den Hss. kritisch hg. von Karin Schneider. Berlin 1958, S. 36, 2–3.

3. Die Raumzeit des Wunders

mentell und begrenzt aus den Handlungs- und Denkvoraussetzungen auszuschließen.

Anderwelten gehören in vielen Religionen zum Grundbestand der Möglichkeiten, von Menschen und Göttern zu erzählen. Weil die abstrakte Idee, daß bestimmte Wesen unter ein anderes Gesetz fallen als Menschen, sich zwar denken, aber nicht erzählen läßt, entsteht an verschiedenen Orten immer wieder neu die Vorstellung eines geschlossenen Reiches, z. B. der Götter oder der Toten. Daß diese räumliche Kodierung von Alterität dem Mittelalter geläufig ist und daß es keine prinzipiellen Unterschiede zwischen säkularen und religiösen Anderräumen gibt, belegen die mittelalterlichen Weltkarten, die einerseits das irdische Paradies, andererseits die Wunder des Ostens als abgegrenzte Gebiete darstellen.[16] Im Bild- wie im Schriftmedium geht es um die Veranschaulichung abstrakter Zusammenhänge, z.B. abweichender Regeln. In Romanen beschreiben mittelalterliche Autoren ihre Anderwelten z.B. als ein Schloß jenseits des Wassers, über das nur ein Fährmann setzen kann (wie Chrétien im ‚Conte du Graal' und Wolfram im ‚Parzival'), eine Burg hinter einem Steinfluß (wie Heinrich von dem Türlin in der ‚Krone'), ein Wasserreich (wie Ulrich von Zatzikhoven im ‚Lanzelet' und wie der ‚Prosalancelot'). Die räumliche Identität wirkt bestimmend für die Anderwelt, auch dann, wenn sie unfest auf der Grundplatte der fiktionalen Topographie angebracht ist (wie das Gralsschloß bei Wolfram, das sich nicht finden läßt, also ab und an aus dem objektiven räumlichen Koordinatensystem der fiktionalen Welt verschwindet).[17]

Es ist durchaus bemerkenswert, daß sich die räumliche Kodierung von Anderwelten, gleichsam eine Urform der Vorstellung von Transzendenz, als das erzählerisch Übliche im mittelalterlichen Roman behauptet. Denn es wäre durchaus möglich gewesen, daß sich ein alternatives, nicht-räumliches Paradigma für die literarische Modellierung systematischer Andersheit durchgesetzt hätte. Die Allgegenwärtigkeit des genealogischen Denkmusters im Mittelalter hätte den historischen Grundstoff für eine solche Alternative abgeben können, und auch ein Versuch in

---

16 Vgl. Hartmut Kugler: Symbolische Weltkarten – der Kosmos im Menschen. Symbolstrukturen in der Universalkartographie vor Kolumbus. In: Horst Wenzel in Zusammenarbeit mit Friedrich Kittler und Manfred Schneider (Hgg.): Gutenberg und die Neue Welt. München 1994, S. 33–58, bes. S. 41–44; Antje Willing: Orbis apertus. Zur Quellenkritik mittelalterlicher Kartographie. In: Archiv für Kulturgeschichte 86 (2004), S. 283–314, bes. S. 293f.
17 Vgl. das Kapitel über Schwellenräume bei Glaser: Der Held und sein Raum, S. 49–127.

diese Richtung hat nicht gefehlt. Wolfram hat seine Gralfamilie ebenso konsequent als Personenverband aufgefaßt[18] wie die Gralwelt als räumliche Sonderwelt.[19] Der Personenverband ist gegenüber der räumlichen Kodierung von Besonderheit der abstraktere Gedanke, besonders dann, wenn er nicht mehr als Familie gedacht, ist, sondern als ein freiwilliger Zusammenschluß (wie der Geheimbund in späteren Zeiten). Man sieht hier die Anfänge einer literaturgeschichtlichen Linie, die – mutatis mutandis – bis zu Goethes Meister-Romanen führt, aber man sieht auch, daß die Abstraktheit des Personenverbandes zum Umgreifen einer mittelalterlichen Anderwelt nicht ausreichte.[20] Die jenseitige Welt der mittelalterlichen Romane ist nicht so zerbrochen gedacht, daß die Anderwelt, in jeweils einzelnen und unverbundenen Splittern, als wahre Natur hinter jeder Figur und jeder Sache vermutet oder befürchtet werden müßte;[21]

---

18 Vgl. Elisabeth Schmid: Familiengeschichten und Heilsmythologie. Die Verwandtschaftsstrukturen in den französischen und deutschen Gralromanen des 12. und 13. Jahrhunderts. Tübingen 1986 (Beihefte zur Zeitschrift für Romanische Philologie 211), S. 200–204; Glaser: Der Held und sein Raum, S. 71–86. Glaser weist S. 84–86 auch darauf hin, daß für den designierten Parzival im 16. Buch die Zugangsprobleme verschwunden scheinen.
19 Darüber Elisabeth Schmid: Da staunt der Ritter. In: Wolfzettel (Hg.): Das Wunderbare, S. 85–89.
20 Noch in den späten Bearbeitungen von Chanson-de-geste-Stoffen scheint erbliche Zauberei auch ein Erbland vorauszusetzen. Im ‚Malagis' lernt Spiet, der Zwerg, von seiner Mutter zaubern, der Königin über ein wunderbares Elfenland; Malagis selbst lernt das Zaubern von der Fee Oriande, die mitten in der diesseitigen Welt lebt, ihn großgezogen hat und später liebt. Malagis vervollkommnet sich in seinen Zauberkenntnissen später an Büchern. Er ist mit Oriande nicht verwandt. Dem verwandten Paar von Zauberlehrerin und Schüler wird ein Anderland zugeordnet, das als die Heimat des Zaubers gilt, dem nichtverwandten Paar fehlt eine solche Zuordnung, und die Welt der Bücher tritt an die funktionale Stelle des Anderlandes.
21 Dagegen scheint eine Episode aus dem Didot-Perceval zu sprechen, die Elisabeth Schmid analysiert hat: Nach dem Sieg über den Ritter an der Furt bedrängen schwarze Vögel Perceval, der einen davon erschlägt. Der fällt herunter und verwandelt sich in eine tote Frau, die nach der Erklärung des Furtritters aus Avalon stammt und die später nach dessen Wegreiten verschwunden ist. (Didot-Perceval E 1082–1114. The Didot Perceval. According to the Manuscripts of Modena and Paris, edited by William Roach. Genf 1977, Neudruck der Ausg. Philadelphia 1941, S. 201f.). Das Wahrheitsproblem, das der Figur hier begegnet, hat Elisabeth Schmid in das schöne Wort vom „Vogel, der kein Vogel ist, sondern eine tote Frau, die keine tote Frau ist, sondern eine Fee" gefaßt. Schmid: Da staunt der Ritter, S. 83. Hier liegen hinter einer in der fiktionalen Welt seltsamen Erscheinung mehrere Wesenheiten, die sich so zueinander staffeln, daß eine jeweils neue Erklärung die alte wie einen sinnlichen Anschein vorläufig

3. Die Raumzeit des Wunders

ebensowenig ist sie im Gegenteil die eigentliche Totalität dieser fiktionalen Welt, die verborgene Ordnung in den für die Figur zufälligen Teilen ihres Diesseits (wie Goethes Turmgesellschaft im ‚Meister'). Im mittelalterlichen Roman bildet weder das Diesseits das Jenseitige ab noch umgekehrt; vielmehr gibt es beides als erste Wirklichkeit, nebeneinander. Die Anderwelt erklärt die Welt nicht, ebensowenig wie die Welt die Anderwelt erklärt. Es ist nur so, daß die Anderwelt für die Figuren zwangsläufig die Gestalt einer Welt annehmen muß, wenn es sie überhaupt geben soll. Das gilt auch für ihr Personal. Figuren irren sich deshalb immer wieder über das Wesen eines anderweltigen Protagonisten, aber die anschließenden Entdeckungen wahren Wesens bleiben etwas Spektakuläres und Singuläres, so daß die Erzählungen auch strukturell daraufhin angelegt sein können (wie in der ‚Melusine'). Solche Aufdeckungen bilden den Kern des Mahrtenehen-Schemas,[22] das in den Melusinen- und Schwanenritter-Erzählungen) schließlich wiederum auf eine räumliche Zuordnung (zu bleiben oder zu verschwinden) hinausläuft: Die Ansätze zum Konzept der personellen Anderweltigkeit münden also,

---

werden läßt. Diese Staffelung des wahren Wesens verbirgt sich jedoch nicht hinter jeder Erscheinung dieser fiktionalen Welt, sie ist nicht einmal das in der Aventiure Erwartbare. In dem Beispiel gibt es für etwas in der fiktionalen Erscheinungswelt Herausgehobenes mehrere Deutungen, die nicht nur dem Hörer oder Leser, sondern auch dem Protagonisten angeboten werden. Die tendenzielle und gleichsam literaturgeschichtlich wachsende Unsicherheit darüber, ob die Welt in einem anderen Modus als zufällig verstanden werden kann, ist mit der Gralsfrage in den Roman gekommen und wird im Didot-Perceval besonders dicht gestaltet; zu den ästhetischen Diskussionen über das Phantastische vgl. Wolfzettel: Das Problem des Phantastischen im Mittelalter.

22 Der Terminus stammt von Friedrich Panzer (Hg.): Einführung zur Ausgabe: Merlin und Seifrid de Ardemont von Albecht von Scharfenberg. In der Bearbeitung Ulrich Füetrers. Stuttgart 1902 (Bibliothek des literarischen Vereins in Stuttgart 227), S. VII–CXXXIII, hier S. LXXII–LXXIII. Eine Typologie der Feengeschichten in der französischen Literatur, die im wesentlichen auch für die deutsche Literatur gilt, entwirft Laurence Harf-Lancner: Les fées au Moyen Âge. Morgane et Mélusine. La naissance de fées. Paris 1984 (Nouvelle Bibliothèque du Moyen Âge 8). Obgleich der ‚Lanval' der Marie de France nicht ins Deutsche übertragen wurde und der ‚Bel Inconnu' des Renaut de Beaujeu bei seiner Bearbeitung zum ‚Wigalois' die Feengeschichte eingebüßt hat, gibt es im 13. Jahrhundert gleich mehrere Feenlieben in der deutschen Literatur, z.B. im ‚Friedrich von Schwaben', im ‚Meleranz' des Pleiers, im ‚Gauriel von Muntabel' Konrads von Stoffeln; auch die Amurfina-Geschichte in der ‚Krone' des Heinrich von dem Türlin ist als Feenliebesgeschichte angelegt. Zur Tradition der Feengeschichten auch: Eming: Funktionswandel des Wunderbaren, S. 7ff., und Otero Villena: Zeitauffassung und Figurenidentität, S. 146–148.

nicht nur bei Wolfram, wieder in räumliche Vorstellungen, wenn der Gedanke des permanenten Doppellebens in Diesseits und Jenseits, des funktionalen Sowohl-Als-auch in der fiktionalen Welt nicht gefaßt wird.[23] Die Möglichkeit dazu ausgeschlagen zu haben war keine Folge von Ideenlosigkeit, sondern von epochalen Überzeugungen: Die Wahrheit ist wegen ihrer Begründung in Gott für das mittelalterliche Denken eine, ein Ding hat nur ein Wesen und nicht zwei.

Im Vergleich mit der Möglichkeit, die Anderwelt als einen Personenverband darzustellen, stellt sich die räumliche Kodierung also als das Modell dar, das besser mit dem textexternen Wissen des 12. bis 14. Jahrhunderts vereinbar ist. Verbindungen zwischen räumlichem Prinzip und Ansätzen zu einer personellen Struktur der Anderwelt gibt es jedoch allenthalben: Bei Wolfram, der die Genealogie seiner wichtigen Figuren semantisiert wie kein anderer,[24] leben überall Mitglieder der Gralfamilie, aber nur die Gralsburg beherbergt den König und den Gral, der Gral läßt sich nicht mitnehmen. In der ‚Krone' gibt es zwei feenhafte Schwestern, von denen eine die Allegorie des Glücks ist, die andere eher eine böse Fee (die Sælde und Giramphiel); aber beide leben nicht einfach unter Rittern, sondern sie haben eigene Länder, und das Glücksrad derjenigen Schwester, die Gawein begünstigt, kann nicht transportiert werden. Im ‚Lanzelet' hat die Dame vom See, die ihr Anderland im Namen trägt, einen Sohn, Mabuz; auch der lebt durch ihre Vorsorge in einem magischen Schloß, allerdings scheint er selbst nicht zaubern zu können. Wo es eine zauberische Familie gibt wie in der ‚Melusine', gehört noch im 15. Jahrhundert ein Anderland zwingend dazu.

Insoweit die Anderwelten bedrohlich sind, wird mit ihrer räumlichen Einhegung in der fiktionalen Welt die Gefahr begrenzt. Der Ritter kann überall seinem ritterlichen Todfeind begegnen, aber schon einen Drachen muß der Held in der Regel bewußt aufsuchen, um ihn dort, wo er sich

---

23 In ähnliche Richtung argumentiert Christoph Huber, der in den Mahrtenehen-Erzählungen die Räume als Modelle von Diesseits und Jenseits auffaßt: Christoph Huber: Mythisches erzählen. Narration und Rationalisierung im Schema der ‚gestörten Mahrtenehe' (besonders im *Ritter von Staufenberg* und bei Walter Map). In: Udo Friedrich, Bruno Quast (Hgg.): Präsenz des Mythos. Konfigurationen einer Denkform in Mittelalter und Früher Neuzeit. Berlin, New York 2004 (Trends in Medieval Philology 2), S. 247–273, hier S. 255f.

24 Vgl. Elisabeth Schmid: Familiengeschichten; Martin Przybilski: *sippe* und *geslehte*. Verwandtschaft als Deutungsmuster im ‚Willehalm' Wolframs von Eschenbach. Wiesbaden 2000 (Imagines Medii Aevi 4).

3. Die Raumzeit des Wunders

aufhält, zu erschlagen (so ist es im ‚Tristan' und im ‚Wigalois').[25] Selbst im ‚Iwein' könnte der Held seinen Weg am Drachen und am Löwen vorbei fortsetzen, auch hier wird der Kampfort als vermeidbar, also als abgesondert gedacht. Die schicksalhafte Begegnung mit dem magisch überlegenen Gegner (Riesen gehören offenbar nicht dazu, denn sie werden im Roman in der Regel nicht in Verbindung mit Wunder und Magie gebracht)[26] wartet als Aventiure an einem bestimmten Ort, und sie kann ausgeschlagen werden.

Die Folge der Konzentration des Wunderbaren auf umgrenzte Bezirke ist deutlich: In der fiktionalen Welt geht es weitgehend geheuer zu, und sich den außergewöhnlichen Aufgaben zu stellen, bei denen er es mit Zauberei zu tun hätte, könnte ein gewöhnlicher Ritter in der Regel vermeiden. Man kann diese Konstellation aber auch umgekehrt lesen: Es gibt in der fiktionalen Welt Gebiete, die ganz der Willkür der Feen, Zauberer oder sonstigen Wunderwesen anheimgegeben sind und sich der Kontrolle der ritterlichen Ordnungsmächte, zum Beispiel des Artushofes, ganz oder zumindest bis zum Auftreten eines Ausnahmehelden entziehen (im ‚Lanval' z.B. kann der Fee offenbar niemand nach Avalon folgen, den sie dort nicht will; Clinschor bestimmt bei Wolfram trotz seiner Abwesenheit bis zur Ankunft Gaweins die menschenfeindlichen Bräuche von Schastel marveile).[27]

Eine fiktionale Welt mit einer klar umgrenzten und räumlich definierten Anderwelt erspart ihren Helden die Grundsituation der Unklarheit über Schein und Sein, Hiersein und Anderwelt,[28] die sie in anders struk-

---

25 In der Heldenepik verhält es sich übrigens genauso, wie man im ‚Nibelungenlied' und im ‚Ortnit' am reinsten erkennt; die ‚Virginal', in der Drachen zu dutzenden erschlagen werden, zitiert das Muster etwas unernst. Auch im Liebes- und Abenteuerroman kann der entlegene und schwer erreichbare Ort eine Anderwelt sein: Die Orientabenteuer spielen in aufregenden und mitunter bedrohlichen Ländern, deren Gefahren aber bleiben, wo sie sind, und sie verfolgen die Helden nicht.
26 Vgl. Fritz Wohlgemuth: Riesen und Zwerge in der altfranzösischen erzählenden Dichtung. Diss. Stuttgart 1906, S. 12–38, S. 73–79; Ernst Herwig Ahrendt: Der Riese in der mittelhochdeutschen Epik. Diss. Güstrow 1923, S. 21–33, hier S. 25.
27 Brigitte Burrichter vertritt die These, daß die Feenerzählungen im 12. Jahrhundert allmählich zum bloßen Baustein von Artuserzählungen werden, was sich auch darin ausdrücke, daß die Feen ihre eigenen, in der Topographie der fiktionalen Welt abgegrenzten Reiche haben. Brigitte Burrichter: Die narrative Funktion der Feen und ihrer Welt in der französischen Artusliteratur des 12. und 13. Jahrhunderts. In: Wolfzettel (Hg.): Das Wunderbare, S. 281–296.
28 Über diese Unklarheit vgl. Schmid: Da staunt der Ritter, S. 79–94. Die Autorin arbeitet am ‚Didot-Perceval' heraus, wie es den Helden verstört, daß die Zeichen für das Anderweltige flüchtig sind (S. 83), also in der fiktionalen Welt nicht orts-

turierten fiktionalen Welten, die noch zu beleuchten sind, durchaus erleiden müssen.[29] Der Held weiß, wenn er eine Grenze zur Anderwelt überwinden muß, üblicherweise, daß er jetzt das Reich der vertrauten Handlungsmuster hinter sich gelassen hat; und wenn er es einmal nicht weiß, wie es in Ulrichs ‚Lanzelet' dem Helden bei Mabuz geschieht, dann hat es damit eine besondere Bewandtnis, über die zumindest der Hörer oder Leser unterrichtet wird, so daß er eine solche Begebenheit als Ausnahme liest. Im Grunde sei der Held in seiner fiktionalen Welt zwar ständig gefährdet, aber dank seiner Tapferkeit doch recht gut aufgehoben, denn Meisterstücke an Einschätzung und Menschen- bzw. Zaubererkenntnis werden ihm nicht abverlangt. Wenn es eine klar definierte Anderwelt gibt (wie im ‚Lanval' oder im ‚Yonec' bei Marie de France, aber auch in Wirnts von Gravenberg ‚Wigalois'), dann steht die Identität seines Gegenübers für den Helden seltener in Frage.

In der Tat haben die klar definierten, räumlich ausgezeichneten Anderwelten bis zur zweiten Hälfte des 13. Jahrhunderts (z.B. Maries de France ‚Lanval' und ‚Yonec', Wirnts ‚Wigalois' und Konrads von Würzburg ‚Schwanenritter'),[30] regelmäßig diese Auswirkung auf die Ausgestaltung der Fabel: Der Held mag in mancherlei Gefahr geraten, aber er weiß doch immer, woran er ist. Das hat den ästhetischen Nebeneffekt, daß es auch der Leser und Hörer weiß. Er sieht mit dem Helden, und die räumliche Umgrenzung zeigt ihm die Anderwelt an. Es entsteht

---

fest. Mit dem Begriff der semantischen Verunsicherung arbeitet auch Glaser: Der Held und sein Raum, vgl. S. 50. Die schöne Begriffsprägung beinhaltet die Voraussetzung, daß der Grundmodus ritterlicher Bewegung durch den Roman die Sicherheit ist, was nur als heuristisches Instrument gemeint sein kann, nicht als Abfolge von Mustern.

29 Die Episode von Traum und Tod des Ritters Cahus im ‚Perlesvaus', in der die alptraumhafte Anderwelt in die fiktionale Diesseitswelt hineinreicht und von dieser in ihrer Wirklichkeit bestätigt wird – Ulrich Wyss nennt sie „Die Urszene des *merveilleux arthurien*" –, bietet ein prägnantes Beispiel für eine ganz anders strukturierte, gleichsam eine modernere, fiktionale Welt, in der die feste Grenze zwischen Diesseits und Jenseits fehlt. Vgl. Ulrich Wyss: Über Vergnügen und Missvergnügen an Erzählungen vom Wunderbaren. In: Friedrich Wolfzettel (Hg.): Das Wunderbare, S. 129–139, Zitat S. 129.

30 Burrichter: Die narrative Funktion der Feen, hat das Schwinden der räumlich abgesonderten Feenreiche im Sinne eines historischen Nacheinander mit eigener Ratio beschrieben; das mag in begrenztem Maße, z.B. bei stofflicher und motivlicher Nähe, auch zutreffen, jedoch scheint mir die Annahme polarer Möglichkeiten durch die gesamte Zeit des höfischen Erzählens hindurch plausibler: Es gab immer sowohl abgegrenzte Anderwelten als auch Zauberei mitten in der Welt, und eine Erzählung griff – je nach Intention – zu diesem oder jenem Muster.

ein staunenswertes, aber weder für den Helden noch für den Hörer oder Leser verstörendes Wunderbares.[31] Zu dieser Konstellation gibt es unzählige Varianten, in denen dem Unbekannten und Unsicheren einer räumlichen Anderwelt bald geringer, bald größerer Raum gegeben wird.

In Heinrichs von dem Türlin ‚Krone' stellt sich für den Helden oft erst im Nachhinein heraus, daß er es mit anderweltigen Gestalten zu tun hatte. Die Botin der Amurfina kann einen steinernen Fluß anhalten:

> *Als ir pfärt in gewuot*
> *Vntz an die vezel ze tal,*
> *Div fluot gestuont über al,*
> *Stein vnd wazzer, vnd beit,*
> *Vntz ietwederz über gereit,*
> *Swie starch ez e fluze.*
> (Cr 8014–8019)

Danach erlebt Gawein, wie Amurfina von einem sehenden und hörenden Schwert beschützt wird, das ihm einen Treueschwur abnötigt (Cr 8570–8608), er trinkt einen Zaubertrank, der ihn sich selbst vergessen läßt (Cr 8660–8675), aber erst bei der Betrachtung eines gravierten Gefäßes mit seinen eigenen Taten (Cr 8936–8944) wird ihm bewußt, wer er ist, daß er an jenem Ort um sein Selbst gebracht wird, und er bricht schnellstens auf. Hier wird die intellektuelle Aufgabe, die prinzipielle Art des Gegenübers zu durchschauen, explizit thematisiert, und sie wird eigens an eine abgegrenzte Anderwelt geknüpft, die in der fiktionalen Landschaft topologisch beschrieben ist. Die Figur hat nicht auf die Zeichen geachtet, der Hörer und Leser ist durch sie aber vorgewarnt, und die Figur holt ihn mit ihrem Bewußtsein von der Anderwelt ein. Solche Rätselspiele zwischen Figur und Hörer über die Einschätzung einer Situation folgen noch häufiger. Wenn ein Ritter einem trägerlos kämpfenden Schwert und einer ebensolchen Lanze folgt, weiß der Hörer und Leser, daß sie den Ritter in eine Anderwelt führen werden, die zudem durch *Ein gebirge vngehüwre* (Cr 14125) markiert ist. Die Figur scheint dieses Wissen zu teilen, denn sie versucht (Cr 14136–14406) nicht einzugreifen. Ob Gawein später beim Ausgang aus einem Anderland, nach

---

[31] Jean-René Valette hat herausgearbeitet, wie man das traditionelle Wunderbare als einen ästhetischen Mechanismus verstehen kann, mit dem die Autoren ebenso wie die Hörer oder Leser vertraut sein müssen, ehe ihnen spezielle Rezeptionssteuerungen und Rezeptionsweisen zugetraut werden können. Vgl. Jean-René Valette: La poétique du merveilleux dans le ‚Lancelot en prose'. Paris 1998 (Nouvelle Bibliothèque du Moyen Age 44), S. 189.

dem Besuch bei der Glücksgöttin, in der diesseitigen oder jenseitigen fiktionalen Welt landet, sollen aber offenbar weder Figur noch Leser oder Hörer genau wissen. Einerseits bricht hinter dem Helden der Wald zusammen, Naturkatastrophen weisen auf ein Anderweltszenarium hin, und Aanzim, der Ritter des Glückes, hat ihn auf Seltsames vorbereitet. Andererseits kommt er gerade von Frau Glück, und hinter deren Land, das nur ein Anderland sein kann, könnte Normalität beginnen. Das scheint Gawein zu unterstellen, denn als die anderweltigen Geschöpfe seine Ehre zu verletzen scheinen, muß er trotz vorheriger Warnung (Cr 15985–15995) eigens von einem Kampf zurückgehalten werden, der magische Auswirkungen auf den Artushof gehabt hätte (Cr 16352–16360). Als eine anderweltige Botin ihn daran hindert, erfährt er (und der Hörer oder Leser mit ihm), daß es auch hier eine wunderbare Bewandtnis haben müsse; er ist also aus dem einen Anderland in ein anderes gekommen.

Im ‚Wigalois' erkennt Gawein die wunderbare Qualität des Anderlandes, in dem er eine Frau genommen hat, erst im Nachhinein, weil er nicht wieder zurück findet. Er bemerkt das Wunder an der territorialen Entzogenheit. Sein Sohn trifft in seiner Erlösungsaventiure auf schwarze Ritter, deren Berührung die Lanze verbrennen läßt. Er weiß jedoch, daß er sich in dem zu erlösenden Land befindet; unter dieser Verstehensvoraussetzung kann er sich ohne weiteres denken, es könne nicht mit irdischen Dingen zugehen (*ezn wæren rehte liute niht* Wig 4556). Richtig und kooperativ gibt sich König Lar auch alsbald als *armiu sêle* (Wig 4665) zu erkennen.

In Chrétiens ‚Perceval' und Wolframs ‚Parzival' wird das Modell des abgegrenzten Sonderreichs diversifiziert. Das religiös konnotierte Gralsreich hat andere, auf den Bewußtseinszustand des Helden zielende Eingangsbedingungen[32] als das gewissermaßen säkulare Sonderreich Terre marveile, zu dem man zwar eine Grenze überwinden muß, jedoch ohne besondere Anforderungen an Wissen und Gewißheit darüber. Die Helden geraten unversehens ins Gralreich, das sie nicht als Wunderreich erkennen. Ihr Wissen bleibt hinter dem des Hörers oder Lesers zurück,[33] auch

---

32 Nach Walter Blank führt „der Verfasser seine Titelfigur so [...], daß diese im Scheitern an jeder Art äußerer Norm gezwungen ist, auf den bereits angesprochenen Innenraum in sich zu rekurrieren". Blank: Determination oder ordo?, S. 222.

33 Elisabeth Schmid hat an Chrétiens Schilderung von Percevals Weg zum Gral gezeigt, daß der Held die räumliche Umgebung nicht als zeichenhaft liest, während der Leser oder Hörer über Brüche und Widersprüche stolpert und stolpern

3. Die Raumzeit des Wunders

wenn dieser wiederum nicht genügend weiß, um die Riten auf der Gralburg mitvollziehend zu verstehen. In der Gralwelt ist die unbewußte Grenzüberschreitung zum Wunderland ein zweiseitiger Zusammenhang: Die religiös-magische Welt grenzt sich zwar prinzipiell durch unüberwindliche Hindernisse von den Menschen ab, aber offenbar nur von denjenigen, die ihre Existenz anerkennen und den Gral suchen. Der Tor, der von der Gralswelt nichts weiß, findet sich gerade dadurch unversehens mitten darin.[34] Weil er ein Tor ist, kann er jedoch dort auch nichts richtig machen. Er verhält sich, wie es unter Menschen gute Sitte ist, und hat die Chance der Erlösung vertan, weil er nicht sieht, daß es etwas zu erlösen gibt.[35] Das Gralreich beider Autoren wird (im Unterschied zur gleichsam objektiven Anderwelt im Schloß der Königinnen) insofern korrelativ zum ihr gegenüber blinden Helden aufgebaut, es hat also eine besondere, in der fiktionalen Welt perspektivische Dimension. Anderwelt und unerreichbar für alle außerhalb ihrer, zugleich vermeintliche Normalität und entgangene Anderwelt für den, der lernen muß, daß es Anderwelt gibt. Wolfram verstärkt diese im Stoff angelegte Gestaltungsmöglichkeit. Tendenziell ist sein Gralreich für jede sprechende Figur, die damit in Kontakt tritt, ein anderes: Sigune, Cundrie, Trevrizent haben je anderes Wissen vom Gral und anderen

---

soll: ein reißendes Gewässer, in dem sich ein Kahn aber zum Fischen fest verankern kann; ein Spalt im Felsen, der vorab nicht da war. Schmid: Da staunt der Ritter, S. 85–87. Glaser: Der Held und sein Raum, S. 71–77 untersucht denselben Weg in Wolframs ‚Parzival'. Sie stellt fest, daß auf dem Weg des Helden, also in der Perspektive der mitvollziehenden Deutung der fiktionalen Geographie, keine Grenzmarkierung geschildert werde (S. 76), wogegen auch Wolfram für den Rezipienten mehr Merkzeichen aufstelle als für seinen Helden (den schnellen Ritt, die Verborgenheit der Gralsburg, ihre Auffindbarkeit nach untauglicher Beschreibung, S. 72, 75f.).

34 Das Motiv des Eintritts für den Unwissenden wird später in der Begier des Feirefiz nach der Taufe um Repanses willen noch einmal zitiert und dabei parodistisch überhöht, weil Feirefiz, obgleich auf Wunderbares eingestellt, das Wunder im Wortsinne nicht sieht.

35 Karl Bertau beschreibt Parzivals *tumbheit* als eine „dynamische, sukzessivlogische, nicht [...] statische Konstellation" (weil die Naivität nicht Bedingung der Erlösung bleibt). Das ist dasselbe Verhältnis, das sich auch in der Räumlichkeit spiegelt und mit Glasers Bemerkung über die fallenden Zugangsschranken erfaßt wird. Karl Bertau: Über Literaturgeschichte. Literarischer Kunstcharakter und Geschichte der höfischen Epik um 1200. München 1983, hier S. 48 (im Kap. ‚Wolframs Parzival I: Symbolisation von Konkretem als Kern der Werkgestalt'); Glaser: Der Held und sein Raum, S. 84–86.

Zugang dazu, und Parzival unterscheidet sich in seinem Zugang und Wissen wiederum von allen anderen.[36]

Die Wunderburg, die Gauvain/Gawan erlöst, stellt an ihren Erlöser keine ähnlichen Unwissenheitsbedingungen; vielmehr lesen und verstehen die Helden gemeinsam mit dem Hörer oder Leser allmählich die Reden und Zeichen über das Wunderland. Der Fluß und ein Fährmann, der Pferde und Menschen als Lohn empfängt, sind als Merkzeichen schon gesetzt, als der Fährmann die Zauberei im Schloß erwähnt:

> *Et la sale est mout bien gueitiee*
> *Par art et par anchantement [...].*[37]
> (Perc 7544f.)
>
> *gar âventiure ist al diz lant*
> (Pz 548,10)
>
> *ze Terre marveile ir sît:*
> *Lît marveile ist hie.*
> (Pz 557,6f.)

In allen diesen Beispielen wird, ausgehend von einer grundsätzlichen räumlichen Kodierung der Anderwelt, ein Rätselspiel der Zeichen und Angaben gespielt, in dem die Figur und der Hörer oder Leser von unterschiedlichen Informationen ausgehen können. Die Zeichen sind in der fiktionalen Welt vorhanden, meist räumlich organisiert, und sie weisen nicht in die Irre, sondern sind im Prinzip verläßlich; sie wahrzunehmen kann aber den Helden aus verschiedenen Gründen zunächst entgehen. Der Hörer oder Leser kann dadurch in einen Verständnis- und Interpretationsvorsprung gegenüber der Figur gelangen, der jedoch wiederum, wie in Chrétiens und in Wolframs Gralroman, immer noch ein Wissensrückstand gegenüber den Rätseln des Textes sein kann. Das sind komplexe und durchaus erfolgreiche ästhetische Strategien, auch wenn sie gleichsam naiv daran festhalten, daß die Wunderwesen in eine räumlich erkennbare Anderwelt gehören. Die räumlich definierte Anderwelt gibt ein Maß dafür ab, wieviel die Evidenz von Wahrheit und die Verläßlichkeit von Wahrhaftigkeit in einer fiktionalen Welt – die sonst durchaus bedrohlich sein kann – zählen.

---

36 Vgl. Schirok: Die Inszenierung von Munsalvæsche, S. 72–74.
37 Perceval ed S. 453: ‚Und der Raum ist sehr gut bewacht mit Hilfe von Kunst und Zauberei.'

3.4. Ästhetik der weichen Kontur und episodische Raumregie

Eine wichtige ästhetische Eigenschaft des Wunderbaren in mittelalterlichen Erzählungen fiel den Philologen erst als besonders auf, nachdem Tzvetan Todorov 1970 seine ‚Einführung in die phantastische Literatur' veröffentlicht hatte; sie scheint nämlich beinahe modern zu sein und unmittelbar in die moderne Literatur einzumünden. Francis Dubost hat sie mit Irène Bessière ‚poétique de l'incertain' genannt;[38] damit ist eine grundlegende Ungewißheit von Figur und Hörer oder Leser gemeint, die an keiner Stelle der Erzählung endgültig darüber aufgeklärt werden, ob sie es mit einer in der fiktionalen Welt diesseitigen oder in ihr anderweltigen Erscheinung zu tun haben. Von Todorov aus achtete man in diesem Zusammenhang besonders auf die Atmosphäre des Unheimlichen und Bedrohlichen, die sich aus einer solchen Konstellation aufbauen kann. Daraus hat sich eine verzweigte Diskussion über das Phantastische in der mittelalterlichen Literatur entwickelt.

Exkurs zur Diskussion über das Wunderbare und Phantastische

Das Wunderbare ist im wesentlichen ein moderner Beschreibungsbegriff, auch wenn die lateinische gelehrte Tradition des Mittelalters verschiedene Wunderbegriffe gebildet und verwendet hat. Da diese sich nie erhellend auf die gleichzeitige volkssprachliche Erzählliteratur bezogen, sondern entweder auf den völlig anders organisierten Literaturtyp der theologisch fundierten Gelehrsamkeit oder auf die klassische lateinische Dichtung, können sie eher zur sekundären Erklärung des gedanklichen Horizonts für volkssprachliche Dichtung dienen[39] denn als direkte Be-

---

38 Das Buch von Irène Bessière: Le récit fantastique. La poétique de l' incertain. Paris 1974 reagiert auf Todorov und hat neuzeitliche und moderne, nicht mittelalterliche Texte im Blickpunkt. Die Formel von der *poétique de l'incertain* geht denn auch nicht auf eine Verständnisschwierigkeit für die Helden in der fiktionalen Welt aus, sondern konkretisiert Todorovs Theorem von der doppelten Rezeptionsvorgabe für ein unerhörtes Ereignis in der fiktionalen Welt. Daß dieses Schwanken in der Deutung auch für den klassischen Bereich des Wunderbaren gilt, hat zuerst Daniel Poirion klar artikuliert, der die Poetik des Wunderbaren als Spiel mit der Unentschiedenheit zwischen Natürlichem und Übernatürlichem kennzeichnete: Daniel Poirion: Le merveilleux dans la littérature française du Moyen Âge. Paris 1982, hier S. 71. Vgl. Dubost: Aspects fantastiques, S. 1–14.
39 Vgl. Christel Meier: Ut rebus apta sint verba. Überlegungen zu einer Poetik des Wunderbaren im Mittelalter. In: Dietrich Schmidtke (Hg.): Das Wunderbare in der mittelalterlichen Literatur. Göppingen 1994 (GAG 606), S. 37–83.

schreibungskategorien. In neuzeitlicher Beschreibungssprache benachbart ist die Kategorie des Phantastischen, die in der Nachfolge von Tzvetan Todorov[40] für verschiedene Epochen, auch für das Mittelalter, erörtert worden ist, in den letzten Jahren mit stetigem Bezug auf Walter Haug[41] und Francis Dubost.[42] Todorov hatte sein Konzept vom Phantastischen mit Blick auf neuzeitliche und moderne Erzählungen entwickelt, und in der Diskussion um seine Ideen erhob sich die Frage, ob es historische oder typologische Unterschiede zwischen dem Wunderbaren und dem Phantastischen gebe, was zuallererst Klarheit darüber erforderte, ob es sich um zwei verschiedene Dinge handele oder nur um zwei Namen.

Phantastisch nennt Torodov also eine zweideutige Konstellation innerhalb der fiktionalen Welt, die einerseits eine wunderbare Ausnahme von den sonst dort geltenden Regeln sein könnte, aber andererseits auch eine fatale und beängstigende Konsequenz aus denselben. Für Todorovs Verständnis des Phantastischen ist es wichtig, daß die Angst auf der Seite des in der fiktionalen Welt Wirklichen liegt, nicht auf der des Wunderbaren. Das Phantastische entsteht für Todorov nicht in der fiktionalen Welt, sondern in deren Präsentation durch den Erzähler, als eine innertextuelle Rezeptionsvorgabe;[43] es liegt im Übergangsfeld zwischen

---

40   Todorov: Einführung in die fantastische Literatur.
41   Haug: Literaturtheorie im deutschen Mittelalter, S. 259–287, Kapitel ‚Moral, Dämonie und Spiel: Der Übergang zum nachklassischen Artusroman'; ders.: Paradigmatische Poesie; ders.: Für eine Ästhetik des Widerspruchs. Neue Überlegungen zur Poetologie des höfischen Romans. In: Nigel F. Palmer, Hans-Jochen Schiewer (Hgg.): Mittelalterliche Literatur und Kunst im Spannungsfeld von Hof und Kloster. Ergebnisse der Berliner Tagung, 9.–11. Oktober 1997. Tübingen 1999, S. 211–228; ders.: Wandlungen des Fiktionalitätsbewußtseins vom hohen zum späten Mittelalter. In: Ders.: Brechungen auf dem Weg zur Individualität. Kleine Schriften zur Literatur des Mittelalters. Tübingen 1995, S. 251–264; ders.: Das Fantastische in der späteren deutschen Artusliteratur. In: Karl Heinz Göller (Hg.): Spätmittelalterliche Artusliteratur. München u.a. 1984, S. 133–149.
42   Dubost: Aspects fantastiques. Vgl. dazu Friedrich Wolfzettel: Das Problem des Phantastischen im Mittelalter. In: Wolfzettel (Hg.): Das Wunderbare, S. 3–21.
43   Aus seiner Beschreibung, die die Ebenen der Figur und des Lesers nicht klar unterscheidet, geht das hervor: „In einer Welt, die durchaus die unsere ist, die, die wir kennen, eine Welt ohne Teufel, Sylphiden und Vampire, geschieht ein Ereignis, das sich aus den Gesetzen eben dieser vertrauten Welt nicht erklären läßt. Der, der das Ereignis wahrnimmt, muß sich für eine der zwei möglichen Lösungen entscheiden: entweder es handelt sich um eine Sinnestäuschung, [...] oder das Ereignis hat wirklich stattgefunden [...]. Dann aber wird diese Realität von Gesetzen beherrscht, die uns unbekannt sind. [...] Das Fantastische liegt im Moment dieser Ungewißheit [...]." Todorov: Einführung in die fantastische Literatur, S. 25f.

dem Wunderbaren und dem Unheimlichen. Unter dem Unheimlichen wiederum versteht Todorov eine Konstellation, in der außergewöhnlich fatale Folgen in der fiktionalen Welt nach wunderbaren Ursachen befragt, aber schließlich aus den in dieser Welt geltenden gewöhnlichen Regeln erklärt werden können. Gerade das macht Angst, denn die nachvollziehende Vernunft schließt aus der Vereinbarkeit des Verhängnisses mit den normalen Regeln innerhalb der fiktionalen Welt darauf, daß diese Regeln, daß ganz normale Lebensregeln ein so schlimmes Verhängnis ermöglichen, sogar mit gewisser Notwendigkeit produzieren können.[44] Die Freiheit des Gemüts, die zur Konstellation des Phantastischen gebraucht würde, geht in der Angst notwendig unter. Das Wunder macht dem Hörer oder Leser keine Angst, sondern die Möglichkeit im Alltag.

Diese Anregung wird in der Mediävistik im Hinblick auf das weite Spektrum des Wunderbaren in den mittelalterlichen Erzählungen, das schlicht magisch sein kann, aber auch lächerlich oder bedrohlich, thematisiert. Die terminologischen Angebote, die so entstanden sind, haben sich bereits weit diversifiziert. Die Kategorie des Phantastischen, die seit Laurence Harf-Lancner verwendet wurde[45] und insbesondere nach dem Buch von Dubost[46] in der Mediävistik diskutiert wird, ist in ihrem Geltungsbereich nach wie vor umstritten; insbesondere steht nicht fest, ob es ein Phantastisches gebe, das nicht wunderbar im traditionellen Sinn sei. Einerseits gibt es dafür Anzeichen, weshalb auch Walter Haug[47] und

---

44 „Wenn [...] die Gesetze der Realität intakt bleiben und eine Erklärung der beschriebenen Phänomene zulassen, dann sagen wir, daß dieses Werk einer anderen Gattung zugehört: dem Unheimlichen". Todorov: Einführung in die fantastische Literatur, S. 40. „Das Unheimliche erfüllt, wie man sieht, nur eine einzige der Voraussetzungen für das Fantastische: die Beschreibung bestimmter Reaktionen, insbesondere der Angst." Ebd., S. 45.
45 Laurence Harf-Lancner: Merveilleux et fantastique dans la littérature médiévale: une catégorie mentale et un jeu littéraire. In: Juliette Frölich (Hg.): Dimensions du merveilleux. Actes du colloque de 1986. Oslo 1987, S. 243–256.
46 Dubost: Aspects fantastiques.
47 Vgl. Haug: Paradigmatische Poesie; Haug: Das Fantastische. In diesem Aufsatz reklamiert Haug das Phantastische für einen ganz bestimmten Bereich des Wunderbaren, nämlich das handlungslogisch entbehrliche und oft zusätzlich konnotierte Zauberwesen späthöfischer Romane, womit er zwar tatsächlich einen Umschlag gegenüber dem Wunderbaren der klassischen Zeit im Blick hat, aber das Spezifische des Todorovschen Begriffs auch marginalisiert, vgl. ebd., S. 145–147.

nach ihm Johannes Keller[48] mit dem Begriff arbeiten und damit einen historischen Umschlag des Wunderbaren meinen,[49] für den paradigmatisch die ‚Krone' Heinrichs von dem Türlin steht; andererseits hat Elisabeth Schmid überlegt, ob nicht die Leitkriterien des Phantastischen, insbesondere der Zweifel, schon in klassischen Konstellationen des Wunderbaren stecken, wodurch ein eigener Begriff des Phantastischen obsolet wird.[50] Auch Ulrich Wyss hält am traditionellen Begriff des Wunderbaren fest und benutzt den des Phantastischen nur ausnahmsweise und synonym, wo es um die Objektebene des Erzählten geht.[51]

Offenbar löst ein ganz spezieller Typ des Wunderbaren im höfischen Roman die Assoziationen mit modernen Texten und den Vergleich mit dem Phantastischen aus. Es ist ein Typ mit einem, wenn man so will, unvollständigen Chronotopos: Figur und Hörer oder Leser suchen vergeblich nach Zeichen, die ihnen verbindlich anzeigen, ob sie sich im Anderland oder der üblichen Aventiurewelt befinden.

Laudine beispielsweise ist mit einem Zauberbrunnen verbunden, der als wunderbarer Ort geschildert wird. Eine markante Landesgrenze wird jedoch nicht erwähnt. Es ist keine Rede davon, daß sie die Herrschaft verliert, wenn ihr Mann stirbt, und dessen Nachfolger wird, ob er will oder nicht, ein Teil des wunderbaren Mechanismus der Quellenaventiure, offenbar ohne die Chance, diese handfeste Bedrohung einmal loszuwerden. Der Brunnen hat eine feste Lage in der Geographie des gedichteten Landes, er kann bewußt aufgesucht und wiedergefunden werden. Laudine kann ihre Regentschaft andererseits nicht davon entkoppeln, ihren Regierungssitz nicht aus Zweckmäßigkeitsgründen in eine klimatisch freundlichere Region verlegen. Ist sie deshalb eine Fee?[52] Iwein

---

48 Vgl. Johannes Keller: Fantastische Wunderketten. In: Wolfzettel (Hg.): Das Wunderbare, S. 225–248, hier besonders S. 227–234.
49 Eine historische Veränderung des Wunderbaren beschreibt auch Eming: Funktionswandel des Wunderbaren.
50 Schmid: Da staunt der Ritter, S. 79–94.
51 Wyss: Über Vergnügen und Mißvergnügen.
52 Die Ansicht stammt aus der Beschäftigung mit den keltischen Wurzeln des Stoffes, vgl. Karl Otto Brogsitter: Artustradition. In: Enzyklopädie des Märchens, Bd. 1 (1977), Sp. 829–849. Cormeau und Störmer stellen die Frage so dar, als sei eine „ursprüngliche Quellenfee" einer „Transposition in eine realere Welt" unterworfen worden: Christoph Cormeau, Wilhelm Störmer: Hartmann von Aue. Epoche – Werk – Wirkung. 2., überarb. Aufl. München 1993, Zitat S. 207, Überlegungen zum Thema S. 198. Ähnlich Mertens: Artusroman, S. 72 (über Chrétiens Roman): „Hinter Laudine wird eine mythische Gestalt, eine Fee stehen,

3. Die Raumzeit des Wunders

zumindest scheint davon nichts zu vermuten. Ihre Regierungsform, die Wichtigkeit ihres eigenen Willens, ihre Entrüstung über den Wortbruch, das alles paßt aber in das Muster, das durch das ortfeste Anderweltstück um den Brunnen vorgegeben wird. Kann eine Fee andererseits über die Identität eines Mannes, der ihr nahestand, so blind sein? Oder ist Laudine in einer Episode Fee, in einer anderen menschliche Regentin? Denn läßt sich eine Fee in ihrem eigenen Wort fangen, und kann die Herrschaft und das Fundament der feudalen Ordnung, das gegebene Wort, für Feen wichtig sein? Je nach Blickwinkel und betrachteter Einzelheit sieht Laudines Leben im Roman bald feenhaft, bald menschlich aus.[53] Es gibt keine auf der Zeitachse des Romans konstante Einschätzung ihres Landes, aber der Brunnen bleibt immer ein Stück Anderland.

Als in Chrétiens Roman Enide den toten Erec betrauert und mit dem Tod hadert, der sie nicht holen will, kommt ein Graf, der beide auf seine Burg Limors holt (ChrE 4677–4690, ChrE 4681). Die jenseitige Bedeutung wird durch die sprechende Ortsbezeichnung nahegelegt: Erec ist offenbar tot und wird nach Limors, also ins Totenland, gebracht, wird aber wieder lebendig angesichts der Gefahr, seine Frau werde im Land des Todes festgehalten. Aber ansonsten benimmt sich der literarische Graf wie ein normaler Ritter dieser Ritterwelt, man kommt in seinem Verständnis auch ganz ohne ein Totenreich aus. Hartmann fand die jenseitige, übertragene Sinnebene offenbar sogar zu leise angedeutet, denn er verstärkt, auch weil das grammatische Geschlecht von ‚Tod' das erlaubt, die allegorische Anspielung. Enite ruft in ihrem Klagemonolog ausdrücklich den Tod als nun umworbenen Bräutigam herbei:

> *vil lieber Tôt, nû meine ich dich.*
> *von dîner liebe kumt daz ich*
> *alsô verkêre den site*
> *daz ich wîp mannes bite.*
> *nâch dîner minne ist mir sô nôt.*
> *nû geruoche mîn, vil reiner Tôt.*
> (HEr 5886–5891)

---

dafür spricht ihre Verbindung zum Wasser (Brunnen)." Vgl. auch Petra Kellermann-Haaf: Frau und Politik im Mittelalter. Untersuchungen zur politischen Rolle der Frau in den höfischen Romanen des 12., 13. und 14. Jahrhunderts. Göppingen 1986 (GAG 456), S. 46–47; Wieshofer: Fee und Zauberin, S. 100–103.

53 Eming: Funktionswandel des Wunderbaren, S. 80 zeigt eine sehr ähnliche Ambivalenz für die Pucele as Blances Mains im ‚Bel Inconnu' des Renaut de Beaujeu; diese wird aber immerhin später im Text *fée* genannt (Vers 3715).

Daraufhin kommt der Graf, der ebenso heißt wie bei Chrétien. Aber auch hier und mit der unterstrichenen Anderweltigkeit des Grafen aus dem Totenland bleibt die weitere Handlung eher diesseitig, als daß man sie jenseitig verstehen könnte. Vielleicht nötig der Graf Enite, etwas aus dem Totenreich zu essen, weil sie dann für immer bei ihm bleiben müßte; vielleicht steht Erec von den Toten auf, als ihn die Not seiner Frau ins Leben ruft. Aber erschlägt Erec danach wirklich den Tod? Was hieße das für die Geschichte? Ist der Herr von Limors in der weitergehenden Erzählung, in der die Allegorie nicht mehr zwanglos aufgeht, nicht einfach irgendein begehrlicher Graf? Es ist nicht zu entscheiden, wie konsequent man die Anderweltigkeit von Limors mitdenken soll.[54] In der Episode scheint es eher eine Anderwelt zu sein, aber mit dem Fortgang der Zeit in der fiktionalen Welt verschwindet dieser Anderweltcharakter.

Ein unvollständiger Chronotopos kann nicht nur durch die Ungewißheit über die Grenze und Lage eines Anderlandes entstehen, sondern auch durch seine unklare oder widersprüchliche zeitliche Textur. Aus Wolframs Schilderung von Terre marveile kann man zwei Rezeptionsweisen ableiten. Einerseits ist ein diesseitiges Verständnis möglich, das Arnive ins Greisenalter und Sangive ins vorgerückte Erwachsenenalter versetzt, Gawan erwachsen und seine Schwester jugendlich sein läßt (denn die Zahlenangaben in den Antworten des Gauvain auf Guiromelant, nach denen Artus' Mutter 60 Jahre und Gauvains Mutter 20 Jahre tot sind, fehlen, vgl. Perc 8737 und Perc 8756). Andererseits kann man wie bei Chrétien nach wie vor an ein Jenseits denken, ein Totenreich, in dem die Ankommenden nicht mehr sterben, vielleicht auch nicht mehr älter werden. Dann gibt es wie im Bericht des Clias an den Artushof über seinen Versuch, diese Aventiure zu bestehen, zwei Altersklassen der königlichen Gefangenen: *zwuo sint alt, zwuo sint noch kint* (Pz 334,18). Es sind zwei im Mütteralter und also alt, zwei (Itonje und Cundrie) sind im unverheirateten Alter und also Kind: Das Totenreich konserviert eine ungefähre Altersstufe. Für diese Anderwelt-Annahme spricht bei Wolfram neben der Wassersymbolik und dem Fährmann auch die Tatsache, daß Männer nur ohne Pferd, also für einen Ritter nackt, in das Schloß gelangen. Bei Chrétien sind die Totenreichsanspielungen dichter. Hier erfährt der ungläubige Gauvain von Guiromelant, daß die Königinnen,

---

54 Jeff Rider: De l' énigme à l' allégorie: L' adaptation du ‚Merveilleux' de Chrétien de Troyes par Hartmann von Aue. In: Romania 112 (1991), S. 100–128, verwendet den Allegoriebegriff eher im Kuhnschen Sinne (mit Blick auf die Schlußepisode) und geht auf Limors nicht ein.

die er auf dem Schloß kennengelernt hat, Igerna, Gauvains Großmutter (Perc 8740–8747), und Morcades, die Mutter Gauvains, sind (Perc 8749–8753). Der Held weiß und sagt, daß sowohl Artus als auch Gauvain, über den er in der dritten Person spricht, keine Mütter mehr haben, er erinnert sich auch der ungefähren Zeit, in der jede von ihnen gestorben ist: Ygerne vor etwa 60 Jahren (Perc 8737), Morcades, deren Name hier nicht fällt, vor etwa 20 Jahren (Perc 8756). Bei Chrétien wird also aus der Figurenperspektive Gauvains heraus die Gewißheit erzeugt, daß der Held es mit einem Totenreich zu tun habe.

Beide Autoren bauen eine chronotopische Unentschiedenheit auf,[55] auch wenn sie im einzelnen je anderes betrifft. Die Unentschiedenheit hängt nicht am anderweltigen Charakter des Wunderschlosses, der für beide Texte feststeht. Vielmehr bleiben Figuren und Hörer oder Leser partiell darüber im Unklaren, wie konsequent sie die Züge des Totenreichs in dieser Anderwelt denken dürfen, wohin sie zeichenhaft weisen. Das hat zunächst einen zeitlichen Aspekt, weil der Leser oder Hörer nicht weiß, ob die Figuren im Schloß noch zeitlicher Progression unterworfen sind und wie sie sich die Interaktionen von Schloßbewohnern und Äußeren in zeitlicher Hinsicht denken sollen. Die räumliche Organisation der Anderwelt bietet den Rahmen von Gewißheit für die ungewissen Vorstellungen davon, wie die Königinnen auf das Wunderschloß gelangt seien und in welcher Weise sie dort leben. Den Weg in ein allgemeines Zauberland räumlich zu denken, als Entführung Lebender, legen Wolframs Bemerkungen über Clinschors Schicksal nahe, wogegen die Totenreichsbilder, die bei Chrétien überwiegen, bei Wolfram neben den diesseitigen stehen, eher an eine mythische Jenseitsreise der Gestorbenen denken lassen. Mit diesem Verständnis kommt man wiederum in keinem der beiden Romane weiter, wenn man Gawans/Gauvains Bemühungen um die Verbindung seiner Schwester mit Guirolemant/Gramoflanz verstehen will. Der Hörer oder Leser muß sich jeweils entscheiden, ob er die Liebesgeschichte als die einer erlösten jungen Dame oder als die einer Toten, vielleicht einer wiedererweckten Toten, verstehen soll (und was das bedeuten würde). Der zeitliche Aspekt des unvollständigen Chronotopos steht hier klar im Vordergrund. Kann Gawan (Chrétiens Text sagt das nicht mehr) seine Schwester durch die

---

[55] Über Chrétien schreibt Lucienne Carasso-Bulow: The Merveilleux in Chrétien de Troyes' Romances. Genève 1976 (Histoire des idées et critique littéraire 153), S. 111: „Gauvain discovers that they are his own grandmother, mother and sister. They live after death; why and how this is possible are never explained by the author. He merely throws the reader into confusion."

Verbindung mit einem Ritter dem Tod entreißen? Oder soll der Gedanke an den Tod nicht fortgesponnen werden? Lebt Gawan/Gauvain überhaupt selbst weiter? – Wolfram stellt eher eine erlöste Zauberwelt dar, indem er eine magisch-menschliche Vorgeschichte über den abwesenden Clinschor erzählt. Die paßt aber nicht zur Totenreichvorstellung, sondern wird parallel dazu aufgebaut. Dadurch stellen sich seine Hörer oder Leser andere Ungewißheitsfragen als bei Chrétien, der die Figur nicht kennt:[56] Was hat der Zauberer Clinschor mit dem Tod zu tun? Ist er der Tod oder nur ein armer Tropf, der zaubern gelernt hat?

Chrétiens und Hartmanns Hörer nehmen das Land des Grafen von Limors einerseits als betretbaren Teil der fiktionalen Welt wahr, andererseits als Totenreich. Dieses zweite Verständnis wird aber allein in der Episode aufgebaut, während die Vernetzung mit der Gesamterzählung es weder vorbereitet noch darauf zurückkommt. Eine Anderwelt, aus der Erec mit Enite entrinnen kann, gibt es nur, solange die beiden Hauptfiguren sich dort aufhalten. Solche temporär ausgerollten und wieder eingerollten Räume oder Raumdetails gibt es zwar auch sonst im mittelalterlichen Erzählen. Temporär aufgebaute Anderwelten gehen aber in dem verbindenden Gemeinsamen des übergreifenden Prinzips ‚Raumregie nach Bedarf' nicht auf. Während die Tür, aus der Lunete im ‚Iwein' tritt und die zuvor nicht dazusein schien, oder die sich dem Helden plötzlich öffnenden Länder der Herren vom Trüben Berg und vom Lichten Brunnen im ‚Daniel' des Strickers in der fiktionalen Welt durchaus als immer vorhanden, aber nur temporär beleuchtet gedacht werden dürfen, erlaubt der ‚Erec' seinem Hörer die Konstruktion eines solchen beständigen Raumarrangements ‚Limors' nur auf der Allerweltsebene. Er kann, ohne daß die Erzählung ihn hindert, annehmen, daß Limors in der fiktionalen Welt immer existiert, auch wenn sich Erec nicht dort aufhält. Was ihm jedoch ausdrücklich ausgeredet wird, ist die Annahme, daß Limors mit allen Folgen für die übrige fiktionale Welt deren Totenreich sei. Guivreiz jedenfalls hat die Nachricht empfangen, *daz er bekumbert wære/ ûf Lîmors hie nâhen bî* (HEr 6975f.). Guivreiz kennt Limors und weiß es in die Geographie der fiktionalen Welt einzuordnen; für ihn ist es ein erreichbares Land. Er ist mit seinen Gefährten ausgezogen *daz wir im* [Erec] *helfen wellen* (HEr 6981); diese Hilfe ist durchaus militärisch

---

56 Walter Blank hat entwickelt, wie die Clinschorfigur aus Anklängen an den Merlin der französischen Romane neu komponiert ist: Walter Blank: Der Zauberer Clinschor in Wolframs ‚Parzival'. In: Kurt Gärtner, Joachim Heinzle (Hgg.): Studien zu Wolfram von Eschenbach. Festschrift für Werner Schröder zum 75. Geburtstag. Tübingen 1989, S. 321–322.

3. Die Raumzeit des Wunders 223

gemeint. Er geht also von einer anderen Voraussetzung aus als der, daß Erec vom Tod geraubt, also tot sei. Limors selbst bleibt, indem die Erzählung dieses Land auch aus einer anderen Figurenperspektive vorstellt, ein dauerhafter Bestandteil der fiktionalen Welt. Daß es eine Anderwelt sei, ist hingegen eine Interpretationshilfe, die der Text allein für die Episode von Erecs scheinbarem Tod aufbaut und danach sogleich wieder zurücknimmt. Land ist Limors in der fiktionalen Welt immer, Anderland nur im Rahmen einer Episode.

Vorläufige Deutungshorizonte des in der fiktionalen Welt Übernatürlichen, Sinnangebote, die nicht zur inneren Minimallogik der erzählten Geschichte gehören, aber im Text evoziert werden, bieten mittelalterliche Autoren häufig so an, daß sie im Text widerrufen werden. Der kurze Durchgang durch die prominenten Beispiele zeigt, daß dieses Angebot von Deutungshorizonten mit dem Aufbau von vorübergehenden Chronotopoi verbunden ist, die zum Raumzeitgefüge der fortschreitenden Handlung des Helden (mit menschlichem Grundmaß) in einem Spannungsverhältnis stehen, ihm partiell widersprechen, sich aber endlich doch wieder in ihm auflösen. Für die Rezeption bewirken die angelegten Verständnismöglichkeiten, die mit dem Abstand des Helden von der Aventiure verblassen, eine notwendige, unhintergehbare Unschärfe, die dem Bereich des Wunderbaren weiche Konturen verleiht: Indem der Chronotopos des Wunderbaren nicht festliegt, verschwimmt seine Grenze zur Normalität der fiktionalen Welt. Wo das Wunderbare ist und ob ein Platz in der fiktionalen Welt als anderweltig zu begreifen ist, wird stets vorläufig entworfen, es gilt innerhalb einer Episode einigermaßen verläßlich, kann sich aber im Vor- oder Rückwärtsvergleich anders darstellen.

Wenn Dichter so vorgehen, beschreiben sie eine fiktionale Welt, in der es für die Figur nur wenig Erwartbares gibt.[57] Vielmehr ist jede Begegnung mit dem Wunderbaren für den Helden – und den mitverfolgenden Hörer, auch wenn er durch seine Erfahrung mit Romanen klüger ist als die Figur – möglicherweise nur transitorisch, vielleicht aber auch in einen raumzeitlichen Zusammenhang von Ähnlichem eingebunden. In dieser Lage hat nichts in der fiktionalen Welt größere Gewißheit als die Tat des Helden im Augenblick raumzeitlicher Gegenwart, auch dem

---

57 Der darstellungstechnische Schritt von der Eindeutigkeit in die Uneindeutigkeit bildet nur in groben Umrissen und auf das Gesamt der Romanproduktion in etwa auch ein historisches Nacheinander ab. Beispiele für die Gleichzeitigkeit verschiedener ästhetischer Modelle des Wunderbaren bei Elisabeth Schmid: Da staunt der Ritter, S. 79–94.

224 B. Spezielle Raumzeitkonstellationen im mittelalterlichen Roman

Wunderbaren gegenüber, das dadurch in seinen Freiheiten und Möglichkeiten korrelativ bleibt, nie absolut werden kann. Das macht den Unterschied des unscharf konturierten Wunderbaren zum Phantastischen im Todorovschen Sinn aus, einen Unterschied, der in den Texten angelegt ist und in der Rezeption bewußt wird, indem sich zwei historisch verfaßte Arten von Ungewißheit abzeichnen. Der Held des höfischen Romans rechnet mit dem Wunderbaren und geht im Zweifel mit dem Wunderbaren um wie mit seinesgleichen. Seine Fabel gemeindet das Wunderbare der fiktionalen Welt ausdrücklich ein. Der Held einer modernen phantastischen Erzählung (etwa in Potockis ‚Handschriften von Saragossa', in E.T.A. Hoffmanns ‚Goldenem Topf') geht ohne einen Gedanken an das Übernatürliche mit seinesgleichen um, stößt dabei an die Grenzen seiner Fassungskraft und vermutet dahinter das Phantastische, das ihn und den Leser beängstigen kann, weil es sich einer zwischen Erzähler, Held und Leser verabredeten Ausgrenzung aus der fiktionalen Welt widersetzt zu haben scheint.

3.5. Religion gegen Unentschiedenheit

Chrétien führt im ‚Conte du Graal' einen neuen Typ des Wunderbaren ein: den Gral, ein Wunderbares mit einer religiösen Komponente. Gral und Gralswelt besitzen im Perceval-Roman durch bildliche und explizierte Anklänge an die Longinus-Legende[58] und an rituelle Handlungen, die liturgischen ähneln, religiöse Assoziationen,[59] und diese gedankliche Umgebung nimmt der Gral in die an Chrétien anknüpfenden Romane mit.[60] Historisch ergab sich daraus das ästhetische Problem, daß eine

---

58 Vgl. Konrad Burdach: Der Gral. Forschungen über seinen Ursprung und seinen Zusammenhang mit der Longinuslegende. Stuttgart 1938.
59 Vgl. besonders: Benedikt Mockenhaupt: Die Frömmigkeit im ‚Parzival' Wolframs von Eschenbach. Bonn 1942; Alois Maria Haas: Laienfrömmigkeit im ‚Parzival' Wolframs von Eschenbach. In: Ders.: Geistliches Mittelalter. Zürich 1984, S. 111–129.
60 Über die Ursprünge der Gralsvorstellung gibt es verschiedene Theorien: indoeuropäische mythische Reste, Einflüsse keltischer Kultformen, Nachwirkung spätantiker Kulte in Kleinasien. Diese Dreiteilung bildet Volker Mertens unter der Voraussetzung, daß die Umsetzung in christliche Vorstellungswelt abgeleitet sei: Volker Mertens: Der Gral. Mythos und Literatur. Stuttgart 2003, S. 11–14, bes. S. 14. Vgl. Jean Frappier: La légende du Graal: origine et évolution. In: Jean Frappier, Reinhold R. Grimm (Hgg.): Le roman jusqu' à la fin du XIIIe siècle. Heidelberg 1978 (GRLMA 4,1), S. 292–331. Eine andere Aufteilung (im wesentlichen christliche gegen keltische These mit Notation einiger abweichender Mei-

3. Die Raumzeit des Wunders

Erscheinung in der fiktionalen Welt wunderbar sein sollte, also selbstherrlich, nur ihrem eigenen Gesetz unterworfen, zugleich aber auch einem festen Deutungsrahmen entsprechen mußte, den die Figur mit dem Hörer oder Leser teilte. Dieser Deutungsrahmen war religiös geprägt und insofern gegenüber dem vielgestaltigen Wunderbaren relativ fest, er bewirkte, daß man in ihm ein Übernatürliches überwiegend in binären Oppositionen dachte, zwischen Göttlichem und Teuflischem. Kann ein Wunderbares chronotopisch unterbestimmt sein, weil die Tradition des Wunderbaren das so vorgibt, und zugleich fest determiniert als Gutes oder Böses, Teuflisches oder Göttliches, weil das wiederum der geistlichen Tradition entspricht? Die Spannung zwischen beiden Anforderungen tritt als ein systematisches Problem der Romanästhetik regelmäßig dann zutage, wenn ein Wunderbares als wesenhaft religiös konzipiert wird. So macht es sich etwa in Wirnts ‚Wigalois‘ bemerkbar, in dem der Eroberer Roaz mit dem Teufel im Bunde ist. Über die Grenzen, Zugangsmöglichkeiten und Deutungen seines Reiches bietet der Roman nirgends auch nur den Schatten eines Zweifels an, weder für die Figuren noch für den Hörer oder Leser. Wo der Teufel ist, muß vielmehr der Zweifel aufhören; die Ästhetik der Unentschiedenheit scheidet dadurch aus der Zahl der Gestaltungsmöglichkeiten aus. In verwandelter Form zeigt sich dieser systematische Ausschluß noch in Konrads von Würzburg ‚Partonopier‘-Roman, in der Figuren es sind, die eine moralische und religiöse Bewertung der Anderwelt erzwingen können (dazu genauer im nächsten Abschnitt).

In dem Maße, in dem das religiöse Wunderbare Einzug in die Erzählungen von Rittern hält, stößt das ästhetische Verfahren, weiche Konturen des Wunderbaren zu zeichnen, an Grenzen. Die Religion läßt keine wechselnden Wertungen zu, sie gibt grundsätzliche Orientierungen vor. Wenn eine Anderwelt religiös überformt wird, knüpfen sich in der fiktionalen Welt feste Deutungen an Teile des Raumgefüges. Zunächst rechnen es die Erzählungen über Erec und Iwein ihren Helden nicht als Fehler an, daß diese nicht wissen und auch nicht zu enträtseln trachten, ob sie mit einem menschlichen Partner, z.B. einem Grafen oder einer Landesherrin, oder mit einem anderweltigen Wesen, z.B. mit dem Tod oder mit einer Fee, zu tun haben. Entsprechend offen bleiben die Deutungen von Limors und Quellenreich; die offene Deutung von Clinschors Reich

---

nungen) bei Hans Bayer: Gral. Die hochmittelalterliche Glaubenskrise im Spiegel der Literatur, Bde. 1–2. Stuttgart 1983 (Monographien zur Geschichte des Mittelalters 28), hier Bd. 1, S. 13–17.

bei Wolfram ist oben besprochen worden. Im ‚Wigalois' dagegen soll kein Zweifel bleiben, auch die moralischen Wertungen sind eindeutig. Hier erfährt der Held von Nereja, daß Roaz nur deshalb Wunderbares kann und beherrscht, weil er mit dem Teufel im Bunde ist:

> *er hât durch sînen zouberlist*
> *beidiu sêle unde leben*
> *einem tievel gegeben; [...].*
> (Wig 3656ff.)

Der verstorbene König Lar tritt zunächst als Tier auf und führt Wigalois zu einem unsichtbar verschlossenen Anger, in den der Held hineinsehen, auf den er aber nicht hinausgehen kann,[61] was der Text mit *gotes tougen* (Wig 4645) begründet. Bei Lars sichtbarer Verwandlung an diesem wunderbaren Ort stellt Wigalois sofort die Frage, wie er diesen Zusammenhang von Ort und Gestalt interpretieren solle:

> ‚*sag an, sît du mensche bist,*
> *ob du geloubest an Krist*
> *und wiez umb dîn leben stê [...]*'
> (Wig 4651ff.)

Er erhält umgehend die gewünschte Auskunft; das religiöse Wunderbare läßt sich genau aussagen und begrenzen. Es ist denn in diesem Roman auch, wohin es gehört, und sowohl zeichenhaft etikettiert als auch in Figurenrede erklärt: Roaz und sein Teufel stecken in einem Land, das sich durch eine Nebelwand aus Pech und Schwefel verbirgt (*alse swebel unde harz/ ensament brunnen beide* Wig 6727f.), dessen Kreaturen mit unverlöschlichem Feuer[62] werfen, *daz bran/ swaz ez wart geworfen an/*

---

[61] Daß diese anderweltige Raumregie gleichsam eine geistliche Kontrafaktur zu der des wunderbaren Gartens im ‚Erec' darstellt, die auch Helden und Handlung verändert, ist auch Knoll: Studien zur realen und außerrealen Welt, S. 96 aufgefallen, die daraus einen Einfluß der Legende herleitet. Das relativiert Stephan Fuchs: Hybride Helden. Gwigalois und Willehalm. Beiträge zum Heldenbild und zur Poetik des Romans im frühen 13. Jahrhundert. Heidelberg 1997 (Frankfurter Beiträge zur Germanistik 31), S. 143f.) mit dem Hinweis auf die im Werk allgegenwärtige Gattungsmischung, in die Anteile der Legende nicht in einem hervorhebenswerten Maße eingehen.

[62] Fuchs: Hybride Helden, S. 169 kommentiert „Dies ist keine übernatürliche Waffe, wie etwa das Feuer eines Drachen, sondern eine im Kübel transportierte Flüssigkeit." Aber ist dieser Gegensatz notwendig? Kann griechisches Feuer, das nicht viele Zeitgenossen Wirnts jemals gesehen hatten, nicht im Roman ein teuflisches Kriegsmittel sein, wie Schwertrad und Pechnebel teuflische Grenzbefestigungen sind?

bein, îsen unde stein (Wig 6956–6958) und über dessen teuflische Herrschaft Nereja aber auch klare Auskunft geben kann. Die ohne Beichte unversehens ermordeten Gefährten des rechtmäßigen Königs werden von Wiglaois, wenn auch erst, nachdem die Tjost seine Lanze verbrannt hat (Wig 4568ff.), an ihrem Feuerwappen (Wig 4557–4562) und dem Wehruf (Wig 4568f.) als arme Seelen erkannt (Wig 4587f.). Sie reinigen sich in einem brennenden Palast, einem wörtlich umgesetzten Fegefeuer, und Lar erklärt auch diese anderweltige Konstellation ausdrücklich (Wig 4708–4715).

Demgegenüber hat das weltliche Wunderbare im ‚Wigalois' keine besonders ausgezeichneten Orte, sondern es lebt im allgemein zeichenhaften Wald, wodurch es gleichzeitig als unhöfisch charakterisiert wird. So verhält es sich mit dem Drachen Pfetan, zu dessen Aufenthalt ein Waldweg führt (Wig 4988f.),[63] und dem Waldweib Ruel, das Wigalois auf dem Weg nach links trifft, der in den Wald führt (Wig 6254–6259). Nur gegen Pfetan, dessen Wüten ihm beschrieben wurde, kann sich Wigalois angemessen zur Wehr setzen, wogegen ihn das unangekündigte Auftreten Ruels in große Gefahr bringt. Die Figur wird hier, wo es nur ums Leben, aber nicht um die Seligkeit geht, in eine Situation des Verkennens und der Fehleinschätzung geführt:

> *desn trûwet der junge rîter niht.*
> *von missetriuwe vil ofte geschiht*
> *daz den liuten missegêt.*
> (Wig 6365ff.)

Der Text des ‚Wigalois' deutet also die räumlichen Zeichen für das religiöse Wunderbare auf der Figurenebene aus, während er für das weltliche Wunderbare darauf verzichtet, wie er auch die Zeichen selbst hier spärlicher setzt: Nur das religiös Anderweltige zu verstehen muß dem Helden zugemutet werden.

In den Gralromanen wird aus der Entschlüsselung von Zeichen, die in der fiktionalen Welt auf das religiöse Wunderbare hinweisen, ein Erzählprinzip, eine gemeinsame hermeneutische Aufgabe an Hörer und Helden. Leicht ist das Gralreich nicht zu erkennen; aber es ist räumlich festgelegt und innerhalb der fiktionalen Welt prinzipiell als Eigenraum entschlüsselbar, also wird dem Helden der Weg in diese Anderwelt und

---

63 In dieser Einzelheit bin ich anderer Ansicht als Fuchs: Hybride Helden, S. 141, der den Drachen über die religiöse Symbolik in die Nähe des Teufels rückt.

ihre richtige Erkenntnis aufgegeben.[64] Ein säkulares Anderland wie Schastel marveile läßt sich dagegen bei Chrétien und Wolfram auch von einem Helden erlösen, der es noch nicht versteht, sondern erst im Nachhinein erfährt, was er getan hat.

Weil Gott und Teufel polar auseinanderliegen, was die Konturen vergröbert bis zum Holzschnitt, hätten die Neuerungen die Ästhetik des In-der-Schwebe-Lassens zerstören können, aber sie sind zunächst offenbar als neue Optionen in fiktionale Welten mit werkübergreifendem Personal, ritterlichem wie wunderbarem (die Fee Morgane gehört fest in die Artuswelt), implementiert worden. So gab es nun in stoffähnlichen Werken, die ihre fiktionale Welt über denselben Grundrissen aufbauten (z.B. über der Artussage), zwei Arten von Wunderbarem: solches, das Figuren (und mit ihnen der billigende Hörer oder Leser) unter dem Gesichtspunkt des Heils anschauen sollten, und solches, das von Figuren und Rezipienten gleichsam in einem anderen Horizont angeschaut werden sollte, ohne religiöse Sinn- und Deutungsangebote.[65] Chrétien und Wolfram schufen eine religiös mitbewertete Anderwelt für den Helden Perceval/Parzival und eine weltliche, mit der Religion schwer kompatible, in der man aus dem Tod in die Welt zurückkehren kann, für den Helden Gauvain/Gawan. Die Grenzen zum Gralreich und zur Wunderburg in den Gralromanen Chrétiens und Wolframs unterscheiden sich jeweils: Perceval/Parzival kann weder suchend noch kämpfend ins Gralreich gelangen – der Zugang zur Anderwelt des Grals mißt sich nicht an Taten, sondern an Gnadenwahl und psychischen Dispositionen; demgegenüber ist für Gauvain/Gawan, als er zum Wunderschloß gelangt, der Sieg im Kampf die entscheidende Voraussetzung dafür, vom Fergen belehrt und übergesetzt zu werden. Offenbar heben Gralschilderungen nach Chrétiens prägendem Muster gern die Gnadenhaftigkeit – oder den Zufall – der Grals-

---

64 Laurence N. de Looze hat in einem Aufsatz (The *Queste Del Saint Graal*) an den französischen Prosaromanen des 13. Jahrhunderts über den Gral gezeigt, daß auch traditionelle Motive wie die Wegemetaphern erst durch die religiöse Dimension einer ritterlichen Unternehmung auf ihre Deutung nach biblischem Vorbild festgelegt werden.

65 Volker Mertens bringt mit diesem Unterschied Chrétiens Berufung auf eine schriftliche Quelle in Verbindung: „Während Chrétien für den *Erec* jedoch ausdrücklich auf Folkloristisches zurückgreift, sagt er im Prolog zum *Perceval* das Gegenteil: Ein Buch vom Graal, ihm vom Auftraggeber Graf Philipp von Elsaß übergeben, sei die Vorlage [...]. Da die transzendente Dimension im *Perceval* gegenüber den früheren Artusromanen eine entscheidende Bedeutung gewinnt, kann Chrétien nicht mehr mit folkloristischem Material zufrieden sein, sondern braucht ‚das Buch' als Fundament der Religiosität." Mertens: Der Gral, S. 26.

begegnung hervor. Denn es soll nicht die Figuren charakterisieren, welche Art von Grenzüberschreitung zu einem magischen Land ihnen zugetraut wird (etwa indem Perceval anders in ein Wunderreich kommt als Gauvain, Parzival anders als Gawan), sondern es hat mit der Eigenart der Länder zu tun, wie sie sich betreten lassen. Jedenfalls gelangt Gauwain in der sogenannten ersten Fortsetzung[66] des Perceval-Romans fast so zum Gral wie Perceval bei Chrétien[67]: Gauvains – nicht Perceval wie bei Chrétien – rechnet nicht mit dem Gral, sondern will ein kriegerisches Versprechen erfüllen; im weiten Umkreis ist nichts als unbewohntes Land; es gibt einen tiefen, unüberwindlichen Fluß; Gauvains erreitet einen Felsen, von dem aus er Überblick hat.[68]

Die Technik der Implementierung, durch die die religiöse Dimension als Möglichkeit des Wunderbaren in eine fiktionale Welt eingeführt wird, zeigt sich – in der deutschen Literatur nur am Rande[69] – auch in der Auffassung der Merlin-Figur, die zum Stammpersonal der arturi-

---

66 Danielle Buschinger, die die Gralsepisoden der ‚Krone‘ hinsichtlich ihrer Quellen untersucht hat, macht hier geltend, daß es diesen ersten Besuch Gauvains auf der Gralsburg nur in zwei Redaktionen der Fortsetzung gebe, der Langfassung und der Mischredaktion, E 3631–3969 in Bd. 2 von Roachs Ausgabe (Continuations). Danielle Buschinger: Burg Salîe und Gral. Zwei Erlösungstaten Gaweins in der ‚Crône‘ Heinrichs von dem Türlin. In: Peter Krämer unter Mitarbeit von Alexander Cella (Hgg.): Die mittelalterliche Literatur in Kärnten. Vorträge des Symposions von St. Georgen/Längsee. Wien 1981 (Wiener Arbeiten zur germanischen Altertumskunde und Philologie 16), S. 1–32, hier S. 13.
67 Heinrichs Gralschilderungen sind von Chrétien und der ersten Fortsetzung beeinflußt, vgl. dazu Buschinger: Burg Salîe und Gral, und Schmid: Text über Texte, S. 277–284; vgl. auch Johannes Keller: *Diu Crône* Heinrichs von dem Türlin: Wunderketten, Gral und Tod. Frankfurt u.a. 1990 (Deutsche Literatur von den Anfängen bis 1700, 25), S. 118–138. Zu den sogenannten Wunderketten, wie Alfred Ebenbauer sie genannt hat (vgl. ders.: Fortuna und Artushof, S. 26), gibt es seit dem grundlegenden Aufsatz von Ulrich Wyss: Die Wunderketten in der ‚Crône‘. In: Peter Krämer unter Mitarbeit von Alexander Cella (Hgg.): Die mittelalterliche Literatur in Kärnten. Vorträge des Symposions von St. Georgen/Längsee. Wien 1981 (Wiener Arbeiten zur germanischen Altertumskunde und Philologie 16), S. 269–291 reiche Diskussionen; vgl. besonders Bleumer: Die ‚Crône‘ Heinrichs von dem Türlin; Keller: *Diu Crône*.
68 The Continuations of the Old French *Perceval* of Chretien de Troyes. Vol. II: The First Continuation, Redaction of Mss EMQU, ed. by William Roach, Philadelphia 1950, E 3631–3671, S. 106f.
69 Vorstellung der gesamten Rezeption bei Silvia Brugger-Hackett: Merlin in der europäischen Literatur des Mittelalters. Stuttgart 1991 (Helfant-Studien S 8), S. 181–320. Die deutsche Nachbildung der Merlin-Romane hat den Umweg über das Niederländische genommen (wie die Empörerepen aus den Karlsgesten) und bleibt auf das Niederdeutsche und Ripuarische beschränkt.

schen Welt gehört. Merlin, der Zauberer, gerät im Hauptstrom der französischen und okzitanischen Tradition als Kind des Teufels unter religiösen und moralischen Entscheidungsdruck, zwischen Gut und Böse, Teufel und Gott zu wählen.[70] Diese Herkunftserzählung fließt auch in das historische Merlin-Bild ein, das man bei Cäsarius von Heisterbach greifen kann.[71] Prophezeien und zaubern kann Merlin gleichwohl und überall: Er behält Züge des traditionellen Wunderbaren, auch wenn sich seine Geschichte ins Heilsgeschichtliche weitet.[72] Die alte Beschränkung der Erkenntnis über das Wunderbare, das dadurch zum Guten wie zum Bösen gleich geneigt schien,[73] muß allerdings durchbrochen werden.

---

70 Die volkssprachlichen Werke werden von der lateinischen Tradition der Historia Regum Britanniae Geoffreys von Monmouth (5.–7. Buch) und der separat überlieferten Merlin-Teile daraus (Prophetia Merlini) gespeist, vgl. Brugger-Hackett: Merlin, S. 12–16, S. 40–43 (zu den Hss. der Prophetia Merlini S. 42f.; zu Entstehungsbedingungen und Verbreitung der Werke Goeffreys von Monmouth; S. 40–42). In Geoffreys Hexameter-Version ‚Vita Merlini' ist die übernatürliche Herkunft dagegen zugunsten königlicher Abstammung getilgt, vgl. ebd. S. 33. Im ‚Roman de Brut' des Wace werden im wesentlichen die Züge der Figur aus der Historia (Prophetie, Abkunft von einer sonst unbescholtenen jungen Frau und einem Incubus, keine persönliche Neigung zum Bösen) beibehalten, vgl. ebd. S. 70–76. Bei Robert de Boron findet sich die Merlin-Figur erstmals in einem Gralroman, dem ‚Merlin', der als Fortsetzung des ‚Joseph d' Arimathie' konzipiert ist, wo Merlins Zeugung gegenbildlich zu Christus geschildert wird und er entscheiden muß, ob er Gott oder Teufel dienen will (worauf er Gott erwählt), vgl. ebd. S. 100–110. Darauf fußt die Merlin-Figur im ‚Didot-Perceval', wo das Sonderwissen Merlins auch auf Autorschaft und Quellenwert seines Berichts bezogen wird, dazu Schmid: Familiengeschichten, S. 102–114. Vgl. auch das Merlin-Kapitel in Dubost: Aspects fantastiques, S. 710–751.
71 Caesarii Heisterbacensis Monachi: Dialogus miraculorum, Bde. 1–2. Hg. von Joseph Strange. Köln 1850–51, hier Bd. 1, Teil 3: De Confessione, Kap. 12, S. 124.
72 Brugger-Hackett: Merlin, S. 324 begründet die ausgebliebene „Rezeption der radikal heilsgeschichtlichen Prosaromane" durch die „andersartige politische wie geistesgeschichtliche Situation in Deutschland". Damit ist nicht viel erklärt, aber es ist in der Tat auffällig, daß gerade die Merlin-Romane, die das arturische Wunderbare am konsequentesten mit der christlichen Heilsgeschichte verbinden, keinen europäischen Siegeszug angetreten haben wie die Artusromane ohne Merlin davor.
73 Ferlampin-Acher: Merveilles et topique merveilleuse, S. 212–215 vertritt die Meinung, daß seit jeher, vor der Aufnahme des Gralsmotivs in den volkssprachlichen Roman, Figuren wie Hörer und Leser danach trachteten, wunderbare Erscheinungen Gott oder dem Teufel, also dem Guten oder Bösen zuzuordnen; so frage (S. 213) Calogrenant den Waldmann, ob er gut oder böse sei. Ein solches Streben nach Vereindeutigung mag weltanschaulich in die Zeit passen und vorauszusetzen sein; kunstfähig ist es nicht, wie Wolfram im Elsterngleichnis expli-

3.6. Ästhetischer Ausweg in die Neuzeit

Erzählung geworden ist die Frage der Figuren nach der moralischen und religiösen Zuordnung von Anderweltwesen in den Geschichten des Typs, für den Friedrich Panzer das Wort von der „gestörten Mahrtenehe" gefunden hat.[74] In dem Moment, in dem ein Anderweltwesen unter Menschen lebt, unterwirft es sich dem Handlungsschema des Guten und Bösen, und es muß sich gefallen lassen, nach seinem moralischen Wesen gefragt zu werden; die wunderbar-mythologische Natur dagegen verbietet eine solche Aufklärung, weshalb diese unter Tabu gestellt wird. In der Fabel von der Liebe zwischen zwei Wesen unterschiedlicher Ordnungen läßt sich episch diskutieren, wie ein Angehöriger der Anderwelt moralisch und religiös zu bewerten ist. Insofern ist das Mahrtenehen-Schema der ästhetische Ausweg aus der Verlegenheit, daß die Bewegung auf den moralischen Begriff hin das Erzählen untergräbt. Obgleich es auch literarische Verbindungen von Menschen und Feen gibt, die nicht im epischen Diesseits spielen (Friedrichs Verbindung mit der Zwergenkönigin Jerome im ‚Friedrich von Schwaben'; Lanvals Entschwinden nach Avalon; Fimbeus und Giramphiel in der ‚Krone'), ist es die umgekehrte Konstellation, das Leben eines anderweltigen Wesens in der Menschenwelt, das den Typus hervorgebracht hat. Sie hat einen wiederkehrenden Chronotopos: Eine menschliche Diesseitswelt existiert neben einer feenhaften oder dämonischen Anderwelt; das jenseitige Wesen lebt aus Liebe in dem Diesseits, ist dazu jedoch nur dann in der Lage, wenn der liebende Partner mitten in seiner Welt ein Gebot aus der anderen respektiert, das ihm als Tabu auferlegt wird, weil er es durch sein Unwissen von der anderen Welt ohnehin nicht in seinem Entstehen begreifen könnte. Konrad von Würzburg erzählt in ‚Partonopier und Meliur'[75] nach einer

---

    zit erklärt. Deshalb scheint mir wichtig, daß einem eventuellen Streben der Figuren (und der Hörer oder Leser) nach moralischer Zuordnung durch selektive Information enge Grenzen gesetzt sind: Clinschor bei Wolfram ist immer abwesend, und er wird durch verschiedene Figuren unterschiedlich bewertet; Melusines dämonische Züge offenbaren sich in den Gesichtern ihrer Kinder, ohne daß ihre positive Rolle für Raymund und die Familie dadurch berührt würde.
74 Panzer: Einführung zur Ausgabe: Merlin und Seifrid de Ardemont, hier S. LXXII–LXXIII.
75 Vgl. Ulrich Wyss: Partonopier und die ritterliche Mythologie. In: Jahrbuch der Oswald-von Wolkenstein-Gesellschaft 5 (1988/89), S. 361–372; Matthias Meyer: Wilde Fee und handzahmer Herrscher. Ritterliche und herrscherliche Identitätsbildung in Konrads von Würzburg ‚Partonopier und Meliur'. In: Danielle Buschinger, Wolfgang Spiewok (Hgg.): Die Welt der Feen im Mittelalter. Greifs-

232 B. Spezielle Raumzeitkonstellationen im mittelalterlichen Roman

französischen Vorlage folgende Geschichte: Eine Fee namens Meliur wählt einen jungen Geliebten, dem sie anbietet, in ihrem Land zu bleiben, indem sie ihn auf magische Weise für ihren Hofstaat unsichtbar macht. Um sie zu heiraten, muß er bis zu seiner Volljährigkeit so verharren und ein Sehtabu respektieren. Partonopier, der sich wiederholt Urlaub erbeten hat, übertritt das Sehtabu unter dem Einfluß seiner Mutter, die sich wiederum von religiösen Würdenträgern bestärken läßt. Meliur verliert ihre Zauberkraft und durch die Offenbarung ihres Liebesverhältnisses auch die Souveränität über ihre Entscheidungen, wofür sie Partonopier verstößt. Dem gelingt es, mit Hilfe ihrer Schwester und nach zahlreichen Proben seiner Tapferkeit im ausgeschriebenen Wettkampf Meliurs Hand zu gewinnen. Am Ende der Erzählung sind Partonopier, Meliur und ihre Freunde und Verwandten in Kriege gegen verschiedene Gegner verwickelt.

Tabubruch-Geschichten thematisieren immer das Verhältnis zwischen dem Geltungsanspruch und der Eigenart des singulären, ubiquitären, nicht festlegbaren Wunderbaren und dem Wunsch der fiktionalen Normalwelt, es einzugrenzen, festzulegen und zu verstehen. In ihnen wird das Wunderbare für die anderen Figuren zum Problem.[76] In Konrads von Würzburg Partonopier-Roman hat der Bruch der Unsichtbarkeit jedoch die merkwürdige Folge, daß die Fee ihre übernatürlichen Fähigkeiten verliert, daß Partonopier die wunderbare Freundin in seine keineswegs

---

wald 1994 (WODAN 47), S. 109–124; ders.: Blicke ins Innere. Bd. 2, S. 307–314, S. 318–330; Jutta Eming: Geliebte oder Gefährtin? Das Verhältnis von Feenwelt und Abenteuerwelt in ‚Partonopier und Meliur'. In: Danielle Buschinger, Wolfgang Spiewok (Hgg.): Die Welt der Feen im Mittelalter. Greifswald 1994 (WODAN 47), S. 43–58. Susanne Rikl: Erzählen im Kontext von Affekt und Ratio. Studien zu Konrads von Würzburg ‚Partonopier und Meliur', Frankfurt 1996 (Mikrokosmos 46); Anne Wawer. Mythische Erzählschemata in Konrads von Würzburg ‚Partonopier und Meliur' und im ‚Friedrich von Schwaben'. Köln u.a. 2000.

76 Dieser Sachverhalt ist in der Forschung in der Regel unter dem Gesichtspunkt der Konkurrenz zweier literarischer Schemata verhandelt worden: dessen der Minne- und Abenteuerromane mit ihrer Trennung und Wiedervereinigung und dessen der Verbindung mit einem anderweltigen Wesen. Dazu reagierend besonders Annette Gerok-Reiter: Individualität. Studien zu einem umstrittenen Phänomen mittelhochdeutscher Epik. Tübingen, Basel 2006 (Bibliotheca Germanica 51), S. 252–274. Vgl. auch Klaus Ridder: Mittelhochdeutsche Minne- und Aventiureromane. Fiktion, Geschichte und literarische Tradition im späthöfischen Roman: ‚Reinfried von Braunschweig', ‚Wilhelm von Österreich', ‚Friedrich von Schwaben'. Berlin u.a. 1998 (Quellen und Foschungen zur Literatur- und Kulturgeschichte N.F. 12), S. 4–9; Armin Schulz: Poetik des Hybriden, S. 50–62.

wunderbare Welt hinabziehen kann. Das Feenreich kollabiert, auch in seiner räumlichen Existenz, in der sie für die Figuren erlebbar war, durch den Tabubruch. Meliur hatte für sich eine Verborgenheit gezaubert, in der sie für jedermann, auch für Partonopier, bis zum festgesetzten Tag seiner Volljährigkeit unsichtbar sein wollte:

> *wan ich vil starker liste kan,*
> *mit den ich mich beschirme wol,*
> *daz mich die wîle keiner sol*
> *erkennen mit den ougen.*
> (PartMel 1968–1971)

Eine ähnliche Verborgenheit wählt sie nun auch für Partonopier, dem sie jede Bewegungsfreiheit im Lande gibt, allerdings mit der Einschränkung, er werde keinen Menschen sehen:

> *wan daz du lebender liute niht*
> *hie maht beschouwen noch gesehen,*
> *sô kan dir anders niht geschehen,*
> *daz dînem willen widerstê.*
> (PartMel 1986–1989)

Die zauberische Sonderwelt der beiden zeichnet sich also durch Unsichtbarkeit gegenüber den anderen aus. Später, in der Tabubruchszene, kommt der gesamte Hofstaat herein, um das Paar zu besichtigen (PartMel 8396–8415), weil Meliur, wie sie mehrfach beklagt (PartMel 8168–8171, 8204f.) nicht mehr zaubern, also die Personen, die einander nicht begegnen sollen, nicht mehr magisch auseinanderhalten kann. Ihr Hofstaat gehört zum Hof; in denselben Mauern müssen also, solange der anderweltige Zauber andauert, zwei parallele Welten gedacht werden, die einander nicht wahrnehmen können. Hier ist, man möchte mit einem vorgreifenden Blick auf E.T.A. Hoffmann beinahe sagen: zum ersten Mal, eine Anderwelt gestaltet, die nur eine Möglichkeit der Alltagswelt ist und sich in der Raumregie der fiktionalen Welt an denselben Orten befindet wie diese. Diese Anderwelt kollabiert, indem die Übereinkunft gebrochen wird, auf der sie gegründet ist. Übrig bleibt eine Frau, die aussieht wie die frühere Fee, die aber nicht mehr zaubern kann und in allem Wichtigen von ihren Räten abhängig ist; die Sonderwelt, die sie nur für Partonopier aufspannte, ist dahin.

Das ist in der Verwendung des Motivs vom Erkenntnistabu etwas Besonderes, wie man im Vergleich zum ‚Lanval‘, zum ‚Parzival‘-Schluß und zur späteren ‚Melusine‘ (bei allen drei Autoren: Jean d'Arras, Couldrette, Thüring von Ringoltingen) sieht. Dort wird jeweils am Ausgang der Geschichte die Grenze zwischen Diesseits und Jenseits wieder rigider gezogen, aber beide Welten bleiben bestehen. Das Diffizile an der Geschichte von Partonopier und Meliur ist, daß die gesamte Handlung des ‚Partonopier' an der Wiedervereinigung der getrennten Liebenden arbeitet, aber Meliur nie wieder zaubern lernt. Ihr Land wird zu einem normalen Kaiserreich; es wird regiert und in Konflikte verwickelt wie andere Länder auch. Die Anderwelt wird gemeinsam mit Meliur degradiert und abgesetzt. So behält in einem gewissen Sinn die intrigante Mutter Recht, obgleich sie auch gezaubert hat, wenn auch im Einvernehmen mit einem Bischof. Meliur wird aber keineswegs dämonisiert, ganz im Gegensatz zu frühen lateinischen Versionen der Melusinen-Geschichte (z. B. bei Walter Map),[77] die die Lebensführung des anderweltigen Wesens beargwöhnen.

Konrads Partonopier-Roman erzählt von einer Feenwelt auf dem Rückzug. Den Figuren seiner fiktionalen Welt ist es nicht genug, daß sie das Wunderbare räumlich situieren können, daß dessen Zeitdiktat (die Frist bis zu Partonopiers Volljährigkeit) sich auf diesen Sonderbereich beschränkt. Sie wollen es raumzeitlich anbinden, und es soll sich moralisch-theologisch festlegen. Ein Wesen, das einerseits eine liebende Frau ist, andererseits aber eine Fee, also ein Wesen, wie Chrétien es sich ausgedacht hätte, erscheint ihnen unterbestimmt. Sie befragen es im Interesse der Theologie, die im Text einen Anspruch auf privilegierte Interpretation aufbaut. Ist das körperliche Unsichtbare widergöttlich? Darf man es lieben und ihm vertrauen? Angesichts solcher Fragerichtung ist die Antwort vorgeprägt, denn die Theologie vertritt, in der fiktionalen Welt wie in der Wirklichkeit, eine Unsichtbarkeitskonzeption, der Meliur nicht entspricht – für die Theologen im Text ist ihre Unsichtbarkeit folglich ein Schwindel und teuflischer Spuk.[78]

---

77 Harf-Lancner: Les fées au Moyen Âge, S. 119–154 untersucht in ihrem Kapitel ‚La préfiguration de Mélusine dans la littérature latine du XIIe et du XIIIe siècles' folgende vor den Melusinenerzählungen entstandene Texte: Gautier (Walter) Map ‚De Nugis Curialium', besonders die Erzählungen von Henno mit den großen Zähnen und vom Sohn der Toten; Geoffroi (Gottfried) von Auxerre, Kommentar zur Apokalypse, und dessen Verwendung bei Hélinand de Froidmont; die ‚Otia Imperialia' des Gervasius (Gervais) von Tilbury; den Fürstenspiel ‚De Principis Instructione' des Giraud de Barri; eine Stelle aus Buch III des ‚Speculum Naturale' des Vincenz von Beauvais (und dazu drei spätere des 14. und 15. Jahrhunderts).

78 Paradoxerweise muß das Unsichtbare zuerst sichtbar gedacht sein, ehe man den Begriff des Unsichtbaren bilden kann. Deshalb hat man sich in der Erkenntnistheorie die Idee einer Sache und das, was sie gegenüber dem Material, aus dem

3. Die Raumzeit des Wunders

Der Partonopier-Roman macht in seinem Konflikt um Meliurs Unsichtbarkeit genau das zum Thema, was bei Chrétien, Hartmann und Wolfram (und Gottfried) keinesfalls besprochen werden darf: das Entweder-Oder zwischen Wunderwelt und Alltagswelt. Was Meliur ist, zu welcher Welt sie gehört und ob man sie sehen kann, darf nach Ansicht der Figuren, deren Problembeschreibung sich erzählerisch durchsetzt, nicht im Dunkeln bleiben, auch um den Preis, daß die fremde Seite des Beleuchteten für immer erlischt. Meliur findet angesichts des fundamentalen Selbstverlustes, der sie trifft, bei niemandem in der fiktionalen Welt Solidarität, nicht einmal bei ihrer Schwester Irekel. Diese unterstellt in ihrem Reden und Handeln eine Wertehierarchie, in der die menschliche Liebe über den supranaturalen Fähigkeiten steht. Meliur wird in der Erzählung gewissermaßen zum Leben ohne Magie erzogen. Das ist ein langweiliges Leben, weshalb der Roman auch als Chanson de geste und weitgehend ohne Meliur endet, aber es beseitigt das Zugangsproblem, das Partonopier hatte, solange Meliur noch eine Fee und er auf ihre wunderbaren Schiffe angewiesen war. Zur Fee Meliur kam er im Handumdrehen und im Schlaf auf dem Wasser, zur Erbin des Landes kommt er auf einem beschwerlichen und langen Landweg, aber eben ohne auf magische Hilfsmittel zurückgreifen zu müssen. Das Licht der mütterlichen und bischöflichen Aufklärung entzaubert die Frau und ihren Ort, und die Festlegung aufs Sichtbare und Erlangbare ändert beide.

---

sie ist, ausmacht, seit jeher als das Unsichtbare vorgestellt, das hinter dem Sichtbaren verborgen ist. Auf dieser philosophischen Tradition baut sich, im Einklang mit neutestamentlichen Ansichten wie Col. 1,16 („Denn in ihm ist alles geschaffen, was im Himmel und auf Erden ist, das Sichtbare und das Unsichtbare, es seien Throne oder Herrschaften oder Reiche oder Gewalten; es ist alles durch ihn und zu ihm geschaffen"), die Lehre auf, daß die Erkenntnis im Aufstieg vom Sichtbaren zum Unsichtbaren bestehe. Hugo von St. Victor hat sie im Kapitel 2,5 seines ‚Didascalicon' entwickelt, aber man könnte auch auf Augustinus, zum Beispiel auf die ‚Confessiones', zurückgreifen (Conf. lib. VII, XVII,23, *Tunc vero invisibilia tua per ea quae facta sunt intellecta conspexi, sed aciem figere non evalui*, Ed. Skutella S. 146). Diesem philosophischen, körperlosen Unsichtbaren steht eine körperlich gedachte, ursprünglich mythologische Unsichtbarkeit entgegen, die sich als herrschende Vorstellung vom Unsichtbaren in einer Kette von Erzählungen herausbildet, die bis in die mythischen Sedimente ehemals gelebter Kulte zurückreicht. In diesem Sinn sind die prinzipiell körperlichen, aber unsichtbaren Götter der Griechen und Römer den mittelalterlichen Dichtern bekannt, zum Beispiel aus der Amor-und-Psyche-Erzählung des Apuleius in der Wiedergabe des Fulgentius, aus Vergil und Ovid oder aus den ‚Gesta Romanorum'. In diesem Bereich verhält es sich mit den unsichtbaren Wesen vollständig anders: Wer sie im Text aufruft, zitiert ihre Geschichte; sie sind narrativ definiert.

Diese Geschichte kann man als Epilog auf die Geschichte der Romanästhetik im 12. und 13. Jahrhundert lesen. In ihr muß das Wunderbare, das schon keine eigene räumliche Heimat mehr hat, sondern in den Kulissen der Diesseitswelt spielt, zumindest chronotopisch unbestimmt bleiben dürfen, um zu bestehen; in dem Moment, in dem es zum Bekenntnis, zur raumzeitlichen Festlegung auf ein sicheres Hier und Jetzt, gezwungen wird, wird es nicht etwa ein anderes Wunderbares, sondern es erlischt. Es hinterläßt aus der Sicht des Personals der Erzählung auch keineswegs ein beklagenswertes Loch in der Welt, sondern Konrads ‚Partonopier' zeigt, nicht zuletzt in seiner Struktur, daß das Wunderbare dingfest gemacht werden kann. Der Roman wird in einem ganz anderen Gattungsmuster vollendet, in einem, in dem es keine Wunderwesen braucht.

C. Raum und Zeit in Roman und Theorie: Grundzüge

Im mittelalterlichen Roman setzt sich der Held nicht mit einer vorfindlichen Landschaft auseinander, und er muß auch keine vorfindliche Zeitrechnung, etwa das Denken und die Kämpfe einer schwierigen Epoche, mit- und nachvollziehen. So groß die Unterschiede zwischen dem Ritterroman mit aktivem Helden und dem Liebes- und Abenteuerroman mit passivem Helden in anderer Hinsicht auch sein mögen – in beiden Spielarten der Fiktion erweist sich die Welt prinzipiell als Funktion des Helden. Das so bezeichnete Entsprechungsgefüge geht nicht in der allgemeinen Verbindung auf, die in jeder Narration zwischen Held und Umwelt besteht, insofern sie beide um der erzählten Geschichte willen sind und zusammenhängen. Denn diese schließt ja nicht aus, daß Texte den Eindruck erzeugen, der Held hänge innerhalb seiner fiktionalen Welt von den Bedingungen von Raum und Zeit ab, er sei z.B. in eine Epoche und ein Land, von denen man auch außerhalb von Erzählungen weiß, hineinerfunden (wie oft im modernen Roman, z.B. in Musils ‚Mann ohne Eigenschaften'). Diese Art zu erfinden sagt etwas über die bevorzugte Eigenart fiktionaler Welten in einer bestimmten Epoche aus: Die modernen Autoren und ihre zeitgenössischen Leser stimmen dann darin überein, daß geschichtliche Zeitläufe und geschichtsunterworfene, empirisch vorhandene Länder in Romanen vorkommen und daß sie die Helden bedingen dürfen.

Das ist nun in allen behandelten mittelalterlichen Romantypen gleichermaßen unüblich. Was man gegenüber dem modernen Roman schon auf den ersten Blick bemerkt, ist die Abwesenheit von Geschichte oder ihre Zurückdrängung dort, wo der Stoff sie vorsieht. Das fällt in den Bearbeitungen keltischer Geschichten um Artus am stärksten auf, gilt aber auch für die Antikenromane, die hier nicht behandelt wurden: In Veldekes ‚Aeneasroman' entsteht wie bei Vergil Rom dort, wohin die Götter den Aeneas gerufen haben, damit ein neues Reich entstehe, und das ist bei Veldeke dort, wo er sich zum ersten Mal verliebt hat. Der Roman ist diejenige epische Form, die den Spielraum des einzelnen und seine Wechselwirkungen mit einer im wesentlichen stabilen Welt auslotet; Modelle für fiktionale Welten im Wandel, den der Held mitformt und miterleidet, bieten eher das Heldenepos und seine Übergangsformen zu anderen Gattungen.

Nicht ganz so konsequent, aber im Vergleich zum modernen Dichten auffällig genug fehlt im mittelalterlichen Roman meist auch eine wirklichkeitsförmige Geographie und eine konsequente Zeitprogression; auch hier verfährt das Heldenepos zumindest teilweise anders. Der mittelalterliche aktive Romanheld, das wurde oben an Beispielen vorgeführt, entfaltet in seiner Bewegung den Raum und zieht den Perspektivpunkt der zeitlichen Orientierung an sich. Wenn es zudem eine übergreifende und alle Figuren umfassende Zeitrechnung gibt, dann am ehesten die von Natur und Kirchenjahr, deren Grundeinheiten zyklisch verlaufen. Für den passiven Romanhelden stellen sich die Verhältnisse nur auf den ersten Blick grundsätzlich anders dar. Zwar scheitern seine zeitlichen Vorausplanungen, weil ihn das Schicksal in unbekannter und vorfindlicher Landschaft aussetzt oder weil Zufälle ihn hindern. Indem der Leser oder Hörer die fiktionale Welt mit den Augen des Helden betrachtet, sieht er in ihr, gerade in den charakteristischen Szenen des Irgendwohin-Verschlagenwerdens, eine Landschaft, die früher dagewesen zu sein scheint als der Protagonist. Aus der teleologischen Perspektive der wachsenden und vollendeten Erzählung jedoch fügt sich die Raumzeit um diesen. Ein erlesener Zufall gestaltet Raum und Zeit, zwar nicht nach dem Willen des Helden, aber im Dienste der Vorsehung für ihn und um ihn herum; der Zufall ist kein Werk des Chaos, sondern eines der Ordnung, sowohl auf der Ebene der fiktionalen Welt als auch auf der Erzählung. Auf diese vermittelte Weise steht er wiederum gleichsam im Dienste des Helden, schmiegt sich die Raumzeit der fiktionalen Welt doch wieder an ihn an. Blickt man aus großer historischer Entfernung, aus der die Unterschiede der Romantypen klein aussehen, auf den mittelalterlichen Roman, so läßt sich als epochales Grundverhältnis ausmachen: Raum und Landschaft sind im mittelalterlichen Roman nicht ontologisch früher als der Held, nicht schon als vorhanden gedacht, ehe der Protagonist überhaupt auftaucht, sondern gleichrangig mit ihm und mit seiner Bewegung verwandlungsfähig.

Was die Modellierung zeitlicher Verhältnisse angeht, ist innerhalb der Romanliteratur des Mittelalters der Artusroman die innovativste Gattung. In manchen Romanen aus anderen Stoffkreisen werden seine Erfindungen übernommen – das wurde am ‚Apollonius' gezeigt –, aber in keiner anderen Untergattung ist das Experimentieren mit zeitlichen Verhältnissen so weit getrieben worden wie in dieser Form. Hier werden drei Arten von Zeit unterstellt: eine grundsätzlich progressive Zeit, die mit den Gestirnen, z.B. dem Tag-Nacht-Wechsel, in Verbindung gebracht wird; eine Zeit, die in einem Ablauf steckt, durch ihn gemessen wird, auch unabhängig vom Helden (die Bachtinsche Aventiurezeit); schließlich eine Zeitform, die im Handeln des Helden gesetzt und gemessen wird (diese Zeitform hat Bachtin nicht von der Aventiurezeit getrennt, weil sie während der Aventiure mit der vorigen parallel geht). Die verschiedenen Zeitformen sind an gleichfalls unterschiedene Zeitmittelpunkte gebunden. Es sind die Sterne und damit das Kirchenjahr, die wartende Aventiure, der handelnde Held. Gleichgewicht und Synchronisierung der Zeitformen wechseln programmatisch. Die lineare Zeit wird auf einen Handlungskreis abgebildet (am deutlichsten, weil überzeichnet, in der ‚Krone'); lineare Zeiten, die von unterschiedlichen Figuren anscheinend unabhängig und unterschiedlich in Handlung gemessen werden, beziehen sich in punktuellen Synchronisationen aufeinander. Scheinbar objektive Zeitsetzungen müssen subjektiv erfaßt und gefüllt werden, um zu gelten.

Blickt man von den Romanen zurück zu den zeitgenössischen wissenschaftlichen Diskussionen um Raum und Zeit, so ergeben sich, allerdings mit einem bemerkenswerten zeitlichen Vorsprung der Dichtung vor dem Auftauchen paralleler Fragen in der Wissenschaft, verblüffende Gemeinsamkeiten. Was die Zeit anlangt, so rangen die Gelehrten mit Aristoteles und Augustinus: Ist die Zeit die Meßzahl der physikalischen Bewegung, die immer ein Früher und Später kennt, oder ist sie die Ausdehnung der Seele? Ist sie außerhalb des Menschen oder nur in ihm?

Mit der grundsätzlichen Annahme der Mehrgestaltigkeit und Polyzentrik von Zeit im Roman ist selbst noch keine Annahme über ihr Wesen verbunden, aber das jeweilige Herangehen an die Zeitbeschreibung steht theoretischen Mustern nahe: die übergreifende und progressive Sternenzeit der aristotelischen Beschreibung, die interne Handlungszeit des Helden der augustinischen. Die Zeit, die eine Aventiure braucht, hält als gleichzeitig objektive und subjektive Zeitform die Mitte. Das Erzählen läßt die theoretischen Annahmen gleichsam nebeneinander gelten, es setzt situative Prioritäten. Für die Theoriediskussion besonders interessant gewesen wäre – hätte sich ein gelehrter Zeitgenosse dafür interessiert – die objektiv vorgegebene und subjektiv erfüllte Zeit der Aventiure. Handlung, also Bewegung, mißt Zeit, ganz im aristotelischen Sinn; aber sie verändert sich (gleichsam hin zu Augustinus), wenn der zeitmessende Beobachter nicht neben dem Bewegten steht, sondern die Bewegung selbst vollzieht. Das Subjektive und das Objektive an der Beschreibung des Ablaufes fallen dann zusammen, wie oben im Kapitel zur Rechtzeitigkeit gezeigt wurde: Die Aventiure braucht ihre Zeit, aber sie wird nicht unabhängig vom Helden und tendenziell gegen ihn gemessen, sondern mit ihm und in ihm. Persönlicher Vollzug, subjektive Erfüllung und Modifikation gehen mit der Anerkennung eines objektiven Zeitdiktats zusammen.

Zum Raumproblem diskutieren die Zeitgenossen in der Wissenschaft besonders über Kontinuität und das Verhältnis von Raum und Körper, zum Beispiel in der Frage, ob ein leerer Raum gedacht werden kann und ob es Räume ohne Grenze gibt. Wiederum bietet der Ritterroman mit aktivem Helden hier das theoretisch interessanteste Modell von Räumlichkeit an. Seine Sproßräume und erst bei Bewegung des Helden entstehenden Raumbrücken erzeugen Kontinuität, aber nur aus der Sicht des sich bewegenden Helden. Auf die Frage, ob der Raum in der fiktionalen Welt auch ohne den Helden, womöglich gar ohne den aktuellen Rezipienten (als intertextuelle Invariante, ähnlich wie das Personal des Artuskreises) kontinuierlich sei, verweigern die Texte in einem grundsätzlichen Sinn die Auskunft. Positive Aussagen über räumliche Kontinuität sind an die Perspektive einer Figur innerhalb der fiktionalen Welt gebunden. Der Status des Beobachters wird in der Narration in das Modell hineingenommen. Dadurch entsteht in der Rezeption ein nachvollziehendes Verhältnis des Innen-Seins, das Panofsky für die Kunstgeschichte mit dem Begriff des Aggregatraumes beschrieben hat. Aus diesem Verhältnis ergibt sich wiederum der Eindruck, daß der fiktionale Raum grundsätzlich begrenzt sei. Die Grenzen des gesamten Handlungsraumes müssen immer neu hinausgeschoben werden, wodurch sie für den Rezipienten immer wieder gesetzt werden. Diese Beobachtung paßt zu Lotmans Anregungen, die eher auf die Binnengliederung des fiktionalen Raumes zielen.

Es zeigt sich also, daß im Hinblick auf die Nachbarschaft zur gleichzeitigen Theorieentwicklung die Erfindung des Ritterromans mit aktivem Helden (besonders des Artusromans) ein narratives Modell liefert, das gleichsam die Grundfragen um Raum und Zeit aufgreift. Es ist ein Modell, das die konstitutive Rolle des vom Typus her gedachten Subjekts für Raum und Zeit betont und das, so mittelalterlich dieses Subjekt gefaßt ist, doch eine weltformende Kraft des Helden, der sich bewegt, behauptet und damit weit ins moderne Verständnis des menschlichen Subjekts vorgreift. In diesen fiktionalen Welten hat es Sinn, Ziele zu verfolgen, denn die Zeitordnung des Vorher und Nachher orientiert sich im Zweifel am Handelnden und gibt ihm die Möglichkeit, zur Wirkursache des Bezweckten zu werden. Die Welt richtet sich nach dem Handelnden und wird vom einzelnen eingerichtet, weil er nicht für sich, sondern für die menschliche Ordnung der Welt steht. Man darf aus der nachzeitigen Perspektive anmerken, daß Romane mit diesen ästhetischen Prämissen ihre Kunstfähigkeit schnell zu verlieren scheinen; schon nach wenigen Generationen werden andere Konstellationen erprobt, und in Literatur und Kunst späterer Epochen fällt das Modell schnell in die Trivialität ab, es kann aber – wie jedes literarische Modell – jederzeit neu kontextualisiert werden.

In dieser Abstraktion der wesentlichen Ergebnisse des Buches ist bislang der Unterschied zwischen Artusroman und Liebes- und Abenteuerroman eher nivelliert worden, in dem Sinn, daß der Artusroman die innovativeren Raumzeitmodelle erprobt und der Liebes- und Abenteuerroman sich eher an ihrer Ausbeute beteiligt. Es gibt jedoch eine spezielle Raumzeitkonstellation, für die es sich umgekehrt verhält. Das ist der Zufall. Er war im Artusroman zu einer freundlichen Herausforderung domestiziert worden; der Liebes- und Abenteuerroman dagegen hat die *contingentia futura* in ihrer beunruhigenden und beängstigenden Macht thematisiert. Die weitverzweigte Nachwirkung des antiken Liebes- und Abenteuerromans mit seinem passiven Helden modelliert ein Raumzeitverhältnis, das sich darauf bezieht. Die fiktionale Welt in diesen Texten (z.B. in den Tristanromanen, im ‚Gregorius', in ‚Flore und Blanscheflur' und im ‚Apollonius') wird vom Zufall beherrscht, der die zielgerichteten Bemühungen der Figuren systematisch untergräbt. Figuren und Hörer und Leser werden jedoch daran gehindert, alle Sinnhypothesen über menschliches Handeln aufzugeben, indem der Text ihnen teleologische Sinnbildungskonzepte vorschlägt und auf transzendente unbekannte Gründe innerhalb der fiktionalen Welt hinweist. Den willens- und handlungsablenkenden Zufall als göttlichen Willen zu begreifen macht nicht nur für die Figuren, sondern auch für den Hörer oder Leser den fundamentalen, aber zuweilen unsichtbaren Unterschied zwischen einer chaotischen und einer geordneten, aber nicht völlig verständlichen Welt aus. Dennoch ist in diesem Modell die raumzeitliche Welt, weil sie die höheren Gründe des verborgenen Weltprinzips verkörpert, prinzipiell größer und gewichtiger als das Subjekt jeder Tat oder Haltung, obgleich der Mensch, indem er sich zum Subjekt zwar durchkreuzter, aber edler Bestrebungen macht, den rettenden Zufall verdienen muß. Motive und Konstellationen dieser mittelalterlichen Modelle für das Ringen um Handlungsplanung und um gelingende Handlung in einer unberechenbaren Welt wirken weit über das 14. Jahrhundert hinaus und tauchen im frühneuzeitlichen Prosaroman, im Barockroman und bis in die Goethezeit hinein wieder auf.

Verzeichnisse

Abkürzungsverzeichnis

ABÄG	Amsterdamer Beiträge zur älteren Germanistik
ADB	Allgemeine Deutsche Biographie
AfdA	Anzeiger für deutsches Altertum
BInc	Renaut de Beaujeu: Le Bel Inconnu
CCSL	Corpus Christianorum, Series Latina
CCCM	Corpus Christianorum, Continuatio Mediaevalis
ChrE	Chrétien de Troyes: Erec
CSEL	Corpus scriptorum ecclesiasticorum latinorum
Da	Der Stricker: Daniel von dem blühenden Tal
DVjS	Deutsche Vierteljahrsschrift für Literaturwissenschaft und Geistesgeschichte
ETristr	Eilhart von Oberg: Tristrant
FMSt	Frühmittelalterstudien
G	Gottfried von Straßburg: Tristan
GAG	Göppinger Arbeiten zur Germanistik
GRLMA	Grundriß der romanischen Literaturen des Mittelalters
GRM	Germanisch-romanische Monatsschrift
HEr	Hartmann von Aue: Erec
PartMel	Konrad von Würzburg: Partonopier und Meliur
PBB	Beiträge zur Geschichte der deutschen Sprache und Literatur
PL	Patrologiae cursus completus. Series latina. Hg. v. J.-P. Migne. Bde. 1–217, 4 Registerbände. Paris 1844–1864.
PMLA	Publications of the Modern Language Association
Pz	Wolfram von Eschenbach: Parzival
Wig	Wirnt von Gravenberc: Wigalois
ZfdA	Zeitschrift für deutsches Altertum und deutsche Literatur
ZfdPh	Zeitschrift für deutsche Philologie

Primärliteratur

Abälard: Dialectica. Hg. von Lambert Marie de Rijk. 2. verb. Aufl. Assen 1970 (Wijsgerige teksten en studies 1)
Accessus: vgl. Huygens (Hg.): Accessus ad auctores.
Albrecht von Scharfenberg: Merlin und Seifrid de Ardemont von Albrecht von Scharfenberg. In der Bearbeitung Ulrich Füetrers. Hg. Von Friedrich Panzer. Stuttgart 1902 (Bibliothek des Literarischen Vereins in Stuttgart 227).
Aristoteles: Aristoteles' Physics. Hg. und komm. von W. D. Ross. Oxford 1936.
Aristoteles: Physik. Übers., mit einer Einleitung und mit Anmerkungen hg. von Hans Günter Zekl. Bücher I–IV Hamburg 1987 (Philosoph. Bibliothek 380), Bücher V–VIII Hamburg 1988 (Philosoph. Bibliothek 381).
Auctoritates: Auctoritates Aristotelis, Senecae, Boethii, Platonis, Apulei Africani, Porphyrii, Gilberti Porretani. Ed. Jaqueline Hamesse, Louvain 1974 (Philosophes Médiévaux 17).
Augustinus: Aurelius Augustinus: Bekenntnisse. Mit einer Einleitung von Kurt Flasch. Übers., mit Anm. versehen und hg. von Kurt Flasch und Burkhard Mojsisch. Stuttgart 1989.
Aurelii Augustini Confessionum libri XIII, hg. v. Luc Verhejen. Turnout 1981 (Corpus Christianorum Series Latina 27).
S. Aureli Augustini Confessionum libri tredecim. Hg. von Martinus Skutella, bearb. von H. Juergens und W. Schaub. Stuttgart 1969.
S. Aurelii Augustini De civitate Dei libri XXII. Ed. Bernhart Dombart, Bde. 1–2, 5. Aufl. Stuttgart 1981.
S. Aurelii Augustini De quantitate animae. PL 32, Sp. 1033–1080.
Augustin: La musique. De musica libri sex. Œuvres de Saint Augustin, 1re série (Opuscules) VII: Dialogues philosophiques, IV: Texte de l'édition bénédictine, introduction, traduction et notes de Guy Finaert et Joseph Thonnard. Desclée 1947 (Bibliothèque augustinienne 7).
Sancti Aurelii Augustini Epistulae, ed. A. Goldbacher, Wien u.a. 1911 (CSEL 57).
Bacon, Roger: Communia naturalia. Opera hactenus inedita. Ed. Robert Steele, fasc. III. Oxford 1911.
Bacon, Roger: Quaestiones supra libros octo Physicorum Aristotelis. Opera hactenus inedita fasc. XIII. Edd. Ferdinand Delorme, Robert Steele. Oxford 1933.
Boethius: In Isagogen Porphyrii. Ed. Samuel Brandt. Wien u.a.1906 (CSEL 48).

Boethius: Opera omnia. Ed. Jean-Paul Migne. Bde. 1– 2. Paris 1847 (PL 63, PL 64).
Bonaventura: S. Bonaventurae Opera omnia [...] edita studio et cura PP. Collegii S. Bonaventurae. Bde. 1– 10. Ad Claras Aquas, Quaracchi 1882– 1902.
Caesarius von Heisterbach: Caesarii Heisterbacensis Monachi: Dialogus miraculorum, Bde. 1– 2. Hg. von Joseph Strange. Köln 1850–51.
Chartularium: Heinrich Denifle (Hg.): Chartularium Universitatis Parisiensis. Bd. I. Nachdruck der Ausg. Paris 1889, Brüssel 1964.
Chrestien (Chrétien) de Troyes: Erec et Enide. Erec und Enide. Altfranzösich-deutsch. Hg. und übers. von Albert Gier. Stuttgart 1987.
Chrétien de Troyes: Der Percevalroman (Le Conte du Graal). Übers. und eingel. von Monica Schöler-Beinhauer. München 1991 (Klassische Texte des Romanischen Mittelalters 23).
Chrestien de Troyes: Yvain. Übers. und eingel. von Ilse Nolting-Hauff. München 1962 (Klassische Texte des romanischen Mittelalters).
Cicero: Cicéron: De l'invention. Texte établi et traduit par Guy Achard. Paris 1994 (Collection des universités de France 320, Sér. Latine).
Continuations: The Continuations of the Old French *Perceval* of Chretien de Troyes. Vol. II: The First Continuation, Redaction of Mss EMQU, ed. by William Roach, Philadelphia 1950.
Didot-Perceval: The Didot Perceval. According to the Manuscripts of Modena and Paris, edited by William Roach. Genf 1977, Neudruck der Ausg. Philadelphia 1941.
Eilhart von Oberg: Tristrant und Isalde. Mittelhochdeutsch/neuhochdeutsch hg. und übers. von Danielle Buschinger und Wolfgang Spiewok. Greifswald 1993 (Wodan 27, Serie 1 Bd. 7).
Fleck, Konrad: Flore und Blanscheflur. Hg. von Emil Sommer. Quedlinburg u.a. 1846.
Goethe, Johann Wolfgang: Goethes Werke. Hamburger Ausgabe in 14 Bänden. Hg. v. Erich Trunz. Hamburg 1948–1960.
Gottfried von Straßburg: Tristan. Band 1: Text. Hg. von Karl Marold. Unveränd. fünfter Abdruck nach dem dritten, mit einem auf Grund von Friedrich Rankes Kollationen verbess. kritischen Apparat besorgt und mit einem Nachwort versehen von Werner Schröder. Berlin u.a. 2004.
Hartmann von Aue: Der arme Heinrich. Hg. von Hermann Paul. Neu bearb. von Kurt Gärtner. Tübingen 2001 (ATB 3).
Hartmann von Aue: Erec. Hg. von Albert Leitzmann, fortgeführt von Ludwig Wolff. 7. Aufl. besorgt v. Kurt Gärtner. Tübingen 2006 (ATB 39).

Hartmann von Aue: Iwein. Hg. von G. F. Benecke und Karl Lachmann. Neu bearb. von Ludwig Wolff. Berlin 1968.

Heinrich von dem Türlin: Die Krone (Verse 1–12281). Hg. von Fritz Peter Knapp und Manuela Niesner. Tübingen 2000 (ATB 112).

Heinrich von dem Türlin: Die Krone (Verse 12282–30042). Nach Vorarbeiten von Fritz Peter Knapp und Klaus Zatloukal. Hg. von Alfred Ebenbauer und Florian Kragl. Tübingen 2005 (ATB 118).

Heinrich von Mügeln: Die kleineren Dichtungen Heinrichs von Mügeln. I. Erste Abteilung: Die Spruchsammlung des Göttinger Cod. Philos. 21, Bd. 2. Hg. von Karl Stackmann. Berlin 1959 (DTM 51).

Heinrich von Neustadt: Apollonius von Tyrland nach der Gothaer Handschrift. Gottes Zukunft und Visio Philiberti nach der Heidelberger Handschrift. Hg. von Samuel Singer. 2., unveränd. Aufl. Dublin u.a. 1967 (Deutsche Texte des Mittelalters 7).

Honorius Augustodunensis: De imagine mundi. PL 172, Sp. 115–188.

Hugo von St. Viktor (St. Victor): De vanitate mundi. PL 176, Sp. 703B–740C.

Hugo von St: Viktor: Didascalicon de studio legendi. Studienbuch. Lateinisch – deutsch. Übers. und eingel. von Thilo Offergeld [Text nach der krit. Ausgabe von C. H. Buttimer]. Freiburg u.a. 1997 (Fontes Christiani 27).

Hugo de S. Victore: In Ioannis Evangelium tractatus CXXIV. Ed. Radbod Willems, Turnout 1954 (CCSL 36).

Huygens (Hg.): Robert B. C. Huygens (Hg.): Accessus ad auctores. Bernard d'Utrecht, Conrad d'Hirsau. Dialogus super auctores. Leiden 1970.

Johannes Damascenus: St. John Damascene: De fide orthodoxa, Versions of Burgundio and Cerbanus. Ed. by Eligius M. Buytaert. New York u.a. 1955.

Johannes Duns Scotus: Abhandlung über das erste Prinzip. Ioannis Duns Scoti Tractatus de primo principio. Hg. und übers. von Wolfgang Kluxen. 3. Aufl. Darmstadt 1994.

Die Kaiserchronik eines Regensburger Geistlichen. Hg. von Edward Schröder. Hannover 1892 (Monumenta Germaniae Historica: Deutsche Chroniken, Ersten Bandes erste Abtheilung).

Lessing, Gotthold Ephraim: Gesammelte Werke in 10 Bänden. Hg. v. Paul Rilla. Berlin, Weimar 1968.

Marie de France: Die Lais. Übers., mit einer Einleitung, einer Bibliographie sowie Anmerkungen versehen von Dietmar Rieger unter Mitarbeit von Renate Knoll. München 1980.

Orlandi: Excerpta: Ioannes Orlandi (Hg.): Ioannis Hymmonidis et Gauderici Veliterni, Leonis Ostiensis Excerpta ex Clementinis Recognitionibus a

Tyrannico Rufino translatis. Milano, Varese 1968 (Testi e documenti per lo studio dell' antichità 24).
Petrus Abaelardus: Expositio in Hexameron. PL 178, Sp. 729–784A.
Petrus Iohannes Olivi: Quaestiones in secundum librum sententiarum. Ed. B. Jansen. Quaracchi 1922– 26.
Petrus Lombardus: Sententiae in IV libris distinctae. Ed. Collegii S. Bonaventurae Ad Claras Aquas. 3. Aufl. Rom 1971–1981 (Spicilegium Bonaventurianum).
Platon: Werke in acht Bänden. Griechisch und deutsch. Hg. von Gunther Eigler. Bd. 7: Timaios. Kritias. Philebos. 3. Aufl. Darmstadt 2001.
Platonis Opera. Rec. brevique adnotatione critica instr. Ioannes Burnet. Bd. IV: Clitopho, Res Publica, Timaeus, Critias. Oxford 1978.
Pseudoklementinen: Die Pseudoklementinen. I. Homilien. Hg. von Bernhard Rehm, 3. verb. Aufl. von Georg Strecker. Berlin 1992 (Die griechischen christlichen Schriftsteller der ersten Jahrhunderte 42).
Die Pseudoklementinen II. Rekognitionen in Rufins Übersetzung. Hg. von Bernhard Rehm, 2. verb. Aufl. von Georg Strecker. Berlin 1994 (Die griechischen christlichen Schriftsteller der ersten Jahrhunderte 51).
Quintilian: Institutio oratoria. Hg. und übers. von Jean Cousin, Bd. 3. Paris 1976.
Renaut de Beaujeu: Le Bel Inconnu. Publié, présenté et annoté par Michèle Perret. Traduction de Michèle Perret et Isabelle Weill. Paris 2003.
Renaut de Beaujeu: Der schöne Unbekannte. Übers. v. Felicitas Olef-Krafft. Zürich 1995.
Thomas von Aquin: S. Thomae Aquinatis Doctoris Angelici Opera Omnia. Iussu Leonis XIII. P.M. edita. Rom 1882 ff.
Thüring von Ringoltingen: Melusine. Nach den Hss. kritisch hg. von Karin Schneider. Berlin 1958.
Winckelmann, Johann Joachim: Gedanken über die Nachahmung der griechischen Werke in der Malerei und Bildhauerkunst. In: Winckelmanns Werke in einem Band. Ausgewählt und eingeleitet von Helmut Holtzhauer. 2. Aufl. Berlin, Weimar 1976 (Bibliothek deutscher Klassiker), S. 1–37.
Wirnt von Grafenberg: Wigalois. Text nach der Ausgabe von J. M. N. Kapteyn übers., erl. und mit einem Nachwort vers. von Sabine Seelbach und Ulrich Seelbach. Berlin u.a. 2005.
Wolfram von Eschenbach: Parzival. Mittelhochdeutscher Text nach der sechsten Ausgabe von Karl Lachmann. Übers. von Peter Knecht. Mit einer Einführung zum Text der Lachmannschen Ausgabe und in die Probleme der Parzivalinterpretationen von Bernd Schirok. Berlin u.a. 2003.

Wolfram von Eschenbach: Parzival. Nach der Ausgabe Karl Lachmanns rev. und komm. von Eberhard Nellmann. Übertr. von Dieter Kühn, Bde. 1–2. Frankfurt 1994.
Der Stricker: Daniel von dem Blühenden Tal. 2., neubearb. Aufl. hg. von Michael Resler. Tübingen 1983 (ATB Nr. 92).

Forschungsliteratur

ACHNITZ: Babylon und Jerusalem: Wolfgang Achnitz: Babylon und Jerusalem. Sinnkonstituierung im ‚Reinfried von Braunschweig' und im ‚Apollonius von Tyrland' Heinrichs von Neustadt. Tübingen 2002 (Hermaea N.F. 98).
AERTSEN/EMERY/SPEER (Hgg.): Nach der Verurteilung von 1277: Jan A. Aertsen, Kent Emery Jr. und Andreas Speer (Hgg.): Nach der Verurteilung von 1277. Philosophie und Theologie an der Universität von Paris im letzten Viertel des 13. Jahrhunderts. Studien und Texte. Berlin u.a. 2001 (Miscellanea Mediaevalia 28).
AERTSEN/SPEER (Hgg.): Raum und Raumvorstellungen: Jan A. Aertsen, Andreas Speer (Hgg.): Raum und Raumvorstellungen im Mittelalter. Berlin u.a. 1998 (Miscellanea Mediaevalia 25).
AHRENDT: Der Riese: Ernst Herwig Ahrendt: Der Riese in der mittelhochdeutschen Epik. Diss. Güstrow 1923.
AUDRETSCH/MAINZER (Hgg.): Philosophie und Physik der Raum-Zeit: Jürgen Audretsch, Klaus Mainzer (Hgg.): Philosophie und Physik der Raum-Zeit. 2. Aufl. Mannheim u.a. 1994.
ANDERMATT: Haus und Zimmer im Roman: Michael Andermatt: Haus und Zimmer im Roman. Die Genese des erzählten Raums bei E. Marlitt, Th. Fontane und F. Kafka. Bern 1987 (Zürcher germanistische Studien 8).
ANGERMANN: Wergeld: Norbert Angermann: Wergeld. In: Lexikon des Mittelalters, Bd. 8. München 1997, Sp. 2199–2204.
ANZULEWICZ: Perspektive und Raumvorstellung: Henryk Anzulewicz: Perspektive und Raumvorstellung in den Frühwerken des Albertus Magnus. In: Aertsen/Speer (Hgg.): Raum und Raumvorstellungen, S. 249–286.
ARNDT: Der Erzähler bei Hartmann von Aue: Paul Herbert Arndt: Der Erzähler bei Hartmann von Aue. Formen und Funktionen seines Hervortretens und seiner Äußerungen. Göppingen 1990 (GAG 299).
ASSMANN: Kulturen der Identität: Aleida Assmann: Kulturen der Identität, Kulturen der Verwandlung. In: Aleida Assmann, Jan Assmann (Hgg.): Verwandlungen. Archäologie der literarischen Kommunikation IX. München 2006, S. 25–45.
ASSMANN/ASSMANN (Hgg.): Verwandlungen: Aleida Assmann, Jan Assmann (Hgg.): Verwandlungen. Archäologie der literarischen Kommunikation IX. München 2006.
ASSMANN: Zeit und Tradition: Aleida Assmann: Zeit und Tradition. Kulturelle Strategien der Dauer. Köln, Wien 1999.

AUERBACH: Der Auszug des höfischen Ritters: Erich Auerbach: Der Auszug des höfischen Ritters. In: Ders.: Mimesis. Dargestellte Wirklichkeit in der abendländischen Literatur. 9. Aufl. Tübingen u.a. 1994, S. 120–138.
BACHELARD: Poetik des Raumes: Gaston Bachelard: Poetik des Raumes. Aus dem Französischen übertragen von Kurt Leonhard. München 1960.
BACHELARD: La poétique de l'espace: Gaston Bachelard: La poétique de l'espace. Paris 1957.
BACHTIN: Formen der Zeit und des Chronotopos: Michail M. Bachtin: Formen der Zeit und des Chronotopos im Roman. Untersuchungen zur historischen Poetik [1937–38, 1973]. In: Ders.: Untersuchungen zur Poetik, S. 262–464.
BACHTIN: Inhalt, Material und Form: Michail M. Bachtin: Inhalt, Material und Form im Wortkunstschaffen [1924]. In: Ders.: Untersuchungen zur Poetik, S. 5–76.
BACHTIN: Untersuchungen zur Poetik: Michail M. Bachtin: Untersuchungen zur Poetik und Theorie des Romans. Aus dem Russ. übers. von Michael Dewey unter Zugrundelegung einer deutschen Fassung von Harro Lucht und Rolf Göbner. Hg. von Edward Kowalski und Michael Wegner. Berlin, Weimar 1986.
BÄNZINGER: Augenblick und Wiederholung: Hans Bänzinger: Augenblick und Wiederholung. Literarische Aspekte eines Zeitproblems. Würzburg 1998.
BARTELS: Epos – die Gattung in der Geschichte: Hildegard Bartels: Epos – die Gattung in der Geschichte. Eine Begriffsbestimmung vor dem Hintergrund der Hegelschen „Ästhetik" anhand von „Nibelungenlied" und „Chanson de Roland". Heidelberg 1982 (Frankfurter Beiträge zur Germanistik 22).
BAUER u.a. (Hgg.): Space and Boundaries: Roger Bauer, Douwe Fokkema, Micael de Graat (Hgg.): Proceedings of the XIIth Congress of the International Comparative Literature Association München 1988. Space and Boundaries, Bde. 1–5. München 1988.
BAUMANN: Aberglaube für Laien: Karin Baumann: Aberglaube für Laien. Zur Programmatik spätmittelalterlicher Superstitionenkritik. Würzburg 1989 (Quellen und Forschungen zur Europäischen Ethnologie 1).
BAUR: Robert Grosseteste: Ludwig Baur: Die philosophischen Werke des Robert Grosseteste, Bischofs von Lincoln. Münster 1912 (Beiträge zur Geschichte der Philosophie des Mittelalters IX).
BAYER: Gral: Hans Bayer: Gral. Die hochmittelalterliche Glaubenskrise im Spiegel der Literatur, Bde. 1– 2. Stuttgart 1983 (Monographien zur Geschichte des Mittelalters 28).

BECK: Raum und Bewegung: Hartmut Beck: Raum und Bewegung. Untersuchungen zu Richtungskonstruktion und vorgestellter Bewegung in der Sprache Wolframs von Eschenbach. Erlangen, Jena 1994 (Erlanger Studien 103).
BECKER: Interiorisierung der Raumsymbolik: Claudia Becker: Zur Interiorisierung der Raumsymbolik in der Literatur der Moderne. In: Bauer: Space and Boundaries, Bd. 3, S. 281–287.
BECKER-FREYSENG: Die Vorgeschichte des Terminus ‚contingens': Albrecht Becker-Freyseng: Die Vorgeschichte des Terminus ‚contingens'. Die Bedeutungen von ‚contingere' bei Boethius und ihr Verhältnis zu den Aristotelischen Möglichkeitsbegriffen. Heidelberg 1938 (Quellen und Studien zur Geschichte und Kultur des Altertums und des Mittelalters 7, Reihe D).
BERGHAHN: Raumdarstellung im englischen Roman: Daniela Berghahn: Raumdarstellung im englischen Roman der Moderne. Frankfurt u.a. 1989 (Europäische Hochschulschriften 14, 203).
BERTAU: Deutsche Literatur im europäischen Mittelalter: Karl Bertau: Deutsche Literatur im europäischen Mittelalter, Bde. 1– 2. München 1972 und 1973.
BERTAU: Regina lactans: Karl Bertau: Regina lactans. In: Ders.: Wolfram von Eschenbach. Neun Versuche über Subjektivität und Ursprünglichkeit in der Geschichte. München 1983, S. 259– 285.
BERTAU: Über Literaturgeschichte: Karl Bertau: Über Literaturgeschichte. Literarischer Kunstcharakter und Geschichte der höfischen Epik um 1200. München 1983.
BESSIÈRE: Le récit fantastique: Irène Bessière: Le récit fantastique. La poétique de l' incertain. Paris 1974.
BEZZOLA: Les origines et la formation: Reto R. Bezzola: Les origines et la formation de la littérature courtoise en occident (500–1200). Troisième partie: La société courtois: Littérature de cour et littérature courtoise, tome 1: La cour d'Angleterre come centre littéraire sous les rois Angevins (1154–1199). Paris 1967.
BIESTERFELDT: Moniage: Corinna Biesterfeldt: Moniage – Der Rückzug aus der Welt als Erzählschluß. Untersuchungen zu ‚Kaiserchronik', ‚König Rother', ‚Orendel', ‚Barlaam und Josaphat', ‚Prosa-Lancelot'. Stuttgart 2004.
BINSWANGER: Das Raumproblem: Ludwig Binswanger: Das Raumproblem in der Psychopathologie. Zeitschrift für die gesamte Neurologie und Psychiatrie 145 (1933), S. 598–647.

BLAMIRES: The Geography of ‚Kudrun': David Blamires: The Geography of ‚Kudrun'. In: The Modern Language Review 61, No. 3 (1966), S. 436–445.

BLANK: Determination oder ordo?: Walter Blank: Determination oder ordo? Parzivals Weg durch die Instanzen. In: Anna Keck, Theodor Nolte (Hgg.): Ze hove und an der strâzen. Die deutsche Literatur des Mittelalters und ihr „Sitz im Leben". Festschrift für Volker Schupp zum 65. Geburtstag. Stuttgart u.a. 1999, S. 212–232.

BLANK: Providentia oder Prognose?: Walter Blank: Providentia oder Prognose? Zur Zukunftserwartung im Spätmittelalter. In: Joerg O. Fichte (Hg.): Providentia – Fatum – Fortuna. Berlin 1996 (Das Mittelalter 1,1), S. 91–110.

BLANK: Der Zauberer Clinschor: Walter Blank: Der Zauberer Clinschor in Wolframs ‚Parzival'. In: Gärtner/ Heinzle (Hgg.): Studien zu Wolfram von Eschenbach, S. 321–322.

BLEUMER: Die ‚Crône' Heinrichs von dem Türlin: Hartmut Bleumer: Die ‚Crône' Heinrichs von dem Türlin: Form-Erfahrung und Konzeption eines späten Artusromans. Tübingen 1997 (MTU 112).

BLEUMER: Im Feld der *âventiure*: Hartmut Bleumer: Im Feld der *âventiure*. Zum begrifflichen Wert der Feldmetapher am Beispiel einer poetischen Leitvokabel. In: Dicke/Eikelmann/Hasebrink (Hgg.): Im Wortfeld des Textes, S. 347–367.

BLUMENBERG: Kontingenz: Hans Blumenberg: Kontingenz. In: Die Religion in Geschichte und Gegenwart, Bd. 3. 3. völlig neu bearb. Aufl. Tübingen 1959, Sp. 1793f.

BÖHM: Der Stricker: Sabine Böhm: Der Stricker. Ein Dichterprofil anhand seines Gesamtwerkes. Frankfurt u.a. 1995 (Europäische Hochschulschriften I,1530).

BÖHME: Zeit und Zahl: Gernot Böhme: Zeit und Zahl. Studien zur Zeittheorie bei Platon, Aristoteles, Leibniz und Kant. Frankfurt 1974 (Philosophische Abhandlungen 45).

BOL (Hg.): Verhältnis von Raum und Zeit: Peter C. Bol (Hg.), Marianne Kreikenbom (Redaktion): Zum Verhältnis von Raum und Zeit in der griechischen Kunst. Passavant-Symposium 8.–10. Dezember 2000. Möhnesee 2003 (Schriftenreihe des Liebighauses).

De BOOR: Fortuna in mittelhochdeutscher Dichtung: Helmut de Boor: Fortuna in mittelhochdeutscher Dichtung, insbesondere in der ‚Crône' des Heinrich von dem Türlin. In: Hans Fromm, Wolfgang Harms, Uwe Ruberg (Hgg.): Verbum et signum. Beiträge zur mediävistischen Bedeutungsfor-

schung. Studien zu Semantik und Sinntradition im Mittelalter. Festschrift für Friedrich Ohly, Bd. 2. München 1975, S. 311–328.
BORST: Computus: Arno Borst: Computus. Zeit und Zahl in der Geschichte Europas. Durchges. und erw. Ausgabe. München 1999.
BRACHES: Jenseitsmotive: Hulda Henriette Braches: Jenseitsmotive und ihre Verritterlichung in der deutschen Dichtung des Hochmittelalters. Assen 1961 (Studia germanica 3).
BRAMS/VUILLEMIN-DIEM: Moerbekes doppelte Revision: Jozef Brams, Gudrun Vuillemin-Diem: Physica nova und Recensio Matritensis – Wilhelm von Moerbekes doppelte Revision der Physica Vetus. In: Zimmermann (Hg.): Aristotelisches Erbe, S. 215–288.
BRINKER-VON DER HEYDE: Zwischenräume: Claudia Brinker-von der Heyde: Zwischenräume. Zur Konstruktion und Funktion des handlungslosen Raums. In: Vavra (Hg.): Virtuelle Räume, S. 203–214.
BROGSITTER: Artustradition: Karl Otto Brogsitter: Artustradition. In: Enzyklopädie des Märchens, Bd. 1 (1977), Sp. 829–849.
BRUGGER: Kontingenz I: W. Brugger: Kontingenz I. In: Historisches Wörterbuch der Philosophie, Bd. 4. Basel 1976, Sp. 1027–1034.
BRUGGER-HACKETT: Merlin: Silvia Brugger-Hackett: Merlin in der europäischen Literatur des Mittelalters. Stuttgart 1991 (Helfant-Studien 8).
BRUNNER: Hartmann von Aue: Horst Brunner: Hartmann von Aue: *Erec* und *Iwein*. In: Brunner (Hg.): Romane und Heldenepen. Stuttgart 2004, S. 97–126.
BRUNNER (Hg.): Romane und Heldenepen: Horst Brunner (Hg.): Interpretationen. Mittelhochdeutsche Romane und Heldenepen. Bibliogr. erg. Ausgabe Stuttgart 2004.
BUMKE: Die Blutstropfen im Schnee: Joachim Bumke: Die Blutstropfen im Schnee. Über Wahrnehmung und Erkenntnis im ‚Parzival' Wolframs von Eschenbach. Tübingen 2001 (Hermaea N.F. 94).
BUMKE: Wolfram von Eschenbach: Joachim Bumke: Wolfram von Eschenbach. 6. neu bearb. Aufl. Stuttgart, 1991.
BURCKHARDT: Kultur der Renaissance: Jakob Burckhardt: Kultur der Renaissance in Italien. Ein Versuch, Bd. 2. 9. Aufl. Leipzig 1904.
BURDACH: Der Gral: Konrad Burdach: Der Gral. Forschungen über seinen Ursprung und seinen Zusammenhang mit der Longinuslegende. Stuttgart 1938.
BURRICHTER: Die narrative Funktion der Feen: Brigitte Burrichter: Die narrative Funktion der Feen und ihrer Welt in der französischen Artusliteratur des 12. und 13. Jahrhunderts. In: Wolfzettel (Hg.): Das Wunderbare, S. 281–296.

BUSCHINGER: Burg Salîe und Gral: Danielle Buschinger: Burg Salîe und Gral. Zwei Erlösungstaten Gaweins in der ‚Crône' Heinrichs von dem Türlin. In: Krämer/Cella (Hgg.): Die mittelalterliche Literatur in Kärnten, S. 1–32.
BUSCHINGER/SPIEWOK (Hgg.): Die Welt der Feen: Danielle Buschinger, Wolfgang Spiewok (Hgg.): Die Welt der Feen im Mittelalter. Greifswald 1994 (WODAN 47).
CARASSO-BULOW: The Merveilleux: Lucienne Carasso-Bulow: The Merveilleux in Chrétien de Troyes, Romances. Genève 1976 (Histoire des idées et critique littéraire 153).
CASSIRER: Mythischer, ästhetischer und theoretischer Raum: Ernst Cassirer: Mythischer, ästhetischer und theoretischer Raum. In: Alexander Ritter (Hg.): Landschaft und Raum in der Erzählkunst. Darmstadt 1975 (Wege der Forschung 418), S. 17–35.
CIZEK: Imitatio et tractatio: Alexandru N. Cizek: Imitatio et tractatio. Die literarisch-rhetorischen Grundlagen der Nachahmung in Antike und Mittelalter. Tübingen 1994 (Rhetorik-Forschungen 7).
COLPE: Die Zeit: Carsten Colpe: Die Zeit in drei asiatischen Hochkulturen (Babylon – Iran – Indien). In: Die Zeit. Dauer und Augenblick. Mit Beiträgen von Jürgen Aschoff u.a., 3. Aufl. München, Zürich 1992 (Veröffentlichungen der Carl-Friedrich-von-Siemens-Stiftung 2), S. 225–256.
CORMEAU: Fortuna und andere Mächte: Christoph Cormeau: Fortuna und andere Mächte im Artusroman. In: Haug/Wachinger (Hgg.): Fortuna, S. 23–33.
CORMEAU/STÖRMER: Hartmann von Aue: Christoph Cormeau, Wilhelm Störmer: Hartmann von Aue. Epoche – Werk – Wirkung. 2., überarb. Aufl. München 1993.
CORRADINI: Zeit und Text: Richard Corradini: Zeit und Text. Studien zum Tempus-Begriff des Augustinus. Wien, München 1997.
COURCELLE: Les Confessions de Saint Augustin: Pierre Courcelle: Recherches sur les Confessions de Saint Augustin. Paris 1950.
COUSINS: The Coincidence of Opposites: Ewert H. Cousins: The Coincidence of Opposites in the Christology of Saint Bonaventure. In: Franciscan Studies (St. Bonaventure, New York) 28 (1968), S. 27–45.
CURTIUS: Europäische Literatur und lateinisches Mittelalter: Ernst-Robert Curtius: Europäische Literatur und lateinisches Mittelalter. 9. Aufl. Bern u.a. 1978.
CZERWINSKI: Gegenwärtigkeit: Peter Czerwinski: Gegenwärtigkeit. Simultane Räume und zyklische Zeiten, Formen von Regeneration und

Genealogie im Mittelalter. Exempel einer Geschichte der Wahrnehmung II. München 1993.
DAEMMRICH: Landschaftsdarstellungen: Horst S. Daemmrich: Landschaftsdarstellungen im Werk Goethes. Erzählfunktion – Themenbereiche – Raumstruktur. In: DVjS 64 (1993), S. 607–624.
DANNENBERG: A Poetics of Coincidence: Hilary P. Dannenberg: A Poetics of Coincidence in Narrative Fiction. In: Poetics Today 25 (2004), S. 399–436.
DEITMARING: Die Bedeutung von Rechts und Links: Ursula Deitmaring: Die Bedeutung von Rechts und Links in theologischen und literarischen Texten bis um 1200. In: ZfdA 98 (1969), S. 265–292.
DICKE: Das belauschte Stelldichein: Gerd Dicke: Das belauschte Stelldichein. In: Huber/Millet (Hgg.): Der ‚Tristan' Gottfrieds von Straßburg, S. 199–220.
DICKE/EIKELMANN/HASEBRINK (Hgg.): Im Wortfeld des Textes: Gerd Dicke, Manfred Eikelmann und Burkhard Hasebrink (Hgg.): Im Wortfeld des Textes. Worthistorische Beiträge zu den Bezeichnungen von Rede und Schrift im Mittelalter. Berlin u.a. 2006 (Trends in Medieval Philology 10).
DIETL: Wunder und *zouber*: Cora Dietl: Wunder und *zouber* als Merkmal der *âventiure* in Wirnts *Wigalois*? In: Wolfzettel (Hg.): Das Wunderbare, S. 297–311.
DINZELBACHER (Hg.): Europäische Mentalitätsgeschichte: Peter Dinzelbacher (Hg.): Europäische Mentalitätsgeschichte. Hauptthemen in Einzeldarstellungen. Stuttgart 1993.
DOD: Aristoteles latinus: Bernard Dod: Aristoteles latinus. In: Norman Kretzman u.a. (Hgg.): The Cambridge History of Later Medieval Philosophy. From the Rediscovery of Aristotle to the Disintegration of Scholasticism 1100–1600. Cambridge 1982, S. 45–79.
DOHRN-VAN ROSSUM: Geschichte der Stunde: Gerhard Dohrn-van Rossum: Die Geschichte der Stunde. Uhren und moderne Zeitordnung. München u.a. 1992.
DOWNS/STEA: Kognitive Karten: Roger M. Downs, David Stea: Kognitive Karten und Verhalten im Raum. Verfahren und Resultate kognitiver Kartographie. In: Harro Schweizer (Hg.): Sprache und Raum. Psychologische und linguistische Aspekte der Aneignung und Verarbeitung von Räumlichkeit. Stuttgart 1985. S. 18–43.
DUBOST: Aspects fantastiques: Dubost, Francis: Aspects fantastiques de la littérature narrative médiévale (XIIème – XIIIème siècles). L'Autre,

l'Ailleurs, l'Autrefois. Genf 1991 (Nouvelle Bibliothèque du Moyen Âge 15).

DUCHROW: Der psychologische Zeitbegriff Augustins: Ulrich Duchrow: Der sogenannte psychologische Zeitbegriff Augustins im Verhältnis zur physikalischen und geschichtlichen Zeit. In: Zeitschrift für Theologie und Kirche 63 (1966), S. 267–288.

DÜRCKHEIM: Untersuchungen zum gelebten Raum: Karlfried von Dürckheim: Untersuchungen zum gelebten Raum. Erlebniswirklichkeit und ihr Verständnis. Systematische Untersuchungen II. In: Neue psychologische Studien VI. Hg. von Felix Krüger. München 1932, S. 383–480.

DURST: Theorie: Uwe Durst: Theorie der phantastischen Literatur. Tübingen, Basel 2001.

EBENBAUER: Fortuna und Artushof: Alfred Ebenbauer: Fortuna und Artushof. Bemerkungen zum ‚Sinn' der ‚Krone' Heinrichs von dem Türlin. In: Ebenbauer/Knapp/Strasser (Hgg.): Österreichische Literatur, S. 25–49.

EBENBAUER/KNAPP/STRASSER (Hgg.): Österreichische Literatur: Alfred Ebenbauer, Fritz Peter Knapp und Ingrid Strasser (Hgg.): Österreichische Literatur zur Zeit der Babenberger. Vorträge der Lilienfelder Tagung 1976. Wien 1977 (Wiener Arbeiten zur germanischen Altertumskunde und Philologie 10).

EBERWEIN: Zur Deutung mittelalterlicher Existenz: Elena Eberwein: Zur Deutung mittelalterlicher Existenz (nach einigen altromanischen Dichtungen). Bonn u.a. 1933 (Kölner romanistische Arbeiten 7).

EGERDING: Spätmittelalterliche Mystik: Michael Egerding: Die Metaphorik der spätmittelalterlichen Mystik, Bde. 1–2. Paderborn u. a. 1997.

EHLERT (Hg.): Zeitkonzeptionen – Zeiterfahrung – Zeitmessung: Trude Ehlert (Hg.): Zeitkonzeptionen – Zeiterfahrung – Zeitmessung. Stationen ihres Wandels vom Mittelalter bis zur Moderne. Paderborn u.a. 1997.

EINSTEIN: Vorwort: Albert Einstein: Vorwort zu: Max Jammer: Das Problem des Raumes. Die Entwicklung der Raumtheorien. Darmstadt 1960, S. XI–XV.

ELIADE: Mephistopheles und der Androgyn: Mircea Eliade: Mephistopheles und der Androgyn. Das Mysterium der Einheit. Aus dem Französischen von Ferdinand Leopold. Frankfurt, Leipzig 1999.

ELIAS: Über die Zeit: Norbert Elias: Über die Zeit. Arbeiten zur Wissenssoziologie II. Hg. von Michael Schröter. Übers. von Holger Fliessbach und Michael Schröter. 2. Aufl. Frankfurt 1989.

EMING: Funktionswandel des Wunderbaren: Jutta Eming: Funktionswandel des Wunderbaren. Studien zum ‚Bel Inconnu', zum ‚Wigalois' und zum ‚Wigoleis vom Rade'. Trier 1999 (Literatur, Imagination, Realität 19).

EMING: Geliebte oder Gefährtin?: Jutta Eming: Geliebte oder Gefährtin? Das Verhältnis von Feenwelt und Abenteuerwelt in ‚Partonopier und Meliur'. In: Buschinger/Spiewok (Hgg.): Die Welt der Feen, S. 43–58.

ENDERS: Allgegenwart: Markus Enders: Zur Begriffsgeschichte der Allgegenwart und Unendlichkeit Gottes im hochmittelalterlichen Denken. In: Aertsen/Speer (Hgg.): Raum und Raumvorstellungen, S. 335–347.

FARAL: Les sources latines: Edmond Faral: Recherches sur les sources latines des contes et romans courtois du moyen âge. Paris 1913.

FERLAMPIN-ACHER: Merveilles et topique merveilleuse: Christine Ferlampin-Acher: Merveilles et topique merveilleuse dans les romans médiévaux. Paris 2003 (Nouvelle Bibliothèque du Moyen Âge 66).

FEYNMAN/LEIGHTON/SANDS: Feynman Vorlesungen: Richard Feynman, Robert P. Leighton und Matthew Sands: Feynmans Vorlesungen über Physik, Bd. I. Hauptsächlich Mechanik, Strahlung und Wärme. Dt. von Heinz Köhler und Eckhard Schröder. München u.a. 1987.

FICHTE: Das Wunderbare und seine Funktionalisierung: Joerg O. Fichte: Das Wunderbare und seine Funktionalisierung in den mittelenglischen Gaweinromanzen. In: Wolfzettel (Hg.): Das Wunderbare, S. 341–361.

FICHTE (Hg.): Providentia – Fatum – Fortuna: Joerg O. Fichte (Hg.): Providentia – Fatum – Fortuna. Berlin 1996 (Das Mittelalter 1,1).

FIGAL: Zeit und Identität: Günter Figal: Zeit und Identität. Systematische Überlegungen zu Aristoteles und Platon. In: Zeiterfahrung und Personalität. Hg. vom Forum für Philosophie Bad Homburg. Frankfurt 1992, S. 34–56.

FINKENSTAEDT: Zeitgefühl: Thomas Finkenstaedt: Das Zeitgefühl im altenglischen Beowulf-Epos. In: Antaios 3 (1962), S. 215–232.

FLASCH: Augustin: Kurt Flasch: Augustin. Einführung in sein Denken. Stuttgart 1980.

FLASCH: Logik des Schreckens: Kurt Flasch: Logik des Schreckens. In: Aurelius Augustinus: Logik des Schreckens. Augustinus von Hippo. De diversis quaestionibus ad Simplicianum I,2. Deutsche Erstübers. von Walter Schäfer. Lat. –dt. Hg. und erklärt von Kurt Flasch. Mainz 1990 (excerpta classica VIII), S. 19–138.

FLASCH: Was ist Zeit?: Kurt Flasch: Was ist Zeit? Augustinus von Hippo. Das XI. Buch der Confessiones. Historisch–philosophische Studie. 2. Aufl. Frankfurt 2004.

FLUDERNIK: Einführung: Monika Fludernik: Einführung in die Erzähltheorie. Darmstadt 2006 (Einführung Literaturwissenschaft).

FOUCAULT: Einsperrung: Michel Foucault: Einsperrung, Psychiatrie, Gefängnis. In: Ders.: Schriften in vier Bänden. Dits et Ecrits, Bd. 3 (1976–

1979). Hg. von Daniel Defert u. François Ewald unter Mitarbeit von Jaques Lagrange. Übers. v. Michael Bischoff u.a., Frankfurt 2003, S. 434–467.

FOUCAULT: Überwachen und Strafen: Michel Foucault: Überwachen und Strafen. Die Geburt des Gefängnisses. Übers. v. Walter Seitter. Frankfurt 1976.

FOUQUET: Die Baumgartenszene des Tristan: Doris Fouquet: Die Baumgartenszene des Tristan in der mittelalterlichen Kunst und Literatur. In: ZfdPh 92 (1973), S. 360–370.

FRAPPIER: La légende du Graal: Jean Frappier: La légende du Graal: origine et évolution. In: Jean Frappier, Reinhold R. Grimm (Hgg.): Le roman jusqu'à la fin du XIIIe siècle. Heidelberg 1978 (GRLMA 4,1), S. 292–331.

FRICK: Providenz und Kontingenz: Werner Frick: Providenz und Kontingenz. Untersuchungen zur Schicksalssemantik im deutschen und europäischen Roman des 17. und 18. Jahrhunderts, Bde. 1– 2. Tübingen 1988 (Hermeae N.F. 55).

FRIEDEMANN: Die Rolle des Erzählers: Käte Friedemann: Die Rolle des Erzählers in der Epik. Leipzig 1910 (Untersuchungen zur neueren Sprach- und Literaturgeschichte N.F. 7).

FRIEDRICH/QUAST (Hgg.): Präsenz des Mythos: Udo Friedrich, Bruno Quast (Hgg.): Präsenz des Mythos. Konfigurationen einer Denkform in Mittelalter und Früher Neuzeit. Berlin, New York 2004 (Trends in Medieval Philology 2), S. 247–273.

FUCHS: Hybride Helden: Stephan Fuchs: Hybride Helden. Gwigalois und Willehalm. Beiträge zum Heldenbild und zur Poetik des Romans im frühen 13. Jahrhundert. Heidelberg 1997 (Frankfurter Beiträge zur Germanistik 31).

FUSILLO L'AQUILA/HEINZE: Roman II: Massimo Fusillo L'Aquila, Theodor Heinze: Roman II. Griechisch. In: Der Neue Pauly, Bd. 10. Stuttgart, Weimar 2001, Sp. 1108–1114.

GALLE: Peter of Auvergne's Question: Griet Galle: Peter of Auvergne's Question as to Wether or Not the Heaven is Generated and Perishable. In: Aertsen/Emery/Speer (Hgg.): Nach der Verurteilung von 1277, S. 535–576.

GÄRTNER/HEINZLE: Studien zu Wolfram von Eschenbach: Kurt Gärtner, Joachim Heinzle (Hgg.): Studien zu Wolfram von Eschenbach. Festschrift für Werner Schröder zum 75. Geburtstag. Tübingen 1989.

GATZ: Weltalter: Bodo Gatz: Weltalter, goldene Zeit und sinnverwandte Vorstellungen. Hildesheim 1967 (Spudasmata 16).

GENETTE: Die Erzählung: Gerard Genette: Die Erzählung. Aus dem Franz. von Andreas Knop, mit einem Nachwort hg. von Jochen Vogt. 2. Aufl. München 1998.

GERHARD: Der deutsche Entwicklungsroman: Melitta Gerhard: Der deutsche Entwicklungsroman bis zu Goethes Wilhelm Meister. Halle 1926.
GEROK-REITER: Individualität: Annette Gerok-Reiter: Individualität. Studien zu einem umstrittenen Phänomen mittelhochdeutscher Epik. Tübingen, Basel 2006 (Bibliotheca Germanica 51).
GERZ: Vorausdeutung: Alfred Gerz: Rolle und Funktion der epischen Vorausdeutung im mittelhochdeutschen Epos. Berlin 1930 (Germanische Studien 97).
GIERGERICH: Die Syzygie: Wolfgang Giergerich: Die Syzygie. Über die Wirklichkeit der Welt und die Not der Psychologie. In: Rudolf Ritsema (Hg.): Gleichklang oder Gleichzeitigkeit. Concordance or Coincidence. Résonance ou Simultanéité. Vorträge gehalten auf der Eranos Tagung in Ascona vom 17. bis 25. August 1988. Frankfurt 1990 (= Eranos Jahrbuch Bd. 57, 1988).
GLASER: Der Held und sein Raum: Andrea Glaser: Der Held und sein Raum. Die Konstruktion der erzählten Welt im mittelhochdeutschen Artusroman des 12. und 13. Jahrhunderts. Frankfurt u.a. 2004 (Europäische Hochschulschriften I, 1888).
GLASSER: Geschichte des französischen Zeitbegriffs: Richard Glasser: Studien zur Geschichte des französischen Zeitbegriffs. Eine Orientierung. München 1936 (Münchener romanistische Arbeiten 5).
GOSZTONYI: Der Raum: Alexander Gosztonyi: Der Raum. Geschichte seiner Probleme in Philosophie und Wissenschaften, Bde. 1–2. Freiburg u.a. 1976 (Orbis academicus I,14).
GRAEVENITZ/MARQUARD (Hgg.): Kontingenz: Gerhart von Graevenitz und Odo Marquard in Zusammenarbeit mit Matthias Christen (Hgg.): Kontingenz. München 1998 (Poetik und Hermeneutik XVII).
GRISEBACH: Zeitbegriff und Zeitgestaltung: Cornelia Grisebach: Zeitbegriff und Zeitgestaltung in den Romanen Chrétiens de Troyes und Hartmanns von Aue. Diss. (Masch.) Freiburg 1957.
GROOS/LACY (Hgg.): Perceval: Arthur Groos, Norris J. Lacy (Hgg.): Perceval/Parzival. A Casebook. New York, London 2002 (Arthurian Characters and Themes 6).
GROTEFEND: Zeitrechnung: Hermann Grotefend: Zeitrechnung des deutschen Mittelalters und der Neuzeit, Bde. 1–2. Hannover 1891–98.
GRÜBEL: Michail M. Bachtin: Rainer Grübel: Michail M. Bachtin. Biographische Skizze. In: Rainer Grübel (Hg.): Michail M. Bachtin. Die Ästhetik des Wortes. Aus dem Russ. von Rainer Grübel und Sabine Reese. Frankfurt 1979, S. 7–20.

GRUENTER: Landschaft: Rainer Gruenter: Landschaft. Bemerkungen zur Wort- und Bedeutungsgeschichte. In: GRM 34 (1953), S. 110–120.

GRUENTER: Landschaftsdarstellung im höfischen Versroman: Rainer Gruenter: Zum Problem der Landschaftsdarstellung im höfischen Versroman. In: Euphorion 56 (1962), S. 248–278.

HAAS: Laienfrömmigkeit im ‚Parzival': Alois Maria Haas: Laienfrömmigkeit im ‚Parzival' Wolframs von Eschenbach. In: Ders.: Geistliches Mittelalter. Zürich 1984, S. 111–129.

HABEL/HERWEG/REHKÄMPER (Hgg.): Raumkonzepte: Christopher Habel, Michael Herweg und Klaus Rehkämper (Hgg.): Raumkonzepte in Verstehensprozessen. Interdisziplinäre Beiträge zu Sprache und Raum. Tübingen 1989 (Linguistische Arbeiten 233).

HAEFFNER: Einheit der Zeit: Gerd Haeffner: Wie es vom Wechsel der Zeiten zur Einheit der Zeit kam. Eine geschichtlich-philosophische Genealogie. In: Herzog (Hg.): Der Streit um die Zeit, S. 19–31.

HÄHNER: Rolandslied: Hähner, Rita: Raum und Zeit im altfranzösischen Rolandslied. Diss. phil. Freiburg 1951.

HAFERLAND: Metonymie: Harald Haferland: Metonymie und metonymische Handlungskonstruktion. Erläutert an der narrativen Konstruktion von Heiligkeit in zwei mittelalterlichen Legenden. In: Euphorion 99 (2005), S. 323–364.

HAFERLAND: Parzivals Pfingsten: Harald Haferland: Parzivals Pfingsten. Heilsgeschichte im *Parzival* Wolframs von Eschenbach. In: Euphorion 88 (1994), S. 263–301.

HAHN: Raum und Landschaft: Ingrid Hahn: Raum und Landschaft in Gottfrieds Tristan. Ein Beitrag zur Werkdeutung. München 1963 (Medium Aevum 3).

HAHN: ‚Pontus und Sidonia': Reinhard Hahn: ‚Pontus und Sidonia'. Geographischer Raum im Prosaroman des 15. Jahrhunderts. In: Dietrich Huschenbett, John Margetts (Hgg.): Reisen und Welterfahrung in der deutschen Literatur des Mittelalters. Würzburg 1991 (Würzburger Beiträge zur deutschen Philologie 7), S, 215–227.

HAMBURGER: Das epische Praeteritum: Käte Hamburger: Das epische Praeteritum. In: DVjS 27 (1953), S. 329–357.

HARF-LANCNER: Les fées au Moyen Âge: Laurence Harf-Lancner: Les fées au Moyen Âge. Morgane et Mélusine. La naissance de fées. Paris 1984 (Nouvelle Bibliothèque du Moyen Âge 8).

HARF-LANCNER: La métamorphose: Laurence Harf-Lancner: De la métamorphose au Moyen Age. In: Laurence Harf-Lancner (Hg.): Méta-

morphose et Bestiaire Fantastique au Moyen Age. Études rassemblées. Paris 1985 (Collection de l'école normale supèrieure des jeunes filles 28), S. 3–25.
HARMS: Homo viator: Wolfgang Harms: Homo viator in bivio. Studien zur Bildlichkeit des Weges. München 1970 (Medium Aevum 21).
HARMS/MÜLLER (Hgg.): Mediävistische Komparatistik: Wolfgang Harms, Jan-Dirk Müller (Hgg.): Mediävistische Komparatistik. Festschrift für Franz Josef Worstbrock zum 60. Geburtstag. Stuttgart, Leipzig 1997.
HASEBRINK: Prudentiales Wissen: Burkhard Hasebrink: Prudentiales Wissen. Eine Studie zur ethischen Reflexion und narrativen Konstruktion politischer Klugheit im 12. Jahrhundert. Habilitationsschrift (Masch.) Göttingen 2000.
HAUG: Ästhetik des Widerspruchs: Walter Haug: Für eine Ästhetik des Widerspruchs. Neue Überlegungen zur Poetologie des höfischen Romans. In: Nigel F. Palmer, Hans-Jochen Schiewer (Hgg.): Mittelalterliche Literatur und Kunst im Spannungsfeld von Hof und Kloster. Ergebnisse der Berliner Tagung, 9.–11. Oktober 1997. Tübingen 1999, S. 211–228.
HAUG: Eros und Fortuna: Walter Haug: Eros und Fortuna. Der höfische Roman als Spiel von Liebe und Zufall. In: Haug/Wachinger (Hgg.): Fortuna, S. 52–75.
HAUG: Das Fantastische: Walter Haug: Das Fantastische in der späteren deutschen Artusliteratur. In: Karl Heinz Göller (Hg.): Spätmittelalterliche Artusliteratur. München u.a. 1984, S. 133–149.
HAUG: Das Land, von welchem niemand wiederkehrt: Walter Haug: ‚Das Land, von welchem niemand wiederkehrt'. Mythos, Fiktion und Wahrheit in Chrétiens ‚Chevalier de la Charette', im ‚Lanzelet' Ulrichs von Zatzikhoven und im ‚Lancelot'-Prosaroman. Tübingen 1978.
HAUG: Die komische Wende des Wunderbaren: Walter Haug: Die komische Wende des Wunderbaren: arturische Grotesken. In: Wolfzettel (Hg.): Das Wunderbare, S. 159–174.
HAUG: Literaturtheorie im deutschen Mittelalter: Walter Haug: Literaturtheorie im deutschen Mittelalter. Von den Anfängen bis zum Ende des 13. Jahrhunderts. 2. überarb. und erw. Aufl. Darmstadt 1992.
HAUG: Kontingenz als Spiel: Walter Haug: Kontingenz als Spiel und das Spiel mit der Kontingenz: Zufall, literarisch, im Mittelalter und in der frühen Neuzeit. In: Graevenitz/Marquard (Hgg.): Kontingenz, S. 151–172.
HAUG: Paradigmatische Poesie: Walter Haug: Paradigmatische Poesie. Der spätere deutsche Artusroman auf dem Weg zu einer ‚nachklassischen' Ästhetik. In: DVjS 54 (1980), S. 204–231.
HAUG: Wandlungen des Fiktionalitätsbewußtseins: Walter Haug: Wandlungen des Fiktionalitätsbewußtseins vom hohen zum späten Mittelalter. In:

Ders.: Brechungen auf dem Weg zur Individualität. Kleine Schriften zur Literatur des Mittelalters. Tübingen 1995, S. 251–264.

HAUG/WACHINGER (Hgg.): Fortuna: Walter Haug, Burckhardt Wachinger (Hgg.): Fortuna. Tübingen 1995 (Fortuna vitrea 15).

HAUG/WACHINGER (Hgg.): Positionen des Romans: Walter Haug, Burghart Wachinger (Hgg.): Positionen des Romans im späten Mittelalter. Tübingen 1991 (Fortuna vitrea 1).

HEDWIG: Sphaera lucis: Klaus Hedwig: Sphaera lucis. Studien zur Intelligibilität des Seienden im Kontext der mittelalterlichen Lichtspekulation. Münster 1980 (Beiträge zur Geschichte der Philosophie und Theologie des Mittelalters N.F. 18).

HEGERFELDT: Die Funktion der Zeit im ‚Iwein' Hartmanns von Aue: Birgit Hegerfeldt: Die Funktion der Zeit im ‚Iwein' Hartmanns von Aue. Diss. (Masch.) Marburg 1970.

HELD/HILMES/MATHY (Hgg.): Unter Argusaugen: Gerd Held, Carola Hilmes und Dietrich Mathy (Hgg.): Unter Argusaugen. Zu einer Ästhetik des Unsichtbaren. Würzburg 1997.

HELD: Zeit als Zahl: Klaus Held: Zeit als Zahl. Der pythagoreische Zug im Zeitverständnis der Antike. In: Zeiterfahrung und Personalität. Hg. vom Forum für Philosophie Bad Homburg. Frankfurt 1992, S. 13–33.

HEGEL: Ästhetik: Georg Friedrich Wilhelm Hegel: Ästhetik, Bde. 1– 2. Nach der zweiten Ausgabe Heinrich Gustav Hothos (1842) redigiert und mit einem ausführlichen Register versehen von Friedrich Bassenge. 2. Aufl. Berlin u.a. 1965.

HELLWIG: Raum und Zeit im homerischen Epos: Brigtte Hellwig: Raum und Zeit im homerischen Epos. Hildesheim 1964 (Spudasmata 2).

HENNING: Geographie des homerischen Epos: Richard Hennig: Die Geographie des homerischen Epos. Eine Studie über die erdkundlichen Elemente der Odyssee. Leipzig, Berlin 1934 (Neue Wege zur Antike 1,10).

HERZOG (Hg.): Der Streit um die Zeit: Herzog, Markwart (Hg.): Der Streit um die Zeit. Zeitmessung – Kalenderreform – Gegenzeit – Endzeit. Stuttgart 2002 (Irseer Dialoge. Kultur und Wissenschaft interdisziplinär 5).

HILLEBRAND: Mensch und Raum: Bruno Hillenbrand: Mensch und Raum im Roman. Studien zu Keller, Stifter, Fontane. Mit einem einführenden Essay zur europäischen Literatur. München 1971.

HILLEBRAND (Hg.): Struktur des Romans: Bruno Hillebrand (Hg.): Zur Struktur des Romans. Darmstadt 1978 (Wege der Forschung 488).

HILLEN: Zeit im Nibelungenlied: Hillen, Hans Jürgen: Die dichterische Behandlung der Zeit im Nibelungenlied. Diss. (Masch.) Köln 1951.

HINTERKAUSEN: Auffassung von Zeit und Geschichte: Siegfried Hinterkausen: Die Auffassung von Zeit und Geschichte in Konrads Rolandslied. Diss. Bonn 1967.
HOFFMANN: Raum, Situation, erzählte Wirklichkeit: Gerhard Hoffmann: Raum, Situation, erzählte Wirklichkeit. Poetologische und historische Studien zum englischen und amerikanischen Roman. Stuttgart 1978.
HONEMANN: Guillaume d'Angleterre, Gute Frau, Wilhelm von Wenden: Volker Honemann: Guillaume d'Angleterre, Gute Frau, Wilhelm von Wenden: Zur Beschäftigung mit dem Eustachius-Thema in Frankreich und Deutschland. In: Martin H. Jones, Roy Wisbey (Hgg.): Chrétien de Troyes and the German Middle Ages. Papers from an International Symposium. Cambridge 1993 (Arthurian Studies 26), S. 311–329.
HOSSFELD: Studien zur Physik des Albertus Magnus I: Paul Hossfeld: Studien zur Physik des Albertus Magnus. I. Ort, örtlicher Raum und Zeit. II. Die Verneinung der Existenz eines Vakuums. In: Zimmermann (Hg.): Aristotelisches Erbe, S. 1–42.
HUBER: Gottfried von Straßburg: Christoph Huber: Gottfried von Straßburg: Tristan. 2., verbess. Aufl. Berlin 2000 (Klassiker-Lektüren 3).
HUBER: Mythisches erzählen: Christoph Huber: Mythisches erzählen. Narration und Rationalisierung im Schema der ‚gestörten Mahrtenehe' (besonders im *Ritter von Staufenberg* und bei Walter Map). In: Friedrich/Quast (Hgg.): Präsenz des Mythos, S. 247–273.
HUBER/MILLET (Hgg.): Der ‚Tristan' Gottfrieds von Straßburg: Christoph Huber, Victor Millet (Hgg.): Der ‚Tristan' Gottfrieds von Straßburg. Symposion Santiago de Compostela 5.–8. April 2000. Tübingen 2002.
HÜBNER: Erzählform: Gert Hübner: Erzählform im höfischen Roman. Studien zur Fokalisierung im ‚Eneas', im ‚Iwein' und im ‚Tristan'. Tübingen u.a. 2003 (Bibliotheca Germanica 44).
INGLIS: Coincidence: Brian Inglis: Coincidence – A Matter of Chance – or Synchronicity? London u.a. 1990.
JÄGER: Erzählte Räume: Dietrich Jäger: Erzählte Räume. Studien zur Phänomenologie der epischen Geschehensumwelt. Würzburg 1998 (Kieler Beiträge zur Anglistik und Amerikanistik N.F. 14).
JAHN: Raumkonzepte: Bernhard Jahn: Raumkonzepte in der frühen Neuzeit. Zur Konstruktion von Wirklichkeit in Pilgerberichten, Amerikareisebeschreibungen und Prosaerzählungen. Frankfurt u.a 1993 (Mikrokosmos 34).
JAMMER: Problem des Raumes: Max Jammer: Das Problem des Raumes. Die Entwicklung der Raumtheorien. Dt. von Paul Wilpert. Darmstadt 1960.

JANNICH: Augustins Zeitparadox: Peter Jannich: Augustins Zeitparadox und seine Frage nach einem Standard der Zeitmessung. In: Archiv für Geschichte der Philosophie 54 (1972), S. 168–186.
JAUSS: Ästhetische Erfahrung: Hans Robert Jauß: Ästhetische Erfahrung und literarische Hermeneutik. 4. Aufl. Frankfurt 1984.
JECK: Aristoteles contra Augustinum: Udo Reinhold Jeck: Aristoteles contra Augustinum. Zur Frage nach dem Verhältnis von Zeit und Seele bei den antiken Aristoteleskommentatoren, im arabischen Aristotelismus und im 13. Jahrhundert. Amsterdam u.a. 1994 (Bochumer Studien zur Philosophie 21).
JOHANEK: König Arthur und die Plantagenets: Peter Johanek: König Arthur und die Plantagenets. Über den Zusammenhang von Historiographie und höfischer Epik in mittelalterlicher Propaganda. In: FMSt 21 (1987), S. 346–389.
JOHNE: Figurencharakteristik: Renate Johne: Zur Figurencharakteristik im antiken Roman. In: Kuch u.a.: Der antike Roman, S. 150–177.
JOLLES: Einfache Formen: André Jolles: Einfache Formen. Legende, Sage, Mythe, Rätsel, Spruch, Kasus, Memorabile, Märchen, Witz. Halle 1930.
JONNES: The Matrix of Narrative: Dennis Jonnes: The Matrix of Narrative. Family Systems and the Semiotics of Story. Berlin, New York 1990 (Approaches to Semiotics 91).
JUNG: Synchronizität: Carl Gustav Jung: Synchronizität als Prinzip akausaler Zusammenhänge. In: Ders.: Die Dynamik des Unbewußten. Gesammelte Werke, Bd. 8. 2. Aufl. Zürich, Stuttgart 1967, S. 475–591.
KARFIK: Beseelung des Kosmos: Filip Karfik: Die Beseelung des Kosmos. Untersuchungen zur Kosmologie, Seelenlehre und Theologie in Platons Phaidon und Timaios. Leipzig u.a. 2004 (Beiträge zur Altertumskunde 199), S. 152–160.
KARLINGER: Zauberschlaf und Entrückung: Karlinger, Felix: Zauberschlaf und Entrückung. Zur Problematik des Motivs der Jenseitszeit in der Volkserzählung. Wien 1986 (Raabser Märchen-Reihe 7).
KARTSCHOKE: Der epische Held: Dieter Kartschoke: Der epische Held auf dem Weg zu seinem Gewissen. In: Thomas Cramer (Hg.): Wege in die Neuzeit. München 1988, S. 149–197.
KARTSCHOKE: Erzählte Zeit in Versepen und Prosaromanen: Dieter Kartschoke: Erzählte Zeit in Versepen und Prosaromanen des Mittelalters und in der Frühen Neuzeit. In: Zeitschrift für Germanistik N.F. 10 (2000), S. 477–492.

KARTSCHOKE: Nihil: Dieter Kartschoke: Nihil sub sole novum? Zur Auslegungsgeschichte von Eccl. 1,10. In: Christoph Gerhardt, Nigel F. Palmer, Burghart Wachinger (Hgg.): Geschichtsbewußtsein in der deutschen Literatur des Mittelalters. Tübingen 1985, S. 175–188.
KAUFMANN: Buße: Ekkehard Kaufmann: Buße. In: Handwörterbuch zur deutschen Rechtsgeschichte. Hg. von Adalbert Erler, Ekkehard Kaufmann. Mitbegr. von Wolfgang Stammler. Berlin 1971, Sp. 575–577.
KECK: Die Liebeskonzeption der mittelalterlichen Tristanromane: Anna Keck: Die Liebeskonzeption der mittelalterlichen Tristanromane. Zur Erzähllogik der Werke Bérouls, Eilharts, Thomas' und Gottfrieds. München 1998 (Beihefte zu Poetica 22).
KECK/NOLTE (Hgg.): Ze hove und an der strâzen: Anna Keck, Theodor Nolte (Hgg.): Ze hove und an der strâzen. Die deutsche Literatur des Mittelalters und ihr „Sitz im Leben". Festschrift für Volker Schupp zum 65. Geburtstag. Stuttgart u.a. 1999.
KELLER: Augustinus und die Musik: Adalbert Keller: Aurelius Augustinus und die Musik. Untersuchungen zu ‚De Musica' im Kontext seines Schrifttums. Würzburg 1993 (Cassiciacum 44).
KELLER: *Diu Crône*: Johannes Keller: *Diu Crône* Heinrichs von dem Türlin: Wunderketten, Gral und Tod. Frankfurt u.a. 1990 (Deutsche Literatur von den Anfängen bis 1700, 25).
KELLER: Fantastische Wunderketten: Johannes Keller: Fantastische Wunderketten. In: Wolfzettel (Hg.): Das Wunderbare, S. 225–248.
KELLERMANN: Aufbaustil und Weltbild Chrestiens: Wilhelm Kellermann: Aufbaustil und Weltbild Chrestiens von Troyes im Percevalroman. Halle 1936.
KELLERMANN-HAAF: Frau und Politik im Mittelalter: Petra Kellermann-Haaf: Frau und Politik im Mittelalter. Untersuchungen zur politischen Rolle der Frau in den höfischen Romanen des 12., 13. und 14. Jahrhunderts. Göppingen 1986 (GAG 456).
KELLNER: Schwanenkinder: Beate Kellner: Schwanenkinder – Schwanritter – Lohengrin. Wege mythischer Erzählungen. In: Friedrich/Quast (Hgg.): Präsenz des Mythos, S. 131–154.
KEMPKE: HDG: Günther Kempke (Hg.): Handwörterbuch der deutschen Gegenwartssprache (HDG), Bde. 1–2. Berlin 1984.
KERÉNY: Griechisch-orientalische Romanliteratur: Karl Kerény: Die griechisch-orientalische Romanliteratur in religionsgeschichtlicher Beleuchtung. Ein Versuch mit Nachbetrachtungen. Darmstadt 1962.

KERN: Rezeption und Genese des Artusromans: Peter Kern: Rezeption und Genese des Artusromans. Überlegungen zu Strickers ‚Daniel vom blühenden Tal'. In: ZfdPh 93 (Sonderheft 1974), S.18–42.
KIBELKA: Sternenglaube und Willensfreiheit: Johannes Kibelka: Sternenglaube und Willensfreiheit in der deutschen Dichtung des Hochmittelalters. In: Wirkendes Wort 15 (1965), S. 85–98.
KIRCHENBAUER: Raumvorstellungen: Lina Kirchenbauer: Raumvorstellungen in frühmittelhochdeutscher Epik. Diss. Heidelberg 1931.
KLEBS: Die Erzählung von Apollonius aus Tyrus: Elimar Klebs: Die Erzählung von Apollonius aus Tyrus. Eine geschichtliche Untersuchung über ihre lateinische Urform und ihre späteren Bearbeitungen. Berlin 1899.
KLEIN: Alles Zufall: Stefan Klein: Alles Zufall. Die Kraft, die unser Leben bestimmt. Hamburg 2004.
KLIBANSKY: Platonic Tradition: Raymond Klibansky: The Continuity of the Platonic Tradition during the Middle Ages. I. Outlines of a Corpus Platonicum Medii Aevi. 3. Aufl. London u.a. 1981.
KLOPSCH: Dichtungslehren: Paul Klopsch: Einführung in die Dichtungslehren des lateinischen Mittelalters. Darmstadt 1980.
KLUCKERT: Erzählformen: Ehrenfried Kluckert: Die Erzählformen des spätmittelalterlichen Simultanbildes. Diss. phil. Tübingen 1974.
KNOLL: Studien zur realen und außerrealen Welt: Hiltrud Katharina Knoll: Studien zur realen und außerrealen Welt im deutschen Artusroman (Erec, Iwein, Lanzelet, Wigalois). Diss. Bonn 1966.
KNAPP: Rennewart: Fritz Peter Knapp: Rennewart. Studien zu Gehalt und Gestalt des ‚Willehalm' Wolframs von Eschenbach. Wien 1970.
KNAPP: Virtus und Fortuna in der ‚Krone': Fritz Peter Knapp: Virtus und Fortuna in der ‚Krone'. Zur Herkunft der ethischen Grundthese Heinrichs von dem Türlin. In: ZfdA 106 (1977), S. 253–265.
KOBEL: Untersuchungen zum gelebten Raum: Erwin Kobel: Untersuchungen zum gelebten Raum in der mittelhochdeutschen Dichtung. Zürich o.J. [1953] (Zürcher Beiträge zur deutschen Sprach- und Stilgeschichte 4).
KÖHLER: Der literarische Zufall: Erich Köhler: Der literarische Zufall, das Mögliche und die Notwendigkeit. München 1973.
KOSCHORKE: Geschichte des Horizonts: Albrecht Koschorke: Die Geschichte des Horizonts. Grenze und Grenzüberschreitung in literarischen Landschaftsbildern. Frankfurt 1990.
KOSELLECK: Vergangene Zukunft: Reinhart Koselleck: Vergangene Zukunft. Zur Semantik geschichtlicher Zeiten. Frankfurt 1979.

KOSELLECK/STEMPEL (Hgg.): Geschichte: Reinhart Koselleck, Wolf-Dieter Stempel (Hgg.): Geschichte – Ereignis und Erzählung. München 1973 (Poetik und Hermeneutik 5).
KOSTER: Antike Epostheorien: Severin Koster: Antike Epostheorien. Wiesbaden 1970 (Palingenesia 5).
KOWALSKI: Dialoghaftigkeit: Edward Kowalski: Michail Bachtins Begriff der Dialoghaftigkeit. Genese und Tradition einer künstlerischen Denkform. In: Bachtin: Untersuchungen zur Poetik, S. 509–534.
KRÄMER/CELLA (Hgg.) Die mittelalterliche Literatur in Kärnten: Peter Krämer unter Mitarbeit von Alexander Cella (Hgg.): Die mittelalterliche Literatur in Kärnten. Vorträge des Symposions von St. Georgen/Längsee. Wien 1981 (Wiener Arbeiten zur germanischen Altertumskunde und Philologie 16).
KRIEGER: Das Problem der Ekphrasis: Murray Krieger, übers. v. Andrea Antor: Das Problem der Ekphrasis. Wort und Bild, Raum und Zeit – und das literarische Werk. In: Gottfried Böhm, Helmut Pfotenhauer (Hgg.): Beschreibungskunst – Kunstbeschreibung. Ekphrasis von der Antike bis zur Gegenwart. München 1995, S. 41–57.
KUCH u.a.: Der antike Roman: Heinrich Kuch u.a.: Der antike Roman. Untersuchungen zur literarischen Kommunikation und Gattungsgeschichte. Berlin 1989.
KUGLER: Auf der Suche nach europäischen Parametern: Hartmut Kugler: Auf der Suche nach europäischen Parametern. Vorüberlegungen zu einer deutsch-französischen Perspektive auf die hochmittelalterliche Epik. In: Jb. der Oswald-von-Wolkenstein-Ges. 15 (2005), S. 91–104.
KUGLER: Imago mundi: Hartmut Kugler: Imago mundi. Kartographische Skizze und literarische Beschreibung. In: Harms/Müller (Hgg.): Mediävistische Komparatistik, S. 77–93.
KUGLER: Symbolische Weltkarten: Hartmut Kugler: Symbolische Weltkarten – der Kosmos im Menschen. Symbolstrukturen in der Universalkartographie vor Kolumbus. In: Horst Wenzel in Zusammenarbeit mit Friedrich Kittler und Manfred Schneider (Hgg.): Gutenberg und die Neue Welt. München 1994, S. 33–58.
KUGLER: Die Vorstellung der Stadt: Hartmut Kugler: Die Vorstellung der Stadt in der Literatur des deutschen Mittelalters. München u.a. 1986 (MTU 88).
KUGLER: Zur kognitiven Kartierung: Hartmut Kugler: Zur kognitiven Kartierung mittelalterlicher Epik. Jean Bodels ‚drei Materien' und die ‚Matière de la Germanie'. In: Hartmut Böhme (Hg.): Topographien der Literatur.

Deutsche Literatur im transnationalen Kontext. Stuttgart u.a. 2005, S. 244–263.
KUGLER: Zur literarischen Geographie: Hartmut Kugler: Zur literarischen Geographie des fernen Ostens im ‚Parzival' und ‚Jüngeren Titurel'. In: Wolfgang Dinkelacker, Ludger Grenzmann, Werner Höver (Hgg.): Ja muz ich sunder riuwe sin. Festschrift für Karl Stackmann zum 15. Februar 1990. Göttingen 1990, S. 107–147.
KUHN: Erec: Hugo Kuhn: Erec. In: Ders.: Dichtung und Welt im Mittelalter. Stuttgart 1959, S. 133–150.
KUTTNER: Das Erzählen des Erzählten: Ursula Kuttner: Das Erzählen des Erzählten. Eine Studie zum Stil in Hartmanns „Erec" und „Iwein". Bonn 1978 (Studien zur Germanistik, Anglistik und Komparatistik 70).
LÄMMERT: Bauformen des Erzählens: Eberhard Lämmert: Bauformen des Erzählens. Stuttgart 1955.
LARGIER: Zeit, Zeitlichkeit, Ewigkeit: Niklaus Largier: Zeit, Zeitlichkeit, Ewigkeit. Ein Aufriß des Zeitproblems bei Dietrich von Freiberg und Meister Eckhart. Bern u.a. 1989 (Deutsche Literatur von den Anfängen bis 1700, Bd. 8).
LASCH/LIEBIG: Schœne rede sunder zil: Alexander Lasch, Béatrice Liebig: schœne rede sunder zil. Erzählen beim Reiten in der deutschsprachigen Literatur des Mittelalters. In: Ludger Lieb, Stephan Müller (Hgg.): Situationen des Erzählens. Aspekte narrativer Praxis im Mittelalter. Berlin u.a. 2002, S. 69–88.
LASSWITZ: Atomistik: Kurd Lasswitz: Geschichte der Atomistik vom Mittelalter bis Newton. Bd. 1: Die Erneuerung der Korpuskulartheorie. Unveränd. Nachdruck der Ausg. Hamburg/ Leipzig 1890, Darmstadt 1963.
LEBSANFT: Die Bedeutung von afrz. *aventure*: Franz Lebsanft: Die Bedeutung von afrz. *aventure*. Ein Beitrag zu Theorie und Methodologie der mediävistischen Wort- und Begriffsgeschichte. In: Dicke/Eikelmann/Hasebrink (Hgg.): Im Wortfeld des Textes, S. 311–337.
LECOUTEUX: Zur anderen Welt: Claude Lecouteux: Zur anderen Welt. In: Wolf-Dieter Lange (Hg.): Diesseits- und Jenseitsreisen im Mittelalter. Voyages dans l' ici-bas et dans l'au-delà au moyen âge. Bonn u.a. 1992 (Studium Universale 14), S. 79–89.
LEE: Platons Raumbegriff: Jik Kyung Lee: Platons Raumbegriff. Studien zur Metaphysik und Naturphilosophie im „Timaios". Würzburg 2001 (Epistemata 276).
LEISS: Die aristotelische Lehre: Pekka Leiss: Die aristotelische Lehre von der Zeit. Ihre Aporien und deren Auflösung. Trier 2004 (Antike Naturwissenschaft und ihre Rezeption 5).

LEFEBVRE: Kritik: Henri Lefebvre: Kritik des Alltagslebens. Hg. v. Dieter Prokop, Vorwort und Übers. v. Burkhart Kroeber. Bde. 1–2. Kronberg 1977.
LIENERT: Raumstrukturen im ‚Nibelungenlied': Elisabeth Lienert: Raumstrukturen im ‚Nibelungenlied'. In: Zatloukal (Hg.): Heldendichtung in Österreich, S. 103–122.
LINDBERG: Auge und Licht: David C. Lindberg: Auge und Licht im Mittelalter. Die Entwicklung der Optik von Alkindi bis Kepler. Übers. von Matthias Althoff. Frankfurt 1987.
LINDGREN: Zeitvorstellungen bei Albertus Magnus: Uta Lindgren: Zeitvorstellungen bei Albertus Magnus und die Genauigkeit astronomischer Zeitbestimmung. In: Ehlert (Hg.): Zeitkonzeptionen – Zeiterfahrung – Zeitmessung, S. 69–79.
LOCK: Aspects of Time: Lock, Richard: Aspects of Time in Medieval Literature. Diss. University of California, Berkeley 1977. University Microfilms Ann Arbor 1985.
LOOZE: The Queste Del Saint Graal: De Looze, Laurence N.: A Story of Interpretations. The Queste Del Saint Graal as Metaliterature. In: Mahoney (Hg.): The Grail, S. 237–259.
LOTMAN: Komposition des Wortkunstwerkes: Jurij M. Lotman: Die Komposition des Wortkunstwerkes. In: Lotman: Die Struktur literarischer Texte, S. 300–401.
LOTMAN: Die Struktur literarischer Texte: Jurij M. Lotman: Die Struktur literarischer Texte. Übers. von Rolf-Dietrich Keil. 3. Aufl. München 1989 (UTB 103).
LOTMAN: Strukturale Poetik: Jurij M. Lotman: Vorlesungen zu einer strukturalen Poetik. Einführung, Theorie des Verses: Hrsg. und mit einem Nachw. vers. von Karl Eimermacher. Übers. von Waltraud Jachnow. München 1972 (Theorie und Geschichte der Literatur und der schönen Künste 14).
LUDWIG: Reise- und Marschgeschwindigkeit: Friedrich Franz Albert Ludwig: Untersuchungen über die Reise- und Marschgeschwindigkeit im 12. und 13. Jahrhundert. Die Itinerare der deutschen Könige und Kaiser, der französischen Könige und der Päpste. Diss. phil Berlin 1897.
LUGOWSKI: Die Form der Individualität: Clemens Lugowski: Die Form der Individualität im Roman. Frankfurt 1976 [zuerst Berlin 1932].
LÜTHI: Volksmärchen: Max Lüthi: Das europäische Volksmärchen. Form und Wesen. 2., durchges. und erw. Aufl. Bern, München 1960.
LUKÁCS: Theorie des Romans: Georg Lukács: Theorie des Romans. 2. Aufl. Berlin 1963.

MACANN: Presence and Coincidence: Christopher Macann: Presence and Coincidence. The Transformation of Transcendental into Ontological Phenomenology. Dordrecht u.a. 1991 (Phaenomenologica 119).

MCDONALD: Aspects of Time in ‚Der arme Heinrich': William McDonald: Aspects of Time in ‚Der arme Heinrich'. In: Monatshefte für den deutschen Unterricht 80 (1988), S. 430–443.

MAHONEY (Hg.): The Grail: Dhira B. Mahoney (ed.): The Grail. A Casebook. New York, London 2000.

MAIER: Subjektivierung der Zeit: Anneliese Maier: Die Subjektivierung der Zeit in der scholastischen Philosophie. In: Philosophia naturalis 1 (1950–52), S. 361–398.

MAIER: Scholastische Diskussionen: Anneliese Maier: Scholastische Diskussionen über die Wesensbestimmungen der Zeit. In: Scholastik 26 (1951), S. 520–556.

MAINZER: Zeit: Klaus Mainzer: Zeit. Von der Urzeit zur Computerzeit. München 1995 (Becksche Reihe 2011).

MAKROPOULOS: Modernität als Kontingenzkultur: Michael Makropoulos: Modernität als Kontingenzkultur. Konturen eines Konzepts. In: Graevenitz/Marquard/Christen (Hgg.): Kontingenz. München 1998 (Poetik und Hermeneutik 17), S. 55–79.

MARQUARDT: Einheit der Zeit: Udo Marquardt: Die Einheit der Zeit bei Aristoteles. Würzburg 1993 (Epistemata Reihe Philosophie 127).

MARROU: Augustinus und das Ende der antiken Bildung: Henri-Irénée Marrou: Augustinus und das Ende der antiken Bildung. Übers. von Lore Wirth-Poelchau in Zusammenarbeit mit Willi Geerlings, hg. von Johannes Götte. Paderborn u.a. 1982.

MARTÍNEZ: Doppelte Welten: Matias Martínez: Doppelte Welten. Struktur und Sinn zweideutigen Erzählens. Göttingen 1996 (Palaestra 298).

MARTÍNEZ/SCHEFFEL: Einführung in die Erzähltheorie: Matias Martínez, Michael Scheffel: Einführung in die Erzähltheorie. München 1999.

MARTÍNEZ (Hg.): Formaler Mythos: Matias Martínez (Hg.): Formaler Mythos. Beiträge zu einer Theorie ästhetischer Formen. Paderborn u.a. 1996 (Explicatio).

MAURER: Verlorenes Paradies: Karl Maurer: Verlorenes Paradies, verlassenes Paradies, unbetretbares Paradies. Über Raum und Zeit in idyllischer und elegischer Dichtung. In: Bauer u.a. (Hgg.): Space and Boundaries, Bd. 3, S. 507–513.

MEIER: Ut rebus apta sint verba: Christel Meier: Ut rebus apta sint verba. Überlegungen zu einer Poetik des Wunderbaren im Mittelalter. In: Dietrich

Schmidtke (Hg.): Das Wunderbare in der mittelalterlichen Literatur. Göppingen 1994 (GAG 606), S. 37–83.
MEINHARDT: Koinzidenz: H. Meinhardt: Koinzidenz. In: Historisches Wörterbuch der Philosophie, Bd. 4. Basel 1976, Sp. 879–881.
MEISSNER: Empirisches und ideelles Zeiterleben: Meissner, Paul: Empirisches und ideelles Zeiterleben in der englischen Renaissance. In: Anglia 60 (1936), S. 165–180.
MERTENS: Artusroman: Volker Mertens: Der deutsche Artusroman. Stuttgart 1998.
MERTENS: Der Gral: Volker Mertens: Der Gral. Mythos und Literatur. Stuttgart 2003.
MERTENS: Frau Âventiure: Volker Mertens: Frau *Âventiure* klopft an die Tür. In: Dicke/Eikelmann/Hasebrink (Hgg.): Im Wortfeld des Textes, S. 339–346.
MERTENS: Gregorius Eremita: Volker Mertens: Gregorius Eremita. Eine Lebensform des Adels bei Hartmann von Aue in ihrer Problematik und ihrer Wandlung in der Rezeption. Zürich, München 1978 (MTU 67).
MERTENS: Laudine: Volker Mertens: Laudine. Soziale Problematik im *Iwein* Hartmanns von Aue. Berlin 1978 (Beihefte zur ZfdPh 3).
MESCH: Reflektierte Gegenwart: Walter Mesch: Reflektierte Gegenwart. Eine Studie über Zeit und Ewigkeit bei Platon, Aristoteles, Plotin und Augustinus. Frankfurt 2003 (Philosophische Abhandlungen 86).
MEYER: Blicke ins Innere: Matthias Meyer: Blicke ins Innere. Form und Funktion der Darstellung des Selbst literarischer Charaktere in epischen Texten des 12. und 13. Jahrhunderts. Bde. 1–2. Habilitationsschrift (Masch.) Berlin 2004.
MEYER: Die Verfügbarkeit der Fiktion: Matthias Meyer: Die Verfügbarkeit der Fiktion. Interpretationen und poetologische Untersuchungen zum Artusroman und zur aventiurehaften Dietrichepik des 13. Jahrhunderts. Heidelberg 1994 (GRM Beiheft 12).
MEYER: Wilde Fee und handzahmer Herrscher: Matthias Meyer: Wilde Fee und handzahmer Herrscher. Ritterliche und herrscherliche Identitätsbildung in Konrads von Würzburg ‚Partonopier und Meliur'. In: Buschinger/Spiewok (Hgg.): Die Welt der Feen. Greifswald 1994 (WODAN 47), S. 109–124.
MIDDEKE: Zeit und Roman: Martin Middeke: Zeit und Roman. Zeiterfahrung im historischen Wandel und ästhetischer Paradigmenwechsel vom 16. Jahrhundert bis zur Postmoderne. Würzburg 2002.

MOCKENHAUPT: Die Frömmigkeit im ‚Parzival': Benedikt Mockenhaupt: Die Frömmigkeit im ‚Parzival' Wolframs von Eschenbach. Bonn 1942.
MOELLEKEN/HENDERSON: Die Bedeutung der *liste*: Wolfgang Moelleken, Wolfgang Wilfried und Ingeborg Henderson: Die Bedeutung der *liste* im ‚Daniel' des Strickers. In: ABÄG 4 (1973), S. 187–201.
MÜHLHERR: Melusinenroman: Anna Mühlherr: Geschichte und Liebe im Melusinenroman. In: Haug/Wachinger (Hgg.): Positionen des Romans, S. 328–337.
MÜLLER: Genugtuung: Gregor Müller: Genugtuung. In: Lexikon für Theologie und Kirche, Bd. 4. 2. Aufl. Freiburg 1986, Sp. 683–686.
MÜLLER: Die Bedeutung der Zeit in der Erzählkunst: Günther Müller: Die Bedeutung der Zeit in der Erzählkunst. Bonner Antrittsvorlesung 1946. Bonn 1947.
MÜLLER: Zeit im ‚Tristan': Jan-Dirk Müller: Zeit im ‚Tristan'. In: Huber/Millet (Hgg.): Der ‚Tristan' Gottfrieds von Straßburg, S. 379–397.
NEHLSEN: Buße (weltliches Recht). II.: Helmut Nehlsen: Buße (weltliches Recht). II. Deutsches Recht. In: Lexikon des Mittelalters, Bd. 2. München 1983, Sp. 1144–1149.
NERLICH: Abenteuer: Michael Nerlich: *Abenteuer* oder das verlorene Selbstverständnis der Moderne. Von der Unaufhebbarkeit experimentalen Handelns. München 1997.
NEUGART: Wolfram, Chrétien und das Märchen: Isolde Neugart: Wolfram, Chrétien und das Märchen. Erzählstrukturen und Erzählweisen in der Gawan-Handlung. Frankfurt u.a. 1996 (Europäische Hochschulschriften I,1571).
NIEFANGER: Produktiver Historismus: Dirk Niefanger: Produktiver Historismus. Raum und Landschaft in der Wiener Moderne. Tübingen 1993.
NITSCHE: Die Signifikanz der Zeit: Barbara Nitsche: Die Signifikanz der Zeit im höfischen Roman. Kulturanthropologische Zugänge zur mittelalterlichen Literatur. Frankfurt 2006 (Kultur, Wissenschaft, Literatur 12).
NOLTING-HAUFF: Märchen und Märchenroman: Ilse Nolting-Hauff: Märchen und Märchenroman. Zur Beziehung zwischen einfacher Form und narrativer Großform in der Literatur. In: Poetica 6 (1974), S. 129–178.
NONN (Hg.): Alltagsgeschichte im Früh- und Hochmittelalter: Ulrich Nonn (Hg.): Quellen zur Alltagsgeschichte im Früh- und Hochmittelalter, Teil 1. Darmstadt 2003 (Ausgewählte Quellen zur deutschen Geschichte des Mittelalters, Freiherr-vom-Stein-Gedächtnisausgabe XLa).
NOTTARP: Gottesurteilstudien: Hermann Nottarp: Gottesurteilstudien. München 1956 (Bamberger Abhandlungen und Forschungen 2).

NÜNNING/ NÜNNING (Hgg.): Narratologie: Ansgar und Vera Nünning (Hgg.): Von der strukturalistischen Narratologie zur ‚postklassischen' Erzähltheorie: Ein Überblick über neue Ansätze und Entwicklungstendenzen. In: Diess. (Hgg.): Neue Ansätze in der Erzähltheorie. Trier 2002 (WVT-Handbücher zum literaturwissenschaftlichen Studium 4), S. 1–33.
O'DALY: Augustine's Philosophy: Gerard J. P. O'Daly: Augustine's Philosophy of Mind. Berkeley/Los Angeles 1987.
O'DALY: Anima, animus: Gerard J. P. O'Daly: Anima, animus. In: Augustinus-Lexikon, Bd. 1. Hg. von Cornelius Mayer, Basel 1986–1994, Sp. 315–340.
OEHLER: Aristoteles. Kategorien. Klaus Oehler: Aristoteles. Kategorien. Übers. und erläutert von Klaus Oehler. Darmstadt 1984 (Aristoteles. Werke in deutscher Übersetzung I,1).
OHLY: Sage und Legende in der Kaiserchronik: Friedrich Ohly: Sage und Legende in der Kaiserchronik. Untersuchungen über Quellen und Aufbau der Dichtung. Reprint Darmstadt 1965 (Orig. Münster 1940).
OPITZ: Geschichte im höfischen Roman: Karen Opitz: Geschichte im höfischen Roman. Historiographisches Erzählen im ‚Eneas' Heinrichs von Veldeke. Heidelberg 1998 (GRM Beih. 14).
OTERO VILLENA: Zeitauffassung und Figurenidentität: Almudena Otero Villena: Zeitauffassung und Figurenidentität im ‚Daniel von dem Blühenden Tal' und im ‚Gauriel von Muntabel'. Diss. (Masch.) Santiago de Compostela 2005.
PABST: Atomtheorien: Bernhard Pabst: Atomtheorien des lateinischen Mittelalters. Darmstadt 1994.
PABST: Zeit aus Atomen: Bernhard Pabst: Zeit aus Atomen oder Zeit als Kontinuum – Aspekte einer mittelalterlichen Diskussion. In: Ehlert (Hg.): Zeitkonzeptionen – Zeiterfahrung – Zeitmessung, S. 80–102.
PAIRET: Les mutacions: Ana Pairet: Les mutacions des fables. Figures de la métamorphose dans la littérature française du Moyen Âge. Paris 2002.
PANOFSKY: Die Perspektive: Erwin Panofsky: Die Perspektive als ‚symbolische Form'. In: Ders.: Aufsätze zu Grundfragen der Kunstwissenschaft. Hg. von Hariolf Oberer und Egon Verheyen. Berlin 1998, S. 99–167.
PATCH: Mediæval Descriptions of the Otherworld: Howard Rollin Patch: Some Elements in Mediæval Descriptions of the Otherworld. In: PMLA 33 (1918), S. 601–643.
PÄTZOLD: Einheit und Andersheit: Pätzold, Detlev: Einheit und Andersheit. Die Bedeutung kategorialer Neubildungen in der Philosophie des Nicolaus Cusanus. Köln 1981 (Pahl-Rugenstein-Hochschulschriften Gesellschafts- und Naturwissenschaften 66).

PEAT: Synchronizität: Frederick David Peat: Synchronizität. Die verborgene Ordnung. Das sinnvolle Zusammentreffen kausal nicht verbundener Geschehnisse – die moderne Wissenschaft auf der Suche nach dem zeitlosen Ordnungsprinzip jenseits von Zufall und Notwendigkeit. 2. Aufl. Bern u.a. 1989.

PÉRENNEC: Le roman arthurien: Pérennec, René: Recherches sur le roman arthurien en vers en Allemagne aux XIIe et XIIIe siècles, Bde. 1– 2. Göppingen 1984 (GAG 393 I, 393 II).

PESCHEL: Beziehungsknoten: Dietmar PescheL Beziehungsknoten. Sieben Essays über Liebschaft und Kindschaft und Herrschaft in mittelalterlicher Literatur. Erlangen, Jena 2007 (Erlanger Studien 136).

PESCHEL: Schönes Spiel: Dietmar Peschel: Ein schönes Spiel mit dem schönen Ich, oder: ‚Ne je soi se je oi pere'. Renaut de Beaujeu: Le Bel Inconnu. In: Ders.: Beziehungsknoten, S. 24–49.

PESCHEL-RENTSCH: Pferdemänner: Dietmar Peschel-Rentsch: Pferdemänner. Sieben Essays über Sozialisation und ihre Wirkungen in mittelalterlicher Literatur. Erlangen u.a. 1998 (Erlanger Studien 117).

PETERS: Dynastengeschichte: Ursula Peters: Dynastengeschichte und Verwandtschaftsbilder. Die Adelsfamilie in der volkssprachigen Literatur des Mittelalters. Tübingen 1999 (Hermaea 85).

PÉZSA: Erzähltechnik und Figurenzeichnung: Tibor Friedrich Pézsa: Studien zu Erzähltechnik und Figurenzeichnung in der deutschen ‚Kaiserchronik'. Frankfurt 1993.

PLANK: Sieders Übersetzung: Birgit Plank: Johann Sieders Übersetzung des ‚Goldenen Esels' und die frühe deutschsprachige ‚Metamorphosen'-Rezeption. Ein Beitrag zur Wirkungsgeschichte von Apuleius' Roman. Tübingen 2004 (Frühe Neuzeit 92).

POIRION: Le merveilleux: Daniel Poirion: Le merveilleux dans la littérature française du Moyen Âge. Paris 1982.

POPITZ: Zeder: Klaus Popitz: Zeder. In: Lexikon der christlichen Ikonographie, Bd. 4. Rom u.a. 1972, Sp. 562–564.

PROPP: Zaubermärchen: Vladimir Propp: Die historischen Wurzeln des Zaubermärchens. München, Wien 1987 (russ. Leningrad 1946).

PRZYBILSKI: sippe und geslehte: Martin Przybilski: *sippe* und *geslehte*. Verwandtschaft als Deutungsmuster im ‚Willehalm' Wolframs von Eschenbach. Wiesbaden 2000 (Imagines Medii Aevi 4).

QUADLBAUER: Purpureus pannus: Franz Quadlbauer: Purpureus pannus. Zum Fortwirken eines horazischen Bildes in Spätantike und lateinischem Mittelalter. In: Mittellateinisches Jahrbuch 15 (1980).

QUINN: Concept of Time: John M. Quinn: The Concept of Time in St. Augustine. In: Augustinianum 5 (1965), S. 5–57.
QUIRIN: Die Kunst Ovids: Wilhelm Quirin: Die Kunst Ovids in der Darstellung des Verwandlungsaktes. Diss. Gießen 1930.
RAGOTZKY: Gattungserneuerung und Laienunterweisung: Hedda Ragotzky: Gattungserneuerung und Laienunterweisung in den Texten des Strickers. Tübingen 1981 (Studien und Texte zur Sozialgeschichte der Literatur 1).
RAMIN: Symbolische Raumorientierung: Andreas Ramin: Symbolische Raumorientierung und kulturelle Identität. Leitlinien der Entwicklung in erzählenden Texten vom Mittelalter bis zur Neuzeit. München 1994.
RICKLIN: Unde Aristoteles: Thomas Ricklin: ‚Unde Aristoteles in Physicis'. Elemente für eine Geschichte der Verbreitung der *Physica* des Aristoteles im lateinischen Westen zwischen 1140 und 1230. In: Ders.: Die ‚Physica' und der ‚Liber de causis' im 12. Jahrhundert. Zwei Studien. Freiburg (Schweiz) 1995 (Dokimion 17), S. 9–68.
REES: Schuld. II: Wilhelm Rees: Schuld. II. Kanonisches Recht. In: Lexikon des Mittelalters, Bd. 7. München 1995, Sp. 1577f.
REICHEL: Der erzählte Raum: Norbert Reichel: Der erzählte Raum. Zur Verflechtung von sozialem und poetischem Raum in erzählender Literatur. Darmstadt 1987 (Impulse der Forschung 52).
REINERS-ERNST: Das freudevolle Vesperbild: Elisabeth Reiners-Ernst: Das freudevolle Vesperbild und die Anfänge der Pietà-Vorstellung. München 1938 (Abhandlungen der Bayerischen Benediktiner Akademie 2).
RESCHER/URQUHART: Zeit und Zeitlogik: Nicolas Rescher, Alasdair Urquhardt: Zeit und Zeitlogik. In: Bertram Kienzle (Hg.): Zustand und Ereignis. Frankfurt 1994, S. 27–97.
RICŒUR: Zeit und Erzählung: Paul Ricœur: Zeit und Erzählung, Bde. 1–3. Aus dem Franz. von Rainer Rochlitz und Andreas Knop. München 1991.
RIDDER: Minne- und Aventiureromane: Klaus Ridder: Mittelhochdeutsche Minne- und Aventiureromane. Fiktion, Geschichte und literarische Tradition im späthöfischen Roman: ‚Reinfried von Braunschweig', ‚Wilhelm von Österreich', ‚Friedrich von Schwaben'. Berlin u.a. 1998 (Quellen und Forschungen zur Literatur- und Kulturgeschichte 12, 246).
RIDER: De l' énigme à l' allégorie: Jeff Rider: De l' énigme à l' allégorie: L'adaptation du ‚Merveilleux' de Chrétien de Troyes par Hartmann von Aue. In: Romania 112 (1991), S. 100–128.
RIKL: Erzählen im Kontext: Susanne Rikl: Erzählen im Kontext von Affekt und Ratio. Studien zu Konrads von Würzburg ‚Partonopier und Meliur', Frankfurt u.a. 1996 (Mikrokosmos 46).

RÖTH: Dargestellte Wirklichkeit: Dieter Röth: Dargestellte Wirklichkeit im frühneuhochdeutschen Prosaroman. Die Natur und ihre Verwendung im epischen Gefüge. Diss. Göttingen 1959.
ROTTENECKER: Zufall: Winfried Rottenecker: Zufall. In: Lexikon des Mittelalters, Bd. 9. München 1998, Sp. 682f.
RÖTTGERS: Perspektive – Raumdarstellungen: Kurt Röttgers: Perspektive – Raumdarstellungen in Literatur und bildender Kunst. In: Röttgers/Schmitz-Emans (Hgg.): Perspektive in Literatur und bildender Kunst, S. 15–47.
RÖTTGERS/SCHMITZ-EMANS (Hgg.): Perspektive in Literatur und bildender Kunst: Kurt Röttgers, Monika Schmitz-Emans (Hgg.): Perspektive in Literatur und bildender Kunst. Essen 1999 (Philosophisch-literarische Reflexionen 1).
RÖTTGERS: Der kommunikative Text: Kurt Röttgers: Der kommunikative Text und die Zeitstruktur von Geschichten. Freiburg, München 1982.
RUBERG: Raum und Zeit: Uwe Ruberg: Raum und Zeit im Prosa-Lancelot. München 1965 (Medium Aevum 9).
RUDOLPH: Zeit, Bewegung, Handlung: Enno Rudolph (Hg.): Zeit, Bewegung, Handlung. Studien zur Zeitabhandlung des Aristoteles. Stuttgart 1988 (Forschungen und Berichte der Evangelischen Studiengemeinschaft 42).
RUH: Höfische Epik: Kurt Ruh: Höfische Epik des deutschen Mittelalters. Erster Teil: Von den Anfängen bis zu Hartmann von Aue. Berlin 1967 (Grundlagen der Germanistik 7).
SARNOWSKY: Extrakosmische Phänomene: Jürgen Sarnowsky: ‚Si extra mundum fieret aliquod corpus...'. Extrakosmische Phänomene und die Raumvorstellungen der „Pariser Schule" des 14. Jahrhunderts. In: Aertsen/Speer (Hgg.): Raum und Raumvorstellungen, S. 130–144.
SAUER: Parzival auf der Suche: Margret Sauer: Parzival auf der Suche nach der verlorenen Zeit. Ein Beitrag zur Ausbildung einer formkritischen Methode. Göppingen 1981 (GAG 323).
SCHALLER: Der heilige Tag als Termin: Hans Martin Schaller: Der heilige Tag als Termin mittelalterlicher Staatsakte. In: Deutsches Archiv zur Erforschung des Mittelalters 30 (1974), S. 1–24.
SCHEUER: Gegenwart und Intensität: Hans Jürgen Scheuer: Gegenwart und Intensität. Narrative Zeitform und implizites Realitätskonzept im ‚Iwein' Hartmanns von Aue. In: Reto Sorg, Adrian Mattauer, Wolfgang Proß (Hgg.): Zukunft der Literatur – Literatur der Zukunft. Gegenwartsliteratur und Literaturwissenschaft. München 2003, S. 123–138.

SCHILLING: Rota Fortunae: Michael Schilling: Rota Fortunae. Beziehungen zwischen Bild und Text in mittelalterlichen Handschriften. In: Wolfgang Harms, Leslie Peter Johnson (Hgg.): Deutsche Literatur des späten Mittelalters. Hamburger Colloquium 1973. Berlin 1975, S. 293–313.
SCHIROK: Der Aufbau von Wolframs ‚Parzival': Bernd Schirok: Der Aufbau von Wolframs ‚Parzival'. Untersuchungen zur Handschriftengliederung, zur Handlungsführung und Erzähltechnik sowie zur Zahlenkomposition. Diss. phil. Freiburg 1972.
SCHIROK: Die Inszenierung von Munsalvæsche: Bernd Schirok: Die Inszenierung von Munsalvæsche: Parzivals erster Besuch auf der Gralburg. In: Literaturwissenschaftliches Jahrbuch N.F. 46 (2005), S. 39–78.
SCHIROK: Rezension: Bernd Schirok: Rezension zu: Joachim Bumke: Die Blutstropfen im Schnee. Über Wahrnehmung und Erkenntnis im ‚Parzival' Wolframs von Eschenbach. Tübingen 2001 (Hermaea N.F. 94). In: ZfdA 131 (2002), S. 98–117.
SCHMID: Da staunt der Ritter: Elisabeth Schmid: Da staunt der Ritter, oder der Leser wundert sich. Semantische Verunsicherungen im Wald der Zeichen. In: Wolfzettel (Hg.): Das Wunderbare, S. 79–94.
SCHMID: ... der rehten franzoiser het er gern gehabet mêr: Elisabeth Schmid: ... der rehten franzoiser het er gern gehabet mêr. Zu einigen Scheidelinien auf der mentalen Landkarte zu Wolframs ‚Willehalm'. In: Hartmut Kugler (Hg.): Interregionalität der deutschen Literatur im europäischen Mittelalter. Berlin 1995, S. 127–142.
SCHMID: Familiengeschichten: Elisabeth Schmid: Familiengeschichten und Heilsmythologie. Die Verwandtschaftsstrukturen in den französischen und deutschen Gralromanen des 12. und 13. Jahrhunderts. Tübingen 1986 (Beihefte zur Zeitschrift für Romanische Philologie 211).
SCHMID: Text über Texte: Elisabeth Schmid: Text über Texte. Zur ‚Crône' des Heinrich von dem Türlin. In: GRM N.F. 44 (1994), S. 266–287.
SCHMID: Verwandtschaft und Blutsverwandtschaft: Elisabeth Schmid: Verwandtschaft und Blutsverwandtschaft im Mittelalter. In: Acta Germanica. Jb. d. Südafrikanischen Germanistenverbandes 13 (1980), S. 31–46.
SCHMID: Weg mit dem Doppelweg: Elisabeth Schmid: Weg mit dem Doppelweg. Wider eine Selbstverständlichkeit der germanistischen Artusforschung. In: Friedrich Wolfzettel unter Mitwirkung von Peter Ihring (Hgg.): Erzählstrukturen der Artusliteratur. Tübingen 1999, S. 69–85.
SCHMID: Raum, Zeit und Publikum: Schmid, Rainer H.: Raum, Zeit und Publikum des geistlichen Spiels. Aussage und Absicht eines mittelalterlichen Massenmediums. München 1975.

SCHMIDT: Aufbauformen und Erzählstil: Wolfgang Schmidt: Untersuchungen zu Aufbauformen und Erzählstil im ‚Daniel von dem blühenden Tal' des Strickers. Göppingen 1979 (GAG 266).
SCHNEIDER: Rezension: Hermann Schneider: Rezension zu: Rudolf Zenker: Yvainstudien. Halle 1921 (Beihefte zur Zeitschrift für romanische Philologie 70). In: AfdA 42 (1923), S. 114–126.
SCHNEIDER: Erkennbarkeit des Unendlichen: Notker Schneider: Eine ungedruckte Quästio zur Erkennbarkeit des Unendlichen in einem Metaphysik-Kommentar des 14. Jahrhunderts. In: Zimmermann (Hg.): Aristotelisches Erbe, S. 96–118.
SCHNELL: Abaelards Gesinnungsethik: Rüdiger Schnell: Abaelards Gesinnungsethik und die Rechtsthematik in Hartmanns *Iwein*. In: DVjS 65 (1991), S. 15–69.
SCHNYDER: Âventiure?: Mireille Schnyder: *Âventiure? waz ist daz?* Zum Begriff des Abenteuers in der deutschen Literatur des Mittelalters. In: Euphorion 96 (2002), S. 257–272.
SCHNYDER: Sieben Thesen: Mireille Schnyder: Sieben Thesen zum Begriff der âventiure: In: Dicke/Eikelmann/Hasebrink (Hgg.): Im Wortfeld des Textes, S. 369–375.
SCHNYDER: Topographie des Schweigens: Mireille Schnyder: Topographie des Schweigens. Untersuchungen zum deutschen höfischen Roman um 1200. Göttingen 2003 (Historische Semantik 3).
SCHORN: Die Zeit in den Tristandichtungen Eilharts und Gottfrieds: Daniel-Hermann Schorn: Die Zeit in den Tristandichtungen Eilharts und Gottfrieds. Studie zur Wirklichkeitsauffassung in mittelalterlichen Dichtungen. Diss. (Masch.) Köln 1952.
SCHOLZ-WILLIAMS: Magie entzaubert: Gerhild Scholz-Williams: Magie entzaubert: Melusine, Paracelsus, Faustus. In: James F. Poag, Thomas C. Fox (Hgg.): Entzauberung der Welt. Deutsche Literatur 1200–1500. Tübingen 1989, S. 53–71.
SCHÖNING: „Friedrich von Schwaben": Brigitte Schöning: „Friedrich von Schwaben". Aspekte des Erzählens im spätmittelalterlichen Versroman. Erlangen 1991 (Erlanger Studien 90).
SCHREINER: Diversitas temporum: Klaus Schreiner: Diversitas temporum. Zeiterfahrung und Epochengliederung im späten Mittelalter. In: Reinhart Koselleck, Reinhart Herzog (Hgg.): Epochenschwelle und Epochenbewußtsein. München 1987 (Poetik und Hermeneutik 12), S. 381–428.
SCHRÖDER: Schauplätze: Joachim Schröder: Zu Darstellung und Funktion der Schauplätze in den Artusromanen Hartmanns von Aue. Göppingen 1972 (GAG 61).

SCHULZ: Poetik des Hybriden: Armin Schulz: Poetik des Hybriden. Schema, Variation und intertextuelle Kombinatorik in der Minne- und Aventiurepik. Willehalm von Orlens – Partonopier und Meliur – Wilhelm von Österreich – Die schöne Magellone. Berlin 2000 (Philologische Studien und Quellen 161).
SCHUPP: Die Ywain-Darstellung: Volker Schupp: Die Ywain-Darstellung in Schloß Rodenegg. In: Volker Schupp, Hans Szklenar: Ywain auf Schloß Rodenegg. Eine Bildergeschichte nach dem ‚Iwein' Hartmanns von Aue. Sigmaringen 1996, S. 81–105.
SCHWIETERING: Dichtung des Mittelalters: Julius Schwietering: Die deutsche Dichtung des Mittelalters. Potsdam o. J., unveränd. Nachdruck Darmstadt 1957.
SCHWOB: Zeit als erzähltechnisches Mittel: Anton Schwob: Zeit als erzähltechnisches Mittel in der volkstümlichen Epik des Mittelalters. In: Peter Dilg, Gundolf Keil und Dietz-Rüdiger Moser (Hgg.): Rhythmus und Saisonalität. Sigmaringen 1995, S. 151–159.
SEMMLER: Listmotive: Hartmut Semmler: Listmotive in der mittelhochdeutschen Epik. Zum Wandel ethischer Normen im Spiegel der Literatur. Berlin 1991.
SIMON: Einführung in die strukturalistische Poetik: Ralf Simon: Einführung in die strukturalistische Poetik des mittelalterlichen Romans. Analysen zu deutschen Romanen der matière de Bretagne. Würzburg 1990 (Epistemata 66).
SIMON: Zeit und Zeitbewußtsein: Werner Simon: Zeit und Zeitbewußtsein nach den ‚Confessiones' des Aurelius Augustinus. In: Wissenschaft und Weisheit 49 (1989), S. 30–43.
SINGER: Türlin: Samuel Singer: Türlin, Heinrich von dem T., ADB 39 (1895).
SNELL: Arkadien: Bruno Snell: Arkadien. Die Entdeckung einer geistigen Landschaft in Antike und Abendland. Beiträge zum Verständnis der Griechen und Römer. Hamburg 1945.
SÖDER: Kontingenz und Wissen: Joachim Roland Söder: Kontingenz und Wissen. Die Lehre von den *futura contingentia* bei Johannes Duns Scotus. Münster 1999 (Beiträge zur Geschichte der Philosophie und Theologie des Mittelalters N.F. 49).
SÖDER: Die apokryphen Apostelgeschichten: Rosa Söder: Die apokryphen Apostelgeschichten und die romanhafte Literatur der Antike. Stuttgart 1932 (Würzburger Studien zur Altertumswissenschaft 3).

SPEER: Licht und Raum: Andreas Speer: Licht und Raum. Robert Grossetestes spekulative Grundlegung einer scientia naturalis. In: Aertsen/Speer (Hgg.): Raum und Raumvorstellungen, S. 77–100.
SPECKENBACH: Prosa-Lancelot: Klaus Speckenbach: Prosa-Lancelot. In: Brunner (Hg.): Romane und Heldenepen, S. 326–350.
STACKMANN: Ovid: Karl Stackmann: Ovid im deutschen Mittelalter. In: Arcadia 1 (1966), S. 231–254.
STAHL: Das Wunderbare als Problem und Gegenstand: Stahl, Karl-Heinz: Das Wunderbare als Problem und Gegenstand der deutschen Poetik des 17. und 18. Jahrhunderts. Frankfurt 1975.
STANZEL: Theorie des Erzählens: Stanzel, Franz K.: Theorie des Erzählens. Göttingen 1979 (UTB 904).
STARK: Strukturen des griechischen Abenteuer- und Liebesromans: Isolde Stark: Strukturen des griechischen Abenteuer- und Liebesromans. In: Kuch u.a.: Der antike Roman, S. 82–106.
STEINHOFF: Die Darstellung gleichzeitiger Geschehnisse: Hans-Hugo Steinhoff: Die Darstellung gleichzeitiger Geschehnisse im mittelhochdeutschen Epos. Studien zur Entfaltung der poetischen Technik vom Rolandslied bis zum ‚Willehalm'. München 1964 (Medium Aevum 4).
STERNBERG: Telling in Time I: Meir Sternberg: Telling in Time I: Chronology and Narrative Theory. In: Poetics Today 11 (1990), S. 901–948.
STROBACH: Der Augenblick des Wechsels: Nico Strobach: Der Augenblick des Wechsels. Diss. Münster 1995 (Buchfassung unter dem Titel: The moment of change. A systematic history of space and time. Dordrecht 1998).
STROHSCHNEIDER: âventiure-Erzählen und âventiure-Handeln: Peter Strohscneider: âventiure-Erzählen und âventiure-Handeln. Eine Modellskizze. In: Dicke/Eikelmann/Hasebrink (Hgg.): Im Wortfeld des Textes, S. 377–383.
STRÖKER: Philosophische Untersuchungen zum Raum: Elisabeth Ströker: Philosophische Untersuchungen zum Raum. Frankfurt 1965 (Philosophische Abhandlungen 25).
STRÜMPEL: „der walt ist aller würme vol": Jan Strümpel: „der walt ist aller würme vol". Zur Funktionalität der Darstellung von Natur- und Landschaftselementen in *Partonopier und Meliur* von Konrad von Würzburg. In: Wirkendes Wort 42 (1992), S. 377–388.
TAUBENBÖCK: Gothic novel: Andrea Taubenböck: Die binäre Raumstruktur in der Gothic novel: 18.–20. Jahrhundert. München 2002.
TAX: Wort, Sinnbild, Zahl: Petrus W. Tax: Wort, Sinnbild, Zahl im Tristanroman. Studien zum Denken und Werten Gottfrieds von Strassburg. Berlin 1961.

TESKE: Soul and Time in S. Augustine: Teske, Robert J.: The World Soul and Time in S. Augustine. In: Augustinian Studies 14 (1983), S. 75–92.
THIEL: Chóra, locus, materia: Detlef Thiel: Chóra, locus, materia. Die Rezeption des platonischen Timaios (48a–53c) durch Nikolaus von Kues. In: Aertsen/Speer (Hgg.): Raum und Raumvorstellungen, S. 52–73.
TOMASEK: Die Gestaltung der Zeit: Tomas Tomasek: Die Gestaltung der Zeit in Gottfrieds ‚Tristan'. In: Thomas Bein u.a. (Hgg.): *mit clebeworten underweben.* Festschrift für Peter Kern zum 65. Geburtstag. Frankfurt usw. 2007 (Kultur, Wissenschaft, Literatur 16), S. 41-51.
TOMASEK: Über den Einfluß des Apolloniusromans: Tomas Tomasek: Über den Einfluß des Apolloniusromans auf die volkssprachliche Erzählliteratur des 12. und 13. Jahrhunderts. In: Harms/Müller: Mediävistische Komparatistik, S. 221–239.
THOMSEN/HOLLÄNDER (Hgg.): Augenblick und Zeitpunkt: Christian W. Thomsen, Hans Holländer (Hgg.): Augenblick und Zeitpunkt. Studien zur Zeitstruktur und Zeitmetaphorik in Kunst und Wissenschaften. Darmstadt 1984.
THOMSEN: Darstellung und Funktion der Zeit: Ingrid Thomsen: Darstellung und Funktion der Zeit im Nibelungenlied, in Gottfrieds von Straßburg ‚Tristan' und in Wolframs von Eschenbach ‚Willehalm'. Diss. (Masch.) Kiel 1962.
TODOROV: Einführung in die fantastische Literatur: Tzvetan Todorov: Einführung in die fantastische Literatur. Übers. von Karin Kersten, Senta Metz und Caroline Neubaur. Frankfurt u.a. 1975.
TRACHSLER: Der Weg: Ernst Trachsler: Der Weg im mittelhochdeutschen Artusroman. Bonn 1979 (Studien zur Germanistik, Anglistik und Komparatistik 50).
TREU: Der Realitätsgehalt des antiken Romans: Kurt Treu: Der Realitätsgehalt des antiken Romans. In: Kuch u.a.: Der antike Roman, S. 107–125.
TRIFOGLI: Oxford Physics: Cecila Trifogli: Oxford Physics in the Thirtheenth Century (ca. 1250–1270). Motion, Infinity, Place and Time. Leiden u.a. 2000 (Studien und Texte zur Geistesgeschichte des Mittelalters 72).
UHDE-STAHL: Raum- und Zeitstruktur: Brigitte Uhde-Stahl: Raum- und Zeitstruktur in Konrads ‚Rolandslied' und Wolframs ‚Willehalm' unter Berücksichtigung der gleichzeitigen Malerei. In: Glyn S. Burgess, A.D. Deyermond, W.H. Jackson u.a. (Hgg.). Court and Poet. Selected Proceedings of the Third Congress of the International Courtly Literature Society Liverpool 1980. Liverpool 1981, S. 319-328.

UMBACH u.a. (Hgg.): Perspektive in Sprache und Raum: Carla Umbach u.a. (Hgg.) Perspektive in Sprache und Raum. Aspekte von Repräsentation und Perspektivität. Wiesbaden 1997.
VALETTE: La Poétique: Jean-René Valette: La Poétique du merveilleux dans le *Lancelot en prose*. Paris 1998 (Nouvelle Bibliothèque du Moyen Âge 44).
VAVRA (Hg.): Virtuelle Räume: Elisabeth Vavra (Hg.): Virtuelle Räume. Raumwahrnehmung und Raumvorstellungen im Mittelalter. Berlin 2005.
VIELBERG: Klemens: Meinolf Vielberg: Klemens in den pseudoklementinischen Rekognitionen. Studien zur literarischen Form des spätantiken Romans. Berlin 2000 (Berlin-Brandenburgische Akademie der Wissenschaften. Texte und Untersuchungen zur Geschichte der altchristlichen Literatur 145).
VOLPI: Chronos und Psyche: Franco Volpi: Chronos und Psyche. Die aristotelische Aporie von Physik IV,14, 223 a 16–29. In: Rudolph (Hg.): Zeit, Bewegung, Handlung, S. 26–62.
VRIES: Grundbegriffe der Scholastik: Josef de Vries: Grundbegriffe der Scholastik. 3. Aufl. Darmstadt 1993.
WAERDEN: Die Anfänge der Astronomie: Bartel Leendert van der Waerden: Die Anfänge der Astronomie. Groningen 1966 (Erwachende Wissenschaft 2).
WAGENER-WENDER: Mentale Repräsentationen räumlicher Informationen: Monika Wagener-Wender: Mentale Repräsentationen räumlicher Informationen. Bonn 1993 (Aktuelle psychologische Forschung 5).
WALKER: Der Monolog im höfischen Epos: Emil Walker: Der Monolog im höfischen Epos. Stil- und literaturgeschichtliche Untersuchungen. Stuttgart 1928 (Tübinger Germanistische Arbeiten 5).
WALLBANK: The Composition of Diu Krône: Rosemary Wallbank: The Composition of Diu Krône. Heinrich von dem Türlin's Narrative Technique. In: Medieval Miscellany presented to Eugène Vinaver by pupils, colleagues and friends. Ed. by Frederick Whitehead, A. H. Diverres and F. E. Sutcliffe. Manchester 1965, S. 300–320.
WANDHOFF: Ekphrasis: Heiko Wandhoff: Ekphrasis. Kunstbeschreibung und virtuelle Räume in der Literatur des Mittelalters. Berlin 2003 (Trends in Medieval Philology 3).
WANNAGAT: Plötzlichkeit: Detlev Wannagat: Plötzlichkeit. Zur temporalen und narrativen Qualität fallender Gegenstände in Bildern des 5. Jahrhunderts v. Chr. In: Bol (Hg.): Verhältnis von Raum und Zeit, S. 59–77.
WAWER: Tabuisierte Liebe: Anne Wawer: Tabuisierte Liebe. Mythische Erzählschemata in Konrads von Würzburg ‚Partonopier und Meliur' und ‚Friedrich von Schwaben'. Köln u.a. 2000.

WEIGAND: Die epischen Zeitverhältnisse: Hermann J. Weigand: Die epischen Zeitverhältnisse in den Graldichtungen Crestiens und Wolframs. In: PMLA 53 (1938), S. 917–950.
WEIGAND: Wolfram's Parzival: Hermann J. Weigand: Wolfram's Parzival. Five Essays with an Introduction. Ed. by Ursula Hoffmann. London 1969.
WEINREICH: Der griechische Liebesroman: Otto Weinreich: Der griechische Liebesroman. Zürich, Stuttgart 1962.
WEINRICH: Tempus: Harald Weinrich: Tempus. Besprochene und erzählte Welt. 6., neu bearb. Aufl. München 2001 (1. Aufl. Stuttgart 1964).
WEIMAR: Buße (weltliches Recht). I.: Peter Weimar: Buße (weltliches Recht). I. Römisches und Gemeines Recht. In: Lexikon des Mittelalters, Bd. 2. München 1983, Sp. 1144.
WELZ: Zeit als Formkategorie: Dieter Welz: Zeit als Formkategorie und Erzählproblem im ‚Friedrich von Schwaben'. In: ZfdA 104 (1975), S. 157–169.
WEYL: Raum. Zeit. Materie: Hermann Weyl: Raum. Zeit. Materie. Vorlesungen über allgemeine Relativitätstheorie. 6., unveränd. Aufl. Berlin u.a. 1970.
WIESHOFER: Fee und Zauberin: Natascha Wieshofer: Fee und Zauberin. Analysen zur Figurensymbolik der mittelhochdeutschen Artusepik bis 1210. Wien 1995.
WILLING: Orbis apertus: Antje Willing: Orbis apertus. Zur Quellenkritik mittelalterlicher Kartographie. In: Archiv für Kulturgeschichte 86 (2004), S. 283–314.
WINKLER: Amphibolien des cusanischen All-Einheitsdenkens: Winkler, Norbert: Amphibolien des cusanischen All-Einheitsdenkens. Zwischen Restitution der Metaphysik und Aufbruch in die Dialektik (zur Problemstruktur eines durch Koinzidenz begründeten platonischen Monismus). In: Burkhard Mojsisch, Olaf Pluta (Hgg.): Historia philosophiae Medii Aevi. Studien zur Geschichte der Philosophie des Mittelalters, Bde. 1–2. Festschrift für Kurt Flasch zu seinem 60. Geburtstag. Amsterdam u.a. 1991, Bd. 2, S. 1065–1082.
WIRTH: Theoretische Geographie: Eugen Wirth: Theoretische Geographie. Grundzüge einer Theoretischen Kulturgeographie. Stuttgart 1979.
WOLFZETTEL: Doppelweg und Biographie: Friedrich Wolfzettel: Doppelweg und Biographie. In: Ders. (Hg.) unter Mitwirkung von Peter Ihring: Erzählstrukturen der Artusliteratur. Forschungsgeschichte und neue Ansätze. Tübingen 1999, S. 119–141.

WOLFZETTEL: Das Problem des Phantastischen: Friedrich Wolfzettel: Das Problem des Phantastischen im Mittelalter. In: Ders. (Hg.): Das Wunderbare, S. 3–21.

WOLFZETTEL: Stellung und Bedeutung der *Enfances*: Friedrich Wolfzettel: Zur Stellung und Bedeutung der *Enfances* in der altfranzösischen Epik I und II. In: Zeitschrift für französische Sprache und Literatur 83 (1973), S. 317–348; 84 (1974), S. 1–32.

WOLFZETTEL (Hg.): Das Wunderbare: Friedrich Wolfzettel (Hg.): Das Wunderbare in der arthurischen Literatur. Probleme und Perspektiven. Tübingen 2003.

WORSTBROCK: Der Zufall und das Ziel: Franz-Josef Worstbrock: Der Zufall und das Ziel. Über die Handlungsstruktur in Gottfrieds ‚Tristan'. In: Haug/Wachinger (Hgg.): Fortuna, S. 34–51.

WÜRZBACH: Erzählter Raum: Natascha Würzbach: Erzählter Raum. Fiktionaler Baustein, kultureller Sinnträger, Ausdruck der Geschlechterordnung. In: Jörg Helbig (Hg.): Erzählen und Erzähltheorie im 20. Jahrhundert. Festschrift für Wilhelm Füger. Heidelberg 2001, S. 105–129.

WYSS: Partonopier und die ritterliche Mythologie: Ulrich Wyss: Partonopier und die ritterliche Mythologie. In: Jahrbuch der Oswald-von-Wolkenstein-Gesellschaft 5 (1988/89), S. 361–372.

WYSS: Über Vergnügen und Missvergnügen: Ulrich Wyss: Über Vergnügen und Missvergnügen an Erzählungen vom Wunderbaren. In: Wolfzettel (Hg.): Das Wunderbare, S. 129–139.

WYSS: Die Wunderketten: Ulrich Wyss: Die Wunderketten in der ‚Crône'. In: Krämer/Cella (Hgg.): Die mittelalterliche Literatur in Kärnten, S. 269–291.

ZAJADACZ: Artusepik: Zajadacz, Franziska: Motivgeschichtliche Untersuchungen zur Artusepik. Szenen an und auf dem Meer. Göppingen 1979 (GAG 269).

ZANNONI: Clemente I, papa, santo: Guglielmo Zannoni: Clemente I, papa, santo. I–IV. In: Bibliotheca Sanctorum, ed. Pontificia Università Lateranense, Bde. 1–13. Rom 1961–1987, Bd. IV, Rom 1964, Sp. 38–47.

ZATLOUKAL (Hg.): Heldendichtung in Österreich: Klaus Zatloukal (Hg.): Heldendichtung in Österreich – Österreich in der Heldendichtung. 4. Pöchlarner Heldenliedgespräch. Wien 1997 (Philologica germanica 20).

Die Zeit. Dauer und Augenblick: Die Zeit. Dauer und Augenblick. Mit Beiträgen von Jürgen Aschoff u.a., 3. Aufl. München, Zürich 1992 (Veröffentlichungen der Carl-Friedrich-von-Siemens-Stiftung 2).

ZEKL: Raum I: Hans Günter Zekl: Raum I: Griechische Antike. In: Historisches Wörterbuch der Philosophie. Bd. 8, Sp. 67–82.

ZEKL: Topos: Hans Günter Zekl: Topos. Die aristotelische Lehre vom Raum. Eine Interpretation von *Physik*, Δ 1–5, Hamburg 1990 (Paradeigmata 10).
ZENKER: Ivain im Torverlies: Rudolf Zenker: Ivain im Torverlies. In: ZfdA 62 (1925), S. 49–66.
ZENKER: Yvainstudien: Rudolf Zenker: Yvainstudien. Halle 1921 (Beihefte zur Zeitschrift für romanische Philologie 70).
ZIELINSKI: Die Behandlung gleichzeitiger Ereignisse im antiken Epos: Thaddäus Zielinski: Die Behandlung gleichzeitiger Ereignisse im antiken Epos. Teil 1. In: Philologus. Supplementband 8, H. 3 (1901), S. 405–449.
ZIMMERMANN (Hg.): Aristotelisches Erbe: Albrecht Zimmermann (Hg.): Aristotelisches Erbe im arabisch-lateinischen Mittelalter. Übersetzungen, Kommentare, Interpretationen. Berlin u.a. 1986 (Miscellanea Mediaevalia 18).
ZIMMERMANN: Die Darstellung der Zeit: Gerhard Zimmermann: Die Darstellung der Zeit in der mhd. Epik im Zeitraum von 1150–1220. Diss. (Masch.) Kiel 1951.
ZOLL (Hg.): Zerstörung und Wiederaneignung von Zeit: Zerstörung und Wiederaneignung von Zeit. Hg. von Rainer Zoll. Frankfurt 1988 (Edition Suhrkamp 1411).
ZUMTHOR: La mesure du monde: Paul Zumthor: La mesure du monde. Représentation de l'espace au moyen âge. Paris 1993, S. 317–344.

Verzeichnis der behandelten Autoren und anonymen Werke

Abälard (Petrus A.) 21, 159
Albertus Magnus 17, 21, 30, 31, 90
Aristoteles 6, 7, 9, 10, 13, 14, 15, 16, 17, 18, 19, 20, 22, 23, 24, 25, 26, 27, 28, 29, 30, 31, 32, 33, 36, 151, 156, 159, 161, 181, 182, 239
Arnold von Lübeck 192
Augustinus (Aurelius A.) 6, 7, 8, 9, 10, 11, 12, 13, 14, 16, 17, 19, 20, 21, 32, 33, 34, 155, 156, 157, 235, 239
Averroes 19, 31
Avicenna 31

Bacon, Roger 17, 20
Becket, Thomas 47
Boethius (Anicius Manlius Severinus B.) 6, 7, 27, 28, 30, 151, 152, 153, 154, 155, 156, 157, 158, 159, 181
Bonaventura (Johannes Fidanza) 20, 32, 182
Burckhardt, Jacob 35, 42

Cäsarius von Heisterbach 230
Chalcidius 22
Chrétien de Troyes 6, 44, 46, 47, 48, 51, 53, 54, 55, 56, 57, 59, 63, 68, 72, 73, 85, 99, 104, 105, 114, 115, 120, 122, 125, 143, 162, 167, 170, 171, 172, 173, 174, 176, 177, 178, 179, 188, 199, 203, 205, 212, 214, 218, 219, 220, 221, 222, 224, 228, 229, 234, 235
Couldrette 234

Didot-Perceval 206, 209, 230, 245
Dionysius Areopagita 22, 181

Eilhart von Oberg 45, 62, 85, 132, 133, 134, 136, 137, 144, 146, 147, 200

Fleck, Konrad 50, 120, 170
'Friedrich von Schwaben' 207, 231, 232

Gottfried von Straßburg 45, 46, 48, 49, 170, 200, 209, 234, 235

Hartmann von Aue 6, 42, 47, 48, 51, 54, 55, 56, 57, 63, 65, 66, 70, 71, 72, 73, 76, 85, 88, 92, 93, 99, 104, 105, 107, 109, 110, 113, 120, 121, 122, 124, 125, 127, 130, 131, 133, 135, 143, 144, 167, 170, 172, 173, 174, 176, 177, 191, 192, 196, 199, 202, 218, 219, 220, 222, 235
Heinrich von dem Türlin 73, 116, 145, 157, 176, 200, 202, 205, 207, 211, 218, 229
Heinrich von Gent 18
Heinrich von Neustadt 116, 119
Heinrich von Mügeln 160

Heinrich von Veldeke 170
Heliodor 43, 81, 84, 184, 193
‚Herzog Ernst' 117
Honorius Augustodunensis 30
Hrabanus Maurus 21
Hugo von St. Victor (St. Viktor) 53, 63, 77, 158, 161, 235

Isidor von Sevilla 21

Jean d'Arras 234

‚Kaiserchronik' 188, 190, 191
Konrad von Würzburg 110, 135, 170, 210, 225, 232, 233

Lessing, Gotthold Ephraim 35
‚Liber de causis' 22

‚Mai und Beaflor' 120, 170
Map, Walter 234
Marie de France 170, 198, 204, 207, 210
Marius Victorinus 152

Nikolaus von Kues (Cusanus) 22, 181

Ovid (Publius Ovidius Naso) 48, 235

Perceval-Fortsetzungen 229
Petrus Johannes Olivi 20
Platon 6, 13, 14, 15, 17, 22, 23, 24, 25, 26
‚Prosa-Lancelot' 57, 171, 205

Proust, Marcel 5, 79

‚Recognitiones' 190
Renaut de Beaujeu 72, 169, 177, 207, 219
Robert Grosseteste 17, 32

Stricker 74, 138, 139, 142, 143, 144, 165, 170, 204

Tempier, Stephan 18
Thomas von Aquin 16, 18, 19, 30, 31, 158, 160, 179, 183, 185
Thüring von Ringoltingen 204, 207, 208, 214, 234

Ulrich von Zatzikhoven 204, 205, 214

Vergil (Publius Vergilius Maro) 48, 81, 235

Werner der Gartenære 48
Wilhelm von Moerbeke 31
Winckelmann, Johann Joachim 35
Wirnt von Gravenberc 57, 66, 83, 85, 164, 165, 169, 170, 201, 204, 207, 209, 210, 212, 225, 226, 227
Wolfram von Eschenbach 37, 43, 48, 49, 51, 52, 57, 59, 67, 69, 82, 85, 90, 98, 110, 113, 114, 115, 120, 136, 144, 145, 165, 169, 170, 171, 172, 175, 178, 179, 198, 203, 204, 205, 206, 208, 209, 212, 213, 214, 220, 221, 222, 224, 226, 228, 230, 231, 235